传承教育经典，引领教学风尚。

《小学语文教学》杂志社　编

15组
热点微题研讨

上

编委会

总 主 编　杨永建

主　　编　杨　伟　郭艳红

分册主编　郭艳红　郝　帅

编　　委　郝　波　宋园弟　郝　帅　杨壮琴

　　　　　田　晟　张　艳　刘　妍　张　茹

　　　　　史慧芳　曹　震

山西出版传媒集团　山西教育出版社

图书在版编目（CIP）数据

15 组热点微题研讨／《小学语文教学》杂志社主编
. — 太原：山西教育出版社，2022.2
（小语人丛书）
ISBN　978 - 7 - 5703 - 0508 - 7

Ⅰ．①1… Ⅱ．①小… Ⅲ．①小学语文课—教学研究
Ⅳ．①G623.202

中国版本图书馆 CIP 数据核字（2019）第 129301 号

15 组热点微题研讨

15 ZU REDIAN WEITI YANTAO

《小学语文教学》杂志社／编

出 版 人　李　飞		选题策划　李梦燕	
责任编辑　李梦燕		助理编辑　张可迪	
复　　审　海晓丽		终　　审　康　健	
装帧设计　薛　菲		印装监制　蔡　洁	

出版发行　山西出版传媒集团·山西教育出版社
　　　　　（地址：太原市水西门街馒头巷 7 号　电话：0351 -4729801　邮编：030002）
印　　装　山西基因包装印刷科技股份有限公司
开　　本　720mm×1020mm　1/16
印　　张　27.5
字　　数　448 千字
版　　次　2022 年 2 月第 1 版　2022 年 2 月山西第 1 次印刷
书　　号　ISBN　978 -7 -5703 -0508 -7
定　　价　88.00 元（上、下册）

如发现印装质量问题，影响阅读，请与山西教育出版社联系调换。电话：0351 -4729718。

教学研究，需要"好低骛远"

张祖庆

1

在习惯于宏大叙事的当下，这本书，无疑是一个"小众"和"另类"。

很多人都习惯于把事情搞大，非大词不足以撑台面。也因此，这些年，我们的教育界不断有各种新思潮、新名词涌现出来。语文教改领域，也不例外。几乎每隔两三年，都会有各领风骚的词语，占领研究的话语空间。仿佛不谈这些新思潮、新词语，就会落伍，就会"out"。于是，我们的研究者，常常变成了下山的"小猴子"，不断地奔跑、不断地丢弃，最终，很可能什么都没有得到。

学术研究，确实需要新锐的思想引领，也需要有人研究宏观、前瞻的问题。但是，并非所有人，都适合研究宏观、前瞻的问题的，也并非越宏观越前瞻就越有用。恰恰相反，学科领域的研究，往往需要"好低骛远"：适度"守旧"，适度"微缩"。"守旧"——继承老传统，守住老问题，"任尔东西南北风"；"微缩"——聚焦小问题，解决小问题，"咬定青山不放松"。把老问题想清楚了，把小问题解决好了，学科研究便会"进一寸有进一寸的欢喜"。一线教师，面对的是日常教学的柴米油盐，把老问题思考通透，把相关策略和方法梳理出来，读得懂、用得上，可以切实改进日常教学，这便功德无量了。

从这个意义上说，我非常看好出版这样一本聚焦"老问题""小问题"的语文教学研究专辑。

这个专辑选编的文章，聚焦"小切口"，从多个角度呈现近几年语文教学"微研究"的广度和深度。这些研究，大致涵盖了这些领域：

第一，教师自我修炼。第 2 组《课堂上我们该用什么样的语言》，第 6 组《怎样创造性地使用教参》，都指向于教师的日常修炼。

第二，老话题新探索。朗读、看图写话、习作教学，都是老话题，但依然有很多值得研究的新问题。《朗读：传播文字，展现生命》（第 1 组）、《"看图写话（习作）"怎么教》（第 3 组）、《基于核心素养的"写作训练学"》（第 5 组）和《微话题》（第 14 组），聚焦朗读、看图写话、习作训练、微写作，在教学价值、训练体系、创意训练等方面，做出了极有价值的探索。

第三，疑难问题的新解法。《文言文教法研究与探索》（第 7 组）和《写好科幻故事 如何找准想象点》（第 10 组），则在一线教师普遍感到比较棘手的领域，做了深入的研究，既有理论创建，又有案例呈现。对这两个领域感兴趣的，细细品读，定当大有收获。

第四，指向策略的教学。部编版教材编排的一大亮点，是安排了 8 个习作单元和 4 个阅读策略单元。对这些单元的教学，一线教师普遍感到迷茫。《利用"提问策略"，助学生学会提问》（第 4 组）、《预测策略的教学及运用》（第 8 组）和《联想策略的教学及运用》（第 9 组），有大量鲜活的案例，有很强的操作性。

第五，单元整体备课。这是近两年很热的一个话题。"大概念教学""大单元教学"成为了这两年语文教改的热词。但很多教师其实是在跟风，具体到操作层面，往往一头雾水、一筹莫展。《四年级下册第四单元整体教学谈》（第 11 组）和《"亲近鲁迅"主题研读》（第 12 组），则可为我们呈现可借鉴的样例。

第六，热点话题的冷思考。《语文要素的"热关注"与"冷思考"》（第 13 组）和《群文阅读教学》（第 15 组）中朱煜、崔峦、崔凤琦等老师的文章，均值得细读。

以上，是对这 15 组"微研究"做了六方面的梳理与归纳。细读这个专辑，留给我的印象是"新见迭出，精彩纷呈"。

以下几组文章，是我阅读此专辑印象较深的，简单写点读后感受，算是小小"剧透"吧。

第 2 组研究主题是《课堂上我们应该用什么样的语言》。这个话题非常重要。几位特级名师的讨论，从不同维度表达了自己对"什么样的语言是好的课堂语言"的思考，很有见地。支玉恒先生《课堂教学语言应该是什么样的语言》一文指出"教师的教学语言应该清晰准确，通俗易懂，亲切生动，有情有趣，富有启发发性、教育性和感染力。"支先生强调："最好的教学语言是口语化的语言。口语生动自然、亲切易懂，学生有亲近感，教师也便于操作。"特级教师盛新凤则认为，好的教学语言，要"走心"。"走心"的教学语言，应该是真诚的；走"心"的教学语言，要很好地发挥导向功能、引领功能、解释功能、唤醒功能、激励功能、对话功能；"走心"的教学语言，应有很强的应需性。特级教师潘文彬老师概括了好的课堂语言应当具有"情境性、生成性、感召性、启发性、总结性"五个特点。特级教师宋道晔老师则从教师语言的不同功能入手，精准地概括了"导入语、提问语、讲析语、评价语"的不同特点。林志芳博士则从哲学的维度，阐释了教师课堂语言修炼的价值："每个人都有自己的话语系统，无论是书面的还是口头的。当一个人开始自己的言说，'出场'的话语不过是这个独特生命表现出来的一个表象，一个镜像，'未出场'的则是一个人生命状态的全息。"在这个主题中，姜树华、胡元华、汤瑾等老师，也都有精彩的论述。

关于朗读教学，王崧舟老师的《朗读教学的价值取向与实践策略》是一篇重量级的文章。在这篇文章中，王老师指出了"为人朗读"的新主张："朗读教学既要着眼于朗读知识、朗读方法、朗读技巧等手段性目标，更要着力于朗读兴趣、朗读意愿、朗读情感、朗读人格等本体性目的，并始终不忘通过手段性目标的达成进而实现本体性目的这一终极旨归。"他认为，朗读教学的目标体系需要重建："激活朗读意愿、然后朗读兴趣、强化朗读体验习得朗读技巧、确证朗读主体"。这篇文章中，王老师结合大量课例，提出了朗读教学的全新的实践策略。教坛传奇支玉恒先生当年在成都上的《第一场雪》，至今是语文教学艺术的丰碑，其独创的朗读教学，踏雪无痕、妙不可言，令人叹为观止。在《朗读技巧》一文中，支先生解密了自己的朗读指导技巧，他认为，朗读的常用技巧要在"轻、重、缓、疾、虚、实、浓、淡、刚、柔、隐、现"这 12 诀上做文章。比如"轻"，支玉恒先生指出，"轻：大致适合表现小心谨慎、渴望希冀、安慰劝阻、提醒暗示、孤独无助、虚弱衰微等心理状态和轻微静谧、零星细碎、稚嫩小巧等事物情状。"这篇短文中，每一种朗读技巧适合什么样风格的文章、怎么读，支先生都讲得清清楚楚，大有武林名宿把压箱底的武功全部授予弟子的味道。这组研究主题中，还有柏玉萍等近十位一线老师从不同的视角分享他们的朗读教学实践，有理念，有策略，有方法，有路径。

习作教学，永远是一个不会过时的话题。近年来，"习作训练"因种种原因被贴上"机械重复"的标签，即便是专为培养写作技能的写作教学，也视之为"虎"。那么，在核心素养落地转化的今天，写作教学应如何走出困境，写作训练该何去何从呢？吴勇老师带领的南京市上元小学的老师们用自己的实践作出了响亮而坚定的回答。吴勇撰写的《"后写作训练"时代的教学重构与践行》是一篇有破有立，有理念有实践的大文章。他提出写作训练是"写作教学的独当之任"。形象地指出"写作教学就像一棵大树，写作知识就好比大树的根，写作能力就好比根上生长的枝叶，写作素养就好比枝叶上开出的花、结出的果。他结合自己的"习作精准训练"实践，主张写作训练点的开发应当体现年段特征、儿童特征、阶梯特征，建构了"小学 4M 写作训练系统"：三年级为"漫写"，四年级为"蔓写"，五年级为"慢写"，六年级为"曼写"。在这组文章里，四个课堂案例，具体展示了"小学 4M 写作训练系统"的操作要领。

"亲近鲁迅"单元备课，也是这个专辑很有看点的文章。窦桂梅老师的《〈阿长与《山海经》〉教学与评析》值得细细品读。这节课，大气厚重，具有很高的文化意蕴和语文教学的示范价值，在立人、立言及语言转化方面，做出了可喜的探索。王玲湘老师的《〈朝花夕拾〉导读教学与评析》"用题目、目录、小引与成长经历相结合的方法，读回忆性散文《朝花夕拾》，在与鲁迅有趣、丰富的童年生活相遇中，发现鲁迅综合运用白描、对比、引用的散文表达方式，进而引发对整本书阅读的浓厚兴趣。"李怀源老师《鲁迅笔下的儿童》这一主题，带着孩子们走进鲁迅，认识鲁迅笔下的童年群像。引入多个文本，通过猜测阅读、拓展阅读、比较阅读，带领孩子们沉入鲁迅作品、走近那个年代的童心世界。这个单元，让我们窥见单元整体教学的别样探索。

精彩文章，还有很多。不同的读者，看见不同的精彩。因此，上文罗列，烙上强烈的个人色彩，难免"遗珠"甚多。好在，此文乃"抛砖引玉"，相信读者诸君自会沉入这个专辑，细细品读，探得"骊珠"。

概而言之，这个专辑里的文章，因为选点"小"，钻研"深"，呈现"巧"，给我以深刻的印象。这个精彩的专辑，也一次次提醒我，一线教师从事教学研究，要少一些"跟风"——主动疏离一些"高大上"的主题，多一些"聚焦"，在自己熟悉的领域，研究"小而美"的课题，长期坚持，方可结出一枚枚沉甸甸的果实。任何好高骛远与急功近利，都会让研究背离初心。

初心，是什么？初心，就是在乎自己的专业生活。

特级教师张学青曾说过："当你真正在乎学生，在乎教育，尽管在做选择，但却往往是'别无选择'和'非如此不可'。你会觉得不那样做，就过不了自己这一关。活出在乎的人，往往会将信念化成生命的底色。在乎教育，不仅在成全学生，成全责任，更在成全自己。"是的，在乎学生、在乎教育，我们才会在乎自己的专业生活。在乎专业生活，我们就要从在乎当下的每一个真问题、小问题开始。

这，便是教学研究的"好低骛远"。

目　录

上　册

第1组　朗读：传播文字，展现生命

2

第6组 如何创造性地使用教参

第7组 文言文教法研究与探索

下 册

第8组 预测策略的教学及运用

第15组　群文阅读教学

第1组

朗读：传播文字，展现生命

朗读教学的价值取向与实践策略

◆ 王崧舟

若非董卿的《朗读者》火了，作为基础阅读的朗读教学大概还会蛰伏在语文的乡间，默默无闻。

《朗读者》是中央电视台推出的文化情感类节目，以个人成长、情感体验、背景故事与传世佳作相结合的方式，选用精美的文字，请朗读者用真实的情感读出文字背后的价值，从而达到感染人、鼓舞人、影响人的化育之功。

随着《朗读者》的热播热议，人们对朗读、朗读文本、朗读技巧、朗读教学、朗读课程建设等重新开始了审视和思考：朗读的目的和意义究竟是什么？朗读者的身份与对象必须契合才能打动听者吗？朗读真的不需要什么技巧吗？朗读教学的着力点究竟应该如何定位？不同题材、不同体裁的作品在朗读指导上应如何把握风格和尺度？朗读教学对语文教师的朗读素养提出了哪些要求……

以下，我们从朗读教学的价值取向和实践策略两个维度，就上述问题做出相应的思考和表达。

一、"为读而读" 与 "为人而读"： 朗读教学的价值取向

价值思考是朗读教学的核心问题。《朗读者》的栏目宗旨，无疑给我们的朗读教学带来了深刻的价值启示。其实，作为节目的《朗读者》已经通过栏目名称对节目的宗旨做了揭示。显然，栏目真正关切的不是"朗读"，而是"朗读者"。从人出发，借由朗读这座桥梁，重新确证人，这是《朗读者》成功的最高秘诀，也应该成为朗读教学的最终目的。

学段	一般要求	特殊要求
第一学段	学习用普通话正确、流利、有感情地朗读课文。	诵读儿歌、儿童诗和浅近的古诗，展开想象，获得初步的情感体验，感受语言的优美。
第二学段	用普通话正确、流利、有感情地朗读课文。	诵读优秀诗文，注意在诵读过程中体验情感，展开想象，领悟诗文大意。
第三学段	能用普通话正确、流利、有感情地朗读课文。	诵读优秀诗文，注意通过语调、韵律、节奏等体味作品的内容和情感。

（一）重构课标关于朗读的学段目标。

很遗憾，我们在课标的"总体目标和内容"中没有发现对"朗读"的目标界定。在各学段的目标中，课标大体上是按照一般要求和特殊要求的思路来界定"朗读"目标和内容的。

由上表可以看出，课标对于朗读的目标界定具有以下特点：

第一，朗读属于"阅读"的目标和内容范畴。因此，我们不能狭隘地理解"朗读"要求，必须将"朗读"置于整个阅读语境和情境中加以把握。这一点，恰恰是《朗读者》获得成功的重要原因。

第二，朗读是有层阶的。从学段的纵向延伸看，由"学习朗读"到"朗读"再到"能朗读"，我们看到了朗读作为能力习惯的渐次更新；从每个学段的横向延伸看，由"正确朗读"到"流利朗读"再到"有感情地朗读"，我们也看到了朗读作为技巧品质的不断提升。

第三，上述有关朗读层阶的表述，却有只见技巧不见人的嫌疑。因此，我们必须进一步关注课标关于朗读的特殊要求。虽然三个学段关于朗读的特殊要求同样有着内容、内涵上的层阶变化，但我们似乎更应该关注的是它们对于朗读意图、朗读目的、朗读态度、朗读情感、朗读意义和价值的定义，即由"朗读"（一般要求）向"朗读者"（特殊要求）的转化。

第四，明白了上一点，我们就应该将课标中对朗读的"一般要求"和"特殊要求"联系起来加以理解。如同前述第一点所言，"朗读"必须和"阅读"联系起来，融入一个更大的意义背景和审美语境，才有确证其存在的意义和价值。当我们将"一般要求"（朗读技巧）和"特殊要求"（朗读意义）联系起来解读，就能真正切入朗读教学的终极旨归——为人而读。

（二）建构朗读教学的价值取向体系。

朗读教学既要着眼于朗读知识、朗读方法、朗读技巧等手段性目标，更要着力于朗读兴趣、朗读意愿、朗读情感、朗读人格等本体性目的，并始终不忘通过手段性目标的达成进而实现本体性目的这一终极旨归。

1. 激活朗读意愿。在朗读教学中，语文教师要下的首要功夫不是针对学生读出什么语气、什么节奏、什么感情来指导点拨，而是激活学生为什么想读、为什么要读、为什么去读的朗读意愿，即唤醒学生由"要我朗读"转向"我要朗读"。朗读意愿的萌生，一方面来自文本内容的感召：或由于情感真挚，动人心魄；或由于人物生动，品格高远；或由于道理深刻，启人思索；或由于事件新颖，情节曲折……另一方面则来自朗读意图的驱使：学了《去年的树》，我要分享那种明亮的忧伤、平淡的深情；学了《游子吟》，我要抒发自己无法报答春晖一般母爱的愧疚之情；学了《桃花心木》，我要传递如何直面不确定的生活、如何应对各种生活考验的人生智慧；学了《望月》，我要重现天地有大美、心外无明月的空灵禅境……当然，文本内容的感召与朗读意图的驱使往往是相辅相成的，但最终还是要落在朗读意愿的萌发、巩固和持续不断地升华上。

2. 培植朗读兴趣。如果说，朗读意愿是即时的、瞬间的、当下的，那么，朗读兴趣则是长效的、持续的、恒在的。朗读意愿的不断激活、长期觉醒，就有可能培植起浓厚的朗读兴趣。学生一旦形成朗读兴趣，那么，"我要朗读"就能上升到"我爱朗读"的境界。要培植学生的朗读兴趣，关键是做好以下三个方面的落实：一是朗读氛围的营造。调查表明，教师在学生面前的朗读频率和班级群体的朗读氛围直接影响着学生个体的朗读兴趣，教师愈是爱朗读、常朗读，班级愈是鼓励朗读、支持朗读，学生就愈有可能爱上朗读。二是朗读效果的反馈。学生一旦清楚每次朗读的评价尺度（即"朗读量规"），那么由接受挑战、渴望成功、被人赏识等所萌生的朗读兴趣就可能变得强烈而持续。三是朗读习惯的养成。如每天定时朗读、定期举行朗读比赛等，都有利于朗读兴趣的巩固和深化。

3. 强化朗读体验。朗读体验指在朗读过程中产生的心理感受、情绪感知、审美感情和人生感悟等。在实际情境中，存在三个层次的朗读体验：一是对朗读的语言体验，如语音的轻重清浊、语调的抑扬顿挫、语流的滞畅断续、语速的疾缓疏密、语韵的虚实刚柔等。这属于朗读体验的物理层次，我们称之为朗读的语言感。二是对朗读的形象体验，《文镜秘府》中说："夫置意作诗，即须凝心，目击其物，便以心击之，深穿其境。"这里的"凝心，目击其物"对于朗读体验非常重要。朗读如果只是目击其字，却不能将文字还原成画面、场景、情境、细节等，朗读就失去了生命的气息和活力。这属于朗读体验的心理层次，我们称之为朗读的形象感。三是对朗读的意蕴体验，在形象体验的基础上，思索其人生意义、感悟其文化底蕴、觉察其生命智慧，从而将经典的文字作品读得声情并茂、心驰神往。这属于朗读体验的哲理层次，我们称之为朗读的意蕴感。

4. 习得朗读技巧。之所以没有将"朗读技巧"置顶，是因为站在"朗读者"——人的高度，我们必须谨慎定位朗读技巧的功能和作用。一方面，没有"朗读者"的意愿和体验，朗读技巧就成了无源之水、无本之木；另一方面，没有"朗读者"的觉醒和确证，朗读技巧就失去了运思的方向、操练的靶心。发音、调息、重音、停顿、节奏、基调等朗读技巧固然需要扎实练习，毕竟这些属于朗读的基本功、童子功，一如纪昌学射要练好眼力、梅兰芳学艺要练好眼神。但同时我们一定不能忘却，上述朗读技巧背后还有一个为什么这么运用技巧的价值抉择，即"这样读"和"为什么这样读"需要整体把握、统筹考量。因此，成功的朗读不仅取决于技巧的娴熟，更取决于情感的真挚、生命的良善、心灵的美好，可以这样说，真善美的精神体验和境界才是朗读的最高技巧。这就可以用来解释，作家麦家在《朗读者》中朗读那封写给儿子的信，朗读技巧几乎乏善可陈，但丝毫不影响他带给我们的心灵震撼和人生思索。

5. 确证朗读主体。朗读教学的最终目的和最高境界乃是让学生成为真正的、审美的朗读主体——朗读者。朗读基于人，朗读通过人，朗读为了人。因此，朗读教学不是为了教朗读，而是通过朗读教人。朗读将无声的文字变成有声的语言，这个转变的过程不是机械的声音呈现，而是对文字语言的再发现、再理解、再创造。朗读者从审美性朗读进入反思性朗读，又从反思性朗读跃向历史性的朗读，不断拓展和赋予朗读以新的意义。在这样一个没有极限、永无止境的意义澄明的过程中，朗读者发现了一个更新、更真、更善、更美、更神的自己，这就是朗读主体的再实现、再确证。我们认为，朗读教学的全部意义和价值都在此处。

张颂在《朗读美学》中指出，朗读主体的确证往往经历"忘我—有我—无我"这样三个层阶：

第一层阶是"忘我"。朗读者设身处地地进入文字作品之中，精神集中地反复体味，开掘其独特的表现。

第二层阶是"有我"。是"我"在体味，是"我"在开掘，有我的认知，有我的感受，有我的品评。

第三层阶是"无我"。朗读者在朗读作品的神韵中，既是文字作品风格的体现，又有朗读主体的理解、感受和表达样式。但总的印象中，在听者的感觉上，似乎朗读主体已经退隐，突显的只是文字作品的风格。

这重境界，即是"人我合一""声情合一"的境界。

综上所述，以培养"朗读主体"为旨归的朗读教学，其价值结构可以表述为以下公式：

朗读主体 = 朗读意愿 × 朗读体验 × 朗读技巧

根据这一公式，我们可以将各学段的朗读目标重新加以梳理和界定（见下表）。

学段	朗读意愿	朗读体验	朗读技巧
第一学段	1. 喜欢朗读，感受朗读的乐趣； 2. 愿意朗读儿歌、儿童诗和浅近的古诗； 3. 愿意跟伙伴、家长分享自己的朗读。	1. 感受平舌音和翘舌音、前鼻音和后鼻音的不同； 2. 感受轻声、儿化、音变的韵味； 3. 感受长句子内部的停顿、重音和节奏； 4. 感受儿歌、古诗的韵律美； 5. 感受儿童诗、童话的想象美； 6. 朗读浅近的童话、寓言、故事，向往美好的情境，关心自然和生命。	1. 学习用普通话正确、流利、有感情地朗读课文； 2. 朗读课文声音响亮、吐字清晰； 3. 朗读课文遵从原文，不丢字、不添字、不颠倒字或者改字； 4. 朗读不拖腔； 5. 知道停顿和重音，能读出课文里的停顿和重音； 6. 能读出句号、问号、感叹号所表达的不同语气； 7. 能读出不同人物角色的语气和情绪； 8. 能在朗读中学习展开想象，传递初步的情感体验。

6

学段	朗读意愿	朗读体验	朗读技巧
第二学段	1. 对朗读有兴趣，养成主动朗读的习惯； 2. 喜欢诵读优秀诗文，养成熟读成诵的习惯； 3. 敢于当众朗读，朗读时大方得体； 4. 愿意与他人分享朗读的心得和经验。	1. 感受语句表达的语气和情绪； 2. 感受语段内部的层次节奏； 3. 感受长句和短句、整句和散句交替穿插的节奏美； 4. 感受诗歌的意境美、童话的形象美、寓言的哲理美； 5. 朗读叙事性作品，初步感受作品中生动的形象和优美的语言，关心作品中人物的命运和喜怒哀乐； 6. 朗读写景类文章，想象景物的视觉、听觉、嗅觉、味觉、触觉和时空觉，感受景物背后的作者情感，并让自己身临其境。	1. 用普通话正确、流利、有感情地朗读课文； 2. 朗读课文做到字音规范、音变正确； 3. 语调自然，停顿恰当，重音处理正确，语速快慢得当； 4. 能读出陈述句、祈使句、疑问句、感叹句的不同语气； 5. 能读出课文中关键词句的情感色彩； 6. 朗读一个逻辑语段做到基调统一、节奏完整、有层次感； 7. 能入情入境地朗读指定的优秀诗文； 8. 能在朗读中展开想象，融入自己的情感体验，并正确传递自己的情感体验。
第三学段	1. 喜爱朗读，以做一名朗读者而自豪； 2. 养成良好的朗读习惯； 3. 喜欢欣赏优秀的朗读作品，并愿意模仿优秀的朗读者； 4. 主动参加朗读活动，对自己的朗读充满自信； 5. 懂得朗读是为了自我表达和与人交流，并乐意分享朗读时的喜爱、憎恶、向往、崇敬、同情等感受。	1. 感受关键词的情绪色彩； 2. 感受成语、格言、警句等典雅精练的风格美； 3. 感受白话文、文言文的不同语言风格； 4. 整体感受轻快、凝重、低沉、高亢、舒缓、紧张等语篇基调； 5. 感受诗歌的凝练匀称美、散文的灵动流畅美、小说的起伏曲折美、说明文的精确妥帖美、文言文的精简古朴美； 6. 朗读不同题材和体裁的作品，结合自己的人生体验，调动自己的联想和想象，沉入作品的特定意境，回味作品所抒发的审美情感，从中汲取心灵成长的营养和力量。	1. 能用普通话正确、流利、有感情地朗读课文； 2. 朗读课文做到字正腔圆、声气饱满； 3. 朗读时能正确区分语句层次，恰当想象文字所体现的情景； 4. 能较好地处理语篇朗读中的语法停顿、逻辑停顿和感情停顿； 5. 能较好地处理语篇朗读中的语法重音、逻辑重音和感情重音； 6. 能根据语篇中思想情感的变化脉络，较好地处理朗读语调的起伏节奏； 7. 能注意并初步读出不同文体的情感基调； 8. 朗读优秀诗文，能通过语调、韵律、节奏的变化读出自己的个性特色。

二、"读是再现" 与 "读是创造": 朗读教学的实践策略

梳理并明确了朗读教学的目标体系，我们就能够以此为据，进一步构筑朗读教学的策略体系和操作路径。

（一）示范是朗读教学的根本策略。

实践已经反复证明，语文教师自身的朗读素养直接影响甚至决定着学生的朗读能力和朗读品质。要充分发挥教师的朗读示范作用，关键是将朗读教学纳入备课范畴，对文本朗读和朗读指导进行全面、深度的设计。

1. 备好朗读批注。笔者执教纳兰性德的《长相思》时，曾经写过这样的朗读批注：

词牌"长相思"三字的读法最为紧要。整首词的基调和气韵，由这三字始，亦由这三字终。一个"长"字，既有绵绵不绝之意，更有深深入骨之味，读时，宜低沉、宜委婉、宜绵长。而"相思"二字，落点当在"思"字上，"相"读长、读扬，"思"读短、读抑，给人以音有尽而韵无穷、声已去而思常在之感。词牌读好了，关乎词之情调、意境的大局也就定了。

《长相思》的上片，叙扈从之事，词境壮观寥廓而兼及凄怨苍凉。"山一程，水一程"，宜读得低沉切实、绵亘起伏。"山一程"渐次扬读，"水一程"渐次抑读，两句之间不换气，营造一种"行行复行行"的回环复沓之韵，诵读时宜保持一种慢速的平直调，由听觉而起一种渐行渐远、关山万重之视像，进而体味天涯行役的枯寂和苍凉。"身向榆关那畔行"，"身"字宜重读，与下片之"心"遥相呼应，突出"身羁行旅、身不由己"之沉重的感喟，"榆关"之后稍顿，"那畔行"三字宜拖着读，气缓但要读出一种绵力来，渲染一种征途遥远、天地苍茫之意境，这意境至"夜深千帐灯"五字收篷。这五个字当虚读，声气不可太实，不然就出不来"夜深沉、人无眠"的怅惘；"千帐灯"三字拖长，"千"字可唱读，给人以一种环顾、眺望之象，此番景象既有边塞辽阔、蔚为壮观的一面，更有梦断关山、孤独凄清的一面。因这"千"字，正是与诗人的"孑然一身"相对看的。千帐反衬一身，愈显作者寂寥之心境。

《长相思》下片，则抒思乡之情，情思凄婉缠绵而不失沉郁蕴藉。"风一更，雪一更"，声气宜实、宜强，"风""雪"二字宜重读，显现风雪肆虐、嘈杂刺耳的氛围；"一更""一更"宜连读，要读得调缓气长，让人有风雪交加、

长夜不绝之感。"聒碎乡心梦不成"是全词诵读的高潮，"乡心"则是全调的制高点。"聒碎乡心"读时语速渐快、语调渐强，至"心"字戛然而止，表现一种烦躁、困顿的心情；而"梦不成"三字应读得缓慢，可用颤音，一字一顿，与前四字的朗读在声气上形成一种巨大落差，以突出诗人乡梦不成、乡心难慰的无奈和伤感。"梦不成"三字的声气可直入词的结句"故园无此声"，"故园"之后稍顿，但不宜换气，营造一种回忆、回味的韵致。"无此声"三字用舒缓平直的语调唱读，"无"字拉长，"声"字挫读，要读得意沉声柔，相思之情、相思之味在这三字的诵读中让人有回响不绝、回味无穷的感觉。

2. 备好朗读指导。朗读指导不可面面俱到，不可蜻蜓点水，必须抓住文本语言的关键点、疑难点、规律点、突破点，有的放矢、重锤敲击。如此，方能收获一石数鸟、事半功倍的读效。以部编版一年级第一课《秋天》为例，朗读指导应着力以下几个节点：第一，轻声的指导，如凉了、黄了、叶子、那么、来了；第二，儿化的指导，如一会儿；第三，变调的指导，如一片片、一群、一会儿；第四，叹号的指导，如"啊！秋天来了！"；第五，节律的指导，如"那么……那么……""一会儿……一会儿……"。

3. 备好朗读量规。每一次具体的朗读指导，都应该做到读前有尺度，读后有评点。其中，比较好的做法就是为学生提供朗读量规，即针对具体朗读内容所制订的评价标准。如朗读于谦的《石灰吟》，我们可以设计这样的朗读量规：

（1）读准"锤""焚"等生字；

（2）读出七绝"四三停延"的节律；

（3）朗读时有意识地强调"山""闲""间"等韵脚；

（4）"千锤万凿""烈火焚烧""粉骨碎身全不怕"能重读；

（5）"清白"能读出扬调，"在人间"能读出延缓、上扬的语调。

（二）情感是朗读教学的核心灵魂。

课标对朗读的基本要求是"正确""流利""有感情"，但很少有人去关注三个要求之间的内在联系。事实上，朗读的三个要求在实际的课堂教学中往往呈现为某种混沌的秩序。说"混沌"，是因为真实的朗读不可能刻意地区分"正确""流利""有感情"，正确中含着流利，流利中含着感情，感情中含着正确，它们圆浑一体；说"秩序"，是因为读不正确就读不流利，读不流利就读不出感情，它们是层层叠加、步步递进的。但是，无论中混沌还是秩序，必须明确一点，朗读要求的核心始终是感情，朗读要求的顶层只能是感情。一言以蔽之，情感是朗读教学的灵魂。

需要特别加以说明的是，朗读中所谓的有感情，不能简单地等同于生理层面的自然感情，而是融入和沉淀了思想、知性、旨趣、哲理、智慧、态度、价值观的审美感情。这样的感情，既是朗读的内在动力，也是朗读的最高技巧，更是朗读的终极目的。

根据吴洁敏等人的研究，有感情朗读（即"情韵朗读"）的途径依次为如下五个步骤：

1. 感悟：准确感悟文本的题旨和语境。有感情朗读的感情源自文本的题旨和语境：题旨是文本的写作目的和意图，是隐匿最深的感情；语境是文本一切语言关系的总和，是文本所营造的"物象世界""想象世界"和"意义世界"，是感情的基本载体。对文本题旨和语境的感悟，既是有感情朗读所萌生的动力源泉，也是有感情朗读致力于实现的表达效果。如《詹天佑》中有这么一句话："詹天佑不怕困难，也不怕嘲笑，毅然接受了任务。""不怕困难"的字面意思不难理解，但如能让学生感悟到困难的具体内涵：帝国主义的阻挠、外部势力的要挟、自然环境的险要、外国工程师的不敢尝试、综合国力的衰弱、国民的普遍缺乏自信等，那么，当学生朗读这一句时，自然就能被詹天佑不顾名利、不惧要挟、不怕艰险、不畏阻挠的爱国情怀所感动，并油然而生一种强烈的民族自豪感。

2. 想象：生成三维整合的再造想象。研究表明，并非任一"再造想象"都有利于感情的激活和涌动，只有将"表象""题旨""语境"三维整合的"再造想象"才能成为有感情朗读的动力源泉。如朗读李白的《黄鹤楼送孟浩然之广陵》，在感知全诗意象之后，学生通过"孤帆""长江"提取出相关的生活表象；在观察课文插图之后，形成"黄鹤楼""送别"的图画表象；在想象李白和孟浩然告别时说了些什么之后，浮现出依依惜别的话语表象；在设身处地地感受李白眺望孤帆直至消失的场景之后，泛起惆怅寂寥又豁达开阔的情绪表象。上述各种表象已经将诗歌的主旨和意境融为一体，感情的生发就成了水到渠成的事情。

3. 求气：获得承载感情信息的气韵。三维整合的"再造想象"会触景生情，所以"因情求气"能获得承载感情信息的气韵（即"肺气流"），这是形成感情语调的动能。如朗读杜甫的《春夜喜雨》，诗的感情全都凝聚在一个"喜"字上："好雨知时节，当春乃发生"是欢喜，因为雨下得正是时候；"随风潜入夜，润物细无声"是暗喜，因为雨无声无色、悄然而至；"野径云俱黑，江船火独明"是惊喜，因为"俱黑"中透出一点"独明"来；"晓看红湿处，花重锦官城"是欣喜，因为想象中的"红湿"该是多么光艳、希冀中的"花重"该是多么丰满。把握了"喜"这一情感基调，就能因情求气、顺情发气、动情荡气，获得指向"欢喜""暗喜""惊喜""欣喜"等一系列感情信息的肺气流。有感情朗读，显之于外的是声音，隐之于内的是气韵。气韵不动，声音就失去了灵魂，即便发声，也不过是拿腔弄调、装腔作势而已。

4. 创调：创生独特的情韵朗读语调。实验发现，提取的表象不同，再造想象不同，朗读者的主观体验不同，因情求气所获得的肺气流不同，最终形成的感情语调也不同。来看《钓鱼的启示》朗读教学片段：

师：通过刚才的情境表演，同学们对父子间的对话又有了新的认识，相信这一次的朗读一定会有新的感悟。光一个"爸"字，就已经饱含了太多的感情。自己先试试！

（生自由练读，然后师指名朗读。）

生1：（朗读）爸！（读重音，着急地）

师：你为什么要这样读？

生：因为我觉得，爸爸要求儿子把鱼放回去，儿子的心里是很着急、很不高兴的。

师：从你的朗读中我也感受到了他的着急！谁再来读？

生2：（朗读）爸！（读重音，埋怨地）我想儿子的心里肯定是在埋怨爸爸不让他留下那条鱼。

师：的确有这种感受！可是，小男孩的心里仅仅只是着急、埋怨吗？再想一想，你们觉得儿子还有哪些想说又没有说的话呢？

生3：我想儿子心里还是很委屈的，因为他毕竟从未钓到过这么大的鱼呀！

生4：我认为儿子当时可能不仅仅是不满意，他还是很愤怒的，要是我的话，肯定要大发脾气了！

11

生5：我想儿子可能还想再求求他的爸爸，让他留下这条大鱼。

师：你们把小男孩心里的声音都说出来了！那你能再通过这一声"爸"来表现他的内心世界吗？

生6：（朗读）爸！（读得声音发颤，似乎充满委屈和乞求）

生7：（朗读）爸！（读得愤怒高亢，似乎对爸爸的话充斥着不满和不理解）

生8：（朗读）爸！（拖长了声音读，似乎想让爸爸听到自己的心声）

一个简单到不能再简单的"爸"字，竟然读出了五种以上的语调，或着急，或埋怨，或委屈，或愤怒，或乞求。因为每个学生的主观体验不同，获得的承载情感信息的肺气流也不同，所以各自创生的情韵语调也个性纷呈。

5. 反听：回馈情韵朗读的感情信息。学生结束朗读，但朗读教学却不能就此结束，因为朗读本质上也是一种表达、一种交流、一种沟通。因此，没有听者的参与和理解，朗读就不算最终完成。所以，我们常常会这样追问：听了他的朗读，你仿佛看到了什么、听到了什么、闻到了什么、想到了什么、感受到了什么？我们也常常会这样引导：他的朗读把我们带入了一个怎样的场景，我们来到了一个怎样的地方，我们感受到了一种怎样的氛围，我们体会到了一种怎样的心情呢？其实，这是一种指向感情的朗读反思和评价。这样的反思和评价，有助于学生更好地理解文本的情感内涵，更美地开掘文字的形式意蕴。

完成以上五个步骤，也就实现了有感情朗读。这五个步骤之间都是条件和因果关系：只有准确感悟文本的题旨和语境，才能生成表象和题旨、语境三维编码的再造想象，由此形成的再造想象就会激发感情，再"因情求气"，就能获得承载感情信息的肺气流，通过朗读就会产生独特的情韵语调，而独特的情韵语调会使听者和读者反馈接收到感情信息，从而完成感情朗读，确证朗读主体的在场。

（三）文体是朗读教学的内在尺度。

什么文章该怎么读，该读出怎样的基调和样貌？这就是朗读教学中长期被遮蔽的文体意识。事实上，文体意识是朗读教学的内在尺度，直接影响着朗读的基本模式和整体效果。因此，有必要切实探索朗读不同文体的规约和策略。

1. 把握不同文体的朗读基调。我们通过列表的方式概述不同文体的形式特点和朗读基调：

文体	体裁特征	朗读基调
古诗	音律整饬，意境典雅	读出古诗特有的平仄、声韵和节律，体现意境的典雅之美。
儿童诗	想象新奇，节律灵动	以适度夸张和童稚的语气，读出天真烂漫、惊奇善变的童诗韵味。
一般散文	行文自由，精神凝聚	顺势中读出不顺势，在自由流畅的基础语感中，或转或停，或扬或抑；平稳中读出不平稳，要在平稳的语流中，为活脱、跳跃留出一席之地。
童话	幻想丰富，形象夸张	以充满想象和幻想的语气娓娓道来，营造出某种亦真亦幻、虚实相映的语言氛围。
小说	叙事生动，形象鲜明	用讲故事的语感节奏读出叙事的变化过程，通过揣摩人物的性格特点读出不同人物的不同话语风格。
写景文	语言优美，借景抒情	以身临其境的感觉读出文字的画面感、情味感。
说明文	条理清晰，行文严谨	以相对平实的语气、平稳的语调读出文字的层次感、逻辑感。
文言文	语言精练，文意古奥	读出文言虚词的基本节奏和韵味，读出文言语句特有的内部停顿和重音，读出文言文典雅古朴的整体风貌。

2. 辨识相同文体的朗读个性。如《巨人的花园》与《卖火柴的小女孩》都是童话，因此都应该把握童话的朗读基调。与此同时，还应该辨识并读出这两个童话各自的形象特点和情感风貌：《巨人的花园》充满好奇，虽然情节有冲突，结局却皆大欢喜，因此要读出天真的喜感；《卖火柴的小女孩》充满期待，却层层落空，结局凄美，因此要读出幻灭的伤感。

3. 统筹同一文本的朗读复调。以《开国大典》为例：文章的开头介绍开国大典的时间、地点、参加人员等，类似于通信报道，朗读时情感要内敛、语气要平实；文章的高潮则是毛主席宣布中华人民共和国中央人民政府成立，紧随其后的是一整段对宣告声的强势描写，类似于抒情散文，朗读时要充满激情，读出气势磅礴、气象恢宏的语感节奏；文章的结尾叙述游行队伍从进场到退场的过程，类似于叙事小说，朗读时既要读出叙事的变化进程，也要读出不同人物高呼口号时的现场感、分寸感。

总之，朗读是一种有意识、有目的的有声语言表达活动，是一种厘清思路、调整心路的艰苦劳动，是一种由文字语言的存在状态向有声语言的存在状态转化的过程，是一种语言、形象和意蕴的再创造活动。朗读教学则是将这一再创造活动自觉引向语文能力和素养的形成过程，确证朗读主体、培养朗读者，是这一过程的最终目的。

朗读的技巧

◆ 支玉恒

　　朗读，是在理解课文内容和把握文章情感的基础上进行的，这毫无疑问。但是朗读是一种技能，肯定有技巧在内。掌握了朗读技巧，确实能增强表情达意的效果，使朗读更精彩，更传神。我这里要谈的不是理论，而是教学实践的操作方法，大致有 12 种，且都是个人的教学体会，仅供参考。

　　1. 轻：大致适合表现小心谨慎、渴望希冀、安慰劝阻、提醒暗示、孤独无助、虚弱衰微等心理状态和轻微静谧、零星细碎、稚嫩小巧等事物情状。

　　2. 重：大致适合表现肯定无疑、庄重沉着、强调坚持、鼓动激励、命令禁止、凛然难犯、英勇顽强、批评责备、冷酷凶恶等心态和宏大辽阔、雄伟壮丽、强盛发展、汹涌澎湃、磅礴震撼等情状。重读能表达强调突出的作用，在朗读中运用极多。

　　3. 缓：大致适合表现惆怅犹豫、悲伤惭愧、平静凄凉、沉默慈祥、回忆追思、欣慰向往、疲惫懒惰、愚昧保守、迟钝木讷等心态和悠远绵长、历久深邃、延续伸展等情状。

　　4. 疾：大致适合表现焦急迫切、兴奋喜悦、紧张热切、豪爽奔放、开朗快乐、活泼激动、喜爱欣赏、意外惊诧、连贯急促等心态和奔腾流淌、翻滚驱驰、飞翔跳跃等情状。

　　5. 虚：大致适合表现害怕胆怯、怀疑迷惑、猜测试探、躲避闪烁、虚伪矫饰、投机欺瞒、狡猾奸诈等心态和安宁寂静、梦幻离奇、玄虚奥妙、神秘怪诞等情状。虚声往往须配合气声来读。

　　6. 实：大致适合表现忠厚老诚、夸赞表扬、感动敬佩、真挚诚恳等心态和清晰切近、固定实在等情状。

　　7. 浓：大致适合表现深沉多虑、周到细密、感慨叹服、关心注重、老气横秋等心态和密集浓烈、朦胧厚重等情状。读时往往配合鼻腔共鸣。

8. 淡：大致适合表现轻蔑忽视、冷淡恬然、寂寞无聊、灰心失望等心态和模糊虚无、微薄浅淡等情状。

9. 刚：大致适合表现坚定不移、果断自信、干脆直接、斩钉截铁、愤怒谴责、骄傲自恃等心态和棱角分明、坚固粗硬等情状。

10. 柔：大致适合表现温柔委婉、谦虚恭敬、平和顺从、和蔼善良、小心服帖等心态和轻柔细腻、绵软纤巧等情状。

11. 隐：大致适合表现隐蔽深藏、私密不露、保守内向等心态或情状。

12. 现：大致适合表达突出外显、高大突兀、光明外现、不藏不掖的心态或情状。

需要说明的几点：

1. 朗读时绝不能单纯追求技巧，要根据读物内容的需要、情感的发展、事态环境的变化，适当地表情达意。

2. 在实际朗读中，每一种读法单一运用的情况并不多，往往是两种以上方法综合使用。如重与实与刚，轻与柔与淡，等等。

3. 在朗读中除去以上方法，还有语流的滞、畅、断、续和节奏的疏、密、顿、拖……需要仔细体会，合理表达。

4. 就"重读"这一点，语言本身也有规律。如"意群重音""逻辑重音""重点词语重音"等，比较复杂，有的也不适合在小学阶段实施，读中自然会体悟得到，此处不多讲。

情由心生，自然朗读

——以《雨点儿》为例谈小学朗读教学

◆ 曾 婉

　　在日常生活中，人们说话时都能运用恰当的语气语调，自然地表达出自己的意思。这说明，人是具备有声语言交流能力的。朗读也是一种有声语言的交流，可为什么会说话的人拿起文章就读不出"人话"呢？那是因为，我们说话时，说的是自己的话，是带有目的性的、由心而生的话。而朗读读的是别人的话，如果我们不理解文章的意思，不能感同身受，自然也无法调动起我们的情感，无法触发语言交流能力的开关，也就无法用恰当的语气语调表达出文章的意思了。因此，朗读的前提是理解课文内容，包括了解与课文有关的背景、作者意图。朗读时还需要想象画面，置身于课文的情境当中，调动起自身情感，让课文中的语言变为自己的语言，使语言由心而生，才会收到理想的效果。

　　下面，就以部编版语文教材一年级上册的课文《雨点儿》为例，说说如何指导朗读。

　　《雨点儿》一课朗读教学的重点在读好对话以及语句的停顿上。

一、 对话朗读的指导

　　关于对话朗读，有人认为，关键是把角色的声音模仿得惟妙惟肖，这其实是一个误区。对话朗读的重点在于读出对话感。不论是单人的对话朗读还是多人分角色朗读，话语之间要有承接呼应，而非自说自话。而要做到承接呼应，就必须理解对话的内容，不仅是话语本身的内容，还包括话语背后的内容，揣摩角色的态度情感。

　　《雨点儿》一文的主题是爱与奉献。雨点儿的使命就是滋润花草、唤醒生命、给大地注入生机和活力，这是十分神奇、十分有意义，也十分快乐的事情。而雨点儿们显然知道自己的使命，他们的对话是包含在快乐、自豪的情感基调中的。读之前，可以播放带雨露的花草图片，让学生感知雨水对于草木生长的重要性，还可以配上音乐和描写春雨的诗词，创设情境，让学生感受雨点儿们为大地带来生机时的快乐和自豪感。

文中对话共有三处。

"你要到哪里去?"大雨点儿首先发问。其实，雨点儿们都清楚，他们的共同使命是去大地上滋润花草、唤醒生命。这句话并不是纯粹的疑问，还带有交流、探讨的意味。因此，要用快乐的、聊天似的语气朗读。朗读时，强调"哪里"这个词，就能读出疑问的语气。

小雨点儿回答："我要去有花有草的地方。你呢?""有花有草"是对问句"哪里"的直接回应，强调这个词，就能读出回应感。如何更好地强调这个词呢? 首先，我们要淡化非重点部分，"我要去"要低语调起读，在"去"字后面可稍作停顿，给听者一个期待答案的时间，以便留意听清后面的重点词。"的地方"也要用低语调轻快地带过。值得注意的是，"有花有草的地方"是一个有机整体，不可断开。学生在齐读的时候，往往喜欢把"的"字读重、拖长，形成一种机械的读书调，割裂了完整的意思，破坏了语言的表达。解决办法是，还"的"字的轻声面貌，用轻而短的方式带过。其次，朗读"有花有草"这个词时，我们可以通过加大语调起伏，放慢语速来实现对它的强调。"你呢?"是小雨点儿的回问，这里交流的意味就更突显，意思是：我要去有花有草的地方，你去哪儿呢? 说来听听。

"我要去没有花没有草的地方。"大雨点儿的回答出乎意料。"没有花没有草"是对"你呢?"的回应，要予以强调。强调的方法，跟上一句相似。不同的是，这"没有花没有草"的地方着实让人费解，听者会问："去没有花草的空地上做什么呢?"因此，这里的强调要比上一句更加强烈，语调的起伏要更大，语速要更慢，表现出大雨点儿自豪又带点神秘的感觉——它要去做更神奇的事情。其中"没有花"与"没有草"之间可以做短暂的停顿，给人留个大大的悬念。

二、 读好句子的停顿

关于停顿，这里要强调一个问题，标点符号只是有声语言停顿的一个参考，并非有标点的地方都必须停顿，也没有规定必须停顿多长时间。相反，根据有声语言表情达意的需要，我们可能会把有标点的地方紧密地连着读；而没有标点的长句，根据表情达意的需要，我们也会在中间自然地设置停顿。停顿是表情达意的需要，它是自然生发的，也是人本身具有的能力。不同的人，对文章的理解与感受也不尽相同，因此，停顿的地方和长短也会不尽相同，只要能正确地表情达意都是可以的。要使学生处理好句子的停顿，我们要做的，还是从理解文章内容情感出发。那种用标点符号教学生练习停顿的做法是机械的，是容易产生误解的。

"不久，有花有草的地方，花更红了，草更绿了。没有花没有草的地方，开出了红的花，长出了绿的草。"

18　　　这一段是对在雨滴的滋润下，大地一片生机的描述。读这段之前，要停顿较长的时间，以便给下文的变化留一个心理转化的空间。

"花更红了，草更绿了"与"开出了红的花，长出了绿的草"是这一段的重点，读时，想象着雨滴滋润后，草木复苏、柳绿花红、生机勃勃的景象，就能用惊喜的语气把它们恰当地凸显出来。在停顿上，除了两句中间的逗号要稍作停顿外，为了突出花的红，草的绿，我们还可以在"花""草"后面作更短的停顿，以便强调"更"字。"开出了红的花，长出了绿的草"中"了"字也是轻声词，跟前面讲过的"的"字一样，要轻而短地带过。但第二个"了"字之后可以稍作停顿，将"绿的草"语速放慢，气息拉长（"的"字仍注意要轻而短），在故事结尾，给人留有余韵的感觉。而"有花有草的地方"和"没有花没有草的地方"在这里只是作为地点的区分，不需要再像上文一样强调了，因此"没有花没有草的地方"中间不必再作停顿，要整体处理，以便与"有花有草的地方"达成呼应。

三、 采用适合的教学方法

有经验的教师都知道，学科知识与教学并不是一回事，以上关于对话及停顿的朗读分析是教师们心里需要明白的，但并不适合讲给学生听，特别是低年级的学生。那如何教会他们朗读呢？我们要做的就是创设情境及提供优质的范读。另外，教师还要有一对灵敏善辨的耳朵，能发现学生朗读中的问题或闪光点，及时给予协助、示范和肯定。

创设情境的方法多种多样：课始，可以用图片、视频、背景介绍、肢体语言和表情或者游戏把学生带入情境。朗读指导时，提醒学生想象画面，或凭借教师有声有色的范读，帮学生找到"情境中"的感觉。只要能将学生带入情境中，就能调动起学生自身的语言表达能力，自然地朗读。小学生要学习的主要不是朗读技巧，而是逐渐适应把课本上的文字转化为自己的语言。

范读是语文教师应具备的基本能力。我们不能用琐碎的朗读分析教学生朗读，而要用优质的范读，给学生呈现完整的作品，给他们带去听的享受。会听的学生慢慢就会读，学生会在听到的感动中自主地回忆、模仿、琢磨，继而自然地掌握朗读的技巧。艺术是需要浸润和发酵的，任何艺术都是从模仿开始的，学生在模仿中会逐渐触发灵感，形成自己的风格。绘画、书法、演唱、舞蹈、器乐……不一而足。那种理性的分析说教是教不出真正的艺术的。朗读艺术又何尝不是如此呢？

朗读：作者、读者、听者的互动交流

——由张颂《朗读学》引发的思考及实践

◆ 吴诗清

"你能通过自己的朗读表达出作者的喜爱之情吗?"类似的话语在阅读课的朗读指导过程中经常出现。一直以来，朗读似乎更多的是借由朗读者的口来表达作者的情感，朗读者成了作者情感的传声器。朗读是不是真的只是作者与读者（朗读者）之间的单向互动呢? 张颂先生所著的《朗读学》一书给了我们一些提示。

张先生认为，当我们拿到一篇作品时，要想通过朗读让听者理解文字的含义、情感，首先朗读者自己要深入地理解作者通过文字所表达的情感。在此基础上，朗读者根据自己对作品的理解，把作者所表达的情感迁移到自身，在朗读时对作品进行一些朗读技巧上的处理，使文字转化为有声语言，以此来表现自己对于作品的理解。这个过程可以简单地分为这样几步：一是理解，二是迁移，三是转化，四是表现。

张先生关于朗读学的论见，引发了我对朗读指导的思考。既然朗读者的朗读过程分好几步，那么，在平时的课堂教学中，朗读指导也应当是分几步走的。要想学生真正地做到通过朗读来表达自己对文字的理解，第一步，要帮助学生读懂作者的意思，理解文章、段落、语句，甚至是词组的结构，哪些词语突出地表现了作者所要表达的情感，等等。因为文本理解是自由表达的基础。第二步，让学生说说自己对文字的理解。作者想要通过文字表达的和读者通过文字体会到的，这中间是有差异的。同一段文字，不同的人有不同的解读，要允许并尊重学生的多元理解。第三步，学生根据自己的理解和感受，"正确、流利"地把自己对文字的理解表达出来，读出自己的感情。第四步，请听者说说通过听他人的朗读，又获得了怎样的感受。根据朗读学的理论，朗读并不是一个单向的过程，而是双向的，一个是读，一个是听。听众从朗读者的朗读中所获得的，可能远远多于他作为一个读者通过阅读文字所获得的。

对照这样的朗读指导过程，反观自己平时的教学，有两点是比较欠缺的：一是虽然强调学生"你读懂了什么？透过作者的文字你读出了什么"，但是对于如何把自己的感受通过自己的朗读体现出来的引导是不够的。"你为什么在这个地方要这样读呢？"课堂中缺少这样的追问，学生对自己为何这样朗读就会不甚明了。二是在朗读之后的评价中，更关注的是"他（她）读得怎么样"，"你觉得他（她）哪里读得好"，侧重点在于朗读者的朗读技巧，而不是朗读者的情感体验，以及听众的收获。

欠缺这两点会导致什么呢？一是缺少了朗读方法的内化。在小学阶段的朗读指导中，一般不明确进行朗读技巧的指导，更多的是引导学生在自读自悟基础上的一种体悟，以及聆听教师范读之后的模仿。这样的朗读指导避免了朗读技巧的机械练习，但是也带来了另一个问题：一部分语感比较好的学生可以比较快地通过自悟、模仿领会朗读的方法，把自己的情感体验通过朗读体现出来。但也有一部分学生无法达到这个程度，即便在听了教师的范读之后会模仿，那也只是鹦鹉学舌，对于为什么要这样读是不清楚的。长此以往，这部分学生面对"有感情朗读"这样的要求或者一筹莫展，或者敷衍了事，达不到借朗读表情达意的目的。二是缺少了朗读之后的交流反馈。缺了这个过程，就缺少了朗读者和听者之间的情感交流。听的过程，不但是继续理解作者的文字的过程，也是理解朗读者的个人情感的过程。朗读者也可以根据听者的反馈及时反观自己对作者文字的理解和对内心情感的表达。有了这样一个双向交流的过程，朗读的过程才完整，才能最大限度地体现出效果来。

带着这样的思考，我开始尝试在课堂教学中运用朗读学的理论进行朗读指导。《普罗米修斯》是人教版四年级下册第八单元中的一篇精读课文。借助普罗米修斯为人类取火而备受折磨、经受考验的故事，表现了普罗米修斯坚强不屈和舍己为人的高尚品质。在课文中，有两个自然段具体地描写了普罗米修斯遭受宙斯施予的最严厉的惩罚。我选择这两个段落作为朗读指导的内容，其课堂实施过程可简单概括为这样几步：

1. 学生自由读这两个自然段，画出具体描写普罗米修斯遭受惩罚的句子，把自己感触特别深的词语圈出来；

2. 默读这两段话，想想从这两段话中体会到了什么；

3. 带着自己的感受再次读这两段话，并且尝试着通过自己的朗读，把自己的感受表达出来；

4. 交流反馈时提两点要求：听众——认真听别人朗读，说一说听了之后自己有什么新的感受；朗读者——说说为什么自己要这样读，想表达什么；

5. 学生自由朗读这两段话，要求运用一定的朗读方法，把自己的感受更好地表达出来。

从学生的课堂表现以及听课教师的反馈中可以感觉到，这样的朗读指导能给学生更多朗读方法的引导，激发学生的朗读热情。因为学生在充分理解文本内涵的基础上通过自读自悟以及分享交流，可以在一种体验式的学习过程中掌握更多的朗读方法。同时，学生对课文的朗读，不再是作者情感的传声机，而成为表达自我情感的一个途径，和他人交流阅读体验的一种方式。"有感情地朗读"因为学生在读的过程中有了自己情感的投入，有了适当方法的运用，成了课堂中可以实现的教学目标。

"朗读者"修炼三部曲

——也谈中高年级朗读教学策略

◆　梅志军

近日，中央电视台推出的一档节目《朗读者》火遍大江南北，其前三期的主题分别为"遇见""陪伴""选择"。今天，笔者就想借着这三个主题词聊一聊中高年级朗读教学的策略，以期培养更多学生成为酷爱朗读、懂得朗读、善于朗读的"朗读者"。

一、"遇见"——走进文本

《朗读者》说，人们朗读的不只是文字，朗读的同样是人生。而这正是这档节目能牵动亿万观众心灵的魅力所在。我们不难发现，其实电视节目中的不少"朗读者"普通话不标准，声音也不好听，但就是能打动观众。一个根本的原因是，朗读者的经历"遇见"了朗读的内容，并产生了共鸣，他的声音自然成了最好的诠释。因为懂得，所以慈悲。

由此观照中高年级的朗读教学，学生能不能真正"遇见"文本，哪怕是走进文本，这是中高年级朗读教学的起点。说得再直白一点，我们只有让学生理解了文本，理解了文本的内容、主题乃至表达，才能进行"有感情朗读课文"的指导。可叹的是，我们很多老师在阅读教学刚刚开启，学生"正确、流利"都未达到的情况下，就大声疾呼"谁能比他读得更有感情"，殊不知，只有走进文本，从理解到表达，才是开始一篇课文的朗读准备。

我们都知道，教材中的很多文本无论时空还是情感，都距离学生较远。所以，要想学生用声音表达自己对文本的理解，就必须为他们架构起与文本之间的桥梁。

我们来看于永正老师执教《第一次抱母亲》的教学案例。我们在课堂上发现，不少学生在于老师的朗读声中泪流满面，接着，他们的朗读也情深意切。于老师是怎么做到这一点的呢？首先，于老师在指导学生有感情地朗读课文前，先扣住两个重点词"翻山越岭""重担"进行教学，并有意识地引导学生联系自己的生活理解这两个词语："同学们，'乳哺三年娘受苦，移干就湿卧娘身'，说的是母亲养育儿女的艰辛；'儿病恨不将身替，调理汤药不离身'，说的是母亲在儿女生病时的焦虑和对儿女的照料；'昔孟母，择邻处，子不学，断机杼'，说的是母亲为了教育子女所做出的巨大贡献；'慈母手中线，游子身上衣。临行密密缝，意恐迟迟归'，说的是母亲对远行的儿女的体贴和牵挂。同学们，母亲的重担里面装的东西实在是太多太多，母亲所挑的不是一百多斤的重担，她挑的实际上是大半个天！同学们，当我们理解了重担的意思之后，再回过头来看前面这个词，翻山越岭，母亲仅仅是翻过一座座山、一道道岭吗？"读懂了文本的言外之意，何愁学生不能有感情地朗读？其次，于老师在指导学生有感情地朗读课文前，先自己深情地范读："于老师备课的时候也读了好多遍，我读得不一定有你们好，我也不一定读得正确，但是我想读一遍给你们听，好吗？"此时台上台下鸦雀无声，大家都在静静地听着于老师的朗读，都被于老师绘声绘色的朗读带进了课文所描绘的情境之中，也深深地被课文中的母子之情感动着。当读到最后一段时，于老师按下了录音机，一段舒缓的音乐渐渐响起。当于老师把课文读完，台上台下都报以热烈的掌声。台上更有不少学生红着眼睛在哽咽。此时情感之弦被拨动了，何愁学生不能有感情地朗读？最后，于老师在指导学生有感情地朗读课文前，一直在观察学生的表情："我发现同学们第二遍读课文的时候，表情和第一遍不一样，你们的表情告诉我，你们把课文读懂了，我从你们的表情上看出来了。""这一次我又认真地看同学们的表情，和第二次又不一样，我一看这表情，我知道这一次你们读进去了。"情动于中而形于色，何愁学生不能有感情地朗读？

二、"陪伴"——走进文法

中高年级的学生朗读技巧要不要进行训练？答案是肯定的。有人说，写文章就是玩文字游戏，话糙理不糙，不同的词语、词组、句子按照不同的顺序组织就构成了不同的文章，这就是文法。所以学生要想朗读好文章就必须讲究方法和技巧，把握语速，处理好停顿，注意重音，要有语势，要有节奏。这个过程是一个漫长的过程，是需要老师在每节课里的"陪伴"（指导、示范、陪练）。只有这样，学生才能走进文法。

我们还是来观摩于永正老师的《第一次抱母亲》的教学片段——

生： 十三，《第一次抱母亲》，母亲病了……

师： （打断学生）停下来。听我说，"十三"可以不读，如果要读，就读成"第十三课"。我们不读，上来就读课题。读完课题以后要停一会儿再读正文，要让人家思考，自己也思考一下。然后读正文，这样读——（示范读）第一次抱母亲。（有意在题目与正文之间停顿一会儿）母亲病了……这样读，给别人、给自己留出思考的时间。再读。

生： 第一次抱母亲。（题目与正文之间停顿的时间稍长）母亲病了……

师： 有进步！停顿的时间再长一点儿。再读。

生： 第一次抱母亲。（题目与正文之间留下了足够的时间）母亲病了，住在医院里，我们兄弟姐妹轮流去守护。

师： 我提示一下，句号要停顿。为什么要停顿？因为一句话说完了。往下读。

生： 轮到我的那天，护士进来换床单，我让母亲起来，母亲病得不轻，转身下床都很吃力。（"都"字读得较重）

师： "转身下床都很吃力"，如果像你那样把"都"读得很响，"转身"的后边应该加个顿号，"转身、下床都很吃力"说明"转身"和"下床"这两个动作都很吃力，但是书上没有这个顿号，因此这个"都"要读得轻一点儿。（示范两遍）"转身下床都很吃力""转身下床都很吃力"。跟着读。

生： （齐）转身下床都很吃力。

师： （面对刚才读的同学）你也读一遍。

生： 转身下床都很吃力。

师： 会读了，大家像她一样再读一遍。

生： （齐）转身下床都很吃力。

……

从上面这个片段中，我们发现，于老师在指导学生朗读的过程中关注了停连、重音等朗读技巧。于老师很耐心地逐词逐句地指导学生朗读，并有意识地给学生传授一些有关技巧；范读之后，更是让学生一遍又一遍地练习，在练习中让学生体会这些朗读技巧的妙处。当然，适合中高年级训练的朗读技巧不止于此，我们还可以在语气、节奏等技巧上对学生进行训练。而这些技巧都与标点符号有点关系，所以关注这些技巧的训练，说不定还会有意外收获——学生的习作会因标点符号的正确使用而精彩起来。

三、 "选择" ——走进文体

老师们总有这样的发现，班上有那么几个孩子，你不能说他（她）朗读得不好，但你听他（她）的朗读总觉得不对劲：学课文之前让他（她）读是这个味，学完之后让他（她）再读还是这个味；更让人难以忍受的是，读第一课是这个味，读第二课也是这个味……读到最后一篇课文还是这个味。这就是传说中的拿腔拿调的"读书腔"。

要想让学生"用恰当的语气语调"很"自然"地进行有感情地朗读，从而摒弃"矫情做作的腔调"，笔者以为，朗读如唱歌一般，我们得让学生学会"不走调"。我们得让学生明白，课文如歌曲一样——歌曲有"调子"，课文也有自己的"调子"：感情浓郁、语言优美、笔调活泼的，如《三亚落日》一般的散文，它的"调子"就是鲜明的节奏、抑扬的语调、一气呵成的语势；语言简洁明了的，如《神奇的克隆》这样的科普文，它的"调子"是正确、流利，层次清楚；但形象鲜明、富于想象的，如《自相矛盾》此类的寓言或童话，它的"调子"成了夸张渲染、幽默俏皮……如果我们把《铃儿响叮当》唱出了《小白菜》的味道，那只会叫人瘆得慌；同样的道理，如果把《学与问》用《大江保卫战》的"调子"去读，哲理与探究的韵味将荡然无存。归根结底，有感情朗读，"调子"把握是基础——而这个"调子"就是文体。

小学阶段，文体繁多，有叙事的，有写景的，有童话的，有诗歌的，有科普的、有说理的……而我们每接触一种文体，就要选择合适的"调子"指导学生朗读，读出这个文体特有的味道。我们更要善待某一种文体的"第一篇"，不要轻易放过它，并让学生用朗读为这一类文体烙上标记。而学生在以后的学习中，碰到类似的文体，他（她）自然就会做出正确的选择。

总而言之，在中高年级的朗读教学中，如果教师领着学生走好这三部曲——走进文本、走进文法、走进文体，我们的朗读教学一定能进入新的天地。

朗读的温暖

◆ 周　奇

作为一名小学语文教师，我们可能每天都在教朗读、听朗读。对于朗读，我们有许多集体性的认知，比如语气、语调、节奏、重音。关于朗读，我们也必定有许多相似的记忆，比如，我们曾如何带着学生把一个个字音读正确，把一个个句子读流利，把一篇篇课文读出感情来。

那么，是否还曾有过更加触动自己的朗读故事呢？我的眼前浮现出一组语文教学之外的镜头，朗读者分别是我们家的爷孙三代人。

女儿撒娇

那时候，女儿才 4 岁，刚刚上幼儿园。

晚上，我陪女儿读绘本。那天我们读的是日本作家宫西达也的《你看起来好像很好吃》，许多语文老师和年轻的父母应该都知道这个系列。

故事前段，小甲龙把正要吃掉它的霸王龙当成了自己的爸爸，霸王龙非常诧异。我皱着眉头读："我……我是你的爸爸？"

女儿在幼儿园没学过什么朗读，我也从没教过她该怎么读。现在的她，完全是属于"想怎么读就怎么读"的状态。她小手朝我鼻尖一顶，然后蹭痒痒般地往我臂弯里钻："你，就——是我的爸爸！爸——爸！"

女儿的读，让我这个对朗读处理比较敏感的语文老师一下子愣住了：句子中的那个"就"字，被女儿拖得老长老长；特别是"爸爸"两个字之间，声调还波浪似的绕了好多个弯儿。如此不合"学理"的朗读，在我的语文课上似乎还真没听到过。

故事的后段，讲的是霸王龙因为爱选择了与小甲龙分开。我抚摸着女儿的头读着："孩子，去寻找你的幸福吧，我们……该分开了！"

绘本里，接下去的文字是"不要，不要！我要长得像爸爸一样，我要和爸爸在一起!"

可是,女儿却半天没有读。我低头一看,她居然在流泪。我提示她,轮到她读了,可她怎么也不愿意读。我笑着说:"只不过是书里写的故事嘛,干吗不读呢?"

她的脸颊挂着泪,紧紧地搂着我,头摇得跟拨浪鼓似的:"这里不读!我不喜欢这里,我不要和爸爸分开!"

那一刻我感觉到,孩子拒绝朗读,却比多少"有感情"的朗读更加感人至深。

月夜独吟

那时候,我刚参加工作,分配在一所乡村小学任教。学校是个小四合院。

没想到,参加工作的第一个中秋节便要加班。几个一起加班的同事都是本村的,只有我家离学校最远,有几十里路。第二天还有任务,我不能回家。

到了傍晚,那个小四合院里剩下我一个人。眼见天色渐渐黑了,孤独、寂寞的感觉自然而然地生长起来。

一个人做饭,一个人吃饭,一个人坐在小院里。心里慌慌的,不知道做什么好。这时候,浮云散去,月亮现出身来,照得小院白白净净的。或许是月亮触发了情思吧,我轻轻地念起了东坡的词句:"明月几时有,把酒问青天。不知天上宫阙,今夕是何年……"

念着念着,我忽然想到可以做点什么。我拿了办公室里老师们教学用的笔墨,拿了几张报纸,铺在小院里露天的乒乓球台上。借着皎洁的月光,我一边念一边写了起来:"明月几时有,把酒问青天。不知天上宫阙,今夕是何年……"

放下笔,端起报纸,我对着自己写得并不十分漂亮的字,一遍又一遍地读着。不知道为什么要读,也不读给任何人听。

就这样读着读着,心渐渐安静下来了。月亮底下,我收起纸笔,回房休息。一句遗忘了很久的诗句涌上心头,滑出嘴边——"不知乘月几人归,落月摇情满江树"。那一刻,仿佛不是我在读它,而是它过来陪我了。

原来,朗读既可以是向外的,用来抒发感情,也可以是向内的,用来抚慰心灵。

父亲祭母

那时候，我还没有毕业。寒假的时候，奶奶过世了。

我奶奶经历过太多太多的苦难。她幼年丧母，中年丧女，家中两次遭遇火灾，大雪天里只能带着襁褓中的父亲栖身草棚。

奶奶过世后，按照村里的规矩，要由专门的人写祭文，父亲却提出，还是他自己来写。大家也都觉得挺合适，因为他毕竟是个教书的。父亲在打理奶奶后事的忙碌中，熬了一个通宵写《祭母文》。他用百余行四言短句，讲述了我奶奶的生平。

出枢的前夜要读祭文，也是有专门的人读的。父亲却说："还是我自己来读吧。"家族的长辈和请来的祭祀班子都很诧异：读祭文可是有讲究的，你根本不懂呀！——我也知道，那种带着哭腔、按照一定节奏念几个字哽咽一下的特有方式，父亲肯定不懂。但是，父亲还是坚持自己来读。

村里读祭文，当然不是用普通话，父亲也是用我们家乡的方言读的。老人的遗像前，父亲捧着自己写的祭文，慢慢地念着："容颜在目，恩德铭心……"至于哪里要读重些，哪里要拖长些，父亲此时怎会有心思去想！

读到"长女病卒，泪伴终生"，50岁的父亲扶着灵桌，久久地埋头抽泣。他的读，中断了。他在追忆自己的母亲，哪有心思去在意周围的人。摇曳的烛光中，我和乡邻们也静静地流着泪。

过了好久，父亲又直起身，捧着祭文继续读。我今天还记得父亲写的关于家中失火的几行文字："祝融两顾，业尽家空。苦煞吾母，东跑西奔。八方求助，劳苦身心……"可是父亲读着读着，竟然完全抛开了手里的祭文，抛开了他自己写的规整的句子。那一刻，他的读，几乎成了哭喊："苦哒我的娘啊！"

谁会在意读的内容已经对不上手头的文字了。灵堂里，一片哭声的海洋。

……

从深深浅浅的故事中走出，校园里回荡着学生响亮的读书声。我虔诚地希望，学生们走出课堂、走出学校以后，也能有机会为心而读，为爱而读。愿他们的人生，因为朗读而更加温暖。

用声音传达我们对文字的感受

—— 谈教师朗读技能的训练

◆ 张凤霞　高春风

"讲解是分析，朗读是综合；讲解是钻进文中，朗读是跃出纸外；讲解是摊平、摆开，朗读是融贯、显现；讲解是死的，如同进行解剖；朗读是活的，如同赋予作品生命；讲解只能使人知道，朗读更能使人感受。因此，在某种意义上讲，朗读比讲解更重要。"徐世荣先生的一席话，不仅道出了朗读的重要性，更是对当下过于注重文本分析的课堂教学的一种警示。

谈到"朗读更能使人感受"，我们不妨看下面的文字：

姐姐和弟弟去公园里看花。弟弟要摘花，姐姐说："不要摘！不要摘！公园里的花是给大家看的。"

当我们以视觉感受这段文字时，得到的信息是：弟弟要摘公园里的花，姐姐阻止他。当我们用朗读传达对这段文字的感受时，不同的朗读者就有了不同的感受。有的用稍快的节奏读出的是心情急切的姐姐，并加重读"大家"以强调花是"大家"的而非个人的；有的用温柔舒缓的语气读出的是有耐心的姐姐，并加重读"看"以强调花是给大家"看"的不是给你"摘"的。由此可见，朗读不仅是语文课堂教学的一个重要手段，有时也可以是语文教学的一个目标。所以，教师的朗读技能（自身的朗读水平、实际的指导能力）的提升要引起重视。

朗读作为教师的基本技能，该如何进行训练呢？

一、 科学用嗓， 美化声音形象

声音是教师形象的重要组成部分，清晰圆润、富有美感的声音，可以有效提升教育教学的效率。教师的语言美，既依赖于语言材料的美，也依赖于声音的美。男声的清澈、醇厚、粗犷、刚劲、庄重；女声的清脆、华丽、柔美等不同效果，都是教师声音形象美的体现。教师在教育教学和朗读活动中，都要注意声带的自然放松、用真声达意，不可收紧声带、拿腔拿调。

科学用嗓，强调以最小的能量消耗，发出符合职业需要的最高质量的声音，对嗓音健康没有伤害。教师的科学发声应该既满足发声科学的需要，又符合教学艺术的要求。这就要求教师平日注重"呼吸""共鸣""吐字"的训练。

1. 有控制的胸腹联合式呼吸。

整个身体处于放松状态，扩展两肋，收紧小腹；深吸气，如同"闻花香"，将气吸入肺底；用横膈肌锁住几秒（以不憋为准，适应后可慢慢延长）；再以"吹空瓶"的方式，把气息以圆柱体的形式慢慢呼出，反复训练，以增强肺活量，强化气息的通畅，使声音持久、圆润。

2. 打开共鸣腔，为声音增色。

人体本身有许多天然的音箱，既可以美化声音，又可以帮助声音传播。教师的朗读把握好"口腔""胸腔""鼻腔"三个腔体的共鸣即可。把口腔纵向打开，嗓子肌肉处于放松的状态，让圆柱的气息托着声音打在硬腭上，也就是常说的"面罩感"。一般情绪饱满发高声时，打开鼻腔通道，侧重鼻腔共鸣（哼歌的感觉），可试着朗读"千里莺啼绿映红，水村山郭酒旗风"体会鼻腔的共鸣；叙述性平和的语气则侧重口腔共鸣（捏住鼻子发"嘎"且没有囊鼻声的感觉），可试着朗读"一个是阆苑仙葩，一个是美玉无瑕"体会声音打在"面罩"上的口腔共鸣；深沉凝重的情感传达则侧重胸腔共鸣（在胸腔发"铿锵"的感觉），可试着朗读"忽然晴天里一个霹雳，爆一声'咱们的中国'！"体会胸腔共鸣。根据表情达意的需要，三个腔体自由转换，既保护了嗓子又美化了声音，还增强了声音的传播力。

3. 字正腔圆，吐字归音。

在气息通畅、共鸣到位的前提下，再准确、清晰、流畅、圆润、自然、集中地把字音发出，才完成了一个音节科学发音的过程。

准确，要注意声母（发音部位）、韵母（口型）、声调（四声调值：阴平55、阳平35、上声214、去声51）、语流音变（轻声、儿化、变调）；清晰，要注意吐字器官的用力程度，唇舌、口腔与元音的开度、声音的响度；流畅，用情感调整语流；圆润，不沙哑、不尖厉，讲究音节的"枣核形"；自然，不过分雕琢；集中，发音声束集中，不散乱。

所谓音节的"枣核形"，是指字头（声母）所占音高较低、时值较短，字腹（元音）所占音高较高、时值较长，字尾（韵母收尾音）所占音高较低、时值较短。

所谓字正腔圆，就是把音节的"枣核形"读准。字头：咬清楚，叼住弹发；出字要准确有力。声母位置要准确，"开花"不能发成"开发"；声母和韵头的结合要紧密，"乱"不能发成"烂"；声母发音部位的着力点要正确，"f"上齿尖与下唇内缘形成阻碍，字的力度要恰到好处；弹得出，吐送轻捷。字腹：韵腹（主要元音）要圆润、饱满、集中。吐字要纵向打开口腔，主要元音的发音要占据足够的时间，形成立起来的饱满感。字尾：归音要趋向鲜明，把韵尾收到各自的位置上，收得柔和、自然。如："标"，b 是字头，咬字发音要准；"i"是韵头，结合紧密；ɑ 是韵腹，吐字延音；o 是字尾，归音收韵。

二、 深入解读文本， 读出自己的感受

朗读的对象是文本，对文本的理解自然是朗读的"神"。"朗读绝不是见字发音的直觉过程，而是一个有着复杂的心理、生理变化的驾驭语言的过程"，是"文字—视觉—思维—情感—气息—声音这些环节相互联结又相互融合的过程"。

1. 正确、深入地理解。

读准字音。对于文本中的生字、生词、成语典故、语句含义，姓名、古代国名、地名等专有名词，一定要做好案头工作。如，李白的名诗《将（qiāng，愿、请之意）进酒》，意思是"劝酒歌"，根据文意读准字音才能准确达意。

把握作品背景，理解作者心境。杜甫的《绝句》（两个黄鹂鸣翠柳）脍炙人口。它作于公元764年，是"安史之乱"结束后的第二年，杜甫的好友严武担任成都府尹，杜甫也随之回到成都入住杜甫草堂。终于不再颠沛流离，不再"长夜沾湿"。在春日于家中安睡，清晨被鸟鸣唤醒后的所闻、所见、所想、所感，是美妙怡人的。朗读时自然就会以轻快的节奏和欢快的语调读出诗中的声、色，远、近，动、静，高、低，纵、横，虚、实交错的美来。如果再结合"安史之乱"给杜甫及当时民众生活带来的灾难，再结合《闻官军收河南河北》的诗歌强化背景的理解，作者那种陶然于草堂春景的心境自然更加鲜明。

理解主题和情感基调，抓住作品灵魂。透过文字体会其深刻的内涵和在隐晦手法下的真实想法。茅盾先生的《风景谈》表面上写的是风景，实际赞美的是解放区军民欣欣向荣的生活景象。因为要在当时的国统区发表，就不得不以隐晦的手法来传情达意。赞美之意隐含在字里行间，朗读时就不会平铺直叙。课文《麻雀》是屠格涅夫同名作品的节选。当我们和学生一起解读文中"爱"的主题时，不妨把原文省略的句子呈现出来，和学生一起体会"弱者在强者面前的自尊"和这"自尊"之后的"爱"的勇敢与伟大。了解了这些，朗读时那种深深的崇敬感自然会油然而生，自然就不再是单纯表现"爱"的主题时的那种柔美。

厘清文本的结构。结构是作品的骨骼，厘清结构就等于理出了作者思想活动的线索。《桂林山水》在行文上是典型的"总—分—总"结构，朗读时，要适当用停顿或延声表现结构的变化、内容的转换，即使在段落中，也要注意体现出句子间的层次关系；在某一句子内，词语之间的疏密关系也要读出，才能更好地表现文字的摇曳多姿之美。

2. 细致、深刻地感受。

感受是朗读者在接受作品的文字符号刺激时所引起的对客观物象的反应。

形象感受，指朗读者要在理解的基础上感受，透过文字表面深刻细致地感受作品所塑造的反映社会生活的形象，形成朗读者的内心视像。朗读者的内心视像必须被文字符号所唤醒，让作品中的人、事、景、物在脑子里成为活生生的东西，让听者在倾听时有如历其事、如临其境、如见其人、如闻其声的感觉。如："热心肠的朋友送了我两瓶，一开瓶子塞，就是那么一股甜香。"（杨朔《荔枝蜜》）朗读者如果在"一开瓶子塞"后面深深吸一口气再呼出，仿佛已经闻到了那沁人心脾的甜香，这感觉就会把听众也带到情境感受之中。又如："天冷极了，下着雪，又快黑了。"（安徒生《卖火柴的小女孩》）朗读者要激活自己对"雪大""天黑""极冷"的感受，仿佛自己置身其中，就会在语势、语气的变换中创造一种冷风刺骨、寒冷难耐的情境。再如："过不多久，忽然有一个小脑袋从叶间探出头来。……珍珠鸟索性用那涂了蜡似的、角质的小红嘴，'嗒嗒'啄着我颤动的笔尖。……跳动的小红爪子在纸上发出'嚓嚓'声。""小脑袋""探""小红嘴（读时最好带上儿化音，表示小而可爱）""啄""小红爪子"这些形象可感的词语，朗读者要赋予喜爱的感情，传

33

达出形象的灵动、可爱。总之，方位、声音、色彩、动作、味道、距离……人、物；动、静；大、小；高、低；强、弱……都可根据朗读者的朗读目的，用声音传达出其形象的生动可感的画面。

逻辑感受，指作者行文中言语之间的主次、并列、递进、总括、转折、对比等关系。朗读文本时要厘清作者的思路、情路、言路，并用适当的有声语言加以表现。如唐代王之涣的《登鹳雀楼》：首句"白日依山尽"传达的是眼前所见之景的壮阔；第二句"黄河入海流"表现的是眼见与所想之景的融合，其境界更壮阔；第三句"欲穷千里目"是全诗的诗眼，是对更广阔景象的憧憬；末句"更上一层楼"把境界推得更高，以"楼"点题，稳稳收住全诗。诗句间层层递进的开阔感，提示朗读者在第一句起势以半高为宜，要为后面的层层推进做好铺垫。后面逐句推高，最后达到全诗的高潮。若起势过低，后面就会显得突兀；若起势过高，后面就可能推不上去。

3. 逼真、丰富的想象。

想象，即人脑对已有的表象进行加工、改造而创造出新形象的心理过程。朗读者所读的文本，是作者独立地在头脑中形成新事物、新形象的过程，没有现成的依据，是创造性想象；而朗读者则是在文本给定的条件的基础上进行想象，不能离开条件漫无边际地去想，属于再造想象。"孤帆远影碧空尽，唯见长江天际流。"（李白《黄鹤楼送孟浩然之广陵》）这两句看起来似乎是写景，但在写景中包含着一个充满诗意的细节。李白一直把朋友送上船，船已经扬帆而去，而他还在江边目送远去的风帆。李白的目光望着帆影，一直看到帆影逐渐模糊，消失在碧空的尽头，可见目送时间之长。帆影已经消失了，然而李白还在翘首凝望，这才注意到一江春水，在浩浩荡荡地流向远远的水天交接之处。"唯见长江天际流"是眼前景象，可是谁又能说这是单纯写景？李白对朋友的一片深情，李白的向往，不正体现在这富有诗意的神驰目注之中吗？诗人的心潮起伏，不正像浩浩东去的一江春水吗？朗读者在朗读时，文字所激活的想象应该是这样一幅画面：一叶孤帆、渐行渐远的友人、浩浩荡荡的江水、岸边翘首目送的李白以及李白注意力的聚焦点。在此时的长江航道上，绝非只孟浩然一叶"孤帆"，可李白眼中却唯此"一舟"。可见诗人内心用情之真、之深。朗读时，其情感基调不是悲戚难舍的伤感，而是心随之动、深情目送、充满向往之情的别离，要借助想象，读出深情之下的深远与开阔的境界。

4. 深入体验，调动真实的情感。

调动情感要在理解文本上下功夫，并在感知、想象中加深情感体验，通过再造想象获得形象感受，即睹物生情、触景生情。

真实性：朗读者所传之情一定是被文字所激发的朗读者内心真实的情感，而不是挤出来或演出来的。有时觉得朗读者不可谓不用情，但却难以打动人，原因就是朗读者自己的真情没有融进去，而是在表演作者的情感。所以朗读中一定要缘情造声，情感是朗读者自己被文字激活的真实情感，声音是自己传情达意的真实声音，而不能用假声。

鲜明性：朗读时声音所传之情一定是朗读者在文本中体会到的爱憎分明的情感。喜则气满声高，悲则气沉声缓，切忌只是见字发声，没有鲜明感情。"盼望着，盼望着，东风来了，春天的脚步近了。"（朱自清《春》）如果见字发声，那么对春的盼望之感、东风临近的欣喜之感则尽失。要"设身处地，激昂处还他个激昂，委婉处还他个委婉……美读得法，作者胸有境，入境始与亲"。（叶圣陶语）

丰富性：文本的情感变化不是平铺直叙的，朗读自然也要随着文本思路、情路的变化而读出丰富性和层次感来。《再别康桥》首尾两节，流露的是与康桥难舍难分、此次一别何日再见的深沉依恋之情，节奏滞缓；中间四节则是诗人对康桥美景、天人合一生活的回忆，可回味中略有轻快节奏；第六节则是由对美好往昔的回忆拉回到即将分别的现实的过渡，情绪则由轻快转向舒缓。

整体性：一个文本的感情变化再大、思绪起伏再明显，总会有其总的感情色彩（基调）。如上文的《再别康桥》，其总的感情色彩绝不是单纯的明快与兴奋，一定是以明快强化忧郁、以兴奋烘托难舍。所以，要在总的难舍难分的感情色彩下，读出其丰富性。

含蓄性：含蓄是一种境界，任何一种文本情感的传达皆不可太满。喜，则忍俊不禁；悲，则泣不成声；若都到了难以自持、影响朗读的程度，则皆为过满。中央电视台《朗读者》第三期，徐静蕾在读《奶奶的星星》时，对奶奶的怀念之情让她泪流满面；第四期，李亚鹏在读《背影》时，想到与父亲在火车站的分别竟成永诀，也是泪湿双眼。但他们依然含泪诵读，达到了很好的用情自持、感染他人的境界。

总之，认真解读文本，把解读过程中的情感体会内化为自己内心的真实感受，是朗读之"魂"。有了这种"于我心有戚戚焉"的真实感受，再借助"轻与重""停与连"、语调、节奏、语气等语言的外在声音技巧，文本的内在精神就会被声音插上翅膀，飞入听众的心中。

例谈不同学段有感情朗读之差异

◆ 蔡丽金

众所周知，2011 年版课标对朗读的目标要求是：正确、流利、有感情。倘若仔细解读，不同学段的朗读目标还是略有差别的。第一学段为：学习用普通话正确、流利、有感情地朗读课文。第二学段为：用普通话正确、流利、有感情地朗读课文。第三学段为：能用普通话正确、流利、有感情地朗读课文。将镜头聚焦：三个学段的目标区别之关键分别为"学习用""用""能用"。显而易见，这三个关键词呈递进关系，步步加深。那么，在各个学段如何很好地完成朗读目标呢？本文仅以"有感情"为切入口，结合理论研究与实践探索中的典型案例，努力诠释不同学段有感情朗读之差异。

一、 大手牵小手： 浅尝辄止， 只需知其然

第一学段是小学生学习生涯的起始阶段，也是打基础的阶段。考虑到年龄特点和认知水平，要让学生"有感情地朗读"，切不可用成人的眼光来衡量。这一阶段应以指导读正确为重点，兼顾读流利，能表达一定的情感，主要是使学生从小养成认真阅读的习惯。那么，所谓"有感情地朗读"就应以教师的示范引导为主，教给学生朗读的技巧和方法，学生能体验多少就算多少，不必强求。

1. 呈现不同标点的不同气韵。

字、词、句是低年级语文教学的基本元素，因此"有感情地朗读"自然就落在了读好句子上。而不同的句子蕴含着不同的情感，其外在表现形式就是以不同的标点呈现。因此，教师应逐步教给学生不同的标点应有不同的停顿，也应用不同的语气来表达。比如，"逗号"和"句号"停顿的时值是不同的。如果用音乐中的节拍来表示，"逗号"停 0.5 拍，"句号"停 1 拍。以此类推，

表示完整句的"感叹号"和"问号"等也停 1 拍。再者，带"句号"的句子、带"问号"的句子和带"感叹号"的句子是第一学段的三大基本句式。这三种句式所表达的情感各不相同，自然朗读出来的语气也各具特色。例如，（1）小公鸡和小鸭子一块儿出去玩。（2）春天的太阳该画什么颜色呢？（3）多美的夏夜呀！这三句话放在一起对比朗读，就能得出基本规律。带"句号"的句子只要声音清晰、语调平平即可，这样就可以把事情讲清楚；带"问号"的句子则句末语调要稍稍往上扬，好让人家知道你有疑问；而带"感叹号"的句子一般要读得掷地有声，才能表达出浓厚的感情色彩。如此反复训练，学生必能将标点符号读得有声有色。

2. 塑造不同角色的不同声音。

小学低年级遴选了大量的童话故事作为课文。这些童话故事呈现了一个个鲜活的艺术形象。如何让这些艺术形象真正来到我们的身边？那就得读好他们的语言。不同的语言运用不同的声音来诠释，自然就塑造了不同的角色。以人教版一年级下册《小壁虎借尾巴》为例，这篇课文塑造了五个开口说话的角色。如何让这些角色活生生地出现在我们眼前呢？那就得用不同的声音读出他们的对话。小壁虎一个"小"字，就可知是个小孩儿，再加一个"他"字，那么小壁虎就是个小男孩儿了。小男孩儿的声音应当是清脆响亮的。小壁虎称小鱼为"姐姐"，那么小鱼就是个女孩儿，女孩儿的声音可以是纤细甜美的。老牛为"伯伯"，那么他就是成年男子了，他的声音就是洪亮粗壮。而燕子"阿姨"和壁虎"妈妈"显而易见是成年女子，她们的声音应该是温柔可亲的。由此可见，要想塑造出不同角色的不同声音，就必须关注角色的性别和年龄。

二、 半扶半放： 顺风而呼， 于胸渐了然

第二学段的学生已经有了一定的有感情朗读的基础，他们大部分能读得流利，有的还能做到抑扬顿挫。这时候就应以学生的朗读实践为主，因为这是学生实践和巩固第一学段学到的朗读知识和方法，使之成为能力的过程，教师应处于帮助、指点的位置。也就是说，教师可以边放边导，逐步融入理解、感悟、体验的元素，让学生走进文本，品品其中的"色、香、味"。

1. 展示不同形象的不同个性。

同样是角色形象鲜明的课文，第二学段的目标要比第一学段定得高。这一

37

学段不但要关注性别、年龄，还要关注身份、心情、处境等，从而创造出富有灵性的角色。例如，人教版三年级上册《小摄影师》。这篇课文主要塑造了高尔基和小男孩儿两个形象，通过对话和细节描写来体会人物的心理活动。其语言表达很有特色，有时说话人在话语前，有时在后，有时在中间，有时甚至不出现说话人。教师应引导学生认识引用对话的不同方式，并通过对话读出人物的感情。从图文可知，高尔基是一位中年男子，是社会地位较高的人，那么他对小男孩儿说话的基本语调应该是和蔼可亲的，这样才能体现他对少先队员的关怀爱护。而小男孩儿说话的基本语调应该是清脆响亮的。但是，仅仅关注年龄与性别还是不够，这样展现出来的人物还不够丰盈。到了中年级，还应展现人物在特定情境下说话的丰富多样。比如，"是你扔的纸团吗?"高尔基问。本来扔纸团是不正确、不礼貌的行为，学生读成质问也是无可厚非的，但这样可能就把小男孩儿吓跑了，所以此时的"问"应该是亲切地问。"是的。"小男孩儿应该是勇敢淡定地回答。"请让我进去吧!"肯定是很有礼貌地说，因为"小男孩儿站起来，鞠了个躬"。"来吧，我让他们放你进来。"此时的高尔基应该是豪爽地说，因为他被少先队员的聪明打动了。"请您坐在这儿看报纸。"此时的小男孩儿肯定是激动地说，因为他"仔细打量着高尔基，咧开嘴笑了"。"一切准备停当。"此时的小男孩儿一定是开心地说，因为"摆弄了很久很久"，好不容易准备好了!"你怎么了?"高尔基应该是疑惑不解地问，因为他已经尽力在配合小男孩儿的工作了，当然其中应该还有"关切"的成分。"我把胶卷忘在家里了。"小男孩儿都哭了，那肯定是非常伤心地说。"孩子，回来! 我给你胶卷，我这儿有很多胶卷。"高尔基大声喊，关切之情溢于言表，所以这里应该是急切地大声喊。如此补白提示语，人物形象自然个性鲜明。

2. 勾勒不同画面的不同情景。

朗读前，先斟酌一下内容并在脑海中勾勒出相应的画面，然后对不同的画面定下相应的感情基调，继而进行朗读，往往能让人看到那相应的故事情节。例如，人教版四年级下册《触摸春天》。这是一篇画面感很强的散文，盲童安静触摸春天的方式非常感人! 如果将其浓缩成一幅简笔画，那就是"穿梭—伸出—合拢—张开—张望"。然后，通过动作探究内心。"穿梭"肯定是轻松愉悦的，因为小女孩热爱生活、热爱春天，从"整天在花香中流连"可见一斑。"伸出"自然是充满期待的，因为她是"在花香的引导下，极其准确地伸向一朵沾着露珠的月季花"。"合拢"必定是满怀惊喜的，因为"竟然拢住了那只蝴蝶，真是一个奇迹"；"张开"一定是深受震撼的，因为"蝴蝶在她的手指间扑腾"；"张望"应该是无限向往的，因为"蝴蝶在她八岁的人生划过一道极其优美的曲线，述说着飞翔的概念"。如此读出画面，就犹如呈现了一场一波三折的视听盛宴！

三、 阔步向前走： 钩沉索隐， 知其所以然

第三学段理应是指导有感情朗读的"巅峰时期"。学生已经有了一定的朗读能力，那么教师的指点则应更加精进，重在引领学生有感而发。大胆放手，让学生回归到属于他们的空间去，在品析语言文字中去碰撞出智慧的火花、酝酿出情感的升华。

1. 渲染不同场景的不同风情。

同一篇课文中，感情基调并非是一成不变的。即使是相同的段落，场景一转换，基调大不同。例如，人教版五年级下册《再见了，亲人》。本篇课文为叙事抒情散文，描写了 1958 年中国人民志愿军与朝鲜人民依依惜别的动人情景，表现了比山高比海深的真挚情谊，赞扬了两国人民用鲜血凝成的伟大友谊。因此，该课文的感情基调应该是浓烈而激昂的。但是，如果用慷慨激昂的语调读完全文，恐怕气息不足，受不了，更重要的是过犹不及，通篇激情反而让人麻木。和音乐一样，强音往往是利用弱音作为对比的参照物，从而达到听觉冲击的效果。朗读时为了制造这种效果，也必须安排好情感和声音的层次。且看其第 1 自然段。这一段描绘的是志愿军与朝鲜阿妈妮依依惜别的情景。我们可以将这一段分成三层，各层的情感表达是大相径庭的。第一层，劝阿妈妮回家，铭记温暖。用满含恳求意愿的祈使句开头，必是声声情真意切，令人为之动容！第二层，追忆雪中送炭的往事。可以用电影画外音的形式穿越回抗美援朝时期，其间有喜有悲，真挚感人。第三层，大娘为救伤员失去了唯一的亲人。这是情感表达的制高点！甚至可以打破常规尽情演绎。比如，"当您再回去抢救小孙孙的时候，房子已经炸平了"这句话中有个"逗号"，按照常理，"逗号"的停顿只有 0.5 拍。可为了情感表达的需要，在范读时，笔者怀带泣颤的感觉，将声音推到几近窒息处，在逗号的位置停留了 3 拍之久，同时结合左顾右盼，紧接着双眼直勾勾地盯着前方，然后用低沉压抑的声音吐出"房

子已经炸平了"。如此，让学生充分体验大娘不愿意接受这个残酷的现实，脑中一片空白的极致痛楚！由此可见，无弱不强！有时，以弱音衬托强音，能给人一种听觉上的鲜明对比，从而触动听者的心灵！

2. 透视不同意境的不同内心。

在高年级的行文表达中，往往蕴含着"弦外之音"。要想读出"话中话"，教师就得引领学生准确挖掘语句中的内在语（潜台词）。例如，人教版五年级上册《地震中的父与子》。父亲在徒手挖掘废墟的过程中，说了三句话：（1）谁愿意帮助我？（2）你是不是来帮助我？（3）你是不是来帮助我？这三句话表面看非常相似，照理说朗读的感情基调应该是差不多的。可是进入到特定的语境中，就会发现三句话的情感表达大相径庭。"谁愿意帮助我？"这句话是在有些人拉住他劝他放弃的情况下说的，这时候的父亲刚开始挖掘不久，其蕴含的内在语是"我很需要帮助"。此时，应把这种"渴望"之情充分表达出来。第二句"你是不是来帮助我？"是消防队长挡住他时说的，消防队长在灾民们的眼中可是"救星"呀！救星不帮忙救人反而劝他离开，其潜藏的内在语为："你要是不帮忙的话，能不能表示一下同情？"此时，父亲的"失望"之情就充分地显露出来了。第三句"你是不是来帮助我？"是在警察劝他时说的，警察可是保卫民众安全的"大使"呀！连警察也劝他马上回家，连续两位都劝他放弃，其蕴藏的内在语必定为："我不奢望你的帮助了，你也别来烦我！"这时候的父亲一定是"几近绝望"之情！如此步步挖掘，将内心窥探清明。

总之，"有感情地朗读"在不同学段应有不同要求，这样才能使朗读真正走进学生的内心，切实提高学生的阅读素养。因此，教师的引领应该由"扶"到"放"，学生的步伐必然也由"蹒跚"到"稳健"。三个学段的"有感情地朗读"呈阶梯模式，步步攀升。

清声琅琅为你读

◆ 王叶萍

雨下在安静的夜里。《朗读者》的清风从北方吹来，铮铮有声，在观众心里坐稳了江山。此刻我想起我的老城。

很多年没有回老城了。

记忆中的家，是黛瓦粉壁的徽派式样，精致的砖雕、木雕古朴清幽，夕阳、流水融合成一幅久远的秋思盛景。

屋里的老人是个读书人，熟读万千古言，写得一手遒劲的毛笔字，偶尔用自制的二胡拉上两曲儿古调。稚嫩的孩孙绕膝而坐，蘸着墨水学他写字的样子。嬉笑间拿两根木棍当二胡，摇头晃脑地随他唱起戏来。

老人是爷爷。

在《朗读者》播出到第三期的时候，徐静蕾满腹深情地读了一篇《奶奶的星星》，此文一再将《朗读者》话题推至高潮。小时候在《我与地坛》中读到这篇文章，对于童稚的孩子来说，根本不能理解生死两隔对于脆弱生命的绵长深意。在节目中重新听到这样的话语："奶奶已经死了好多年，她带大的孙子忘不了她……每一个活过的人，都能给后人的路途上添些光亮。也许是一颗巨星，也许是一把火炬，也许是一支含泪的烛光……"听至此处，眼泪早已沁出眼眶。屋外的寒风固执地吹打着窗棂，雨下在冰冷的夜里。年少的人哪里会懂得，年事已高的亲人驾鹤离世，意味着今生今世的天人永隔。

当时爷爷也已故去很多年，屏幕中的朗读者以她饱满的深情，读出了我这位观众潜藏多年的童年回响。

爷爷是老城学堂的校长，在荒凉的年代有幸汲取墨汁，终得满腹经史。在很多个晓烟杨柳的清晨，他喜欢带着我坐在身边，从"晚照对晴空……东堂蕉绿影摇摇"的蒙学，读到"绵绵瓜瓞，民之初生"的《诗经》。动听的苍劲嗓音回荡在家乡的上空，是我整个童年最华美的回忆。老城的冬天天黑得早，在无数个炊烟袅袅的黄昏，小桥的河水缓缓东流。童稚的年代拼命汲取成长的养分，我的精神世界前所未有的富有。下雪的夜晚，远处的青瓦和雪松裹满了亮白色的雪花，我们一家人围炉而坐，读书、思考，颇有点谢太傅《咏雪》的和美氛围。

爷爷陪我长大的日子过得很慢，童年随着日升日落悠悠过了很多年。那一声声低沉而有力的读书声，贯穿并影响了我的整个童年。

小时候读到"满园深浅色，照在碧波中"这样的诗句，春天喜气昂扬的画面总是扑面而来，近在咫尺。仿若看到阳台窗外杏树桃树竞相开放，明艳并蒂的繁花映入池水，与之交相辉映；读到柳永的"念去去，千里烟波，暮霭沉沉楚天阔"，虽然不太懂得"此去经年，应是良辰好景虚设"的凄凉，却也能觉出唇齿生香间，舌尖绽放，馨香沁脾。直到长大成人，慢慢悟出诗人"二十四桥明月夜"的缠绵怅惘，也稍稍能够明白《与朱元思书》中那般"风烟俱净，天山共色"。少女的心思在风起的夜里，也喜欢悄悄念上一段"滴不尽相思血泪抛红豆……咽不下玉粒金莼噎满喉……"。

因为爷爷不动声色的潜移默化，文字在我的成长记忆里变得鲜活而有生命力。就像器械工程师对于机械具有极其专业的悟力，数学家对于数字具有与众不同的见解，文字和朗读对于我，则是对一个个或壮怀激烈或婉约含蓄的文字发自肺腑的倾情吐纳。

如果说静默的文字是潜藏在内里的清澈暗涌，有声响的朗读则是掷地有声的文化波潮。女儿出生之时，正是春花璀璨、柳丝已长的盛春时节。"青梅如豆柳如眉，日长蝴蝶飞……"我更将这种朗读的好处带给她。当她尚在襁褓中，我给她读唐诗，读宋词，读儿歌。初来乍到的清澈孩童自然不能懂得诗词歌赋的内在深意，但是这种有声文字的厚重积淀，是孩子最早最纯粹的文学启蒙。2010 年出生的小宝宝，已经能够充分享受到内容丰富的绘本所带来的独有优势。宝宝不到一岁，我们已经将阅读从布书过渡到纸质绘本。从《巴巴爸爸》系列丛书到《阿波林的小世界》，从《神奇校车》到《全世界的奶牛都说哞》，孩童的天真烂漫早已在阅读中汲取到生命最初的甘醴。

《孟子·梁惠王上》语云：幼吾幼以及人之幼。作为孩子们信赖的语文老师，更是发自内心渴望将最宝贵的实践和心得教诲于他们。课前课间，周中周末，跟孩子们的密切接触都是让人欢喜备至的大事。我喜欢读书给他们听，也尤其享受晨间课前孩子们清朗有力的童声阅读。

每每课中，给学生们朗读已成为执教过程里一件欣然向往的事情。读到二战中犹太儿童被纳粹带往山头枪杀，稚嫩的年纪再也不能在阳光下自由奔跑，学生们和我一样，为此流下沉痛而惋惜的泪水；读到《俗世奇人》中泥人张智斗海张五的机智情节，学生们满堂捧腹，不能自已；读到"欲济无舟楫，端居耻圣明"，他们也诚挚地希望孟浩然有朝一日能够怀才得遇，一展宏图。

不论是幼年时的我，还是女儿和我的学生，有声阅读带给我们的欢乐和思考，足以丰富整个斑斓的人生。

从呱呱坠地到咿呀学语，再到步履蹒跚，最后与人世挥别，人的一生从来没有停步于成长。年少时在纸张上摘下的美句、晨间念出的清亮佳词、笔墨酣畅的文字，在小小的世界造就出一方曼妙天地，让人遨游并欢喜。

在清晨的缕缕阳光中翻开一本书，大声地朗读吧，屏息静气去感受它的深意。书卷散发迷人的香醇，清朗阅读带来至爱回响，赤子之心重回腹地。

遇见朗读，且学且成长

◆ 柏玉萍

二十年前，我在师范学校担任班级推普员，恰逢赶上安徽省第一次普通话测试。我一边自己对照录音磁带练习语音，一边帮助方言重的伙伴纠正发音。语言的练习需要互相"照镜子"，这种互助学习的模式不仅助人也利己，我一下子就得了个"一乙"，离"一甲"很近，这对我是个极大的鼓舞。从此，我爱上了语言艺术，并坚持修炼。演讲、诵读、讲述、播音、主持……各种比赛我都去参加，收获颇丰，我的语言功底也在磨炼中一步步被夯实。

确切地说，遇见朗读，是五年前的事情。安徽省小学语文教研员吴福雷老师利用网络搭建了"语文教师才艺孵化坊"，尝试探索语文教师基本功锤炼的信息化途径。我有幸担任朗读组的组长，负责组织每月一次的教师朗读活动。

由于有着良好的语音面貌，我的朗读总是能得到大家的好评。但是后来我发现：我的朗读其实是"端着架子的"，高调且"板着面孔"，语流中总是不自觉地透露出老师的权威感和正统性，这是很多老师朗读方面的通病。真正的朗读，应该像《朗读者》节目中嘉宾的朗读一样，是用心用情，读出文字背后的意思和画面，用自然的声音和恰当的语调去表达文字里蕴含的情感。于是，我努力改变。

首先是让朗读的语调自然起来。我尝试用说话般自然的语调去朗读，不刻意地拿腔捏调、不随意地停断、不无意义地忽高忽低，这样，不仅让听者舒服，其实也在表达朗读者声音背后一颗与听者毫无隔阂的真诚的心。

其次，朗读是一种告诉，要通过朗读告诉听者理解到的文字背后的意思和情感。张颂教授《播音创作基础》中指出：我们深入理解、具体感受作品时，不应仅仅停留在词句上，而要努力挖掘语言后面更深一层的意思，抓住语言后面的"言外之意""弦外之音"。那语言不便表露、不能表露或没有完全显露出来的语句关系、语句本质，就是内在语。这就要求朗读者要提前反复地读文字，揣摩文字背后的意思。比如在读角色对话时，可以结合提示语或补充提示语去体会角色语言里的情感；在读心理活动时，可以换位思考，将自己当作文中的人物，想象他们丰富的内心世界；在读写景的美文时，可以透过比喻、拟人句等重点词句的描述去想象美景；在读到值得品味的关键词句时，我们可以通过增加音高、音量、音强或重音轻读等方法突出这些关键词句，引导听者也去想象画面，体验情感。

最后，要掌握一定的朗读技巧，为朗读增色。比如练习气息，让自己的朗读不会因为频繁的吸气声而显得急促，显得碎片化。没有气息作为支撑点，朗读就是软塌塌的房子，立不起来。可以学习停连的技巧，根据情感表达的需要处理句子之间是停还是连，而不是以标点符号作为停连的唯一标准。还可以练习自己的声音，让自己的声音既能高上去，又能低下来，既能快起来，也能慢下来。文似看山不喜平，朗读也是一样，抑扬顿挫、富于变化的朗读才是生动的朗读。

有一天，我读到于永正老师的一段话，他说，朗读是钻研教材最重要的一环。我每次备课都先备朗读，做到正确、流利、有感情，不读到"其意皆出吾心、其言皆出吾口"是不罢休的。老师朗读水平有多高，学生的水平就会有多高，甚至超过老师。于是，我将朗读的练习重心放到课文上来。我认为：作为一名小学语文教师，课文是最好、最近的朗读练习材料。所谓"书读百遍，其义自见"。读着读着，课文脉络和教学重点就清晰地浮现出来。在指导学生朗读时，可以将自己的朗读经验化为指导策略。同时，老师高水平的课文朗读还可以为学生提供学习的榜样，给自己增添教学自信，何乐而不为呢？

文字的背后是情感的承载，而朗读就是用最美、最直接的方式来表达情感、传递爱。每位语文教师都可以借朗读练习来提高自己对文字的感悟力、解读力和表现力，既为语文教学积淀功力，又为生活增添无限乐趣。且学且成长！

感情为何上不来

◆ 曹 龙

《回声》是人教版语文二年级上册的一篇科学童话。借青蛙母子的对话，介绍了生活中常见的回声原理。透过对话中的提示词：高兴—奇怪—高兴—欢快，让人感到童话的情趣盎然，故课后提出了有感情朗读课文的要求。

近日，观摩了六位教师同上此课，均奔着这一目标而设计教学。课始，有的教师范读课文，以期创设情境和榜样示范。随着教学的展开，却总感觉学生和预期的感情朗读有段距离，只好多方寻找，一个不行再找一个，一直找到满意为止，然后要求大家学着他（她）的样子读。至于为何这样读，虽然读过，但多数学生也摸不着头脑。

其中一位老师的教学过程是这样的：

小青蛙奇怪极了，他问妈妈："桥洞里藏着一只小青蛙吧？他在学我说话哩。"妈妈笑着说："孩子，跟我来！"

她在教这一段朗读之前，让学生自己读，思考这样的问题："小青蛙的话应该读出什么样的语气？"应该说，这样的问题既指向朗读指导——提示语中的"奇怪"一词，提示着应该怎样读，也指向阅读理解——"奇怪"一词，说明小青蛙此时是疑惑不解的。问题提出之后，一个男孩子很快地站了起来，回答道："应该读出惊奇的感情来。"这个答案不但一语中的，还用换词法解释了"奇怪"的意思。教师顺势提出：那你给大家读一读吧。当大家都把期待的目光投向他的时候，他却读得很谨慎，语气语调不但没有变化，中间还重复了一处。教师只好另寻他人。

当然，如果教师此时范读，让大家模仿读，也是个办法。可这只是把最后的结果给了学生。学生知其然，不知其所以然，效果就打了折扣。问题出在哪里呢？大致应该有这几个方面。

一、 正确、 流利未保证

回顾几位教师指导有感情朗读之前的教学过程，大体上都要求初读一两遍课文，虽然要求读准字音、读通句子，可是这种初读由于是老生常谈般的流程，加上缺少细致到每人的检查，学生多是有口无心的小和尚念经般地读。接着就是所谓的直奔重点——识字，而且是用集中识字取代了随文识字。此时以为字认识了，书就会读得更好，就直接要求读出感情。学生自己读尚可，当众读，恐怕也会出错，还是以保证不读错字为出发点。于是，集中精力盯住每个字，发好每个音，即使知道应该读出"惊奇"的感觉，但实在力不从心，难顾其余了。

二、 关键知识未明晰

这一点，恐怕是受了教学参考书的影响："童话是孩子们最爱读的。本课采用童话的形式介绍了回声的知识，只要让学生读懂声波和水波一样，碰到障碍物就会返回来产生回声就行了，不要细读科学知识，教学的重点要放在朗读课文和词句训练上。"类似的建议在低年级教学参考书中时有出现，极容易使教师产生"科学知识"和"朗读课文"是两个层面的训练的歧义。"不细讲"是应该的，可"朗读课文和词句训练"是为了获取"科学知识"，二者不有机相融，能产生理想的效果吗？

青蛙妈妈说："孩子，你的叫声/就像这水的波纹。水的波纹/碰到河岸又荡回来。你在桥洞里叫，声音的波纹/碰到桥洞的石壁，也要返回来。这样，你就听到/自己的声音啦。"小青蛙高兴得一蹦老高，说："妈妈，我明白了，这就是回声吧？"青蛙妈妈笑着点点头。

这是课文中青蛙妈妈借助水波和声波的相似，来讲述回声道理的一段话。对于成人而言，理解上丝毫没有难度，可对于二年级的学生而言，读懂这段话并非易事。多数教师选择借助电脑演示来直接讲解，是否每个学生真理解了，并未实测。可这样的"科学知识"如果模糊的话，"青蛙妈妈"在朗读时怎么能"笑"得起来呢？

借助演示不是不可以，如果给学生如此标出停顿，或者再简单地标示出青蛙和桥洞的草图，让学生画出声波"荡""返"的过程，是不是更语文一些——因为这是运用朗读知识和词语知识来读懂科学知识的过程。

同样，前面教师指导的那个语段也涉及知识的运用，问号、句号、感叹号这三个标点同时出现在一段话中，读出它们的不同，"奇怪"的意思才能表现出来。教学时，这些如何读懂文章的知识如果不关注，不转化为学生可以运用的程序性知识，那这样的语文教学就要值得反思了。

三、 指导方法缺实效

讲课时教师常常将插图复制在屏幕上，可是只从宏观着眼，不引导学生观察细微，往往达不到预期的效果。本课有两幅插图，一幅是青蛙母子在桥洞的水中，另一幅是青蛙母子在河岸上。地点和景色的变换不是主要的，小青蛙的动作神态才值得关注。第一幅，小青蛙的脸上是着急疑惑的，手指着大桥洞问妈妈。第二幅，小青蛙变成恍然大悟的表情，且小手搔着自己的头。生活中的学生何曾不是"小青蛙"：哪块儿遇到问题指着哪块儿追问不休，明白后又不好意思地摸摸头。让学生做着这两个动作，再读一读，效果肯定会发生变化。

插图是教学资源，当然也是指导朗读的资源。引导学生发现两幅图中小青蛙的不同表现，表面上是在指导朗读，事实上是利用插图唤起学生原有经验实施教学的过程。实施教学都需要利用学生的原有经验，朗读指导更是如此。

四、 朗读意义尚模糊

语文课要书声琅琅，似乎已成为语文教师的共识。可为什么要书声琅琅，却未必每个人都做过深入思考。有些可能认为别人的课堂都红火热闹，我的课堂也不能沉默寡言。张颂先生被播音界公认是继往开来的领军人物、国家级教学名师。他将朗读的作用概括为五个方面：

1. 朗读有利于深入体味文字作品；
2. 朗读有利于提高语言表达能力；
3. 朗读有利于发挥语言的感染力；
4. 朗读是一种高尚的精神享受；
5. 朗读是达到语言规范化的途径。

这五个方面，都未提及朗读是将静态符码转化成有声音节就可以了。而文字体味、语言表达、语言感染、精神享受、语言规范，不正是语文课致力达到的学科素养吗？难怪特级教师于永正有一个提法，书不读熟不开讲。书读熟了，语文课上期待的目标，已经凭借朗读这一手段，完成十之七八。不讲，也无大碍；反之，讲了，也无大用。

各个学段的阅读教学都要重视朗读和默读。各学段关于朗读的目标都要求"有感情地朗读"，这是指，要让学生在朗读中通过品味语言，体会作者及其作品中的情感态度，学习用恰当的语气语调朗读，表现自己对作者及其作品情感态度的理解。朗读要提倡自然，要摒弃矫情做作的腔调。这是课程标准里对有感情地朗读作用的解释。简言之，有感情地朗读就是把体会到的感情通过恰当的语气语调表现出来。用朗读来"体会"是基础，然后才是选择合宜的语气语调来"表现"。从这个作用上来讲，朗读首先是学习语言的必要手段。其次，也是传递语言、表现情感的一种手段。

综上，教学时一定要把朗读视为一种学习的手段。在读中识字学词，提取信息。而且一定要让朗读由正确到流利再到有感情，逐级推进、逐级落实。感情的体会和表现，可以借助范读和情境渲染来提高效果。但从长远的目标来看，还是要让学生沉浸在语言的品味之中，就是停连、重音等朗读技巧的学习，也要结合语言品味来进行。这样，才能达到既学习朗读，又学习语言的双赢效果。

朗读教学的策略

◆ 薛忠铃

在实际教学中，由于朗读教学过程无法量化和朗读效果无法进行书面考查，教师缺乏相应的研究，从而造成课堂朗读训练有余而效果低微，学生书面表达胜于口头表达的尴尬局面。如何让教师摆脱朗读教学的困境，有效"突围"，探求行之有效的朗读方法是我们努力的方向。

一、 给足朗读时间， 循序渐进

古人云："三分文章七分读，涵泳工夫兴味长。"足见朗读对阅读理解的重要性。

一是时间要充分。可根据不同年级、不同教材安排每节课的读书时间，让学生充分朗读课文，学生可以选择自己喜欢的方式，朗读时做到：声音洪亮、咬字清楚、发音正确，逐步做到不破句、不添字、不漏字，达到字正腔圆的效果。

二是指导要正确。课堂上，除了有充足的朗读时间保证外，还需要教师进行有效的朗读指导，否则朗读再长的时间也是枉然。首先，教师只有对文本有深刻理解并把自己的情感带入课文中，才能进行有效的引导。其次，教师在精选朗读内容的同时，还要在朗读技巧上做指导，如：读书时的节奏停顿、语调高低、轻重缓急、语气安排、语速快慢等。

三是过程要合理。朗读是书面语言的有声化，是化无声语言为有声语言的阅读活动过程。因此指导过程要循序渐进，做到任务明确、示范正确、读有成效。每次朗读要有明确的任务，学生才有读书的内驱力，带着问题读书，也才有思考；要求学生读好，教师自己要先做到。教师声情并茂的朗读示范能给学生带来意想不到的影响。只有这样，朗读才能达到理想的效果。

二、 活化朗读形式， 鼓励参与

朗读的形式多种多样， 根据课堂的需要， 变换不同的读书方式， 能促使学生保持良久的朗读兴趣。 如： 低年级的学生识字量少， 语感弱， 为了引导学生准确把握阅读情感， 可以用示范朗读； 需要读书思考或反复练习， 同时要提高朗读的参与度， 可使用自由读或者默读； 遇到课文中对话较多， 为了表达不同人物的性格特点、 内心世界以及加深阅读理解， 可采用分角色朗读； 当需要渲染气氛或内容总结时， 可选用齐读。 总之， 不管使用哪种朗读形式， 教师要尽量做到让全体学生参与其中， 要创设情境、 营造氛围鼓励学生积极朗读。

三、 追求朗读个性， 体会情感

阅读是学生的个性化行为， 而朗读是学生在体验课文情境后用有声语言来表达自己感受的个体行为。 在阅读教学中， 学生通过朗读感受语言、 体会情感， 有助于加深对课文内容的理解。 学生由于年龄小、 注意力集中时间短、 好表现， 因此， 单一的方式、 统一的要求容易造成读书疲劳。 同时学生在朗读上有个性差异， 有的擅长情感朗读， 有的擅长角色朗读， 而有的理解能力强。 教学中应根据不同学生在朗读上的优势， 安排不同的读书形式， 取长补短、 多法并用， 使朗读活动达到最佳的效果。

四、 关注朗读评价， 赏识激励

正确、 流利是首要目标， 在初读课文时， 应该关注学生是否读准字音， 是否添字、 漏字， 是否注意停顿及语气的轻重缓急等。 有感情朗读需在学生自由读、 充分读、 欣赏读的基础上进行， 教师再做适当点拨， 从而达到内化语言、 升华情感的目的。

掌握评价方法。 首先评价语言要丰富， "你读出了快乐的感觉， 要是能加上动作就更好了！""从你的朗读中， 老师听出你一定是作者的好朋友啊！"其次， 评价方式要多样， 如生生互评、 师生互评、 同桌互评等。 评价宜以正面赏识、 激励为主， 适当点拨， 尊重学生的个体差异。 教师要善于聆听， 在发现学生优点的同时提出更高要求， 要引导他们从实践中掌握规律， 这样学生就能在教师的评价鼓励中树立自信， 喜欢上朗读。

第 2 组

课堂上我们该用什么样的语言

课堂教学语言应该是什么样的语言

◆ 支玉恒

大家都知道，教师的教学语言应该清晰准确，通俗易懂，亲切生动，有情有趣，富有启发性、教育性和感染力。从我们的教学实践经验中也能体会到，最好的教学语言是口语化的语言。口语生动自然、亲切易懂，学生有亲近感，老师也便于操作。笔者对此深有感悟。

但是，有的教师（特别是年轻教师）认为口语太平常，太俗，不精彩，于是，备课时就把课堂上要说的话（尤其是一些开场语、提问语、过渡语、总结语等）全部预先设计好，课堂上再一句一句地背给学生听。结果课堂上说的多数是书面语，听起来似乎很精彩，但学生（特别是低年级学生）却有一种"食不对味"的感觉，教学效果可想而知。再说，经常这样上课，课就会越上越死，阻碍教师进步。

还有的教师为了课堂精彩生动，特意选用了非同一般的讲话方式、姿态和词语。如一位老师在一节课的开始是这样做的：老师身穿黑色西装，胸戴白花，庄严肃穆，先是在讲台前肃立，静默扫视教室 20 秒，然后语调低沉地，甚至哽咽地背诵："1976 年 1 月 8 日，在世界的东方，在祖国的上空，一颗巨星陨落了……"弄得学生不知道发生了什么事，目瞪口呆，半天回不过神来，纷纷扭头四面观察。如此的开场，导致后面的课堂气氛老是死气沉沉的。这样的表达，学生听了或许觉得字字精彩，但有一种疏离感。也有的老师确实有深厚的语文素养，有丰富的"语言积累"，他们嫌口语"缺少诗意"，于是有大量的书面语在课堂上出现。请听：

"白鹭有大美，但它不言。它不言，我们言。当我们十一二岁读《白鹭》，犹如在缝隙中观月；当我们读了高中，上了大学再读《白鹭》，我们就可以在平台上把玩月亮了，让《白鹭》来疗养我们的心。"

这一大段借鉴了清人张潮《幽梦影》"隙中窥月"的话，在这里郑重其事地讲给小学生听，即便是理解其大概的意思都有困难，更别说体味其深邃的含义了！用"不知所云"来形容倒是很合适的。老师为此背了半天、诵了半天不是白费功夫和力气吗？（也许这位老师本来就想的是用这段话来展示自己的"才华"）还有的老师本来就缺乏语言艺术，但又不愿显出"平庸"，于是就不惜生造词语，半文半白，夹杂不清，学生只能瞠目结舌。

凡此种种，都是为了营造课堂上的"精彩"。这种做法，从动机上就错了。课堂上的精彩，主要来自学生的表现。学生的精彩才是真正的精彩！课堂不是教师显示自己"才华"的地方。所以，真正感人的、有效的教学语言，应该是规范的、亲切的、自然的口语，如果能够幽默一点，那当然是再好不过的了。

教学语言须"走心"

◆ 盛新凤

　　教学语言是一个教师的"门面",对语言类学科教师来说,拥有良好的语言面貌,尤其重要。一个优秀的语文教师,教学语言应该是规范、饱满、形象生动、富有感染力的。在我们的习惯意识中,富有魅力的教学语言似乎应与教师的音质、音色等先天条件密切相关,女教师的语音应婉转动听,男教师的语音应浑厚饱满、充满质感。因为我们对语文教师语言的一些定式要求,常常使得一些语言先天条件不足的教师充满自卑,不敢公开自己的教学。笔者以为,优质的教学语言,固然跟教师先天的语音面貌密切相关,但更重要的是,要"走心"。语音面貌是爹妈所给,"走心"却要靠自己后天的积淀和修炼。

　　"走心",包括两个方面:走自己之心,走学生之心。

　　首先是"走自己之心",即教学语言首先要被教师自己认可,让教者自己感觉舒服,要符合教者自己的特点。每位教师都有自己的语言风格,包括语速、语调、情感表达方式,这是言说者性格、学养、世界观等综合素养的呈现,如果违背了自己的特点,我们就会言不由衷,就会感觉别扭,这就是"离心"了。离开了自己"心"的语言,自己又如何把控驾驭得了?近年来,常会看到这样的现象:很多年轻教师在公开课的准备过程中,接受了很多师父的指导,有的师父甚至会把每一句话都给徒弟备好,徒弟在课堂上只需照本宣科,鹦鹉学舌就行了,"上自己的课,说别人的话"的现象屡见不鲜。如此教学,必定僵硬、机械,教师只是一个被很多幕后之手摆布的"木偶"。试想,没有用自己语言教学的课堂,如何能灵动、鲜活?

　　其次是"走学生之心"。教学语言最大的特点是强烈的对象感,语言是说给学生听的,是跟学生进行信息和情感交流的唯一桥梁,所以教学语言必须要走入学生之"心"。我们有的教师在课堂上随意抛洒廉价的褒奖语"你真棒"

"你很了不起"，评价鼓励针对性不强，一味泛泛表扬，如此教学语言，情感虚而不实，要走心很难；有的老师教学语言随意散漫，东拉西扯，看似口若悬河，实则废话连篇，这样的教学语言，其实也走不了心；有些老师语言精美，刻意雕琢，课堂上如入无人之境，一味自己滔滔不绝，充当了演说家，这样的教学语言，也不会走心；有些老师语言尖酸刻薄，学生稍有差错，便嘲笑讽刺，自以为妙语连珠，实则语言带"毒"，这样的教学语言，更不走心。

"走学生之心"的教学语言，首先应该是真诚的。它可以嗓音嘶哑，但必须情感真挚；它可以精心雕琢，但必须目中有人。除了解说语要清晰明了，讲解语要精准科学，描述语要形象生动，承接语要自然流畅，交代语要指向明确，总结语要言简意赅外，还要做到鼓励语热情澎湃，批评语中肯婉转，唤醒语真情流露，对话语亲和力强。"走心"的教学语言，要很好地发挥导向功能、引领功能、解释功能、唤醒功能、激励功能、对话功能。其次，"走学生之心"的教学语言，应有很强的应需性。它应该符合文本之需、课堂语境之需、教学节奏之需。语文教师要善于用语言"组场"和"造境"，课堂上要组和谐欢畅、启思开智的"场"；要用语言营造跟文本相和，跟课境相融的"境"。很多时候，教师的教学语言犹如一双神奇的魔手，会化腐朽为神奇，调和课堂氛围，活跃学生思维，融洽师生关系，推着师生走向美妙的课境。走"心"的教学语言，会成为文本、教师、学生之间的黏合剂，会营造文本、教师、学生合一的和谐场，从这个意义上说，走心的教学语言是有魔力的。

我们在听名师上课的时候，很多教师会发出感叹：听他（她）说话真舒服，是种享受。因为一个语文教师走"心"的教学语言，是融合他（她）的个性气质、文学功底、教学思想、学术自信的综合呈现，向你呈现的就是他（她）自己独特的语言风貌。

57

用心修炼课堂的语言

◆ 潘文彬

　　课堂教学是一个多边对话的活动。在这个多边对话的活动中，教师的课堂语言发挥着至关重要的作用。教师的课堂语言，应该字字含情，句句动人，声声入耳，凝练生动，妙趣横生，启迪智慧，耐人寻味。因为这样的语言，才是拥有魅力的语言，才会激发学生的兴致，让学生快快乐乐地学习；这样的语言，才是富有张力的语言，才会开启学生的思维，让学生快快乐乐地思考；也只有这样的语言，才是贴近儿童天性的语言，才会引领学生走向课堂的更深处，让学生快快乐乐地成长。

　　在课堂上，教师面对着的是一群活泼的成长中的孩童，组织、引领这群孩童情注课堂，专心学习，就成了教师的课堂使命。从这个意义上讲，教师的课堂语言就有着非同一般的特殊的教育意味。

一、 教师的课堂语言是一种富有情境性的语言

　　学生课堂学习情境的营造离不开教师语言的渲染。这就意味着教师的课堂语言首先要有一种画面感，要用生动形象的语言为学生营造出一种温馨而安全的学习场域，让学生对这个场域能有一种心驰神往的感觉；其次要有一种带入感，要用通俗易懂的语言把学生带入到课堂学习的情境中来，让学生的心智浸润于神奇灵动的文字里，沉浸于情感充溢的情境中，潜心会文，体验探究，发现意义，理解感悟，内化语言，积累语言，汲取语言文字的运用智慧。

二、 教师的课堂语言是一种富有生成性的语言

　　课堂是一个灵动而开放的空间，学生的学习过程在这个空间里得以展开。这就意味着教师的课堂语言是不能事先预设好的，而更多的是在课堂上随机生成。因而，它是一种无法预约的、不可复制的生成性语言。正因如此，课堂的

多边对话，才会在教师那灵动而富有情智的语言点化下，灵光四射、向前推进。而在此过程中，教师要集中心思、用心倾听，能够把课堂上所捕捉到的信息及时地在自己头脑中进行加工处理，并能在很短的时间内把自己的"内部语言"迅速而准确地转化为贴近学生实际的、且易于让学生接受的"外部语言"，以做出合理的应答。这对教师来说无疑是一种挑战。

三、 教师的课堂语言是一种富有感召性的语言

古人云："感人心者，莫先乎情。"这句话道出了情感的力量。教师的课堂语言应该是富含真情实感的语言，因为只有情真、意切的语言，才是一种撼人心魄的语言。也只有这样的课堂语言，才能在课堂上产生一种强烈的感召力和凝聚力，才能最大限度地激发学生的好奇心和求知欲，才能卓有成效地调动学生的积极性和创造性。这就意味着教师要准确地把握教学的内容，充分地发挥语言的技巧，精心地组织课堂的语言，以求达到"情见于辞、情发于声、情触于理"的表达效果。这是其一。其二，教师还应注意发挥体态语言的功能，要善于通过抑、扬、顿、挫的声调和相应的面部表情以及恰当的动作手势的变化来表达心情，抒发情感，唤醒学生的情感共鸣。而这正是语文课堂所要追寻的一种境界。

四、 教师的课堂语言是一种富有启发性的语言

课堂是儿童生命成长的地方。生命是需要生命来唤醒的。当然，唤醒生命的活力，更是需要智慧的。这就意味着教师的课堂语言要富于启发性，要能够开启学生的心智，引发学生的思考，让学生知道要学什么，怎么学，以及学到何种程度，启迪并引领着儿童的发展。不禁想起《学记》中的话："道而弗牵，强而弗抑，开而弗达。道而弗牵则和，强而弗抑则易，开而弗达则思。和易以思，可谓善喻矣。"这就启迪我们：富有启发性的课堂语言，应该是一种"道"的语言，是一种"强"的语言，是一种"开"的语言。如此这般的课堂语言，才能营造出一种"和易以思"的学习情境，才能让学生处在一种"愤""悱"的思想状态。而这才是一种真正体现语文学习的课堂。

五、 教师的课堂语言是一种富有总结性的语言

教师的课堂语言催生着学生智慧的生长。学生在课堂上学到什么，用什么

方法学的，学得怎么样，在知识与能力、过程与方法、情感态度和价值观等诸多方面有着怎样的发展，这些都是需要教师加以引导和点拨的。这就意味着教师的语言要具有一定总结性，要既能适时适度地帮助学生总结自己学习的经验和方法，又能及时有效地帮助学生识错纠偏、拨乱反正，指引思维的航向，引领着学生稳步地前行。

　　面向全体学生，使之成为具有丰厚语文素养的语文人，是语文教师追寻的梦想。不忘初心，砥砺前行。让我们用自己的爱心和慧心去修炼自己的教学语言，充分地发挥语言的艺术魅力，准确而规范地运用那些饱含真情的、富有童真的、洋溢童趣的课堂语言，唤醒儿童的心灵，放飞儿童的梦想！

对教师课堂语言的一点认识

◆ 宋道晔

作为教研员，几乎天天坐在教室里听课，一说到教师的课堂语言，首先想到了几种最让人头疼的现象：喋喋不休、语无重点，没有启发性；东拉西扯、主观随意，没有逻辑性；词汇贫乏、语言苍白，没有指导性等。出现这些状况的原因是多方面的，如教师基本素质、知识储备、课前准备、应变能力欠缺等，而对课堂语言的功能认识不清也是重要的因素之一。下面就谈谈我对导入语、提问语、讲析语、评价语这几种课堂常用语言的认识。

导入语。导入语最常见的问题是课前东拉西扯、指向不明，远离教学目标和任务。如一位教师在教学《姥姥的剪纸》这篇文章时设计的导入语："同学们见过剪纸吗？剪纸就是窗花，逢年过节贴在窗户上的那种，一般剪成人或动物的形状。老师带来了一些美丽的剪纸，我们一起来欣赏一下吧！"很明显，这一导语的设计、讨论和交流的内容偏离了本课的教学目标，也破坏了与教学内容相关的学习氛围。

导入语是一堂课的开场白，是教师为了引导学生进入学习情境所运用的教学语言。成功的导入语不仅能吸引学生的注意力，激起学习的兴趣，还能够影响学生的认知结构，帮助学生明确学习的目标和任务，因此导入语设计既要具有启发性与感染力，还要力求切合主题，避免节外生枝。

提问语。提问语最常见的问题是无疑而问、主观随意，或一问一答牵着学生的鼻子走，或因问题指向不清而使学生茫然不知所措。如一位教师在教学童话故事《世界多美呀》时提出了一系列问题：小鸡是怎么出来的？过程艰难不艰难？洞外的世界是什么样？小鸡的心情怎样？短短一段文字，教师接连问了四个问题，而问题的答案就在故事中，学生都不需要思考。类似这种随意性、追问式的提问导致学生不假思索、机械地进行应答，久而久之，学生将会对语文学习失去兴趣。

提问语是教师根据教学目的和学生的实际提出问题，促进学生思考、调控课堂氛围的教学语言，问题提出应因势利导、深入浅出，问题设计应具有明确的目标指向性，这样的提问才能引发学生的思考，启迪学生的智慧，并在问题回答中领悟知识。

讲析语。讲析语最常见的问题是教师对讲析的概念含糊不清、模棱两可。讲析词不达意、晦涩难懂，直接影响学生对知识的理解和认知。如一位教师在教学《莫高窟》一文时的讲述："莫高窟的彩塑做工很细致，大至 16 米，小则 10 厘米，看到了吗？莫高窟开凿时条件很艰苦，环境很恶劣。"很明显，这位教师对所讲的内容了解不全面，又没有静下心来梳理，想到哪儿说到哪儿，因此讲析语条理不清、词不达意。

讲析语是教师把教学中的新知识、重难点用浅显的语言向学生讲解、分析、叙述、说明的课堂语言。对需要讲析的内容，教师应该提前进行预设，做好充足的准备，以保证在课堂上用凝练的语言把知识清晰地呈现在学生面前。

评价语。评价语大都是教师对学生课堂学习活动做出的临时反应，问题可能会突破教师事先的预设，甚至超过了教师的知识储备，因此课堂上往往会出现虚假表扬、盲目肯定，对学生的发言内容缺乏实质性判断、对发言中出现的知识性错误视而不见的现象。如一位教师教学《掌声》一课，让学生读课文时，学生读得并不好，但这位教师却说"听了你的朗读，老师的眼睛都湿润了""听你的朗读，真是美的享受"，不能对学生朗读中存在的问题做出诊断与指导。

评价语是在教学对话中生成的一种瞬时的、即兴的课堂语言，是教师对学生的回答做出的判断和反馈，兼有激励、引领、矫正、指导等多重功能，因此需要教师认真倾听学生的发言，明确学生发出的信息，并用恰当的语言有针对性地做出客观、准确、具体的评价，通过教师的评价启迪学生智慧，促进学生发展。

从哲学的视角理解语文教师的课堂语言

◆ 林志芳

教育学对教师的课堂语言有许多规范，要求教师的课堂话语要尽量做到准确、规范，且有一定的艺术性与感染力。具体到语文学科教学时，教师的课堂语言被赋予了更多的要求与期待。因为语文承担着指导学生学习祖国语言文字运用的职责，语文教师的课堂语言无疑具有更强的示范性与影响力。

入职前，准语文教师在师范院校大都接受了专业的教师口语训练。这种训练包括普通话层面的语音面貌塑造、口语交际（听话与说话）技能培养，还包括教学口语的模拟训练。经过这些课程的学习，大多数语文教师在走上讲台之前，都基本明确了教师课堂用语的一般要求，也初步掌握了组织课堂语言的常用技巧。

初入职的教师，都会慎重地对待自己的课堂教学语言。将教学中的每一句话都写在纸面上并反复推敲、修改，再将它熟记于心，这大概是每位语文教师都曾经做过的功课——事实上，许多有经验的语文教师也一直没有放弃这样字斟句酌的修炼。

但是，在实际的教学实践中，我们发现，良好的语音面貌加娴熟的口语交际技能再加上认真审慎的态度，也并不能保证生成教师课堂语言的流畅、合宜、丰富，更遑论艺术性与感染力。

显然，教师的课堂语言不是表层的功夫。一方面，教学情境的复杂导致现实的教学话语必然具有一定的不确定性与生成性，它对教师的思维能力、应急能力都有必然的挑战。另一方面，语言是思维的外壳，表面上看起来是课堂语言的随意、不当，背后问题的根源则是逻辑的混乱、意识的不明确或相关知识的缺失。往更深层面追溯，语言不过是"存在"的一种思想镜像和逻辑画面，是"存在"在语言思维中的逻辑投影。语言是"存在"的家，语言使"存在"

开启与显现。在语言哲学的视域中审视教师的课堂语言，它就绝不仅仅是教师用于组织教学、教授知识、与学生开展对话的工具，而是教师言语生命的呈现。

每个人都有自己的话语系统，无论是书面的还是口头的。当一个人开始自己的言说，"出场"的话语不过是这个独特生命表现出来的一个表象，一个镜像，"未出场"的则是一个人生命状态的全息—— 一个人的生活态度、思维品质、文化修养、价值体系等生命的综合。说话的人，是通过话语使自己得以表达、得以被理解，从而实现交往与对话。可以说，不是我们在说语言，而是我们通过语言说出我们自己，成为我们自己。

语文教师的课堂语言，就是语文教师言语生命状态的呈现。科学严谨、优雅精致的教学话语背后存在的是教师智慧丰盈的精神生命。反之，单调枯燥、粗暴乏味的教学话语背后存在的则是教师粗糙干瘪的精神生命。

课堂语言的锤炼在本质上只能源于生命的修炼。对语文教师而言，这样的修炼更为关键，须不断地阅读、思考、写作、实践。尽管内在的修为与外在的表达有时并不完全同步，尽管教师课堂话语的建构具有一定的限度，但是，要真正改变与提升课堂语言的面貌与气质，别无他途。

语文教师，请练就高质态的教学语言

◆ 姜树华

就语文教师而言，课堂教学语言不单单是口头表达技巧的问题，更有引领一群孩子不断在语言实践中"试水"，在那里玩味语言，掌握语言规律，直至娴熟运用语言表情达意的责任担当。由此，语文课堂中的教师语言便有了"双重身份"，既是教学媒介，又是教学内容。对语文教师的教学语言也就有了更高的要求：练就高质态的教学语言。

用生动的语言 "黏住" 学生

教学语言是语文教师的生命，要让她"黏住"学生，似一根指引学生走向语言圣殿的魔针，又似一把点化思维的魔杖。歌德曾对哥特教堂这样赞叹："那么繁杂的缀饰，那么精致的雕琢，理应造成沉重累赘的效果，却让你感觉到它在半空中飞升起来了。"同理，语文课堂的教学语言也不妨来一番"繁杂的缀饰"，抑或是"精致的雕琢"。用我们的教学语言，鼓开学生激情的羽翼，在语文的蓝天上自由翱翔。生动的语言当以"情"为核动力，"登山则情满于山，观海则意溢于海"。语文教师的课堂语言应现波澜起伏，忽见耸入云际的巍峨高峰，忽窥深不可测的巨壑幽谷；忽闻惊雷震天，忽听春鸟和鸣。如一位教师执教《船长》一课，当船长哈尔威随着诺曼底号渐渐没入大海之际，这位教师长叹一声（目光上移，神情凝重）："生死攸关，在你眼中的是每一位乘客、每一个船员，唯独没有自己；明明尚有逃生的机会，你却没有选择离开，因为还有一位没走，她就是你的'诺曼底'。于是，这片海域有了你与'诺曼底'的相拥长眠……"颁奖词一般的煽情，激起全场人的情感旋涡，船长哈尔威进驻了所有人的内心。著名特级教师于永正先生曾说过："激情是教师的灵魂，名师几乎都是激情的代名。"无论激情以一种怎样的形式外显，其共同点是痴迷课堂的、深深的、由衷的爱。用语文的方式来一番繁杂的赘语，让情感来一遭沸腾，让课堂因此而"飞升起来"。当然，语文课堂教学语言亦应有节制，不可"肆意铺张"。

用得体的语言 "明示" 学生

语言固然要生动，但还必须要得体。所谓得体，就是根据不同的学生、不同的教材、不同的课型，运用不同的语言，其实质就是语文课堂的语言要与文本风格相吻合。有这样两次教研课让我颇为难忘：一次是执教《安塞腰鼓》，磨课期间，有专家对我的课堂语言质量寄予了更高要求："你的教学语言，要随文随鼓行进，应该疏密分明，舒缓有致；你的言语表达要像陕北后生一样迸发出生命的能量，让学生有言语沐浴之感，潜移默化地提升学生的言语水平……"又一次是执教《六月二十七日望湖楼醉书》一诗时，无独有偶，又有一位专家提出课堂语言表现力的建议："这是一节古诗教学，教师的语言也应和现代文教学有所区别，教师的教学用语如何与教学问题相匹配非常值得研究。"回想起来，现代文与古诗的教学内容、文体风格迥异，课堂中的教学语言风格怎可雷同？诗歌的隽永、散文的自在、说理文的朴实、记叙文的情深、小说的形象，自然成了语文课堂教学语言的基调。

用丰厚的语言 "熏染" 学生

教学，是教师在学科中和他的学生的相遇。以至于学生日后所回忆起来的不是教学的内容，而是教师这个人。笔者很是欣赏"站在讲台，我就是语文"这般的自信，一位语文教师满腹经纶、才华横溢，在课堂上妙语连珠、出口成章、收放自如，学生也会如沐春风、如饮甘醇地享受一番，这本身就是语文，是语文课堂的奢华极品。"为师不识语文味，教尽经典也枉然。"语文教师要达到这样的教学境界，是要有丰厚的学识素养、宽阔的视野及敏捷的思维做根基的。课堂上，脱口而出的诗词吟诵、真知灼见的观点表达、信手拈来的典故引述，既引人入胜，又丰富了学习内容。底蕴丰厚的教学语言让语文课堂流淌起了浓郁的文化味。

诚然，课堂中的教学语言要求远不止这些，诸如教学语言的聚焦性、启发性、逻辑性、情感性都是值得关注的。但作为语文教师，教学语言的生动、得体、文化味，应是其鲜明的特质。语文教师，在任何时候都需要拥有高质态的教学语言，这是专属于语文教师的"看家活儿"。

课堂教学语言的"三明主义"

◆ 胡元华

在我们讨论教师的课堂教学语言"如何是好"的问题前，先要了解：教师为何说话会使学生听不进，听不懂，不爱听。问过许多学生，总结他们的描述后归纳为三类：其一，太啰唆，反反复复重复说；第二，太正经，一板一眼威严说；第三，太平淡，声调一致平均说。知道了学生不喜欢听的语言是什么样，很自然就能发现教师课堂教学语言理应修炼的"三明主义"。

针对"啰唆"，课堂教学语言要"明确内容，说出重点"

不少教师都有语言啰唆的职业病，特别是执教低年级时间较长的教师，此问题尤为明显。当然，学生年龄小，听的能力弱，多重复几遍是有必要的。但教师也应该更为主动地用简约、明快的语言给学生以优质的示范。不迁就，不主动降低言语表达的水平，认识到"迎合就是滞后"。因此，我们提倡教师在课堂教学中努力克服唠叨的陋习，用简洁明确的话语表达最核心的语义。这有利于学生在注意力最为集中的状态下接收信息的同时，也能通过与教师的对话，模仿和习得简约明快的话语风格。

针对"正经"，课堂教学语言要"明晰对象，说出童话"

教师说话态度威严，话语冰冷，一板一眼，这现象的背后是话语对象感的缺失，是对儿童尊重的缺乏。课堂上，只有目中无人才会自说自话，才会由着性子说自己觉得正儿八经的话。我们提醒教师在课堂教学中要分清内容，是在教学还是在宣讲？要分清话语的功效，是重在引导还是给出定论？要分清表述的形式，是用口语表达还是用嘴巴说书面的话？语言环境和表达方式的不匹配，导致信息无法准确传达。所以，在课堂教学这样一种特定的语言环境中，我们要明晰对象——向学生传递信息。这就决定了教师需要用儿童的话语风格进行沟通、交流的表达。说"童话"，才能抵达童心，才能和儿童有共同的话语圈，平等交流才能实现。有人追问：教师的童话风格如何形成？关键在于"亲近"。阅读童书，与儿童相伴、交往、对谈……我们的职业要求我们"只拣儿童多处行"。童话式表达，是教师日常修炼的基本功，也是值得终身追求的语言课题。

针对 "平淡"， 课堂教学语言要 "明快有变化， 说出个性"

课堂语言没有高低起伏，缺乏抑扬顿挫，毫无节奏可言，此类现象的出现，除了教学心态不佳外，主要体现了言说者较为黏滞与混沌的语感。当然，我们并非主张课堂教学语言如同话剧、朗诵一般追求"剧场演绎"效果。但至少面对儿童，教师不应该用频率一致、音调一致、语速一致的毫无情感变化的方式说话。不变的语音面貌，很容易造成学生听觉疲劳，注意力丧失，直接导致教学无效。人常说的"左耳朵进，右耳朵出"就是对这一现象的最佳描述。因此，我们主张好的课堂教学语言要有丰富明快、高低起伏的变化。特别是语文课堂，教师完全可以结合文字的意义，配合希望表达的语义，融合师生之间的情义，用语言辅助教学，在传递信息的同时增进情感。建议有此类困惑的教师，先从投入情感开始，从改变语言节奏入手，让课堂教学的语言面貌得到改变，让学生在话语信息的传递与接收中，感受到学习的乐趣，感觉到教师的关爱。语言，其实是教学强有力的助手。

明确的话语内容，明晰的表达对象，明快的语言节奏变化，这就是教师课堂教学语言的"三明主义"，希望带给大家启思。

教学语言的"变"与"不变"

◆　汤　瑾

听了不少语文课，且听且思，我发现，教师的课堂教学语言存在着不少的问题：或混乱，或含糊，或随意，或刻板，亟待提高。

苏霍姆林斯基曾说："教育的艺术首先包括谈话的艺术。"毋庸置疑，课堂教学的质量与教师的教学语言息息相关。我以为，课堂教学语言不应该是教学的无意识，关注教学语言，讲求科学性、艺术性应成为每一位语文教师的自觉追求。

如何让课堂教学语言充满魅力与张力呢？如果用一种哲学思辨来表达，那就是落实课堂教学语言的"变"与"不变"。

"不变"就是指课堂教学语言要规范

课堂教学语言无论是简洁的，还是生动的，抑或是幽默的，首先必须准确、规范，力求凸显示范性、指导性。因此，教师除了要备目标、备流程，还要备教学语言，如何导入、过渡、应对、结课，都要有备而来。要知道，信手拈来、出口成章的教学语言是课堂历练的累积，与教师的文化底蕴、文学素养密不可分，更与教师持之以恒的精心备课密不可分。

"不变"就是要求教学语言与教学内容相契合

在我看来，教师就是教学的宝贵资源，那丰富生动的语言，无时无刻不在潜移默化地影响着学生。与教学内容完美契合的教学语言，本身就是学习情境的一种创设。例如，《读绘本写童诗》一课，教学伊始，我就在优美的旋律中朗诵了一首自己创编的小诗："我喜欢柔柔的和风，轻抚过脸庞；我喜欢细细的雨丝，滋润着心田；我喜欢暖暖的笑颜，明媚了时光……"诗的韵律打开了儿童饱含诗情的语言天空。随即，学生那富有诗意的美好向往就在教师诗意语言的诱导下跳跃出来，汇合成了美丽的诗行……看，悦耳、悦心的教学语言让学生不知不觉进入了学习的情境。

"不变" 还要求教学语言应凸显启发性

通过创设"愤""悱"的情境，开启学生思维，引领他们向青草更青处漫溯。教学《梦已被染绿》一课，我与学生有这样一段对话：

"'这田野里的秘密，那毛茸茸的嫩草多么令人欢喜。'为什么作者用'欢喜'而不用'喜欢'呢？"

"这两个词语不一样。""有什么不一样？"我故意问道。

"'喜欢'是'喜爱'，是一种爱的感觉；'欢喜'还有一种高兴的心情呢！"

70

看，学生自己咂摸出了语言独特的味道！原来，引导学生发现语言的秘妙，教师首先就要解读出语言的密码，彰显语言的魅力！

何为"变"呢？课堂是灵动生成的，因此，课堂教学语言要立足教学现场，依据学情而有所变化。当学生没有进入学习状态时，教师要多一些调动性、激励性的语言，营造教学的"场"，将学生带入学习情境之中；当课堂发生意外时，教师有的放矢的教学语言可能就会生成不期而至的精彩！

教学《晏子使楚》一课，学习"宴会上针锋相对"这一部分时，当有学生情不自禁地说："这分明是楚王事先设计好的一出戏嘛！"

我立刻顺学而导："你怎么知道这是一出戏呢？"并故意将"戏"字加重，引导学生在字里行间找寻"戏"的"蛛丝马迹"。由此，我深刻地体会到，教师只要把耳朵叫醒，在倾听、思考中机智教学，就能给予学生有针对性的指导。

课堂教学语言是教师开启学生心灵的钥匙，有着深深的个人教学风格的烙印，有其独有的风韵格调。我听过不少蒋军晶老师的课，特别欣赏他中肯而精准的评价语言。即便是在公开课上，他也决不会迎合或粉饰学生的回答，也不会放过学生在课堂上出现的任何学习问题。教学《流浪狗之歌》一课时，即便是学生朗读习作的腔调，蒋老师都会一针见血地指出来："不要这样夸张地朗读，请自然地读出来！"我想，真正睿智的教师给予学生的都是最具含金量、最有价值的语言。

教学语言凝聚着教师的心血和汗水，闪烁着智慧的光芒。正因如此，那就不断学习，用心锤炼，让内化于心、有感而发的课堂教学语言，随风潜入夜，润物细无声吧。

第 3 组

"看图写话（习作）" 怎么教

看图写话，被逼无奈写出"神话"

◆ 何　捷

　　这是一幅网上截图。估计是在一次低学段的"看图写话"考查中，一个小学生绞尽脑汁写下的"话"——今天上午，我和妈妈、姐姐一起把爸爸的尸体运到山上去。把爸爸的尸体埋掉。悲壮啊，居然和亲人做了这样一件事！难为啊，孩子的想象被逼入死角后，常常写出让人咋舌的"神话"！

　　这样的写话结果给教师的评价制造了难题。上图中，教师没有打钩，也没有打分。无法评价这样的写话内容，我们非常理解。因为在这生死抉择的时候，怎么评都是失当的：给高分吧，对不起"死去的爸爸"；给低分吧，对不起"活受罪的孩子"。孩子真诚且真实地写下自己的所见，真正按照图画的要求写出"图上有谁""在干什么"，还认真"写出了一两句话"，在孩子心里，这无疑是满分卷了，但在教师这里，是万万不可给满分的。谁都想不到会有一桩"命案"，会有一具"尸体"在考场上真切地摆放着。

　　且让评卷教师的思路飞一会儿，让我们把话题聚焦在第一学段的"看图写话"这件事上。看图写话，是困扰中国学生的大难题。难，但又必须做。表达能力是语文素养中的核心能力，从小就要予以滋养，还要辅以训练。通过考查来检测、督促、提升，无疑是捷径，于是，看图写话，很自然地成了低学段表达类题目考查的首选。从考查形式本身看，确实能检测学生的观察能力、叙述能力和想象能力。而且，综合三个能力，要顺利写出话来，还考量着他的思维力，即能顺利组织起言语表达信息。这确实是一种综合性很强且很有说服力的检测方式。但非常可惜，至今为止，我们几乎没有一张像样的图。图画质量差，语文教师是无可奈何的。每逢出卷，总是随机寻找，之后"将就"一下。这样应对的方式使得看图写话形成三个缺陷：

第一，事件老旧。图画展示的内容旧，学生写得旧，写来写去就这么几件事，简称"五子登科"——扶"瞎子"，推车子，捡夹子，让位子，抱孩子。似乎中国小孩的生活从来就没有改变过。偶然间，还有一些公园的图景，但又似曾相识：那几块太湖石，还有连姿态都不变的猴子，雷同的亭台格局。一股陈腐之气在画面上端端正正地显露着，这让学生面对图画瞬间无语。第二，审美缺失。画面中黑白的配色，简单变形的图样，很难让人产生美的体验。在缺失美的体验前提下，却要写出美的话语，体现美的情感，表达美的意愿，符合美的评判标准，不写"神话""假话"是过不去的。第三，狭窄的表达空间。各种看图写话基本上都有一些提示语，无非是让你写一写"图上有谁""有些什么""在干什么"，最多加上一句"用你的想象，写一段话"。这些都是评价答案的标准啊。学生被迫"按题作答"，类似仓库管理员清点、查收货物似的写出"答案"。这个过程也是步步惊心，稍有不慎，满盘皆输。因为这可是全试卷中分值最高的部分。既然看图写话这么重要，为什么不更改呢？原因可能是：改换为彩图吧，印刷费太贵；改为在考场上播放动画，估计设备跟不上；替换为绘本写作，考卷怎么设计？如何选图？……实在伤脑筋。算了，寻求最简单、最方便的方式，亘古不变的"古董级"图画就这样保留在低学段试卷的最后一题。

其实，不容易改的，是我们的陈旧认识。看图写话的考查指向的是"表达能力"，"图"仅仅是媒介，是形式，不是本质，不是目的。写的"话"才是关键。为了写出话，实现表达，采用以下方式是可以灵活变通的。例如，完全可以在真实的生活、学习情境中考查，让学生进行口语交际；再如，可以组织口头表达的现场测试，提供一段文字，让学生当场诵读，之后表达读后感受；又如，直接提供一段来自家庭或同伴之间的对话录音，根据录音资料，参考日常表达进行过程性评价等。这样的考查，不仅学生喜欢，也更具实效。

也许是杞人忧天吧。我们发现低学段学生的语文测试几乎都是高分。看图写话在测试中所占的分值虽然高，但都被"顺利拿下"。这不是幸运，而是更加可悲。在这种情况下得到高分，学生们会从起步阶段就认定：这么写才好。这么写就是"写假话"。"好"的标准从小被界定，长大了只会不断被强化。假作文，诞生于此且成长于此。从这个角度出发，低学段低质量的"看图写话"必须得到改进。

看图写话，从讲故事开始

◆ 鱼利明

不知何时起，第一学段的看图写话教学呈现出两种模式。模式一：80%的教师只要是指导看图写话必然少不了"仔细看图，图上有谁？想一想他们在什么时间、什么地方、干什么"的引导，导致大多数学生写的内容就像是在回答问题。模式二：从图画内容来看，选材单一、呆板教条，诸如让座、大扫除、扶老人过马路、做家务、送伞、关水龙头等，可怜的孩子们从小就被试卷道德绑架了。

两种模式有何联系？对！我们的思维已经被模式化了，缺乏创新，思维固化。而任何教学方法一旦"被规律"了，那么我们的课堂便会暮气沉沉，毫无生气可言。

那么，看图写话如何走出一条新路呢？我主张：别急，先从讲故事开始！

"写话"是一种约定俗成的语言逻辑形式，但从思维逻辑来说，实际上应为先"话"后"写"，即写之前应充分地说。"话怎么说，文章就怎么写"，看图写话亦应如此。叶圣陶老先生曾说："物体本身完整而有式样，拍成照片当然完整而有式样；语言周妥而没有毛病，按语言写下来的文章当然周妥而没有毛病了。"可见"话"的重要性。在学生写话的过程中，我们常发现他们眉头紧锁，那都是因为"话"没到位。

在训练学生说话时，不要急于用规范的章法指导学生说。我们尝试用轻松的话题让学生把图当作故事去讲，先把故事讲好、讲精彩。在讲故事的过程中，学生加深了对图的理解，然后再以自己的理解进行表达，从而提高自身的言语表达能力。讲故事是重要的言语训练形式之一。

再来说说"看图"。看图从训练学生的观察能力入手，但它的另外一个重要目的还在于帮助学生发展思维能力。因为图不是静止的，它就像一部电影，本身就在"说话"，需要阅读者深入观察、解析。以静止的图画表达流动的故事情节，静态与动态之间的空白、连接就需要学生自己去思考，去想象，去填补。图，仅仅是一个动态故事的瞬间。就像我们玩赏于山水间，记录这美好行程的会是静态的照片，而捧起照片，又会将旅行中的故事一一浮现于眼前。因此，学生应该在讲故事前认真观察、欣赏图画，读懂了这些图画，加深了理解和体验，就能将静态画面想象成动态故事，然后再讲出来，而在讲故事的过程中他们的思维就会像雪花一样，每一片都不一样。讲故事是重要的思维能力训练方法之一。

最后来说说这个年龄段的学生。他们异想天开，敢于说出自己的思想，但日常使用的是对白语言，逻辑性不强，词汇贫乏，缺少规范。而他们又很喜欢讲故事、听故事。所以我们何不以看图写话教学为契机，来刻意训练他们讲故事的能力，让他们从敢说话到会说话，再从会说话到巧说话，最终话写结合，达到提升说话和写作两方面能力的目的呢？因此，我认为，看图写话的训练别操之过急，当从讲故事开始。

先讲故事和直接写话效果有何不同？以两节课例来证明。授课内容同为人教版二年级上册第四单元的看图写话训练，要求为"看图写几句话"。A教师以"什么时间？谁？在什么地方？干什么？"为要求，从观察方法、写好简单句子两方面进行机械训练，于是多数学生的写话停留在画面上，呈现如下：

> 一天，老师带同学们去动物园玩儿，动物园里可热闹啦！公园里一共有10只猴子，有的猴子在吃苹果，有的猴子在用尾巴荡秋千，还有的猴子在挠痒痒。它们真开心，我们也开心。

B教师并不急于教方法，而是先让学生观察，再创设情境讲故事，鼓励他们看到画外的内容，把画内画外串在一起讲故事。学生作品呈现如下：

> 昨天老师说要带我们去动物园玩儿，我们可开心了！今天一大早我们就来到了学校，坐上车去动物园。一路上同学们叽叽喳喳像一车小鸟。终于到了动物园，啊！动物真多啊！有长颈鹿，有老鼠，有大象，有鳄鱼，还有可怕的蟒蛇。最后我们来到了猴山前，我喜欢猴子，因为猴子很聪明。我们大喊着："猴子，猴子快过来，我这儿有好吃的。"猴子好像听懂了我们的话都跑来了。不知是谁扔了一个苹果，被一只猴子抢到了，它快速地跑到山顶大口大口地吃起来。没拿到苹果的猴子失望地散掉了，它

们有的靠着石头在休息，有的在抓虱子，有的挠着脑袋。也有些猴子为了拿到下一个苹果，表演起节目来，它们有的把香蕉放在鼻子上顶着玩儿，有的单手抓着石头像个大力士，有的挂在铁链上荡秋千。看着它们的馋样，同学们可开心了，所以都给了它们奖赏。老师说小猴子是我们的朋友，我们要爱护它们。

可见，"话"讲好了，"写"也不会差到哪儿去。

以意化象、以言表象

——看图写话指导的另一条路径

◆ 余佳莉

　　低学段学生的生活阅历和经验不足，传统的写话指导没有抓住他们的心理特点，因而学生在表述时，除了描述客观物象，通常难以将自己主观的觉知和情感融入，导致无话可写或表述无趣。"意象写话"则从低段学生形象思维发达、想象力丰富这一客观心理机制出发，以生活事物和典型文本为素材，以激发写意思维和自由想象为重点，以培养想象力和创造力为旨归，打造"写意·想象·创造"的低段写话教学。我们提炼了扩充补白、角色换位、夸张变形、元素异化等教学策略指导学生看图想象，使学生将自己的想象世界和现实世界打通，在两者之间创造广泛的联系，而不是囿于具体写实的描摹。使儿童在想象的世界里畅游，自由自在地学习语言、丰富语言、创造语言。

一、 扩充补白， 诱发联想

　　"空白点"往往是语言蕴藉、匠心独运、有韵外之致之处。教师在精选写话图片时应该考虑留有这样的空白，利用这些空白激发学生的想象。所谓补白，就是在教学中以此为生发点，引导学生结合自身体验和感受，发挥想象，填补言语、情志及意境的空白。

　　如，笔者曾经选取绘本《云娃娃》中的几张图片组成看图写话的组图指导学生写话。我把云娃娃用云朵做成的各种各样的事物的图片删去，留下的空白处就作为本次写话的指导，引导学生逐层想象，结合句式规范表达，用"云娃娃用云朵做了（　　　）"介绍一种事物，打开思路，接着用上"一会儿……一会儿……"来介绍两种事物，用上"有……有……还有……"介绍三种事物。

此处留白的内容充分联系了学生的生活经验，他们表达的不再是云娃娃所见，而是他们自己看见的大千世界，这样的空白才能真正激发学生表达的欲望，留给学生想象的空间，张扬他们表达的自由。同时引导学生对内容进行补白时，还要精心设计语言训练点，关注指导的梯度和层次，促进学生言语的发展。

二、 角色换位， 逆向观察

庄子恍惚间用蝴蝶的视野看世界，才造就了浪漫奇幻的"庄周梦蝶"的化境。"角色换位"，顾名思义，就是转换观察的视角，改变表述的角色进行写话，这是一种逆向思维。学生写话中的雷同有时是因为惯性思维，觉得现有的本位角度没什么好写，因此陷入了对他人写话的机械模仿中。此时换一个角度，引导学生从反面、侧面，即文本情境中另一个角色的角度进行思考和表达，一方面在思路上激发学生的创造欲，有助于学生发挥想象力和主观能动性；另一方面，原有思路的词语、表述可以被学生灵活地借鉴迁移，对于学生的思维培养和语言训练都有所助益。

如，在《宿新市徐公店》课后看插图编故事这一写话指导中，笔者创设了一个变身游戏，即不用原诗的叙事角度，而是用文本中其他事物的身份编故事。学生纷纷大胆思考，有的变身为小童："今天春光明媚，我去徐先生的旅店附近玩耍，我看见……"有的变身为蝴蝶："我是一只漂亮的小蝴蝶，春光真美好，我扇着翅膀到处找春天，我飞到东飞到西，看见……"在变身为蝴蝶的想象过程中，学生们还把男孩的"捉蝴蝶"改成了"追蝴蝶"，呈现出更加美好的境界。还有的变身为油菜花："我是一朵盛开在春季里的油菜花，我在春风里跳舞，我看见篱笆……"

多样的角度赋予了这幅图多重趣味，使学生说话、写话的热情高涨起来，想象力飞扬起来。由于学生的思维角度存在互补和交叉，所以在课堂交流时，相互的补充、评价，擦出了思维的火花，充盈着表述的乐趣。此教学方法让学生们从原始写话素材中创生出更多自由、可衍生的主体意象。于思维创新性而言，只是换个角度和立场就可以让学生有不同的视野和想象，使得固化的思考角度变得丰富起来。于言语训练而言，原文本的字词可以迁移运用，只是角度不同，就使语言的积累和创新变得顺理成章。如果教师具备了这样的策略使用观念，这一做法就是十分简便可行的。

三、 夸张变形， 把握关联

夸张、个性的想象是孩童抒写性灵的童真笔法。但是在低学段写话的教学过程中，如让学生漫无目的地"胡思乱想"，指导的效果往往并不理想。因此要抓住客观物象的某一特点，聚焦于此，引导学生用经过变形（放大、缩小、增加、剪裁等）的形象，塑造出表现自己个性与情趣的趣味盎然的意象。

如，笔者指导一位教师开发了一节创意看图写话课《靴子变形记》，引导学生通过对靴子的各种变形，画出自己的创作，然后观察靴子的样子，想象其作用，并用恰当的动词写出改变造型的过程，用上拟人化的语言写出作用。使学生想到了花瓶、洒水壶、帽子、火箭……

不过，让学生对事物展开想象，容易走两个极端，要么是教师比较强调想象的合理性，束缚了学生的手脚，想象不够大胆新奇；要么就是学生无法找到想象与现实物象的联结点，想象无法抓住事物的突出特点。在本课例中，教师引导学生聚焦靴子外形上的改变到功能上的对接，一步一步展开想象的过程，让学生自主生发写话图片，举重若轻地解决了以上两个问题。这一方法强调想象前对客观事物的观察，使客观事物和主观态度有机融合，使得写话的作品既在"意料之外"，又在"情理之中"，透露出孩童应有的灵气。

四、 元素异化， 分解转化

写话的素材往往涉及多个元素，教师引导学生张扬创造力，将其中的某一个或某几个元素进行异化，赋予写话作品奇妙的想象。这种写话思维的训练最初可以给学生引领方向，引燃思路，等学生的想象力、创造力提高到一定程度，就会转化为一种潜在的发散思维，自如地对日常形象进行创意加工。

如，一位教师执教公开课《水果晚会》，通过几张拟人化的水果图片，引导学生想象水果店里的水果化身晚会表演者，从打扮、动作、语言等方面想象写话，赋予水果人的言行，香蕉小姐、苹果姑娘、菠萝先生……在学生的笔下栩栩如生。

对水果形象的异化将事物的原生形象和学生头脑中的客观表象进行了融合，打开了学生的思维，搭建了想象的路径。教师在指导过程中对异化的元素进行了分解，为学生的想象创作分解了难点，搭设了阶梯，让不同思维和言语水平的学生能根据自己的能力水准选择异化元素，进行创作。除了这种聚零为整的异化方法，教师还可以将包含各方面元素的事物进行元素的分化，只选其一，化整为零、集中聚焦，从而降低学生观察和思考的难度，提升思维的精度。

这几条教学策略以学生生活为契机，以言语为表现形式，以培养学生创造性思维和言语表达为核心，使看图写话训练充满了游戏般的智趣与灵动。正如17世纪英国教育学家洛克在《教育漫话》中所言："教导儿童的主要技巧是把儿童应做的事也都变成一种游戏似的。"在轻松愉悦的思维创造和语言游戏中，学生的写话兴趣得以提升，写话能力得以提高，主体性和创造性得以彰显。

在读图中激起思维的火花

◆ 戴一苗

小学低年级学生以形象思维为主，逐渐过渡到抽象思维。因此，看图写话是培养低年级学生的观察力、思维力、想象力和表达力等综合能力的绝佳途径。以下主要从思维力培养这个角度切入，结合一些实践经验，谈谈自己的一些操作策略。

一、 打乱顺序编故事

这里的"打乱顺序"指打乱几幅图的先后顺序，请学生总体观察几幅图，在理解大致意思的基础上，将图正确排序，然后再编一个有趣的故事。这样的做法，比较适用于二年级的学生。和一年级的学生相比，他们已经具备一定的读图能力，这样的排序活动不仅需要联系学生已有的知识经验，还需要对组图有一定的掌控力，排序是训练学生逻辑能力很好的载体。比如组图1：

组图1

第3、第4两幅图都是小女孩在吃饭，但细看是有区别的，如第3幅图饭碗是放桌上的，第4幅图饭碗是被小女孩捧起来的，看上去吃得很香。还有挂在墙上的钟，第3幅图中的钟指向12点，第4幅图中的钟指向12：05，那中间发生了哪些事呢？第2幅图画面不难理解，小女孩把菜扔进了垃圾桶。第1幅图通过农民伯伯种地的插图，再结合奶奶和小女孩的神情，可以推断出奶奶在教育小女孩要爱惜粮食，告诉她"粒粒皆辛苦"。至此，这组图的意思已经浮出水面，正确排序也是水到渠成，但足见整个思考过程的重要意义。

二、 补图画讲故事

看图写话需要的不仅仅是学生能够对图画进行简单的描述，更需要学生能够把自身的经历和图画所表达的内容相结合，这样整个故事才能更加活泼生动。课程标准在第一学段的阶段目标中说："写自己想说的话，写想象中的事物。"也就是说，需要学生联系自身的经历及体验展开合理想象，想象要符合图画中的人物和情景，这样的故事才更真实，更吸引读者。

人教版一年级下册"语文园地八"的第 1 幅图是"四只小猴子在河边玩球"，第 2 幅图是"球掉到小河里"，第 4 幅图是"四只小猴子又开开心心地一起玩球了"。空白的第 3 幅图会发生什么故事呢？通过小组交流，学生不难想到第 3 幅图画的应该是小猴子们想办法拿到球。至于想到了哪些办法，这是个开放的话题，极具思维的张力，对于一年级的学生而言是个挑战。正因为是挑战，所以才会更加激起学生的思维碰撞，见仁见智，只要合理即可。这样的交流过程也非常有趣。

三、 图文对照拼故事

所谓"拼故事"就是根据教师提供的文字线索，学生开动脑筋，把对应的图片和文字联系起来，使其成为一个完整的故事。我们来看《谁也没忘记》这个故事的图片（如组图 2）和打乱的文字：

组图 2

打乱的文字：

A. 小鹿很沮丧，等了好一会儿，也不见有人来，心想：完了，它们都把我忘了。想着想着，小鹿伤心地哭起来。

B. 小鹿看到小鸟飞过，大声喊道："小鸟，你能帮我处理伤口吗？"小鸟说："哎呀，我只是个邮差，不能处理伤口，不过你在这儿等等吧。"小鸟匆匆地飞走了。

C. 小兔医生跑来了，说："小鹿，我来给你处理伤口。小鸟给我报信，大象驮我过河，我才能这么快赶到，你得谢谢它们。"伤口包扎好了，小鹿高兴地说："谢谢，原来大家谁也没忘了我。"

D. 阳光明媚的午后，小鹿在森林里散步。突然他被一块石头绊倒了，腿摔破了。

E. 不远处传来了一阵重重的脚步声，原来是大象伯伯，小鹿连忙问："大象伯伯，你能帮我处理伤口吗?"大象说："抱歉，我只是个消防员，不能处理伤口，不过，你在这儿等等吧。"大象也走了。

在下面的括号里，把和图片对应的字母写出来。

1—(   )   2—(   )   3—(   )   4—(   )   5—(   )

图文对照阅读是非连续性文本阅读的一个重要策略。读图能力的培养是小学三个学段一以贯之的。第一学段的"看图说话"往往是把几幅相关的图连在一起，组成一个"非连续性文本"，这应该是最基础的"读图"练习。我们在关注学生"看图"结果的同时，还需要关注学生"看图"的过程——方法、视角、速度等，并给予提示和帮助，重视这方面的评价，使"看图"不仅仅是为了"说话、写话"，而且是对综合能力的培养。图文对照拼故事，就是一种极有效的培养读图能力的方法。

从看到写，从图到话

◆ 李虹霞　张爱萍

"看图写话"，从字面上分析，可以把它拆解为两组关系：看—写，图—话。这两组关系也巧妙地呈现了看图写话的步骤：从感觉的捕捉到思维的表达。根据多年的低年级教学实践，我认为一、二年级的看图写话需要教师在"看"和"写"上下足功夫，做好引导。

一、看的方法

1. 学会"看"顺序。

许多学生看到图画之后，不知道该从哪里着眼，漫无目的地在图画上扫来扫去，看到哪里想到哪里也就写到哪里，于是，写出来的文字没了逻辑感。因此，在面对一幅图画时，我们首先要教会学生"看"的顺序。

低年级的观察顺序最常用的有这几种：从上到下、从下到上、从远到近、从近到远、从左到右、从右到左。有的教师会过多地讲解从局部到整体或者从整体到局部的顺序。其实，对于低年级学生来说，整体和局部是一个比较大的范围概念，不太符合他们的认知，只会在脑中形成模糊的印象，因此不建议用局部和整体对比的关系来观察。如果在课堂教学中能够刻意训练前面讲到的几种观察顺序，学生的观察能力就会潜移默化地形成。

2. 学会"看"逻辑。

在图画中，存在人物或景物大与小的对比。我们会很清晰地捕获到较大的人物或景物就是一幅图画的重点，但是低年级学生却很难清晰地感知到，这时教师就需要将"近大远小"的概念讲授给学生。一个典型的例子就能让学生一目了然：一架飞机在地面时，我们会感觉它很庞大；而在天空中飞行的飞机，我们会感觉它很渺小。是飞机的大小变了吗？这时他们就会意识到，不是飞机的大小变了，而是我们和飞机的距离变了。此时引入"近大远小"的概念，学生就能轻松理解。然后再告诉学生看起来比较大的人物或者景物就是一幅图画的重点，也就是我们需要着重观察写作的重点。

3. 学会"看"多幅图。

看图写话的种类一般有两种：单幅图和多幅图。

看单幅图时，可以启发学生按照顺序观察画面；看多幅图时，我们要教会学生找出关键图片。什么是关键图片呢？就是故事情节发生转折的那幅图，往往会在动作、表情或者环境上发生变化，从而呈现故事的变化。多幅图的写话会在关键图片上使用较多笔墨从语言、动作、神情等角度进行具体描写。

二、 写的方法

1. 抓要素，练句子结构。

不论是单幅图还是多幅图的看图写话，基本句子结构是训练的要点。低年级的看图写话大多是采用记叙手法，从时间、地点、人物、事件这四个要素上进行表达，将这些要素落实到句子结构上。低年级的句子有基本句和扩展句两种，从最开始的基本句"谁干什么"（"谁是什么""谁怎么样"）一步步扩句，增大难度，到"谁在哪里干什么"，再到"谁怎么样地在哪里干什么"。我们要花足够的时间指导学生用几句话把内容写清楚、写通顺，并准确使用逗号、句号、问号、感叹号，让每个学生都能够扎实地掌握句子结构与标点符号使用规则。这样由浅入深、由易到难地进行句式训练，最终为写段、写篇训练打下扎实的基础。

2. 抓内容，练故事逻辑性。

许多学生在写话时看一眼写一句，完全凭感觉，因此有时写着写着就忘记了自己开头写的什么，写出的文字有时会前后矛盾。

为了便于学生记住所观察到的内容，可以借鉴圆形图进行头脑风暴。先在圆形图内把按照观察顺序发现的事物的关键词记录下来，再使用流程图编排表达顺序。如《小壁虎借尾巴》多幅图中，我们可以教学生用圆形图记录所看到的事物，如下图：

第二种图是流程图，运用流程图的顺序性特点帮助学生厘清事情发展的先后顺序。这样，他们就能按顺序记录事件发生的地点，用来提醒自己故事环节。如下图：

3. 加动词与对话，丰富想象力。

指导学生按照一定的方法看懂图意后，就可以通过想象进行表达。那么如何训练想象力呢？其实想象力并没有多少高深，只要把人物的动作、对话写好，故事就会具有感染力和生命力。

首先，观察图画，写清人物动作。动作的写法并不是只写眼睛能够看到的，而是要像慢镜头放电影一样，具体写出连续的动作，如《小猴子下山》一课中，对动作的描写特别细致：

有一天，小猴子下山来，走到一块玉米地里。他看见玉米结得又大又多，非常高兴，就掰了一个，扛着往前走。

这一段文字是第一幅"扛玉米走路"图片的故事，图画中画的是小猴子扛着玉米迈着一条腿，而作者就从这一个动作里想到了"从山上下来—看见玉米—掰玉米"一系列连续性的动作。这样的写法就是从看得见的图画联想到看不见的前因图画，这样一个个慢镜头的连续就编成了一个形象生动的故事。

其次，根据图意想象人物的语言。想象并描写图画中人物的语言会让故事变得更有趣。语言描写的技能往往来源于学生的生活。初始写话阶段，学生在写话过程中往往会夹杂口语，这就需要教师借助阅读教学引导学生正确使用书面语，并且语言描写要清晰简洁，千万不能为了凑字数，让人物的语言啰啰唆唆。同时，需要引导学生关注语言描写的关键词——说、问、叫、喊、嚷等，在这些关键词后面正确使用冒号和前引号，引出人物的原话，而当一句话说完时，要根据语境选择使用句号、叹号、问号和后引号。

利用教材资源进行看图表达教学

◆ 李斩棘

一、 利用插图激发学生看图表达的兴趣

在通过看图进行表达的教学中，要想让学生喜欢说、愿意写，能主动地表达自己的观点，笔者以为，必须要从兴趣入手。

要激发学生的兴趣，第一步就要选择精美的、学生喜欢的图画。在教学中，有的教师选择图画不够慎重，没有经过严格的筛选和处理，随意性较大：有的图片具有时代的滞后性；有的图画成人化，缺少童真童趣，难以引起学生的共鸣；还有的图画图意不明朗，学生无法看懂。因此，教师在选择看图写话资源的时候，一定要紧扣学生的心理特点，精心选择图画，让学生乐意说、愿意写。

选择图画的途径很多，可以依托教材选择，可以从生活中选择，也可以利用网络资源选择，还可以从绘本中选择，等等。其中，从教材资源中选择，不失为一种简单且有效的方法。

如部编版一年级教材中的插图，绘制精美、内容丰富、形式多样，且充满童真童趣。其中有的还以水墨画的形式呈现，透出浓浓的中国传统文化味，具有很强的熏陶感染的作用。这些插图有的与课文内容相对应，有的提示文章的重点和难点，有的是为了启发学生的想象……它们对帮助学生理解课文内容、训练观察力、增强审美力起着不可忽视的作用。作为看图写话图片，十分贴合小学生的心理特点，可以有效地激发学生观察和表达的兴趣。

二、 借助汉语拼音部分的情境图引导学生看图表达

部编版一年级教材中的汉语拼音部分，每课都配有整合的情境图，以提示拼音字母的音或形，每幅情境图画面完整、故事性强，且富有情趣。如果教师

在教学时能合理利用这些资源，在引导学生学习拼音的同时引导学生关注图画、学习读情境图，展开想象，练习说话，就能有效地提高学生看图表达的能力。

如《ai ei ui》一课配有一幅孩子们听老奶奶讲故事的情境图：放学了，孩子们一个挨着一个，围坐在一位白头发、戴眼镜的老奶奶身边，听奶奶讲故事。旁边的小圆桌上放着一杯水。其中"挨、奶、白、戴"提示"ai"的音，"杯、围"提示"ei"的音，"水"提示"ui"的音。教学时，教师可以先引导学生按顺序、有重点地仔细观察情境图，说说图上都有谁，当学生说出"奶奶、一杯水、喝水、围着"这些词语的时候，教师相机出示相对应的音节进行学习。到此可以再加上一个环节，即引导学生发挥想象用完整的句子说说图中有什么，在干什么。刚开始学生会说简单的一句话，这时教师可以提示他们，让他们想象一下图中人物会说些什么，又会做些什么，并给足他们看图和思考的时间。这样，学生会逐渐在原有句子的基础上加上自己想象的内容，使句子更加具体生动。

教材上类似的情境图很多，教师要有意识地加以合理、巧妙利用，为学生提供、创造语言实践的机会，使看图说话教学无形渗入，使学生的观察力、思维力、想象力和语言表达力得到同步发展。

三、 运用课文中的插图引导学生提升看图表达的能力

除了情境图外，每一篇课文中都有一幅或多幅插图，只要合理运用，每一幅插图都可以变成学生练习表达的资源。

部编版一年级教材中新设计了一类"连环画课文"，上册一篇——《小蜗牛》，下册两篇——《咕咚》《小壁虎借尾巴》。这三篇课文与其他课文不同，不是全注音的。文本中的插图与课文内容相对应，目的是让学生借助图画进行阅读，体现了图画的作用。在教学时教师要有意识地合理运用这些插图。

如《小蜗牛》一课。课文以小蜗牛的视角，生动鲜活地展现了一年四季的自然变化。教材中配有四幅色彩艳丽、季节特征明显的插图，并以连环画的形式呈现出来，旨在培养学生看图学文、自主识字、独立阅读的能力。这篇课文中的插图就可以作为看图表达资源。如陕西的王林波老师在执教这一课时是这样做的：

师：同学们，在读课文的时候，谁发现了这篇课文与我们过去学习的课文有什么不同？

生：以前学习的课文都注了音，这篇课文只有个别字注音了。

师：是啊，以前学的课文每个字都注音了，我们可以借助拼音认识生字，读准字音，可是这一课没有全文注音，该怎么办呢？

生：可以问同学或者老师。

师：很好，今天老师还要告诉大家，课文的插图同样也可以帮助我们识字，有不认识的字时，我们也可以联系课文插图猜一猜读音。

师：同学们，我们来看看课文的第一幅图，（出示）你看到了什么？谁来说一说？

生：小蜗牛和妈妈在树林里住着。

师：说得不错，还有谁想试试？

生：小蜗牛和妈妈在树林里玩。

师：很好，我们来看课文是怎么写的。（出示句子：小蜗牛一家住在小树林的旁边。指名多人读）

师：在这句话中有一个生字，（出示：住）会读吗？

生：住。

师：小蜗牛一家住在小树林的旁边，谁能告诉大家，你的家住在哪里？

生：我家住在大学校园里。

生：我家也住在大学校园里。

师：表示相同的意思，你用到了"也"字，很好。

生：我家住在××城。

生：我家也住在××城。

师：真好，我们再来齐读这个句子。

生：（齐）蜗牛一家住在小树林的旁边。

师：再看图，小蜗牛和妈妈在聊天。春天来了，蜗牛妈妈对小蜗牛说——（出示句子：春天来了，蜗牛妈妈对小蜗牛说："孩子，到小树林里去玩吧，小树发芽了。"生自由练读。师指名读）

师：同学们，这段话中有两个人物，一个是蜗牛妈妈，一个是小蜗牛。那么这句话到底是蜗牛妈妈说的，还是小蜗牛说的？谁能分得清楚？

91

生：是蜗牛妈妈对小蜗牛说的。

师：你怎么看出来的？

生：这句话中有一个"对"字，是蜗牛妈妈对小蜗牛说。

师：真好，同学们想想看，生活中，你的妈妈对你说过些什么话？

生：妈妈对我说："快去写作业。"

生：妈妈对我说："你长得太胖了，少吃点饭。"

生：妈妈对我说："别总是玩儿玩具，到外面做做运动。"

生：妈妈对我说："这么晚了，赶快睡觉吧！"

师：妈妈很关心大家的健康和学习，蜗牛妈妈也很关心小蜗牛的成长，蜗牛妈妈对小蜗牛说话的语气一定跟我们的妈妈一样。谁来读读蜗牛妈妈对小蜗牛说的话？我们听听像不像妈妈说话的语气。（指名读）

教学时，王老师充分借助插图引导学生进行仔细观察，让学生联系生活，大胆猜读，再与课文对应段落进行对比阅读，不仅帮助学生理解了文本内容，同时也利用插图训练了学生的表达。

四、结合"语文园地"练习把话写具体

部编版一年级教材"语文园地"板块共设计了两次看图写话练习，分别是上册"语文园地七"和下册"语文园地八"。以上册"语文园地七"为例，其"字词句运用"第二题为：看图写词语，再说一两句话（如下图）。这道题设计的目的是培养学生的顺序观察能力和由词到句的表达能力，为以后的习作打基础。

kàn tú xiě cí yǔ zài shuō yì liǎng jù huà
看图写词语，再说一两句话。

　　在教学时，教师可以引导学生先有顺序地观察图画，围绕图片的地点、人、事、物等信息写出学过的或者熟悉的词语。这里的三组田字格里的词语答案是多维度的，可以是"山上、天上、白云"，可以是"山羊、孩子、老牛"，还可以是"我们、小鸟、开心"等。

　　在进行"说一两句话"的训练时，可以不受所写词语的限制，只要是从图片中观察所得的内容都可以说，但要先引导学生把话说清楚、完整，再在清楚、完整的基础上引导他们说具体。如，"哥哥拉着妹妹在草原上奔跑"是一句完整的话，那么"哥哥拉着妹妹在美丽的草原上奔跑，开心极了"则是一句具体的话。依托这样的形式可以练习用先前说到的"天空""草原""老牛""山羊""白云""小鸟"等词语说话，充分激活学生的思维与想象，让他们根据图意合理表达、想象表达，从而为写一篇完整的看图写话打好基础。

教无定法

——浅谈低年级看图写话指导策略的选择

◆ 顾文艳

看图写话是培养儿童观察力、想象力与表达力的良好途径。那么，如何指导学生写好看图写话呢？笔者常用这两种方法：1. 听故事，复述记录；2. 看图画，自编故事。

这两种教法，孰优孰劣？

其实，这两种教学策略各有长短，教者应该根据学情选择相应的教法；在使用不同教法的过程中，也要尽量做到扬长避短。

先来说说第一种教学策略——听故事，复述记录。即，教师将图画上的内容编成故事讲给学生听，再让学生复述故事，并记录下来。

这种教法的优点在于：故事对儿童来说，总是充满吸引力的。学生在听教师讲故事的过程中，听懂了故事，理解了图画内容。在此基础上，再让他们复述故事，就易于把握图画主旨，且学生在复述故事时，能学着教师的样子用较规范的书面化的语言讲述，能积累较丰富的词汇，也降低了学生写话的难度。

这种教法的缺点是：听故事在先，学生有了先入为主的印象，往往会受教师所讲故事的影响，想象力受到限制，看图写话往往会出现"千人一面"的状况。

如何避免这个问题呢？以《小蚂蚁过河》（如图1）看图写话为例，笔者在给学生讲故事时，说小蚂蚁过河是为了看望生病的外婆。在学生编故事时，就让他们想象小蚂蚁过河的其他不同理由。有的说小蚂蚁过河，是因为"世界这么大，我想去看看"；有的

图1

说小蚂蚁过河，是为了到对岸的学校上学；还有的说，小蚂蚁过河是为了搬到

新家去。笔者讲故事时，说树叶是被风吹落到河面上，小蚂蚁把它当作小船。在学生讲故事时，笔者启发他们想象："树叶是怎样到水面上的呢？你们可以发挥自己的想象说一说。"有的说是小蚂蚁推到河里去的，有的说是小蚂蚁抛到河里去的，还有的说是树叶为了救小蚂蚁，自己跳到河里去的。

让学生在教师讲故事的基础上，进行适当改编，就可以避免"千人一面"的现象了。

再来说说第二种教学策略——看图画，自编故事。即，教师指导学生通过仔细观察图画，推断故事发生的时间、地点，关注故事中的人物，了解图画反映的主要内容。在此基础上，让学生练习说话写话。这种方法是教师们在看图写话教学中最常用的。

这种教法的优点在于：不受教师讲的故事或者例文的影响，给学生的想象力以驰骋的广阔空间。当然，这种教法也不可避免地存在一些问题，刚入学的学生缺乏一定的观察力，他们观察图画时，往往会出现无目的、无顺序的状况，而且在叙事时，往往具有跳跃性，缺乏完整叙事的能力。另外，学生的词汇量也不够丰富，说话写话时，词语贫乏，内容干巴巴的。

如何解决以上问题呢？首先，要在指导学生看图上下功夫，让学生掌握看图的方法。看图时，先初步感知图画的主要内容，即弄清故事发生的时间、地点、什么人在干什么，再观察图画的细节。

如指导看图写话《捕蝶》（如图2）。

图2

师：请同学们仔细观察图画，你在图上看到了什么？

生：看到了一只蝴蝶，还有一个小朋友，还有花和树。

（学生在观察图画时，往往会像这样无目的、无顺序，看到什么说什么。）

师：从图上的景色你可以看出这是什么季节吗？你可以给图上的小朋友取个名字。他手上拿着捕蝶网，想一想：他在哪里？在干什么呢？

生：春天到了，花儿开了。晨晨来到公园里，他看到好多蝴蝶，就拿着捕蝶网捉蝴蝶。

（给学生提供一些句式，如，什么时间？谁？在哪里？干什么？可以帮助学生完整表述图意。）

师：老师给你们带来了一组词语：春光明媚，竞相开放，翩翩起舞，满头大汗。（出示并大致解释词意）请小朋友们和同桌练习看图说话，在说的时候，能用上这些词语就更好了。

（同桌练习说话后交流。）

生：一个春光明媚的日子，苗苗来到公园里。公园里的花儿竞相开放，一只只蝴蝶在花丛中翩翩起舞。苗苗拿着捕蝶网追蝴蝶，追呀追呀，追得满头大汗。

（给学生提供一组词语练习说话，可以解决他们词语贫乏的问题。而且使学生积累的词汇越来越丰富，并在运用中习得词语的用法。）

96

在以上例子中，教师引导学生根据画面中的元素从图画中提取信息，这样，学生才不会误读图意。在仔细观察图画的基础上，还要培养学生完整说话的习惯，因此教师给初学写话的学生提供了一些句式，如什么时间，谁，在哪里，干什么，结果如何，心情怎样；而且，为了丰富学生的语言表达，教师还提供了一些与画面内容有关的词语供学生选用。另外，也可以教给他们一些关联词，如"一边……一边……""有的……有的……"。这些关联词语便于学生组织语言材料。

以上分别讲述了指导看图写话的两种教学方法的优势与不足，以及弥补不足的方法。初学看图写话时，可以从第一种方法入手；当图意比较复杂，学生难以把握时，也可以选用第一种方法教学。对于不同水平的学生，可以因材施教，选用不同的教学方法。当然，第一种教学方法起到的往往是搭桥作用，最终要渐渐过渡到第二种教学方法，直至学生可以自主观察图画，独立完成写话。

总而言之，教无定法，两种方法可以灵活选用，因时制宜，因图制宜，因人制宜。

"看图习作"的教学指要

◆ 胡元华

小学语文第一学段常见"看图写话"，到了第二、第三学段也常见"看图习作"。看图之后写，并不是低段专利。无论是"写话"还是"习作"，图仅是参照，是凭借。特别是高段习作，图画的质量有了显著的提升。其多采用色彩、内涵都相对丰富的优质画面，画面中透露着情节，画外之意更加多元，有待阅图者揣摩、领悟。当图画内容变得复杂，可供启发习作的思路变得灵动时，看图习作对学生写作能力的考查与检测功能变得更加强化。如何写好，需要指导。以人教版四年级上册"语文园地六"的看图写作《胜似亲人》（如右图）为例，与大家分享笔者在第二学段看图习作中的指导思路。

图·王炳炎

其一，看图，发现不易察觉的细节

低年级看图重在图上"有什么"，只要把图上的物件、人物等展示出来，再发挥想象编排故事，就大功告成了。中年级看图则不能满足于图上"有什么"。教师教学指导的意义就在于引导学生发现他们容易忽视的细节。例如，在图中，倚靠在门边的手杖很容易被忽视；已经晾洗和准备晾洗的衣服的数量很少有人统计；衣服袖口的绣花以及衣服的款式几乎没有引起关注；晾晒的方式有所不同无人察觉；小姑娘头上戴的花也少有人写；相对于奶奶捧着小姑娘脸蛋的手，小姑娘搓着围裙的手很少有人提及……这些细节，单单是列出来就足以引发大家的关注。如果能在看图的过程中有意识地引发学生自主发现，便可增加看图的趣味，又能增加表达的效果。

引导"发现"的方法有三种：对话法，通过师生对话，共享发现资源；

竞赛法，组织"发现竞赛"，比比看谁发现的细节多；指示法，直接展示教师发现的细节，要求学生逐一标注。发现的过程也是教给学生看图方法，培养和提升学生看图能力的过程。

其二，习作，将细节转化为亮点

看图后就要写，写的时候要将之前观察到的细节用上。这些细节用在文字中，就成了最值得咀嚼的亮点。细节决定成败，细节是故事的灵魂。指导，就要落实在让学生将观察发现的细节进行恰当的设计，并将这些细节在故事叙述中合理地安排呈现。例如，从倚靠在门边的手杖能够联想到奶奶的身体状况，写的时候可以安排一段插叙，为这感人的一幕的出现做好铺垫；已经晾洗和准备晾洗的衣服数量的统计，很轻松地就衬托出小姑娘勤劳的手、善良的心，可以安排一段特写。在此基础上，如果增加"小姑娘搓着围裙的手"的描写，那种羞涩、清纯、无邪的童真便自然而然地、淋漓尽致地表现出来了，绝对不需要贴标签、喊口号。

可以这样设计情节指导：1. 搭建框架，构思先行。整个故事的情节要先设定，就如同盖房子，框架要先搭建好。写前多想想如何安排细节素材，整体构思完成后再动笔。2. 将细节做成习作看点，进行细致描写。既然是细节，就让学生细致描写，让细节"足够细"。3. 细节与其他部分的融合，需要精加工。一段段细节写完后，还要与其他部分相融合，细节才能发挥作用。因此，可以通盘考虑，加工调整，采用插叙、补叙等方法，让细节穿插其中。

其三，让"画面感"成为习作看点

"看图习作"和"习作"的区别就在于"图"，因此在写作结果上，"看图习作"的最终作品应更具画面感。之前强调关注细节，主张细节的处理，如今就要让细节发挥出的作用最大化，成为全文闪耀的亮点。

列举一个看似很不起眼的细节——晾晒的不同方式。从图中可以发现：类似床单的大件，挂在用短枝丫撑住的棍子上；几件单衣则展开悬挂起来。有洗衣服经验的都知道，这是"行家里手"干的活儿。床单洗后重量陡增，悬挂容易扯断绳索，因而必须用结实的短枝丫支撑住。而单衣为了尽快晾干，采用展开悬挂的方式最佳。这个细节的描写足以说明小姑娘不是一时兴起来帮忙，而是有着丰富的经验。于是，一个爱劳动的好孩子的形象自然就树立起来了。

读者也能推想：她平常没少干家务；她也不是第一次来老奶奶家献爱心。有什么样的表述效果能比细节放大后更具有说服力？读者通过细节体悟到的印象必定深刻，远远胜过作者声嘶力竭地、生硬地表彰。

看图指导就是"把细节放大"，可以提示学生对细节做工笔细描，直接将其写得细致周详；可以用链接的方法在适当的地方插入细节描写，采用回忆、引用、佐证等笔法，让细节成为有益的辅助；还可以从细节破题而入，直接将鲜活的细节优先推到读者眼前，给人带来震撼。

中高段的看图习作，只要指导到位，依然可以出彩。

第 4 组

利用 "提问策略"，助学生学会提问

提问策略在童本阅读种子课程中的构建

◆ 时 琪 金 丹

阅读能力在小学阶段呈螺旋上升的态势。其中，低年级要注意良好的阅读兴趣和阅读习惯的培养，尝试运用简单的阅读方法；中年级着重引领学生自主习得，建构阅读策略，在读书过程中感悟体会；高年级引领学生自主制订阅读计划，运用阅读策略，逐步学习阅读监控。部编版教材把提问策略单元放在四年级上册，并不代表提问策略的教学只能从四年级上册开始进行。提问是学生很喜欢的阅读策略，教师可以根据年段阅读能力目标，选择适合运用提问策略进行阅读的种子课文，形成有梯度的训练序列：一、二年级借课题和插图进行提问，激发阅读期待，落实字词教学；三、四年级抓住重点段落，对关键词句提问，从而理解词句意思，初步把握文章主要内容；五、六年级根据文体特点、写作背景、写作风格等提问，论证批判，提高阅读质量。

一、 结合文本特点， 选择合宜的提问依据

提问不是乱提，而是有依据地提。提问的依据，应该结合种子课文的文本特点来选择。图文并茂的课文，适合根据插图提问。如，《青蛙写诗》一课，可通过比较三幅插图，让学生提问：为什么小蝌蚪、水泡泡、一串水珠帮的忙不一样？《江南》一课，可通过观察插图提供的情景，让学生自己提问："莲叶何田田"是什么样？《大还是小》一课，可通过观察插图提问：为什么有时候觉得自己大，有时候觉得自己小？课题隐含认知冲突的，适合根据题目提问。如，《在牛肚子里旅行》：谁会去旅行？它为什么要去牛肚子里旅行？它是怎么旅行的？《蝙蝠和雷达》：蝙蝠是动物，雷达是科技产品，它们之间有什么样的共同点才联系在一起？含有语意深刻的句子的课文，适合抓住关键句提问。如，《一个豆荚里的五粒豆》一课，抓住"这一天简直像一个节日"提

问：为什么对她来说是一个节日？细分问题：她是谁？她的节日是什么？谁给她带来了节日？抓住关键词提问，含义深刻的句子就能理解了。《去年的树》一文中的"鸟儿睁大眼睛，盯着灯火看了一会儿""唱完了歌，鸟儿又盯着灯火看了一会儿"，学生肯定会疑惑：鸟儿为什么两次盯着灯火看？鸟儿每一次盯着灯火在想些什么？联系前文，从而理解这两个关键句的意思。情节一波三折的课文，可以在转折处提问。《一块奶酪》一文，在蚂蚁队长"第二次发口令"（转折处）提问：你喜欢此时的蚂蚁队长吗？为什么？环环相扣的课文，可抓住每一次结果来提问。《将相和》一文，聚焦"完璧归赵"的结果，谁是真正的功臣？聚焦"渑池会见"的结果，谁是真正的功臣？聚焦"负荆请罪"的结果，怎么就能"和"？这样的提问，学生根据结果，环环相扣，有逻辑地读懂人物性格，从而提高阅读质量。名家名篇，要结合作者的写作意图或写作风格，抓住已知信息进行提问。比如《慈母情深》一课，"这样的环境下，母亲做了什么？"使学生通过自学就能准确快速提取的已知信息，工作环境如此恶劣，但是母亲依然给了作者买书的钱。在这样的基础上，结合作者的写作风格提问："背直起来了，我的母亲。转过身来了，我的母亲。褐色的口罩上方，一对眼神疲惫的眼睛吃惊地望着我，我的母亲的眼睛……""我的母亲"是什么样的母亲，母亲的儿子是什么样的儿子呢？学生对慈母情深的理解就会更准确。

二、 设计提问支架， 呈现可视化的提问过程

小学低学段的学生属于直觉思维期，逻辑思维欠缺，因此需要教师关注儿童心理，站在儿童立场，有意识地培养儿童逻辑思维。在实施提问策略时，要善于设计提问支架，让在阅读中提问这一不可见的思维过程、思考方法和思考路径直观地呈现出来，让其可视化，从而有效地帮助学生学会提问，同时也是对学生思维能力的培养。如二年级上册《风娃娃》一课就可以借助问题支架"来到哪里，看到什么，做了什么，结果怎样"，带着学生梳理课文（过程思维的培养）。紧接着，看着板书，发现前两次帮忙时人们都喜欢风娃娃，可第三次帮忙时人们不喜欢风娃娃，针对这两次结果的不同，学生就会提问：为什么会这样呢？（对比思维的培养）这两个问题支架一结合，就能理解妈妈的话，学生提问的思维过程便更清楚具体了，从而解决了课文的难点。再次，借助问题支架"来到哪里，看到了什么，怎么想的，做了什么，结果怎样"，试

着创编故事就顺理成章，学生的思考路径因为有问题支架的支撑，显得一目了然，同时根据问题解决问题，阅读也走向了深处。

中高段学生初步形成逻辑的思维结构，思维方式从具体化逐渐发展到抽象化，可采用表格图示支架，帮助学生在阅读中学会提问，培养其思维能力。部编版六年级上册《在柏林》是一篇微型小说，既要抓住小说三要素——环境、情节、人物，还要凭借学生已有的阅读经验做出对战争的判断，再和文本结合，提出问题：本篇课文里的战争表现哪里不一样？如何表现相同战争主题？这样的表格支架每出现一次，都是提问策略的运用，思维路径的深入体现，让儿童提出问题、解决问题有据可循。如：

板块一：《在柏林》是一篇和战争有关的小说。提起战争这个词，你会想到怎样的环境？怎样的情节？怎样的人物呢？出示下面的表格。

小说	你对战争的印象
环境	
情节	
人物	

小结：没错，提起战争，我们往往会想到残酷的战场，激烈的战斗，英勇的战士。

小说	你对战争的印象
环境	残酷的战场
情节	激烈的战斗
人物	英勇的战士

本文是战争小说，读这种类型的小说，我们通常会针对环境、情节、人物来提问（引导学生看着表格提问：小说会写怎样的战场？小说会写怎样的战斗？小说会写怎样的战士？）。

出示表格，带着问题，初读课文。

小说	你对战争的印象	《在柏林》
环境	战场	
情节	战斗	
人物	战士	

　　小结：带着问题读，发现了这篇小说跟其他战争小说的不一样。有没有想过，为什么会有这些不一样？

　　板块二：我们可以再次借助小说三要素细读小说。

　　根据导语的提示，我们来探究这篇小说是怎样表现战争灾难这一主题的。出示自学要求：

　　探究：这篇小说是怎样表现战争灾难这一主题的？

　　默读课文，从"环境、情节、人物"三个角度找一找，哪里能看出战争给人类带来了灾难？

三、 链接课外阅读， 聚焦能力的迁移训练

　　种子课文的"提问策略"是示范，是引领，而能力的形成还需要实践和迁移。因此，每一次探究后，教师还应该聚焦预测能力训练点，链接课外阅读，选择可以迁移阅读的文本，让儿童在阅读实践（营养课程）中进一步运用策略，习得能力。如：《江南》一课后，推荐读白居易《忆江南》，看图片，想想图上"江南有什么""它怎么样"，提高古诗词阅读兴趣；《在柏林》的学习结束后，推荐继续读《变色龙》，凭借已有的阅读经验，提出问题："警察这个角色本应该是什么形象？情节发生了什么变化？这个人物现在是什么样子？作者为什么取名叫《变色龙》？"

《风娃娃》（部编版二上）教学设计及评析

◆ 乔　娜　袁诗娴

【教学目标】

1. 借助问题支架"来到哪里，看到什么，做了什么，结果怎样"，讲一讲故事。

2. 对比结果，尝试提问，理解风妈妈的话。

3. 借助问题支架"来到哪里，看到什么，怎么想的，做了什么，结果怎样"，试着创编故事。

4. 借助旧知，观察发现，写好左窄右宽的"路"和"场"。

【教学过程】

板块一：复习生字，回忆内容。

一、 复习生词， 扩词造句

引入：今天，我们继续学习《风娃娃》。先考考大家这节课的生字词学得怎么样。

1. 出示：助　使　示

2. 出示：栽　责

小结：这两组生字，要关注声母，读准平翘舌。

3. 出示：使劲（生字上出现拼音）

师：读得真好，大家一起读。

师：（出示拔河图）谁能用"使劲"说一句话？

小结：生词不仅要读准，还要会正确使用。

4. 出示：哗啦哗啦

师：谁来读？

师：这是个象声词。（出示下雨图和课文插图）你想把"哗啦哗啦"送给哪幅图？为什么？

师：那你能用一个拟声词来描述吗？

小结：看来，我们得仔细辨别，才能正确使用词语。

二、 根据问题， 回忆内容

1. 刚才回顾了生词，老师要考考你们，课文内容还记得多少。

2.（一边问一边贴）风娃娃离开了风妈妈，首先到哪里去了？（田野）看见了什么？（大风车慢慢转动）做了什么？（使劲吹）结果怎么样呢？（笑着点头）

接着他又去了（河边）。看见了（船走得很慢很慢）这时，他做了什么？（用力吹）结果船工们纷纷——（表示感谢）

风娃娃得到了感谢，开心极了，他想帮助更多的人，于是，他来到了（广场），看见小朋友在（放风筝）。他（用力吹），结果小朋友们（伤心极了）。（板书设计：第一、二件事红色字，第三件事黑色字。）

【**设计意图**：从拼音到字词的运用，逐层复习、检测。二年级学生的学情所限，本课的提问由老师引出，根据问题，学生回忆内容，复述课文，为之后依据问题思考提供了可能。】

板块二：关注过程与结果。

提出问题

1. 这些问题可是我们的好帮手。看，根据问题，我们就能回忆出这篇文章的大概内容。

竖着看板书，你能提一个新的问题吗？（预设）你这一连串的问题可以帮我们把故事编下去。说不定就变成一本厚厚的书了。再对比看看结果，谁再提个问题？

2. 你这个问题提得好，风娃娃也有同样的疑惑。你看，他是这么想的——（出示风娃娃的话，指名读。"风娃娃不敢再去帮忙了，他委屈地在天上转着、想着：我帮人们做事情，为什么他们还责怪我呢？"）

3. 风娃娃到底做了什么事？人们为什么会责怪他？出示第6自然段内容，指名三四人说。（预设）吹跑了晾晒的衣服，折断了新栽的小树。指着省略号：还有很多很多的坏事。

107

他明明想去帮忙，却帮了倒忙。难怪他这样想——（再出示风娃娃想的话）

你能用文中的句子解答风娃娃的疑惑吗？（出示：风妈妈的话）

原来是要做人们需要的事。那做这三件事时，风娃娃都想了什么呢？（板书：想了什么）

【设计意图：由学生提出的问题深层次解读文本，尝试品读作者未写出的"风娃娃的想法"与"人们需要"之间的内在关系，说清内在关系是本课的增长点之一。**】**

板块三：根据问题，复述故事。

这些问题太有意思了，不仅让我们了解了内容，还读出了道理。这么有趣的故事，值得讲给大家听。接下来给大家两分钟时间准备，看谁能看着问题，说清风娃娃是怎么想的，并且把故事讲流畅。（板书：看着问题讲、说清楚怎么想、把话说流畅）

自主学习：讲故事要求

1. 从第2、3、5自然段中任选一段，快速多读几遍。

2. 讲故事时，看着黑板上的问题，说清楚怎么想的，把故事讲流畅。

请学生分别复述3个故事。

看，这三个同学看着问题就能将故事讲清楚、讲流畅，还说清楚了风娃娃的想法。那我们全班也一起看着问题来把故事讲流畅。注意，耳朵只听自己的声音，眼睛看黑板上的问题，可以和别人讲得不一样。

小结：看着问题，我们就把故事讲好了；看着问题，我们也能把故事编下去。

【设计意图：在板块二的基础上再次复述故事，明确评价标准，帮助学生快速厘清文章思路，加深对问题的印象和运用。全班一起复述，意在及时反馈学生本堂课学识掌握情况。**】**

板块四：根据问题，创编故事。

风娃娃知道了自己的错误，接下来会怎样呢？你能学着课文的样子，把这个故事编下去吗？

拿出导学单，自主学习编故事。

自主学习：我会编故事

1. 从上面选一幅图，或借助词语库里的词语编故事。

2. 要求：看着问题编，说清怎么想的，把话说流畅。

小组合作学习：我说你来评

1. 把故事说给同桌听。

2. 请同桌来评价：

看着问题编，得"☆"

说清怎么想，得"☆"

把话说流畅，得"☆"

学生展学：如果你觉得谁的故事讲得好，就推荐他上来讲故事，也可以推荐你自己。请学生来评价。

这样评：我觉得他能得_____☆，因为他做到了_____。

小结：大家编的故事真是太棒了！看着问题继续把故事编下去，我们就能编出一本厚厚的风娃娃童话故事集了。

当然，仅会编故事还不够，我们还得会写字。

【设计意图】：这一环节的设计，正是将学生作为学习的主体，尽可能地将课堂还给学生，让学生成为学习的主人。帮助学生厘清了思路，明确了评价标准，再将他们带入情境中，在本堂课已学知识上学会自主运用，通过本堂课寻得思维路径，进入角色，进行合理的想象。让学生带着思考、带着热情投入到创作实践中去。】

板块五：写字教学。

（出示：路场）今天我们写"路"和"场"字，观察一下，这两个字结构上有什么相同之处？（左窄右宽、注意穿插）

评价标准：一看左窄右宽☆　二看穿插避让☆

师范写，生自主写。

生生评价，你给他打几星？

【设计意图】：本堂课的写字教学是基于已有知识的基础之上的。本单元写字教学的重点仍然是左右结构的字。而本篇文章的生字词中，"路""场"两个左右有穿插的字，对于学生的书写来说是有困难的。所以我们最终确定"路""场"作为本节课的书写重点，强调穿插避让。】

教学评析

有效的提问，能够激发学生的学习动机和学习兴趣，能够构建出高效的课堂。在"童本阅读"中，教师以学生为课堂教学主体，在这样的模式下，师生之间的交流显得尤为重要。本次教学设计正是遵循了"童本阅读"的基本理念。通过提问策略，基于二年级学生对事物有强烈好奇心但无法有目的地提问的学情，让学生通过问题支架读懂文章。通过问题支架，观察内容，提出过程性、对比性问题，引发学生对提问的好奇心，初步了解提问的方法，并加以运用，进而读懂故事背后隐藏的内容。借助问题支架，结合由问题引发而来的增长点创编故事，充分发挥学生的主观能动性。

教师通过提问策略，有效地引导学生回顾以前章节中的知识，学以致用，将知识串联起来，从而形成比较系统的知识架构，便于学生读相似结构文章时能触类旁通。

《在牛肚子里旅行》（部编版三上）教学设计及评析

◆ 胡 玥 张 怡

【教学目标】

1. 根据题目质疑，自读课文，了解文章内容，画出红头旅行路线图。

2. 朗读课文，能体会红头和青头对话时的心情，能读出相应的语气。

3. 默读课文，能找出证明红头和青头是"非常要好的朋友"的词句，能体会它们之间的真挚友情。

【教学过程】

一、 课题质疑， 初读解答

1. 课题关键词质疑。

师：题目的关键点是什么？（牛肚子、旅行）

师：关于这次在牛肚子里的旅行，你有什么想问的？（谁会在牛肚子里旅行？它为什么要去牛肚子里旅行？在牛肚子里旅行感觉怎么样？它在牛肚子里是怎样旅行的？它最后从牛肚子里出来了吗？）

（引导：谁？为什么？怎么样？结果？）

师：会提问的孩子最会学习。

现在，我们就带着这些问题走进课文，去寻找答案。

2. 读易错的词。

细嚼慢咽 一骨碌 贮藏 答应 喷嚏 救命 流泪

师：把这些词语带到课文中去读读吧。

3. 初读解疑。

自读要求：自读课文、读准字音、读通句子。

（引导：边读边思考，试着解决黑板上的问题。）

师：题目是文章的眼睛，针对课题提问，可以帮助我们读懂故事。

请一个学生回答黑板上的问题。

（引导：1. 红头。2. 卷。3. 出来了。"怎么样"的问题不太好解决，是我们这节课要解决的关键问题。）

二、 绘制路线图

师：在牛肚子里旅行是我们从来没有过的体验。现在我们一起和红头去看看。为了更清晰，我们一起来画一个红头在牛肚子里旅行的路线图。

1. 自学提示：默读课文第 7~18 自然段，圈出红头到过的地方的关键词。根据关键词完成导学单上的红头路线图。

2. 互学提示：根据路线图，小组内用上句式"先……然后……接着……最后……"说一说红头在牛肚子里旅行的路线。

3. 展学提示：小组代表在黑板上绘制路线图，并用"先……然后……接着……最后……"的句式，说一说红头在牛肚子里旅行的路线。

师：我们通过画路线图的方式把旅行的路线了解得一清二楚。

三、 针对路线图提问： 这是一次＿＿＿＿的旅行

师：看看红头旅行的路线图，你觉得这是一次怎样的旅行？（惊险、刺激、意料之外）

师：这次旅行之所以惊险是因为红头遭遇了很多危险，而在旅行的过程中有一个角色是不容忽视的。（引导学生提问：这次旅行不是一个人的旅行？）

师：这次惊险之旅，结果怎么样？（得救了）

师：怎么得救的？（青头救了它）

引导学生针对"红头得救了，青头救了它"进行提问。（你有什么想问的？）

追问：青头为什么救它？——因为它们是一对非常要好的朋友。

师：你是怎么知道它们是非常要好的朋友的？

四、 证明 "它们是非常要好的朋友"

互学问题：当红头遇到不同情况时，青头是怎么做的？

互学步骤：

合作填表：读课文第 7～18 自然段，思考红头在不同地点遇到的情况——青头在哪里做了什么，将关键的动词填在方框里。

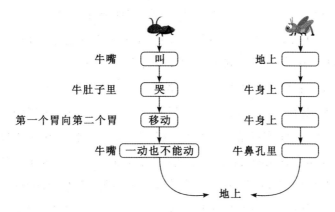

展学准备：

四位组员分别说一说，当红头出现在哪里怎么样时，青头在哪里，做了什么。

展学提示：

第一位组员：当红头在牛嘴里大叫"救命"时，青头……

第二位组员：当红头在牛肚子里哭时，青头……

第三位组员：当红头从第一个胃向第二个胃移动时，青头……

第四位组员：当红头重新回到牛嘴里，一动也不能动时，青头……

师：是呀！红头在牛肚子里时，青头一直在外面陪伴着它，跟着它一起着急，一起悲伤。正是有了青头的帮助，红头才能顺利度过这次危险。

五、 体会心情， 读好对话

引导：关注这些特别的词语，如描写神情的、心情的，通过这些词语可以感受到人物的内心。同时也能提示我们朗读，帮助我们体会人物心情，从而读好对话。

1. 出示句子。

"救命啊！救命啊！"红头拼命地叫起来。

"你在哪儿?"青头急忙问。

（引导：关注这两个关键词，它们会提示我们怎么读。）

2. 同桌，练一练。

"救命啊！救命啊！"红头拼命地叫起来。

"你在哪儿?"青头急忙问。

"我被牛吃了……正在它的嘴里……救命啊！救命啊！"

青头不顾身上的疼痛，一骨碌爬起来大声喊："躲过它的牙齿，牛在这时候不会仔细嚼的，它会把你和草一起吞到肚子里去……"

3. 展示读：男生扮演红头，女生扮演青头，老师读旁白。

有两只小蟋蟀，一只叫红头，一只叫青头。一天，它们在草地里捉迷藏，突然，一只大黄牛把红头卷进了嘴里，红头吓惨了，拼命地叫："救命啊！救命啊！"青头听到红头的呼喊，急忙问："你在哪儿?"红头在牛的嘴里，害怕得瑟瑟发抖"我被牛吃了……正在它的嘴里……救命啊！救命啊！"青头着急地想去救它，结果却被牛尾巴甩到了地上。但是它忍住痛，一骨碌爬起来大声喊："躲过它的牙齿，牛在这时候不会仔细嚼的，它会把你和草一起吞到肚子里去……"

师：从你们的朗读中，老师感受到了青头和红头不离不弃的友情。

小结：今天我们带着很多问题做了一次特别的同时又很温暖的旅行。其实，我们的生活也是一场旅行，当我们遇到问题时，也要勇敢地说出来，因为我们的身边也有像青头这样的伙伴，陪我们一起解决问题。

六、 推荐阅读， 向课外拓展延伸

1. 回家把《在牛肚子里旅行》的故事讲给家长听。

2. 推荐阅读《高士奇科普童话》《杨红樱科学童话》。

阅读建议：其一，边读边想，可以对文章题目的关键词进行提问。

其二，看到不明白的地方，可以多问几个为什么。

其三，在阅读的时候尝试解决自己提出的问题。

教学评析

胡玥老师执教的《在牛肚子里旅行》一课，是部编版三年级上册的课文。这个学段的学生正处在从教师提问阶段走向自主提问阶段。那么，教师不仅要培养学生在阅读中的提问意识，更多的是要引导学生自主发现提问的角度与方法。从课堂看，本次教学有如下几个特点：

1. 从"题目"关键词眼，引发学生"已知区"与"未知区"的认知冲

突，以自主提问开启阅读教学。

胡老师开课就让学生以抓题目关键词"旅行"一词来质疑，学生在已有认知的基础上会针对"谁""怎样的旅行""旅行后感受怎么样"提出常规性问题，同时也会就"牛肚子里"一词与已知冲突的矛盾点提出"在牛肚子里旅行有什么不一样"等问题，这样的开课提问，不仅激发了学生阅读文本的强烈兴趣，更为关键的是通过认知冲突的发现生成了学生阅读文本的阅读引导，那么，本课的阅读实际上就是学生自主的需要。因此，在学生自读课文后，非常顺利地独立解决了大部分先前对题目的提问，同时对文本有了比较完整的认知。这时，胡老师再针对文本核心环节，用路线图的形式引导学生了解旅行过程，学生进行互学、展学，意识到从阅读中解决问题有不同的解决方式。这样就达到了用提问策略培养阅读能力的目的。

2. 关注学生最近"发展区"，从课堂增长点质疑，以提问推进课堂阅读理解。

在结束第一个板块时，胡老师小结了在第一个板块学生形成的认知"红头进行了一场怎样的旅行？""怎样的旅行"看似是对红头在牛肚子里旅行的总结，其实这里当学生用"惊险""刺激""危险"等词语进行总结的时候，就会发现旅行之所以"惊险"是因为红头遭遇了很多危险，而在旅行的过程中有一个角色是不容忽视的。因此，学生就顺理成章地提出了这次旅行不是一个人的旅行，还有青头的存在，青头为什么要参与呢，等等。因此，接下来的环节去探究"它们为什么是一对非常要好的朋友"，这就是学生在阅读过程中自主生成的问题。

3. 以提问回归"学本式阅读"，渐进性形成阅读质疑思考的阅读能力。

在整个课堂教学中，胡老师贯穿着一个原则，所有的阅读教学环节的设计来自学生对文本的质疑，是阅读的学情需要，因此整个教学呈现的是学生不断的质疑提问，然后共同阅读理解，再质疑，再理解，学生的认知水平从无知到已知螺旋上升，阅读理解也渐进深入。在胡老师教学的第三个环节，是让学生借助朗读对话的形式，去体会文本隐藏的深厚友谊，同时又再次重温了"这是一场怎样的旅行"的课堂主问题。此时在练习对话朗读的学生，对这个"怎样的旅行"又会有自己更深刻的理解。同时，以一句"当我们遇到问题时，也要勇敢地说出来，因为我们的身边也有像青头这样的伙伴陪我们一起解决问题"为结束，实际上是给学生一个用提问的方式去自主阅读的引导。同时，在阅读拓展中，教师也把课堂上总结的利用提问策略进行阅读的方法做了梳理，以阅读建议的形式呈现，让利用提问进行阅读的意识在学生的阅读中持续强化。

《在柏林》（部编版六上）教学设计及评析

◆ 左 翔 向 琼

【教学目标】

1. 能运用提问策略，提出核心探究问题。

2. 能抓住小说的环境、情节和人物，解决核心探究问题，理解战争灾难这一主题。

【教学过程】

板块一：对比同主题作品，发现"不一样"。

1. 回顾《桥》和《穷人》，我们知道了小说要通过情节、环境来读懂人物形象。（板书：情节、环境、人物）

2. 《在柏林》是本单元的最后一篇课文。这是一篇和战争有关的小说。提起战争这个词，你会想到怎样的场景呢？（出示表格）

小说	你对战争的印象
环境	
情节	
人物	

3. 小结：没错，提起战争，我们往往会想到血雨腥风的战场，殊死拼杀的战斗，英勇无畏的战士。

小说	你对战争的印象
环境	战场
情节	战斗
人物	战士

4. 本文也是战争小说，读这样的小说，我们通常会针对环境、情节和人物，边读边追问：《在柏林》这篇小说会写怎样的战场？还会问什么？（出示

117

表格。引导学生看着表格继续问：小说会写怎样的战斗？小说会写怎样的战士？）（板书：带着问题读）

小说	你对战争的印象	《在柏林》
环境	战场	
情节	战斗	
人物	战士	

通过对比，我发现了＿＿＿＿＿＿＿。

5. 交流：哪位同学来交流你的学习单？（预设：没有写战场，没有写战斗，也没有写战士）

小结：带着问题读，咱们发现了这篇小说跟其他战争小说的不一样。

板块二：运用提问策略，探究"不一样"。

1. 针对"不一样"，提出疑问。

A. 横着看表格，你有什么疑问？

B. 竖着看表格，你有什么感受？针对这些感受，你有什么疑问？

2. 为什么同是表现战争主题的小说，情节、环境和人物却截然不同？

3. 关注导语。

根据已有的经验，我们知道这是一篇略读课文，读这样的课文，一定要关注导语。（强调：战争灾难）

4. 根据导语的提示，我们来探究《在柏林》为什么要通过如此"不一样"的情节、环境和人物来表现战争灾难这一主题。

5. 合作探究学习：小说为什么要通过"不一样"的情节、环境和人物来表现战争灾难这一主题。

A. 自学。默读课文，思考小说为什么要通过"不一样"的情节、环境和人物来表现战争灾难这一主题？

B. 合作学习。

（1）交流分享：组长主持，组员依次说自己是从哪个角度感受的战争灾难，并带给你怎样的感受。

（2）达成共识：合并相同句子，优化组内对相同句子的感受，并尽可能完善小组内的思考。

（3）展学准备：组长合理分工，准备展学，可集体展示，也可选派代表。

C. 展学交流。

小结：短短的 300 多字，我们没有见到一位士兵的身影，也没有看到血流成河的战场，没有感受到敌我厮杀的残酷。但我们依然通过车厢里的点点滴滴体会到了战争的残酷无情。

板块三：朗读回扣，升华主题。

1. 带着这样的感受，我们再次走进文本。

师：这里不是战场，只是一列车厢——

（出示句子）**生**（齐读）："一列火车……几乎看不到一个健壮的男子。"

师：这里没有战士，在一节车厢里——

（出示句子）**生**（齐读）：在一节车厢里，坐着……的老妇人。

师：这里更没有战斗的声音，只有一位老妇人的绝望细数——

（出示句子）**生**（齐读）："一、二、三……"这个神志不清的老妇人又重复数着。

师：那位灰白头发的战时后备役老兵挺了挺身板，开口了——

（出示句子）**生**（齐读）："当我告诉你们这位可怜的夫人就是我的妻子时，你们大概不会再笑了。我们刚刚失去了三个儿子，他们是在战争中死去的。现在轮到我上前线了。走之前，我总得把他们的母亲送进疯人院啊！"

师：这时——

（出示句子）**生**（齐读）："车厢里一片寂静，静得可怕。"

2. 小说大多数是虚构的，却又有生活的影子。

请大家结合老师补充的背景资料，说说你对这句话有什么新的认识。

学生回答。（相机补充：这里有多静，就有多悲，就有多怕，就有多痛）

总结：正如你们说的那样，战争就是如此残酷，战争带给人们的死亡和恐惧谁都无法逃脱，每个人都成了这个时代的悲剧，让我们再次回到课文导语（出示导语）：战争给人民造成深重的苦难，带来难以弥合的创伤。

教学评析

《在柏林》是部编版六年级上册第四单元"小说单元"的最后一篇文章。这是一篇微型小说，作者以小见大，选取战场外的一个生活小片段，向读者展示了战争的残酷。左老师从学生的已有认知出发，找到学情起点，通过对比思维，用表格将学生的思维直观呈现出来，运用提问策略，将学生的思维引向核心探究问题：小说为什么要通过"不一样"的情节、环境和人物来表现战争灾难这一主题？学生通过小组合作探究学习，紧扣文本，解答疑惑，随着问题的解决，教学目标也自然达成。最后，跟随着左老师的引读，学生在朗读中感悟，在感悟中朗读，配以课外资料的补充，学生对于战争灾难这一主题的认知得以升华。

第 5 组

基于核心素养的 "写作训练学"

"后写作训练"时代的教学重构与践行

◆ 吴　勇

　　在语文教学中，现在慎提"训练"。只要提及，大家不约而同地就会想到"机械重复"。因此，朴素而扎实的"训练"，在阅读与写作教学中明显淡薄了，甚至被"练习"取代。可是，"使用语文是一种技能，跟游泳、打乒乓球等技能没有什么不同的性质""语文的使用是一种技能，一种习惯，只有通过正确的模仿和反复的实践才能养成"。（吕叔湘《吕叔湘语文论集》）这里的"正确的模仿和反复的实践"其实就是阅读训练和写作训练。对于写作教学而言，"训练"是无法逾越的话题，需要回避"积病"，放置在新的语境中进行理念重拾和内容重构，建构新的"写作训练学"，从而让写作教学跨入"后训练时代"。

一、 写作训练： 写作教学的独当之任

　　众所周知，写作是一项言语技能。作为技能，训练应为第一要务。训练越早，技能越易达成；训练越持续，技能就越熟练；训练越得法，技能就越高超。写作教学，其实就是一种有目的、有计划地训练写作技能的途径。基于此，我们可以发现自发状态下的写作和课堂教学中的写作有着鲜明的区别：

　　1. 自发状态下的写作属于"信笔之所之"。

　　著名作家丁玲说过："我写作的时候从来不考虑形式的框子，也不想拿什么主义绳规自己，我只是任思绪的奔放信笔之所之。"这就是典型的"自发写作"。自发写作不仅仅属于作家，也时常发生在普通人身上：学生进行无主题的自由练笔，成人抒写生活感悟，这无不是兴之所至，信笔拈来。这样的写作，就是"人对自由生命秩序的创生与建构"，（马正平《高等写作学引论》）更是人存在性的选择——"我写故我在"。

2. 教学状态下的写作属于"写得有目标"。

写作教学担负着"教"学生写作之责，因此"写作教学就是研究学生的写作状态和写作样本，根据学生的写作状态和写作样本，确定最近一个阶段的写作重心和要突破的目标"。（王荣生主编《写作教学教什么》）显然，教学中的"写作"，学生写得有"重心"，写得有"目标"。黄伟教授更是一语中的："教学中的写作之所以区别于自发状态下的写作，最为关键的是要提供写作基础知识和写作程序知识以及其他相关的必需知识。"（黄伟《小学写作教学的问题审思与对策建议》）这道出了写作教学中的"写作"是以写作知识教学为前提，需要写作知识来支撑。这个"知识"，即教学的"重心"，也是习作所须达成"目标"的技术保障。

自发状态下的写作和教学状态下的写作尽管有相通之处，但有着各自的逻辑思路，不可混淆，不能替代。前者属于个性化的"创作"，后者应为公共化的"训练"。可以这么说，写作训练是写作教学的独当之任，中小学写作教学中提出的"写作"，严格意义上来说，都应当是写作训练，其成果都是具有训练体特征的"习作"。在这个阶段，"入格"重于"出格"，"模仿"重于"个性"，这是大面积提高学生写作素养的关键渠道。

二、 写作训练： 核心素养的生成路径

众所周知，写作知识是写作素养形成的基础。笔者曾有过这样的隐喻：写作教学就像一棵大树，写作知识就好比大树的根，写作能力就好比根上生长的枝叶，写作素养就好比枝叶上开出的花、结出的果。"如果我们把知识和素养对立起来，认为知识教学会占据素养教育的时间和空间，甚至主张以'素养'向知识'宣战'，那素养不可避免地成为无本之木、无源之水，失去了生长的土壤。"（周序《核心素养：从知识放逐到知识回归》）由此可见，写作知识对于写作素养的形成不可或缺，至关重要。

问题是，写作知识是如何转化为写作素养的？张华教授给出这样一个公式：知识＋实践＝素养。"一切知识，唯有成为学生探究与实践对象的时候，其学习过程才有可能成为素养的发展过程。"（张华《论核心素养内涵，全球教育展望》）可见，"实践"就是写作知识转化为写作核心素养的通道和桥梁。可是"实践"在写作教学的语境中，到底指的是什么呢？章熊先生的论述可以为我们揭开谜底："语言，是不同民族在长期历史实践中逐步形成的一套相对稳定的系

统；人们要掌握它，也只有通过自身的反复实践……我们可以把学生学习写作的总量称为'运动量'，把学生通过活动所获得的进展称为'发展量'。这样，写作训练的'运动量'必定大大超过它的'发展量'，这是规律。"（章熊、徐慧琳等《和高中教师谈写作教学》）原来这里"反复实践"和"运动量"指的是"写作训练"，"发展量"就是训练的成果——"写作素养"。在从写作知识走向写作素养的过程中，写作训练就是最为关键的转化路径和操作细节。

如何走出传统训练中"机械重复"的窠臼？"语境"就是一剂极富功效的良药。"素养是一种复杂、高级、综合、人性化的能力，其形成和发展只能在智力、情感和道德上的真实情境之中。倘若离开真实情境，可能知识技能熟练，但断无素养发展。"（张华《论核心素养内涵，全球教育展望》）这里强调的"真实情境"在写作教学中就是"语境"，就是给每一次写作训练明确写作角色和读者，提出写作任务和样式，让写作训练成为学生内在的需要，变得有所作为，这就走出了训练的"机械"；同样的训练内容，通过语境的不断变换，就会走出训练的"重复"。基于"语境"的写作训练，让写作知识抵达写作素养的路径变得自然顺畅，让写作训练的过程变得温润而鲜活。

三、 写作训练： 具体项目的层阶搭建

扎根课堂的写作训练，是单位时间内的教学作为，当属于"螺蛳壳里的道场"。如何在有限的空间里大有作为，是写作训练最为紧要的问题。黄伟教授认为："学校语文教育具体说是语文课堂教学，其重要的目标就是'少读少写''精读精写'，就是能举一反三，以一当十，执简驭繁，就是要以最小最少的代价和劳作获得最好最大的功效和价值，这就是语文教学追求科学性的真正要义，也是学校语文教育之于学生语文素养有效提升的必要性确证。"（黄伟《近年语文教学的观察与思考》）可如何找到那个"举一反三，以一当十，执简驭繁"的训练点，这值得当下中小学写作教学大力探索。

课堂之内的写作尽管属于"点式"训练，但是并不意味着随意、零散、纷杂无章。所有写作训练点的开发应当体现年段特征、儿童特征、阶梯特征。笔者结合"童化作文"课程开发的实践，提出了"小学4M写作训练系统"（如图1），对小学三到六年级的写作训练项目进行了整体性规划，即三年级为"漫写"，四年级为"蔓写"，五年级为"慢写"，六年级为"曼写"。

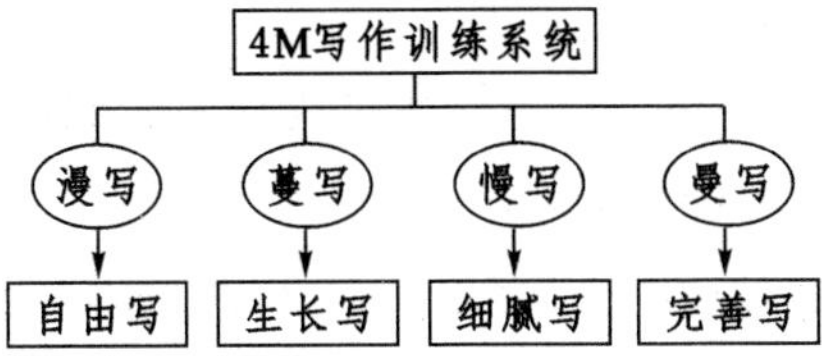

图 1

训练目标和项目如下：

1. 三年级"漫写"。

（1）训练目标：不受任何拘束地写，字数不要求，兴趣为先。

（2）具体项目：

故事接龙：提供一个故事引子，引导学生不停地接下去。

改头换面：结合一个故事，引导学生改换人物、地点、时间，甚至情节。

穿越客串：选取一个故事，引导学生走进故事，成为角色，不断引发新的故事。

节外生枝：扣住一个故事情节，插入新的要素，引导学生续接下去。

"超市"自助：提供故事元素，引导学生根据喜好排列组合，编写故事。

2. 四年级"蔓写"。

（1）训练目标：精写精练，慢慢打开写作思维，逐步提升言语技能。

（2）具体项目：

特征组合化：不断捕捉事物特征，直到牢牢锁定。

陌生熟悉化：不断搜寻熟悉事物与陌生事物之间的相似之处，用熟悉描述陌生。

无形具象化：不断选择具体可视的图像，去呈现看不见、摸不着的抽象。

中心发散化：不断挖掘新的视角（时空、感官等）去集中展现一个中心内容。

故事聚焦化：不断采用恰当的故事情景将场景中的事物、景物融会贯通。

3. 五年级"慢写"。

（1）训练目标：精写精练，铺展思维空间，扩展言语容量，提升言语品质。

（2）具体项目：

动作分解化：用细密、连贯、丰富的动作描述一件事情或者一个场景。

看点细节化：将最有看点的"周折"借助具体的细节逐一铺展。

成语情境化：将"一言以蔽之"转化成色彩、形状、质地、味道，转换成动作、语言、神情、心理活动等。

流水波澜化：让意外和冲突不断出现，不要让结尾来得太快。

瞬间慢速化：将3秒钟的场景写成细腻具体的30分钟文字。

4．六年级"曼写"。

（1）训练目标：放眼全篇，优化写作思维，提升言语智慧。

（2）具体项目：

悬念设计：变换故事的叙述顺序，不断让读者产生阅读期待。

侧面烘托：从旁观者或者对立面的视角进行描述，与正面描述形成鲜明对比。

前呼后应：在习作的首尾、相邻段落之间，故事情节之中有自然的衔接。

众星拱月：扣住一个表达主题，从不同视角铺展开来，延展下去。

点睛之笔：在表达的关键处让读者有意外的惊讶和收获，让习作瞬间大放异彩。

从"漫写"到"蔓写"，从"慢写"到"曼写"，4M写作训练系统拾级而上，层阶分明，结构完善，逐渐发力。它针对每个学段设定明确的训练目标，开发出相应的训练点。每个训练点结合不同的语境，进行"反复"而不"重复"，"反复"而不"机械"的训练，让学生在小学阶段练好写作"童子功"，培养良好的语感，大力提升表达"语力"，形成良好的言语素养。

四、 写作训练： 精准知识的语力支撑

所谓"训练"之"训"就是有知识、有程序的指导，"练"就是"实践、操作、操练"，综合地说，就是在写作基础知识、程序知识指导下的实践操练。可见，写作训练的前提是"写作知识"，即"如何写"的方法性知识和程序性知识。黄伟教授认为："这方面知识近年得到广泛的关注，但几乎没有实质性的开发，这是写作技能形成最为关键的知识，但恰恰又是最为稀缺的知识。"（黄伟《小学写作教学的问题审思与对策建议》）的确，走向核心素养的写作知识，不是与生俱来，更不会从天而降，需要教师进行精心开发和大力生产。笔者在近几年进行了积极的探索，将这些"关键的知识"和"稀缺的知识"称为"精准知识"，并逐步形成了相关的开发与实践机制。

126

1. 精准写作知识的特征。

"精准知识"是一堂写作课教学内容的核心所在，也是教师在这堂课的教学担当和作为所在。它在生产和开发过程中，着力体现三个特征。一是"真实"。精准知识要针对学生在完成本次习作中所遭受的言语困境应时而生。学生难在什么地方，写作知识的开发就从什么地方开始，力求使写作教学教到学生的言语"痛处"，挠到学生的言语"痒处"。二是"具体"。写作教学要开发的写作知识不是笼统而通用的"写具体"和"写生动"，而是更为下位的让学生看得见、摸得着、用得上的操作性知识、可视化知识。三是"动态"。解决同一个写作内容的难点，不同的教师可能开发的写作知识不尽相同，因此，"精准知识"不是唯一的，可能因"师"而异，但是都指向写作目标的有效达成，写作任务的顺畅完成。

2. 精准写作知识的创生。

精准写作知识的开发与生产，是当下小学语文教师面临的最大挑战。关键在于教师缺乏写作知识创生的意识与路径。我们的做法有两种：一要选择好"中介语"。"语言学习理论提出了'目标语''伙伴语'和'中介语'的概念。'目标语'是作为学习蓝本的语言素材，是语言学习过程的终点。作为对照，学习者当时的言语水准称为'伙伴语'。二者之间存在着差距，学习者向'目标语'的水准攀登的过程有个过渡阶段，这个阶段的水平被称为'中介语'。"（章熊、徐慧琳等《和高中教师谈写作教学》）毫无疑问，教材上的经典篇目是"目标语"，而作为教学引领的习作例文则是"中介语"。成为"中介语"的例文，它下接"伙伴语"的地气，上达"目标语"的天花板，最理想的选择为：儿童文学作品中的典型片段，因为它用"伙伴语"表达、展现的是儿童生活，更重要的是充盈着文学气息，让儿童爱不释手，乐此不疲；上个年段的优秀学生习作，这些习作不仅让儿童能够触摸熟悉的生活，又能呼吸到共同的气息，加之表达水平上稍微高于当下习作者，让儿童可学可攀。二要洞悉"表达秘密"。知识开发的过程就是师生发现和开掘潜藏在"中介语"中的表达秘密的过程，即探究支撑习作例文的"方法性知识"和"程序性知识"。为了防止习作知识的"绝对化"，"精准知识"的开发不能局限在一个片段，或者说不能局限在一个片段的一个层面，而应当走向多元。只有多元组合，习作知识才能真正抵达"精准"，才能面向不同言语生活和个性的儿童，让他们各取所需，去展现属于自己的个性之作。

3. 精准写作知识的呈现。

写作教学开发和生产出"精准写作知识"，为的就是指导儿童的言语实践，其是否好用，是否管用，是否具有可操作性是检验的唯一标准。因此，要求"精准知识"本身就包含着言语操作，这就决定了"精准知识"其本质必须是"程序性知识"。"由于程序性知识与实践操作有关，因此具有动态性质"，（韩雪屏《语文教育的心理学原理》）具体到写作知识，其实属于"言语心智动作"。所以，走向精准的写作知识，在表达和呈现上必须体现出这种"动态性质"。譬如人教版五年级上册习作八"学写场景"，围绕着"慢速特写"这个训练点，结合例文师生共同生成出"捕捉镜头""定格细节"和"放大夸张"这三条动态知识。这样的知识拿来就用，是实实在在的言语技能；拿来好用，无须曲曲折折的二次转化；拿来管用，能切切实实地解决言语问题。

"精准写作知识"，从例文准备到教学开发，再到最终呈现，都是基于童性和童趣的教学构建和创生。有了精准知识，写作训练就有了基础和保障，也才会在教学中真正发生。

五、 写作训练： 贯通一体的教学逻辑

对一线教师而言，写作训练是否成功开展，应当处理好三个方面的问题：一是写作训练与教材习作的关系；二是写作训练与教师指导的关系；三是写作训练与语境构建的关系。因此，基于核心素养的写作训练课堂，应当构建这样三个逻辑：

1. 写作训练与教材习作贯通。

将教材习作排除在外，是当下众多中小学写作教学课程建设与教学改革的普遍做法。因为在大家的潜意识中，觉得只有摆脱或突破教材，教学的创新才有可能。这导致广大一线教师处于两难境地：如果照搬，教材的教学任务难以完成；如果置若罔闻，自身的教学困境难以挣脱，这是导致很多优秀的教改经验不能落地生根的缘由之一。写作训练要扎根课堂，成为教学常态，首先得处理好写作训练和教材习作的关系（如图2）：从教学频率上看，写作训练可以反复进行，而教材习作只能使用一次；在写作容量上，写作训练常常围绕重点段落，而教材习作却是走向整体全篇；在教学进度上，写作训练可以见缝插

针，即时选择，而教材习作却植根于单元整体，以读带写，读写结合。怎样跨越彼此的沟壑，走向融通？那就是让写作训练紧紧围绕着教材习作，对于教材习作中遭遇的难点，写作训练局部突破，扫平障碍；教材习作出现的共性问题，就是写作训练的发力点。当教材习作与写作训练融会贯通，形成合力，学生的写作素养就会大幅提升。

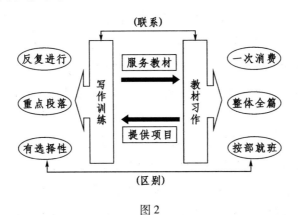

图 2

2. 写作训练与精准知识贯通。

精准写作知识是写作训练之核心。走向训练的写作教学，其课堂教学逻辑是"教什么"——教师与学生一起围绕"中介语"（习作例文）进行写作知识的创生，这是写作经验的开掘、提炼的训练；随后"练什么"——借助具体的语境，引导学生将生产的精准知识进行实践操作，这是真实适时的语用训练；最后"评什么"——围绕精准知识，结合学生习作进行达成程度的考量，这是锁定靶心的评价训练（如图3）。

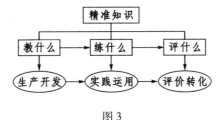

图 3

在这个过程中，写作训练是以精准知识作为内驱，精准知识借助写作训练发力。它们使得面面俱到的传统的写作课堂走向具体的、有针对性的"一课一教"，教得深入，练得透彻，评得到位，让学生"一课一得"，写作素养不断积淀，稳步提升。

3. 写作训练与真实语境贯通。

一直以来，写作训练的"机械重复"被广为诟病。究其原因，与写作知识笼统模糊、写作训练脱离真实语境有很大关系。那何为真实情境呢？就是有真实的写作背景、真实的写作目的、真实的写作对象、真实的写作材料、真实的读者。譬如写"身边的一位小能人"，可以用"小能人网络投票"这个语境；譬如写家乡的一处风景，可以用"制作旅游宣传册"这个语境；譬如写一种美食，可以用"寻找美食推广大使"这个语境。在这样的情境下写作，学生定会积极调动写作经验，运用适切的写作知识，来增强"语力"。即便是评价环节，也会华丽转身——如果意愿达成，证明语篇很成功；如果意愿没有达成，说明语篇有问题，没有打动和说服读者，就需要调整环节，再次应对。将语用训练置身于真实的情境之中，可以有力地避免训练的机械重复、枯燥无味，极大地激发学生将生活欲求转化为写作欲望。此时的训练才是货真价实的言语实践，才是写作知识沉淀和转化成写作素养的最佳契机。

将写作训练与语文教材、真实语境整体贯通，运行逻辑清晰，写作训练就会真正获得解放，从而立于写作教学的前台，作为写作核心素养成长的显性教学抓手和隐形推手。至此，标志着一个人或者一个团队的"写作训练学"真正诞生。

三年级"特征组合写样子"习作教学设计

◆ 辛　雅

【教学目标】

1. 学会观察描写对象，能够抓住其与众不同的特征。

2. 把特征组合在一起，在写得像的基础上展开联想把样子写活。

【教学过程】

一、 学会观察， 初识特征组合

1. 今天的课堂上来了一位客人，你们知道他是谁吗？

2. 不知道也没关系，老师介绍一下，他叫葛优，别看他相貌平平，他可是咱们的国家一级演员。为什么请葛优老师来做客呢？最近江湖上有位号称"神笔马良再世"的画家给他画了一幅画像，葛优老师一看，大为赞叹，画得简直太像了！大家想不想看一下这幅画像？（出示）

3. 这幅画像跟本人比像不像？哪里像？

4. 通过刚才的交流，大家想一想：画家用了什么窍门把葛优老师画得这么像呢？（找出了外貌中与众不同的特征；组合特征）我们把这种方法叫作——特征组合法。窍门学会了吗？要想画得像，用什么方法？（板书：画像——特征组合）

二、 看文识物，学会特征组合

1. 既然大家都学会了窍门，那如果是你，你能把葛优老师画得这么像吗？

2. 我们不是画家，就算知道了窍门也不能画得这么像，但是我们可以用相同的方法把人物写得像呀！（板书：写像）

3. 今天我们就一起来学习如何用特征组合法写样子。（板书：特征组合法写样子）

4. 大家想一想，特征组合法除了可以用在人物的样子上，还可以用在什么的样子上？（动物、植物、事物……）

5. 今天我还请来了几位朋友，大家一起猜猜看他们都是谁。

（1）（出示片段一第一句话：它浑身胖乎乎、圆滚滚，四肢粗短，行动十分缓慢）它是谁？

（2）（出示片段一第二句话：全身皮毛光滑，四肢和肩膀是黑色的，身体和头部是白色的）当一个特征无法描述清楚对象时，我们要怎么办？（锁定第二特征）

（3）除了刚才大家提到的小动物，老师觉得它还可能是胖乎乎的仓鼠或加菲猫。所以当第二个特征依然无法描述清楚对象时，我们要怎么办？（明确：锁定第三特征）

（4）（出示片段一第三句话：那一双圆圆的黑眼圈内嵌着晶亮的黑眼珠，看上去好像戴了一副特大号的墨镜）所有特征都出示完了，猜到它是谁了吗？（大熊猫）你是怎么猜到的？

（5）总结：像这样，我们把最能突出大熊猫的几个特征组合在一起，这种方法就叫作——特征组合法。（课件依次出示片段二的四句话）

> 它浑身绿油油，胖乎乎的。全身长满了坚硬而又锋利的刺，像一根根针似的。远看像长满刺的皮球，又像蜷着身子的小刺猬。每一排刺的旁边都有一条深沟，又像一个被切开的小西瓜。

它是什么？（仙人球）你是怎么猜出来的？

总结：作者抓住了仙人球的四个特征，并把这四个特征组合到一起，这种方法就是——特征组合法。

6. 总是我出题给大家猜没意思，我准备了一张照片，想找四位代表帮我出题。每人说一处他的外形特征，让大家猜。（出示光头强的图片）

（1）四位同学分别说一处他的外形特征。

（2）他是谁？（光头强）

（3）你是怎么猜到的？

7. 刚才我们写动物、植物的样子时，除了都用到了特征组合法，大家看看这两段文字还有什么相似之处。请一位同学读一下老师画线的文字。

> 那一双圆圆的黑眼圈内嵌着晶亮的黑眼珠，<u>看上去好像戴了一副特大号的墨镜。</u>

> 全身长满了坚硬而又锋利的刺，像一根根针似的。<u>远看像长满刺的皮球，又像蜷着身子的小刺猬。</u>

（1）在使用特征组合法写样子时，如果用了比喻、拟人等修辞手法，说明小作者在写人或物的特征时会展开联想。（板书：展开联想）

（2）有联想，会怎样？（板书：写活）

三、 现场练习， 会用特征组合

听了这么多特征组合法的例子，相信有些同学手也痒痒了。下面咱们来做一个游戏，游戏的名字叫作"你来写，我们猜"。请大家看清游戏规则。（出示）

> 用特征组合法写样子，从人物、动物、植物中任选一个描写对象；

> 如果写人，请选择同班同学或老师；

> 时间为 8 分钟。

四、 现场讲评， 强化特征组合

1. 完成后，根据评价要求，评一评自己能得几颗星。

2. 作文片段分享，猜一猜他写的是什么。

3. 猜出来是谁了吗？对照习作要求，大家觉得他能得几颗星？

4. 快要下课了，辛老师忍不住要送给大家一个礼物——小口诀。我们一起读读吧！（出示）

> 要想写得像，特征组合好。

> 要想写得活，善于用联想。

> 样子不难写，口诀不能忘！

四年级"中心发散写具体"习作教学设计

◆ 嵇　阅

【教学目标】

1. 认识中心发散的写作方法，了解几种常见的中心发散类型。

2. 形成中心发散的写作思维方式，学会运用该方法把事物写细致、具体。

【教学过程】

一、 观察校园， 不同角度发现美

1. 同学们，校园是我们学习知识的殿堂，是我们快乐成长的乐园。在我们心中，校园总是那么美。那么你们觉得校园哪里最美呢？

2. 大门、花池、喷泉等地点的变化，让我们全方位地领略了校园之美。我们还可以从什么角度去感受校园之美呢？

3. 四季变化是大自然的神奇本领，它为我们创造了一幅幅奇妙的画卷。校园的四季，你留心过吗？

4. 再往细微处看，一天之内校园的景象又是否相同呢？

5. 所以我们也可以从时间变化的角度来感受和描绘校园之美。

二、 读文交流， 不同感官体会美

1. 还可以从什么角度感受美呢？一起来看看朱自清的《春》中描写春天的一段话。（出示）

　　　　"吹面不寒杨柳风"，不错的，像母亲的手抚摸着你……牛背上牧童的短笛，这时候也成天嘹亮地响。

2. 请一位同学朗读，其他同学一边听一边想：这段文字是从哪些方面来描写春天的？

（交流文字中的触觉描写、嗅觉描写、视觉描写、听觉描写等。）

3. 所有这些不同感觉的描写，我们可以统称其为"感官变化"。感官变化让朱自清笔下的春美得真真切切。

三、 总结练习， 会用中心发散

1. 像这样沿着一个中心点从不同时间、不同地点或者不同感官等角度出发，将一个内容细节化、具体化的写作方法，我们称之为"中心发散"。中心发散可以将一句话扩展成一段文字，甚至一篇文章。

2. 试一试：（出示练写要求）

（1）以"忙碌的妈妈"为主题写一段话，记得要从不同角度中心发散哟！

（2）限时 8 分钟。

3. 评一评：根据下列表格进行星级评价。

评价内容	时间 （每一时间加一星）	地点 （每一地点加一星）	感官 （每一感官加一星）
星级★			

（1）完成后，根据评价要求，评一评自己能得几颗星。

（2）教师在巡视过程中捕捉精彩的片段，并请作者分享。

（3）对照习作要求，大家觉得他能得几颗星？

4. 读一读：口诀巩固。

时间变化细微察，

地点变化全方位，

感官变化临其境，

中心发散写具体。

五年级"捕捉动作写事情"习作教学设计

◆ 朱 卉

【教学目标】

1. 学会仔细观察,捕捉动作,体会多用动词的好处。

2. 学会按顺序运用一连串动词,把事情说清楚、讲具体。

【教学过程】

一、 游戏预热——看图猜动作

1. 正式上课之前,老师想和大家玩个小游戏——看图猜动作。(出示动作图片)准备好了吗?(捧,握,指,听,吻)

2. 同学们猜得很准,可见大家观察得都很仔细。今天我们就来学习和动作有关的习作。

二、 情景再现, 观察动作

1. 初次见面,我给同学们带来了好几个宝贝,想见识一下吗?好,先给你们看看第一个,(出示瘪气球)它就是——

2. 对,说得再准确些,就是瘪气球。瘪气球看到你们特别兴奋,真想赶紧变大,你有办法帮帮它吗?(把瘪气球吹大)

3. 好主意,就用"吹"。那谁想来吹气球呢?(指名一生)请你一会儿吹好后再用皮筋把气球扎起来,明白了吗?其他同学仔细观察他吹气球的整个过程,捕捉他的每一个动作,看看谁发现的动作多。(生上台吹气球)

4. 好,细心的你们在看他吹气球的时候,捕捉到了哪些动作呢?

5. 我来采访一下刚刚吹气球的同学,你能说说刚刚吹气球时你的头是怎样的吗?眼睛呢?脸又是怎样的?肚子呢?后背呢?(生说,其他同学补充。师相机板书)

6. 原来你们刚刚在观察时一下子捕捉到了这么多动作。而且你们每捕捉到一个，我就记下一个，这样就不会有遗漏了，这也是一种学习的方法。

7. 如果我现在按吹气球的过程将这些动作分组，可以分为"拿气球""吹气球""扎气球"。

8. 好，看着文字，再对照黑板，你能连起来说说拿气球的动作吗？

> 他（走）上讲台，（看）了一眼，（选）中了一个瘪气球，左手（拿）起气球，把瘪气球（送）到嘴巴里，（张）大嘴巴，（含）住气球。

9. 你很聪明，就是这样，将动词一个接一个连起来。谁还想试试，连起来说说吹气球的动作？

> 他一手（捧）着气球，一手紧紧（捏）住气球口，深（吸）一口气，（仰）着头，（闭）紧双眼，（鼓）起腮帮子，（弓）着身子，连肚子也是一会儿（收）下去，一会儿（挺）起来，用嘴巴拼命往里面（吹）气，不让气往外（漏），气球就慢慢（胀）起来了。

10. 扎气球的时候呢？

> 他双眼（盯）着气球，一手（捏）紧气球口，另一手（拿）起皮筋，在手指上一圈一圈（绕）起来，然后（绑）在气球口上，（揪）紧，气球就（扎）好了。

11. 哦，原来把这些动作串联起来，就是整个吹气球的过程了。那我们可以用上一组什么词来描写吹气球的顺序？（首先……然后……最后……）

12. 的确，动作也是有先后的。请你完整地读一读！

> 首先，他（走）上讲台……然后，他一手（捧）着气球……最后，他双眼（盯）着气球……气球就（扎）好了。

13. 数数看，一共写到了多少个动作？（26 个）有重复的吗？（几乎没有）瞧，就像这样，仔细观察每一个细小的动作，然后快速地记录下来，再把这些动作串联起来，尽量不重复，就可以把事情发生的过程写得既清楚又具体了。

三、 视频再现，捕捉动作

1. 学会了吗？敢不敢再来挑战一下？好，这节课的第二个宝贝要登场喽。注意——这是大家非常熟悉的《猫和老鼠》的动画片，片中的猫和老鼠分别叫什么名字呀？（汤姆和杰瑞）

2. 今天啊，汤姆和杰瑞之间也发生了一些有趣的事情。请大家仔细观看视频，看看你又能捕捉到哪些动作。看之前老师要提醒你，当你发现一个动作的时候，最好快速地用笔记录下来。

3. 捕捉到他们的动作了吗？那我就要布置下一步的习作要求了。（出示）

（1）请你们在"拔鸡腿""塞鸡腿""吃鸡腿"这三个视频中选择一个，写清楚汤姆和杰瑞的动作，只写片段即可。

（2）时间为8分钟。

（生写。）

4. 好，同学们，时间到，停笔。谁写的是"拔鸡腿"？谁写的"塞鸡腿"？谁写的"吃鸡腿"？（投影展示学生作品，红笔圈出动词）

138

5. 最后，老师还要送给你们第三件宝贝——它是一把神奇的钥匙，助你打开习作大门。来，全体起立，我们一起读一读！（出示）

动作发生有先后，

动作捕捉要敏锐，

动作串联不重复，

文章生动又具体。

六年级"曲折写故事"习作教学设计

◆ 王庆文

【教学目标】

1. 阅读交流《男生贾里》片段，了解什么是写作中的曲折。
2. 运用"斗智斗勇"或"尝试失败"的写作方法，创作妙趣横生的曲折情节。

【教学过程】

一、 走近 "曲折"

1. 同学们，课前，王老师和大家分享了一个小故事，大家觉得好玩儿吗？（出示）

在班委里，陈应达、鲁智胜、贾里是一个小团体。用鲁智胜的话说，他们这三个班里的精英中，陈应达是最出色的，可是贾里不赞成。

"你看陈应达的包，真正的牛皮，科学家派头！"

"算了吧，人家陈景润，大数学家，衣着相当朴素！"

"人家陈应达气质好，看上去就优秀。"

"样子优秀的人不一定真优秀。"贾里顶了一句。

鲁智胜翻翻眼睛，终于不再作声。

第二天，贾里在书包里发现一张纸条，上面没头没脑地写了句骂人的话：你是条盲目的狗。

他揉揉那纸条，把它塞进全班最最计较的女生洪裳的课桌里，这下好了，洪裳立刻大哭大叫，把这事变成轩然大波，以致惊动了教导主任。经过辨认字迹，这个胖胖的神探终于被叫进办公室被训了一通。

那家伙一出门，就对着贾里大喊："你真不够朋友！"

贾里不动声色，说："今天过愚人节！"然后把手搭在倒霉的鲁智胜身上。

——秦文君《男生贾里》（有删改）

2. 我们来梳理一下这个故事，鲁智胜认为陈应达最出色，贾里不赞成。接下来，故事就更加妙趣横生了！

3. 出示：

曲折

纸条来辱骂　　　　　倒霉神探终被训
　教导主任辨字迹

塞给女生引风波　　　收服智胜神通大
　按兵不动看笑话

4. 在儿童作家秦文君的笔下，故事在发展，意外或者出人意料的情节在不断发生，让我们读来意犹未尽！这就是写作中的"曲折"。

二、 寻觅 "曲折"

说到"曲折"，在我们阅读的儿童文学作品中，经常可以看到它的身影，很有意思；而在日常生活中，我却经常读到这样的习作片段，大家看周夏冉的《"毒品"从天降》。（出示）

"谁敢砸我，胆子不小嘛！"我摸摸被砸的脑袋，随手用勺子弄了一些奶油，瞄准了欺负别人的曹安雅。发射！蛋糕像子弹一样，命中了她的脸。顿时，曹安雅亮出了她可怕的"爪子"，向我奔来。

★第一个层次

1. 你猜接下来会发生什么呢？

2. 这么多精彩的情节，周夏冉竟然一个没写，他只写道：我选择逃之夭夭，把曹安雅甩掉了！

3. 这让很多吃瓜群众感到扫兴！你怎么"逃"的呢？有个编剧进行了故事创编！你听！（出示）

"白仁杰，快救我！"我慌忙躲到杰哥身后，那厚实的肩膀、高大的身材让我心安不少。怎奈不敌曹安雅排山倒海的一掌，只听"嗷"的一声，我就扫到了她刀子般凌厉的目光。"不好，白胖子，你太不中用了！"

　　"顾昊然！顾昊然！"我声嘶力竭地呼喊。顾小子一跃而上，似一堵挡风的墙。宿敌曹顾二人僵持了几秒，曹安雅的无敌旋风爪先发制人，顾小子灵巧一闪。我呢？我的天！我暴露了！

　　"男厕所，我来啦！"我量再厉害的曹某人，也不敢越这雷池半步！这果然是解决男女纷争的圣地。不管曹某人在厕所外怎么嚷，说我是胆小鬼也好，缩头乌龟也罢，这激将法压根儿对我没用，因为，我有阿 Q 的精神胜利法——"小毛贼休想欺负本大王！"

　　4. 这个故事改编得怎样？哪些地方你觉得特别有意思？

　　5. 在这个故事里，面对着曹同学的进攻，周夏冉一直在逃，一直在与她"斗智斗勇"。（板书）

　　6. 为了让文字具有足够的吸引力，甚至有扣人心弦的魔力，编剧故意用"斗智斗勇法"将情节写得不那么顺利，充满曲折！不过他尚存一丝善念，给了周夏冉一个美好的结局。

　　7. 在生活中，你和谁曾经发生过斗智斗勇的故事？

　　8. 小结：在"斗智斗勇"的过程中，故事变得有趣起来、精彩起来！

　　★第二个层次

　　1. 番茄炒蛋，你会做吗？

　　2. 俗话说："会者不难，难者不会。"对于会做的人来说，这是一道多么简单的家常菜；但是对于不会做的人来说，却是充满了曲折和坎坷呀！

　　3. 谁来试一试，让这看似寻常的番茄炒蛋充满曲折，显得不寻常？

　　4. 历经无数曲折，经过不懈努力，我们端上来一盘色香味俱全的番茄炒蛋！太不容易了，给我们的辛勤劳动和没有放弃的尝试，鼓个掌！

　　5. 同学们，面对我们不太擅长的家常小炒番茄炒蛋，我们不断尝试，最终获得成功，像这样的写法，我们叫它——尝试失败法。（板书）

　　6. 你有经历失败后最终获得成功的经历吗？

　　7. 学生交流分享。

　　8. 小结：遇到困难，勇于尝试，是一切美好的开始，希望你们在尝试的路上学会坚持，获得成功！

三、 创编曲折

1. 同学们看，这就是许多作家写出曲折故事的小秘诀：（出示）

构思曲折写故事，

斗智斗勇要牢记，

尝试失败不放弃，

具体生动显魅力。

2. 我们可以尝试用快板的节奏来读，这样更易于记忆。

3. 同学们，王老师得到消息，校电视台正招募小编剧，他们给出了这样的剧本开头：（出示）

不好，赶紧把好吃的藏起来，吃货表弟来啦！

4. 大家可以使用"斗智斗勇"或者"尝试失败"的结构，给剧本续编曲折的故事情节。有一个曲折，加一颗星，优胜者将获得金牌编剧奖。现场颁发荣誉奖状。（出示）

评价内容	自评	互评
曲折一★		
曲折二★		
曲折三★		
……		

四、 分享曲折

1. 写好的同学画出你写的曲折，并对照评价要求做自我评价，看看自己能得几颗星。

2. 老师在巡视过程中发现几篇有意思的故事，请这几位作者和我们分享一下。

3. 谁有自信，大家来个大 PK，角逐一下金牌编剧奖。

4. 其他同学的角色也发生变化了，你们都是大评委！对照写作要求，谁来对这个故事做个评价？

5. 你觉得他的建议合适吗？接下来你准备怎么做？

五、 总结

这节课，我们读了名家笔下的曲折故事，也尝试创作曲折的情节让我们的故事变得具体、生动，让读者读得更过瘾。接下来，我们还会学到更多将故事写曲折的方法，期待大家都能成为名副其实的小作家！

微格训练，让习作指导有序入格

◆ 冯俊芬

近日，我有幸到作文教学名师吴勇老师所在的学校——南京市上元小学，听了四节习作训练微课，分别是三年级"特征组合写样子"、四年级"中心发散写具体"、五年级"捕捉动作写事情"以及六年级"曲折写故事"。每节课时长不超过 30 分钟，内容聚焦于一个训练点，属于微格习作训练课。四节课给我的整体感觉是：主题突出，切口微格；选材灵活，趣学有格；指导精细，引导入格；自由练写，自然升格。

一、 主题突出， 切口微格

综观当下的习作教学，随意拔高教学要求的现象随处可见。低年级写话教学起步句子没练好，就开始写几句话或一段话；中年级习作段落没练好，就开始写完整的事情；到了高年级，学生写出来的文章言不顺、句不通，内容空洞，结构平淡，千人一面。而以上四节课，完全改变了当今习作教学的现状，他们用微格教学的方式，根据习作教学的基本原则以及习作知识的内在逻辑关系，试图将整个学生习作的知识系统和能力培养目标微格成多个有机组成部分，再一个微格一个微格地进行分解训练。这样的分解与微格教学，切口微小，主题突出，讲究"一课一得"，易于学生理解和掌握。

譬如三年级的"特征组合写样子"这节课的训练点，要求学生仔细观察描写对象，抓住人物与众不同之处（特征），再把几个特征组合起来，勾勒出观察对象的样子。相信通过这项训练，学生以后不管是写人物还是写动物、植物的样貌，一定会抓准特征，简单几笔就能勾勒出描写对象的形态。再如五年级的"捕捉动作写事情"，就是引导学生学习观察人物的动作，用具体鲜活的动词描述事件，学习目标非常明确。

二、 选材灵活， 趣学有格

习作教学时，选择什么样的主题作为习作的题目，选择什么素材作为指导案例，经常让教师感到头疼而又棘手。教师选择的指导内容不一定每一位学生都有切身的经历与感受，所以教师的习作指导往往笼而统之，而学生的学习常常不得要领，这样"以己昏昏"，怎能"使人昭昭"？微格习作训练，是分解式的训练，就像舞蹈中的动作分解训练一样，内容单一、选材灵活，可选择的训练素材随处可见、信手拈来，既可选用课文的某个片段作例文，也可以选择生活中的某个小细节和片段。如"捕捉动作写事情"，就地取材，让学生上台演示吹气球的过程；"特征组合写样子"，让学生观察名人漫画像，观察老师同学的外貌等。

144

三、 指导精细， 引导入格

学习写作与学习书法同理，学写书法，首先从基本笔画开始，从描红入手，再到读帖、临帖、书写整体字，学生在慢慢地临帖揣摩过程中，逐步掌握汉字的运笔规律、笔顺规律、布局规律。这就是书法入格的过程。

学习写作也有个入格的过程，这个过程需要学生系统地学习写作基础知识，循序渐进地训练写作技能技法；这个过程需要教师精心指导、巧妙训练，学生才能得以入格。微格习作教学，强调了习作教学小步走的原则，顺应了学生认知由易到难、由浅入深的规律，有利于引导他们一步一步走进作文的格。

如"捕捉动作写事情"，教师的指导精细到位，先让学生分图观察单一的动作，并用准确的动词表达出来；接着让学生观察一位同学吹气球的过程，学会捕捉一连串的动作；然后帮助学生按照吹气球的顺序将这些动作分成几个部分（拿气球、吹气球、扎气球）；最后请学生用动词将吹气球的过程连起来说一说。这个过程就是引导学生入格的过程。

再如五年级的"中心发散写具体"，教师首先指导学生明确写文章要有中心，所有的描写都要围绕中心来写。但怎么围绕中心来写呢？教师的指导简单有序：从地点的转换来写；从时间的变化来写；从季节的交替来写；从不同的感官来写；可以写景也可以写人。最后将这种写作方法概括成几句话，便于学生记忆。这个过程就是教师精心引导学生入格。

四、 自由练写， 自然升格

微格习作教学，可以使学生在相对独立的一个"格"里学习一个写作知识，体会和认识写作的一个规律、一个技能技巧。对于某一个技能技巧，学生可以选择多种素材进行练习，形成自己的能力。四节课中，教师都设计了针对性的自由练习。"捕捉动作写事情"是让学生观察《猫和老鼠》片段来自由练习；"特征组合写样子"是请学生观察身边的老师和同学，并用猜猜看的方式激发学生的表达欲望；"曲折写故事"是引导学生用这种方式续编剧本，使剧本成为引人入胜的小故事。教师设计各种自由练习环节，强化训练，让学生在入格过程中慢慢实现升格，形成扎实的作文能力。

相信通过系统的微格习作训练，学生一定能由浅到深、从感性到理性地认识作文规律，在教师的精心指导下，从入格自然升格，并在感悟与自由练习中突破和超越，迈向习作的最高境界——出格。

第6组

如何创造性地使用教参

一年级《教师教学用书》使用建议

◆ 徐晓青

作为与部编版教材配套的教师教学参考用书——《义务教育教科书教师教学用书》(以下简称"《教学用书》"),旨在"帮助教师把握教材特点,领会编写意图,明确学习要求,并提出教学设计和实施的建议"。可见,《教学用书》对语文教学起着至关重要的指导作用。那么,此书在一线教学中的使用现状如何呢?到底该如何更好地使用一年级《教学用书》呢?笔者针对这两个问题开展了调查和思考,并在此基础上探索一年级《教学用书》的使用策略,以期为一线教师更好地理解和使用《教学用书》提供借鉴。

一、《教学用书》使用现状分析

笔者针对一年级语文教师对《教学用书》的使用情况开展了一次问卷调查。此次问卷面向全区一年级语文教师,问题涉及教龄、职称、是否配有《教学用书》、《教学用书》是否有用、书中哪个板块最有参考价值、哪个板块在使用过程中存有疑惑。调查共收到 206 份有效问卷。

调查结果显示,教师普遍重视使用《教学用书》,会将其作为平日备课、公开课备课、写论文的参考依据。98.06% 的教师认为此书有用,尤其是"教学要点和课时安排""教材解析""教学目标""教学建议""教学设计举例"等板块能发挥重要的参考价值。

调查显示,57.77% 的教师对《教学用书》的使用存有疑惑。其中,54.86% 的教师对个别板块的使用存疑,2.91% 的教师困惑于所有板块的使用。

"哪个板块在使用过程中存有疑惑"(多项选择题),调查结果如下:

选项	小计	比例
A. 编写说明	20	9.71%
B. 单元说明	14	6.8%
C. 教学要点和课时安排	26	12.62%
D. 教材解析	24	11.65%
E. 教学目标	17	8.25%
F. 教学建议	29	14.08%
G. 教学资源	33	16.02%
H. 教学设计举例	30	14.56%
I. 都有疑惑	6	2.91%
J. 没有疑惑	87	42.23%

使用困惑的呈现与教龄、职称没有明显的关联性。这就意味着，不同层次的教师在使用《教学用书》时，都会因存有疑惑而不能很好地发挥其作用。

二、《教学用书》使用策略探究

《教学用书》对教学的重要指导作用已达成共识，但教师不知如何有效地使用，这是一线教学客观存在的现象。那么怎样才能更好地使用《教学用书》，让其发挥潜在的价值呢？笔者认为可以从以下几个方面着手：

（一）把航——以"编写说明"为纲领，明晰教学意图与方向。

《教学用书》开篇就是"编写说明"板块，其重要性一目了然。此说明从"教科书编写思路""教科书主要内容""教学目标""使用教科书要注意的问题""教师教学用书的内容和编写意图"五个板块加以阐述，以宏观的角度整体解读教材，提纲挈领地呈现一整册教材的编写意图与教学指向。因此，这一板块的文字不容忽视。读懂它有助于明晰教学定位，有助于准确把握教学走向。

以一年级下册为例，笔者依据"编写说明"，根据自身的教学实际与需求，对本册语文教学注意点做了如下梳理：（见下图）

识字写字
反复再现　整体识记
了解演变　渗透字理
基本笔画　指导书写
笔顺规则
间架结构
设计互动活动，激励数字学习

阅读
发挥范读作用　重视朗读指导
多种形式反复
每次要求不同　体现朗读层次
重点推荐一本　重视课外阅读
顺便推荐一批

口语交际
激发兴趣　创设情境
迁移运用　课内课外结合

过程与方法

一年级下册

知识与能力
直观教学目标　参见《教学用书》第三页
间接渗透目标
识字写字
　思维能力
　想象能力
　识字能力
阅读
　语感
　自主阅读能力
口语交际
　交际意识
　交际原则
　交际能力

情感态度与价值观
渗透社会主义核心价值观
　热爱祖国
　自尊自信
　勤劳勇敢
　自强不息
奠定良好基础
　学习兴趣
　学习方法
　学习习惯

150

　　通过梳理，不难发现，笔者根据"编写说明"，从自身教学需求出发，从"知识与能力""过程与方法""情感态度与价值观"三个维度构建了明晰的教学目标网络，借此明了本册教学内容，准确把握教学意图与方向。同时，本册教学的整体把握和定位，还能辐射下一册教材，帮助建立连贯、完整的教学序列，让教者在教学中做到心中有"定点"，前后有"衔接"。

　　除"编写说明"之外，《教学用书》中的"单元说明"也能在每个单元的教学中发挥类似的"定点""衔接"作用，教师在阅读《教学用书》时，应当加以重视，不要轻易放过。

　　（二）定向——以"教学目标"为基准，精确教学重点与难度。

　　《教学用书》对教学目标的呈现分为三个层面：第一层为整册教材的教学目标，安排在开篇的"编写说明"之中；第二层为每单元的教学目标，出现在各个单元的"教学要点和课时安排"之中；第三层为每课的教学目标，按课同步出示。

　　这三层目标彼此联系，层层分解。前者是后者的统领，后者是前者的细化。教师只有统筹把握这三层教学目标，才能在每一次教学中做到有的放矢、精准到位，让总目标在一次次分层目标的叠加中得以最终达成。

　　《教学用书》中的目标定位对一年级的教学更为重要。因为一年级倡导"零起点"教学。"零起点"的刻度以何为准?《教学用书》的目标定位给出了衡量标准。教师在教学中应以此为基准，不随意拔高、加深教学难度，不随意增加、拓宽教学要求，精确把握教学程度，确保"零起点"教学的顺利进行。

如，教学目标中只要求"认识大写字母，熟记《汉语拼音字母表》"，没有提出任何默写要求，教师就应严格遵照，不随意逾越。

此外，细读《教学用书》中的教学目标，不难发现，其表述比较笼统，更多指向需要达成的共性化的"知识和能力""情感态度与价值观"目标。因此在教学过程中，教师可以结合当时、当地、本人、本班的实际情况，对共性目标进行个性化处理，完善目标中的"过程与方法"，让三维目标更加融合、统一。如一年级下册《姓氏歌》的教学目标，《教学用书》的表述如下：

1. 通过儿歌诵读，认识"姓、氏、李"等12个生字和弓字旁、走字旁、金字旁3个偏旁；会写"姓、什、么"等7个字。

2. 正确朗读课文，背诵课文。

3. 能运用合适的方法，向他人介绍自己的姓氏，对中国的姓氏产生兴趣。

笔者对此教学目标个性化处理如下：

1. 结合诵读，通过动画演示等方法，借助姓氏介绍的过程，认识"姓、氏、李"等12个生字和弓字旁、走字旁、金字旁3个偏旁；通过观察字形，借助教师范写，正确书写"姓、什、么"等7个字。

2. 联系生活，了解"姓氏"的意义；通过比较，认识单姓和复姓；通过"加一加""偏旁介绍""组词"等方法，学会介绍"张、李"等单姓；通过"名人介绍"等方法，学会介绍"诸葛"等复姓。在教师创设的交际情境中，能运用合适的方法，向他人介绍自己的姓氏。

3. 借助拼音，正确、流利地朗读课文；结合问答、拍手等方式，体会句式特点和课文的节奏感。

4. 通过观看微课，激发对各种姓氏以及《百家姓》的学习兴趣，初步感受中国姓氏文化的魅力。

对照以上目标可见，笔者丰富了教学目标的"过程与方法"，通过"量身定制"，凸显每课教学的独特性。但万变不离其宗，个性化目标的制订需遵照《教学用书》，体现学段特点，符合年段教学的基本要求。

总之，《教学用书》中的教学目标是教学活动开展的准绳，教师应重点关注，课课对照，确保教学重点与难度的适切。

（三）内修——以"教学建议"为参考，优化教学板块与思路。

《教学用书》中的"教学建议"是根据教师教学的需要，从识字写字、朗读指导、课文理解和实践活动等方面分别提出的具有较强操作性的建议。因其实用性强，所以在问卷中有 66.99% 的教师认为这一板块最具参考价值。的确，笔者在备课过程中，经常能从"教学建议"中得到启发。

如一年级上册《秋天》一课，它作为小学阶段阅读教学的第一课，承载着一个特殊的使命——启蒙指导"正确朗读课文"。关于这一目标，本课"教学建议"中的朗读指导给出了明确的建议：关注轻声的读法；关注词语连读，不唱读；借助拼音读准"一"的变调。根据这三条建议，笔者将本课朗读指导的教学思路梳理如下：

1. 初读正音环节。

借助拼音读准带有"一"的词语：一片片、一群大雁、一会儿、排成"一"字。随后出示拼音单元的儿歌，拓展"一"的词语：在一起（儿歌《在一起》），一动一动（儿歌《小白兔》），一只船……玩一玩（儿歌《欢迎台湾小朋友》）。

2. 指导读句环节。

出示句子：天气凉了，树叶黄了，一片片叶子从树上落下来。教师范读，借助课件将"了""子"的字号变小，指导读好轻声。

随后师生问答读：

师：秋天到了，天气怎么了？

生：天气凉了。

师：树叶怎么了？

生：树叶黄了。

师：一片片叶子怎么了？

生：一片片叶子从树上落下来。

又如《端午粽》一课，书中提出这样一个教学建议：

"粽子是用青青的箬竹叶包的，里面裹着白白的糯米，中间有一颗红红的枣。"这个长长的句子由外及里介绍了关于粽子的三个方面内容。我们可以让学生分步读好：（1）读一读，想一想，这句话写了粽子的哪些特征？找一找相关的事物。（2）引导学生说一说这些事物分别是怎样的。（3）引导学生关注作者介绍的顺序，从而发现句子由外及里描写了粽子的样子。

此建议表述清晰，任务明确，笔者根据这个建议，设计了以下教学板块：

1. 读句子，想一想：外婆的粽子是用什么做的？（根据学生回答相机板贴"箬竹叶、糯米、枣"）指导学生将它们的名字读正确。

2. 结合图片，介绍认识"箬竹叶、糯米、红枣"。相机发现它们的颜色特点，指导朗读：青青的箬竹叶、白白的糯米、红红的枣。

3. 师生合作，问答朗读。

师：怎样的箬竹叶？

生：青青的箬竹叶。

师：怎样的糯米？

生：白白的糯米。

师：怎样的枣？

生：红红的枣。

师：青青的什么？

生：青青的箬竹叶。

师：白白的什么？

生：白白的糯米。

师：红红的什么？

生：红红的枣。

4. （板贴粽子的剖面图）看图找一找，箬竹叶、糯米和红枣分别在哪儿？请一位学生上台，将"箬竹叶、糯米、枣"的词卡贴到图片相应的位置上。

结合板贴，教师引读。

师：是的，箬竹叶在最外面，难怪课文中说——

生：粽子是用青青的箬竹叶包的。

师：箬竹叶里面是糯米，所以课文说——

生：里面裹着白白的糯米。

师：糯米里面是红枣，所以课文说——

生：中间有一颗红红的枣。

5. 指导朗读完整的句子。抓住"里面、中间"这几个方位词，读出事物之间的关系。

这两个板块的设计都得益于"教学建议"。笔者据此优化或适当调整"教学建议"的前后顺序，或将"教学建议"具象细化为多个步骤。有了"教学

153

建议"的参考，备课过程变得快捷而高效。但是，参考"教学建议"要避免拿来主义。笔者发现不少教师在日常教学中照搬"教学建议"，不假思索地套用，造成了识字写字、朗读指导、课文理解和实践活动各自为政、互相割裂的现象。因此，智慧地对待"教学建议"至关重要，择优而用、适时而用，避免机械使用。

除"教学建议"外，对待"教学解析""教学设计举例"也是同理。教师可借此拓宽思维和想象空间，在吸纳中充分发挥《教学用书》的参考价值，从而优化教学的板块和思路。

（四）外拓——以"教学资源"为借鉴，丰富教学资料与手段。

《教学用书》编排了"教学资源"，提供了一些与课文有关的参考资料。此外，书中还设计了小贴士，补充相关知识背景和示范指导要求。这些资源根据要求灵活出现，如一年级下册的《教学用书》中，"教学资源"出现了19次，占总课目的45.24%；"小贴士"出现了20次，占总课目的47.62%。

书中呈现的资料类型多种多样：有插图说明（如《天地人》），有对课文内容的补充（如《小壁虎借尾巴》中"动物尾巴的妙用"），有和课文内容匹配的儿歌、儿童诗（如《小青蛙》中的《青蛙种豆》），还有作者介绍、习俗由来、字形演变等。这些资源遵循学理，内容科学、规范，为教师的教和学生的学提供了可借鉴、可利用的宝贵素材。

教学中，教师可根据资料特点灵活使用。有些资源是对教材的直接补充，教学时必不可少，如《听故事，讲故事》中的《老鼠嫁女》，是本课听、讲的故事内容。有些资料可以选择性地引入课堂，作为教学内容之一。如教学《我是中国人》，可借助"教学资源"中的准确信息，认一认图中的少数民族；学完《一个接一个》后，可简要介绍金子美铃，读一读她的《全都喜欢》，加深对作者的认识；学习了《树和喜鹊》之后，读读"教学资源"中的儿歌，复习巩固本课的生字。有些资料是教师示范指导的根据，不能直接告诉学生，需咀嚼反刍后使用，如《金木水火土》中"正确的写字和执笔姿势"，各种笔画的"示范"等，教师都应领会要点之后，用直观的方式演示出来，帮助学生掌握其中的要领。还有一些关于知识背景的资料，教师明白即可，无须告诉学生，如"字谜"的概念，"一""不"的变调规律，等等。

借鉴这些资料，还能帮助教师丰富教学手段：拍拍小手，读读儿歌；动动

154

手指，做做字母操；看看情境图，编编小故事；滚动"快乐大转盘"，玩玩小游戏……总之，灵活借鉴书中各类教学资源，能为课堂教学锦上添花。

综上所述，不难发现，《教学用书》的各个板块都有其编排的意图，教师只有读懂它，才能用好它；只有用好它，才能发挥其最大作用，从而更好地服务于语文教学。

二年级《教师教学用书》使用建议

◆ 乔能俊

2019 年春季学期，笔者对辖区内小学使用部编版教科书的情况进行全面调研，发现了一个十分奇怪的现象：一方面教师觉得难以适应教科书的变化，但另一方面又极少参考《义务教育教科书教师教学用书》（以下简称"《教学用书》"）。查看教师备课，大多源自网络素材及市面流行的教辅用书，这些资源在准确性与权威性上都存疑，有些方面，比如教学目标，甚至与部编版教科书中的语文要素风马牛不相及。可见，教师如何有效利用《教学用书》，使课程内容落地，这是一个十分值得讨论的话题。现以二年级下册《教学用书》为例，谈谈个人的看法。

一、 改变三种读法

1. 变寻章摘句地读为通读。

从调研中发现，教师很少通读《教学用书》，而是以实用为目的，觉得哪里对课堂教学的实际操作有用就读哪里，把《教学用书》中稍带理论色彩的部分有意省略。比如，"编写说明"全面地介绍了本册教科书的主要内容、教学目标、编排特点及使用建议，多维度地勾勒出教科书的全貌及育人价值，是《教学用书》中带有"纲要"性质的内容。但教师对这一部分内容往往一翻而过，认为它讲的与实际教学没有关系。因此，笔者提倡通读《教学用书》，借以建立起自己内在的语文图式与脉络。

2. 变抄读为研读。

所谓抄读，就是以抄写教案为目的的阅读，这是当前十分普遍的阅读姿态。这种"心""手"分离的阅读，使备课退化为誊写，《教学用书》退化为誊写的范本，于教学有什么意义呢？因此，教师要由抄读变为研读。所谓研读，就是带着问题去读，带着自己的思想、思考去读。如第二单元的"单元说明"中指出：

教材在《一匹出色的马》课后练习中首次提出"试着有感情地朗读课文"，这是在一年级和二年级上册教材"分角色朗读课文""注意读出不同的语气"，本册第一单元"注意读好重音"基础上的延续和提升。

对于这段表述，教师就需要仔细琢磨：什么叫"试着有感情地朗读课文"？有感情地朗读与分角色朗读、注意读出不同的语气、注意读好重音究竟是什么关系？在这一课中怎么延续和提升？这些问题就是要求教师在教学设计时有整体思维，这样才能在教学中将编者意图进行真正贯彻落实。

3. 变机械地读为贯通地读。

本版《教学用书》与之前的版本相比，有这样几个突出的特点：一是紧紧围绕语文要素展开，不枝不蔓，相当聚焦；二是内容更丰富，提供的素材更多，比如"书写要点""问题提示""设计意图"等；三是表述更精准，一扫之前笼统、模糊的风格。但这并不意味着教师只读《教学用书》就足够了。一名优秀的教师应该在《教学用书》的引导下，主动延伸阅读相关的内容。比如第七单元，其训练重点是"借助提示讲故事"。教师可围绕这一重点进行专题阅读，对如何利用示意图、关键词句、表格进行复述有一个全面、清晰的认识，这样在教学中才会有的放矢，知道在什么阶段该教什么，教到什么程度，以及它们之间怎么承接。

二、 实施三种策略

1. 视"单元说明"为导游，知道"我们要到哪里去"。

在笔者看来，"单元说明"是极其重要的，它主要回答了这样几个问题：这个单元的训练重点是什么，该训练重点在教材前后处于什么位置，它在本单元是怎么分布的，教学要达到什么程度。"单元说明"后还附有教学要点和课时安排。可见，"单元说明"是课程内容的解释与说明，是课时教学目标的源头，是本单元教学的指南，作为教师，我们只能丰富对它的认识，而不能随意地增删或更换。

但从实际教学来看，这方面做得并不理想。第一单元的"单元说明"明确指出"'朗读课文，注意语气和重音'是本单元的教学重点"，但教师对此似乎毫不在意，而是按照自己的经验和理解教学。笔者在与老师们座谈时才知道，原来他们觉得这个目标太简单，所以根据"学情"做了调整。笔者就"重音"问题与他们展开探讨，发言的人寥寥无几，根本无法深入下去。所以，问题的关键不是"目标太简单"，而是教师习惯从经验出发，感性地看待单元目标，对单元目标缺乏深度、系统的思考。如此，部编版教科书煞费苦心构建的训练系统就土崩瓦解了。因此，在对《教学用书》的使用上，首先要强化对"单元说明"的内化与参考，在此前提下，再考虑创新、个性的问题。

2. 视"教材解析"为对话者，知道"教材说了什么"。

《教学用书》中的"教材解析"，主要围绕单元训练重点展开，回避仅就文本内容、思想主旨、表现手法的空泛之谈，启发教师发现文本与训练重点的咬合之处。如第一单元《找春天》的"教材解析"紧紧围绕"朗读课文，注意语气和重音"这一训练重点进行："紧接其后的是灵动的想象：'那是春天的眉毛吧？''那是春天的眼睛吧？''那是春天的音符吧？''那是春天的琴声吧？'在这里，以'眉毛'形容刚刚出土的草芽，以'眼睛'突显野花的明媚，以小小的'音符'描摹树木逢春初吐的芽苞，以婉转、悠扬的'琴声'摹写初春溪水活泼而不张扬的特点，春天这个'害羞的小姑娘'瞬间眉眼含笑、轻歌曼舞、琴声飞扬起来。"以诗一般的语言，从情感逻辑的角度，告诉师生在读课文第 4～7 自然段时需要重点关注和体会的词语，虽然没有明指"重读"，但已经一目了然。

《教学用书》中的"教材解析"有详有略，详细的如《找春天》，简略的如《我是一只小虫子》，无论详略，都不能代替教师自身的阅读体验。面对儿童文学作品，怎么教得既有意义又有意思，教师的文本解读能力至关重要。笔者曾与教师一起研读《我是一只小虫子》，文中有一处是这样写的："有些虫子脾气不太好，比如天牛，每次我说'天牛大婶，早上好'，她总是想顶我一下。"笔者问研课的教师，这里最有意思的地方在哪里，大家想来想去，最后才恍然大悟，原来是一声"大婶"惹天牛生气了，如果叫"天牛小姐"恐怕她就喜笑颜开了。笔者认为，《教学用书》中的"教材解析"只是一种点拨、一种参考，真正的解析还是需要教师自己叩开文本之门，沉潜其中。

3. 视"教学设计举例"为合伙人，知道"下一步做什么"。

教师工作的性质及现实状况，决定了他们对教学设计的需求是十分强烈的，尤其是那种"拿来就能用"的教学设计。《教学用书》限于版面，只为教师提供了一部分完整的教学设计，还有一部分是片段式教学设计或完全没有教学设计。与其他版本的教学设计相比较，《教学用书》中的教学设计的亮点在于，教学目标与教学过程的契合度相当高，换言之，教学过程直指教学目标的达成，旨在突破训练重点，让语文要素扎根课堂。教师照着《教学用书》中的教学设计上课，基本可以保证不走样。

对于一名优秀的语文教师来说，《教学用书》只是提供了一种执教思路，教无定法，教师完全可以发挥自己的智慧，设计出别样精彩的教学。比如《古诗二首》，《教学用书》上的思路是按顺序一首一首地教，一首古诗教学一课时。但这不是唯一的方法，也可以两首古诗一起教，先初读两首诗，再以《村居》教学为主线，由"柳"自然引出《咏柳》的教学，相互关联、融通，共用两课时。在笔者看来，坚持写富有创意的教学设计是最好的理解教材、内化目标的方法，也是课堂教学保鲜的有效途径之一。

三年级《教师教学用书》使用建议

◆ 刘亚雄　吴亚西

《义务教育教科书教师教学用书》（以下简称"《教学用书》"）是教材编者组织编写，与教材配套使用的指导用书。它能帮助教师把握教科书的特点，领会编写意图，明确教学要求，并提出教学设计和实施的建议，是教师备课的依据和参考。

如何发挥《教学用书》的向导作用，指导教师灵活使用教材，创造性地进行教学设计，让语文要素在课堂上落地生根呢？下面以三年级《教学用书》的使用为例加以说明。

一、研读"编写说明"，瞻前顾后，厘清目标序列

和老教材相比，部编版教材在编排上做了很大的创新和改进，它通过双线组元的形式，努力构建符合语文学习规律、适合学生身心发展特点的语文能力体系，将语文学习的基本要素分成若干个知识或能力训练点，统筹规划目标序列，并按照一定的梯度，落实在各个年级的教材内容中。这种整体构建、统筹规划、循序渐进、环环相扣的编排方便了教师教学，同时也对教师提出了更高的要求。教师需全面研读教材和《教学用书》，瞻前顾后，上下勾连，才能做到胸怀全局、心中有数。为方便教师整体把握教材和年段特点，每个年级的《教学用书》都编排了"编写说明"，为教师教学导航。

（一）全面研读，整体把握年段特点。

小学阶段分为三个学段，根据不同学段学生的心理特征、思维特点和情感表现，结合语文学习的规律，课标均有不同的教学要求。《教学用书》的"编写说明"在介绍教科书编写思路、解析全册教学内容的基础上，依据课标的年段要求，分别从"识字写字""阅读""习作""口语交际"四个方面确定

年段教学目标（见表1）。

表1

第二学段课堂教学主要教学目标	
识字写字	对识字有浓厚的兴趣，养成主动识字的习惯。有初步的独立识字能力。写字姿势正确，有良好的书写习惯。
阅读	用普通话正确、流利地朗读课文。初步学会默读。学习略读。能联系上下文，理解词句的意思，体会课文中关键词句在表情达意方面的作用。能初步把握文章主要内容。能对课文中不理解的地方提出疑问。能复述叙事性作品的大意。通读优秀诗文。积累课文中的优美词语、精彩句段。
习作	乐于书面表达，增强习作的自信心。注意把自己觉得新奇有趣或印象最深、最受感动的内容写清楚。尝试在习作中运用积累的语言材料，特别是有新鲜感的词句。
口语交际	学会认真倾听，能就不理解的地方向他人请教，就不同的意见与大家商讨。听说话能把握主要内容，并能简要转述，能清楚明白地讲述见闻，说出自己的感受和想法。讲故事力求具体生动。

全面研读教材和《教学用书》，结合"编写说明"中的教材编写思路及使用教材要注意的问题，我们可以确定第二学段语文教学的整体要求：1. 注重学生良好的语文学习方法、兴趣、动机的培养。2. 重点进行语段结构、词语表达、片段读与写的训练。3. 渗透语文学习逻辑关系、语法修辞及审美的感受。

（二）上下勾连，明晰目标发展轨迹。

部编版教材一个主要的特点就是注重目标的层次性和发展性，尝试将课标的年段目标进行细化，分解为年级目标和单元目标，努力构建语文能力的目标体系。教材如何统筹规划目标序列？每一项能力是如何进阶发展的？需要整体观照全套教材，厘清目标序列。研读《教学用书》的"编写说明"时，如果结合每个单元的"单元说明"和"教学要点"，上下勾连，就能清楚地看到每项能力的目标轨迹。

以默读能力的发展为例，三年级学生要求初步学会默读，做到不出声，不指读。为了让学生顺利过渡，教材从二年级开始安排默读的训练，其中二年级上册在《雪孩子》《纸船与风筝》两篇课文后面安排了"默读课文，试着不出声"的练习。通过阅读《教学用书》可以了解到，二年级上册对于默读的要求是浅层次的，达到"知道什么是默读，并尝试着练习默读"就可以了。二年级下册教材在《邓小平爷爷植树》《千人糕》《枫树上的喜鹊》《羿射九日》四篇课文后面安排了默读练习，且提出了默读的具体要求：提取信息、不要指读等。阅读《教学用书》上关于默读的教学要求可以发现，二年级下册对于默读的要求是从段到篇，初步尝试，给三年级学生掌握默读的技能打下良好的基础。《教学用书》"编写说明"指出：三年级要求学生能熟练默读，并能在默读的同时思考问题。高年级需要持续进行默读的训练，主要是提高默读的品质，如提升默读的速度，在默读中提出问题、解决问题等。从二年级"尝试学习默读"到三年级"逐步达到熟练默读"，再到后续年级"持续进行默读训练，提升默读的品质"，瞻前顾后，上下勾连，就厘清了默读能力发展的目标序列。

理解和把握课文内容是学生阅读的重要能力。我们根据单元页上的语文要素梳理出教材的编排序列（见表2）。

表2

版册	理解把握课文内容
三年级上册	运用多种方法理解难懂的词语。 借助关键句理解一段话的意思。
三年级下册	运用多种方法理解难懂的句子。 借助关键句概括一段话的意思。
四年级上册	了解故事的起因、经过、结果，学习把握文章的主要内容。
四年级下册	关注主要人物和事件，学习把握文章的主要内容。
五年级上册	阅读时注意根据要求梳理信息，把握内容要点。
五年级下册	了解人物的思维过程，加深对课文内容的理解。

通过研读《教学用书》的"单元说明"，就可以找到要素之间的关联，厘清目标序列。教材从三年级安排"理解把握课文内容"的专项训练，三年级上册主要是从词语入手理解段落的意思，三年级下册则是从句子入手概括一段话的意思。四年级和五年级都是针对一篇文章内容的把握，四年级主要是借助支架，学习把握文章的主要内容，五年级提出更高的要求，需要抓关键信息把握内容要点，从思维入手，加深内容的理解。从词语到句子，从段到篇，由易到难，循序渐进，梯度发展，目标轨迹清晰有序。

只有瞻前顾后，厘清目标序列，上下勾连，把握要素之间的关联，才能把握年段特点，明确单元的教学定位，找到学生语文发展的适切点。

二、借助"单元解析"，环顾左右，明确教学目标

从三年级开始，教材在每个单元前编排单元页，用简洁的语言点明语文要素，明确单元教学目标。每个单元的语文要素，都是教材环环相扣的体系结构中的一环。因此，部编版教材的教学需要立足单元整体，明确单元整体目标，同时，以语文要素作为单元的主线，实施单元整合教学，分步完成语文要素，体现"一课一得"，突出目标的层次性和发展性。

（一）系统解读，明确单元重点目标。

以前的教材按人文主题组织单元，语用序列不清晰，教师教学更多的是运用点状思维解读教材，依循单篇课文教学的思路，教学效果不尽如人意。部编版教材采用双线组元的结构，以人文主题凸显育人价值，以语文要素统领单元教学。这样的编排结构需要教师运用系统思维解读教材，即从整体出发，明晰教材各部分的结构和功能，统筹安排教学内容，层层推进、行之有效地培养学生的语文能力。

如，三年级上册第七单元以"我与自然"为主题，安排了《大自然的声音》《父亲、树林和鸟》《带刺的朋友》三篇课文的教学。通过对《教学用书》中"单元说明"的整体解读，可以了解到本单元的人文主题是"我与自然"，三篇课文语言各具特色，都蕴含着人与自然和谐相处的美好情感。

从语文要素来看，本单元的语文要素是"感受课文生动的语言，积累喜欢的语句"。三篇课文从多个角度呈现各具特色的语言材料，帮助学生体会生动的语言：《大自然的声音》引导学生联系生活体会描写声音的词语的生动，《父亲、树林和鸟》引导学生感受语言的丰富性，《带刺的朋友》引导学生体会称呼中蕴含的情味。三篇课文的课后习题引导学生运用不同的方法积累语言：《大自然的声音》要求在背诵中积累，《父亲、树林和鸟》要求用抄写的方式积累，《带刺的朋友》则要求通过复述故事积累。语文园地的"交流平台"引导学生梳理总结摘抄的基本方法，主动积累生动的语句。很显然，本单元应重点引导学生在语言实践中大量接触语言材料，获得一些初步的感受，然后把自己喜欢的语句积累下来。

通过结合"单元说明"的系统解读，可以将三年级下册第七单元的单元

163

重点教学目标确定为：

1. 通过对三篇课文内容情节的学习，激发学生热爱大自然的情感。

2. 通过对三篇课文语言的品读，感受课文生动的语言。

3. 梳理总结摘抄的基本方法，采用多种方式主动积累喜欢的词句。

（二）精准解读，确定课文教学目标。

在把握单元重点目标的基础上，还应借助《教学用书》精准解读教材，确定每一篇课文的教学目标，旨在实现一课一得，实现语文素养的整体提升。下面以三年级上册第七单元为例说明：

《大自然的声音》是本单元的第一篇课文，文章结构精巧、联想丰富、语言优美。通过课后习题的导引和《教学用书》的解析，可以确定这一篇课文的教学目标：

1. 认识"妙、奏"等 7 个生字，会写"美妙、音乐家"等 22 个词语。

2. 有感情地朗读课文，背诵第 3、4 自然段。

3. 能找到第 2、3、4 自然段中的关键句，并借助关键句把握课文内容。

4. 能联系生活经验，体会课文中描写声音的词语的生动。能仿照课文，围绕一种听到过的声音写几句话。

《父亲、树林和鸟》安排在第二篇，课文通过父亲和"我"的对话，展现了父亲对鸟的了解和热爱，表达了人与自然和谐相处的美好情感。通过教材解析和课后习题的精准解读，可以确定这一课的教学目标：

1. 认识"黎、凝"等 5 个生字，会写"朝、雾"等 13 个字，会写"父亲、童年"等 19 个词语。

2. 默读课文，能说出"我真高兴，父亲不是猎人"这句话的含义，能结合课文内容辨析对父亲的各种判断。

3. 能体会"幽深的雾蒙蒙的树林"等词语表达的丰富性，能简单说出对这些词语的感受并选择句子摘抄。

《带刺的朋友》是本单元的第三篇课文，课文讲述了一只机灵可爱的小刺猬偷枣的故事，期间穿插着作者的所思所想，情趣盎然。深入解读文本和《教学用书》中的教材解析，确定本课的教学目标：

1. 认识"枣、馋"等 10 个生字，读准多音字"扎"，会写"刺、枣"等 13 个字，会写"红枣、摆动"等 26 个词语。

2. 能找出刺猬偷枣的内容，体会语言的生动。

3. 能以"小刺猬偷枣的本事真高明"为开头，用自己的话讲述刺猬偷枣的过程。

4. 初步体会"那个东西""那个家伙""小东西"等不同称呼中蕴含的情感。

通过精准解读，围绕语文要素，既可以明确每一课的基础教学目标，又可以发现每一篇课文的个性化目标，在单元整体推进中凸显每项内容的教学价值。

三、 活用 "教学建议"， 创新设计， 落实语文要素

针对教材中的每一项内容，《教学用书》在进行了深入解析，明确其教学目标的基础上，提出了具体的可操作的教学建议、教学设计和课时安排。需要注意的是，这些建议只是给教师提供一个教学的基本依据，仅供参考。教师应根据"教学建议"中提示的要点，基于学情，因地制宜，创造性地进行教学设计，落实语文要素。

（一）注重单元整合，突破教学难点。

部编版教材从三年级上册开始，新增了习作单元，习作单元的教学要树立整体教学观，把握单元各部分之间的联系，环环相扣，整体推进。如三年级上册第五单元，如何将观察内容写清楚，是学生习作的难点。一位教师从"交流平台与初试身手"的教学建议"教学中要加强各方面的联系""充分发挥'初试身手'对单元习作的诊断作用"得到启示，科学整合教学资源，有效地解决了这一难题。

通过初试身手的学生习作实践，这位教师发现大部分学生的问题是观察的内容写得不清楚。针对这一问题，在指导单元习作时，教师利用习作例文中的片段，引导学生发现作者在写观察所得时，不仅描写观察到的具体发现，还加入了自己观察时的想法，比如写小狗和火车赛跑，小狗跑不过火车时的叫声，作者就进行了推测，这就是想法；又比如写杨梅酸中带甜的原因，是作者的分析，也是想法。有了这样的范例，学生修改时加入想法就能把观察对象写得更清楚了。

还有一部分学生在"初试身手"中没有写清楚观察对象的变化过程。针对这一问题，教师借助习作例文《我爱故乡的杨梅》中写杨梅颜色和味道变

化的片段，进行有针对性的指导，并让学生及时修改，学生就能把观察对象的变化过程写清楚了。

（二）注重目标关联，设计教学板块。

每一篇课文都有好几个教学目标，有些目标之间是有关联的，教师在进行教学设计时，要研究目标之间的内在联系，将《教学用书》"教学建议"中提示的要点进行优化组合，板块化设计教学活动。

如《带刺的朋友》一课有四个教学目标，其中"能找出刺猬偷枣的内容，体会语言的生动"和"能用自己的话讲述刺猬偷枣的过程"两个目标之间是有关联的，前一个目标是完成后一个目标的基础。"教学建议"提出了三点要求：1. 初步把握课文内容。2. 关注刺猬偷枣的内容，体会刺猬的"高明"，感受课文语言的生动。3. 积累优美的词句，复述偷枣的过程。如果不考虑这两个目标之间的联系，将"教学建议"的这三个要点分步实施，教学效果就不会太理想。

一位教师在教学时，根据两个目标之间的内在联系，将这三个环节整合优化，设计了相互融合的三个教学板块：1. 借助动词梳理刺猬偷枣的经过，用上"先……然后……再……"等表示顺序的词语，说清楚刺猬偷枣的大致过程。2. 找出表现刺猬偷枣本领高明的句子，在反复品读中体会刺猬的聪明可爱，感受语言的生动。3. 借助课文中积累的词句，用自己的话详细讲述刺猬偷枣的故事。这三个教学板块，第一个板块让学生在把握课文内容的同时捋清楚讲故事的线索，第二个板块让学生在感受优美语言的同时熟悉故事的情节，第三个板块让学生在讲述故事的过程中积累优美的语言。这样，使两个目标交融在一起，相互促进，彼此成就，从而整体落实单元语文要素"感受课文生动的语言，积累喜欢的语句"的要求。

《教学用书》是教师教学的导航仪，我们一方面要通过全面研读，理解编者意图和编排思路，发现教材奥秘，找准教学方向，同时也要结合学生实际，合理借鉴，创新设计教学过程，真正落实语文要素，促进学生语文素养的全面提升。

四年级《教师教学用书》使用建议

◆ 彭忍冬

如何有效利用《义务教育教科书教师教学用书》（以下简称"《教学用书》"），在课堂教学中落实部编版教科书的编写理念和教学内容，显得尤为关键。笔者将以四年级上册《教学用书》为例，从其编排特点和使用建议两方面谈谈个人的看法。

一、 比较阅读 《教学用书》， 全面把握编写特点

为了分析部编版教科书《教学用书》的特点，笔者将其与人教社课标版《教学用书》进行了对照分析（见表1），逐步认识其作用。

1. 阅读"编写说明"，从整体上把握全册的教学重难点。

细读"编写说明"，可以搭建起全册教科书的整体框架，进一步了解教科书的编写特点。

从表1可以看出，部编版教科书《教学用书》将课标版《教学用书》的"教材说明"改为"编写说明"，通过"教科书编写思路—教科书的主要内容—教学目标—使用教科书要注意的问题—教师教学用书的内容和编写意图"的路径呈现，将"课程、教科书、教学"三者有机串联起来，把教学内容转化为学生的学习内容。较之课标版，部编版教科书《教学用书》的"编写说明"，有助于教师从整体上把握全册教科书的教学重难点。

表1　两版《教学用书》编写说明比较

	课标版（教材说明）		部编版（编写说明）
引言	简要说明编写依据、课程特点及倡导的学习方式。	引言	简要说明编写依据、适用范围、编写目的。
教科书编写思路	从"双线组织单元，加强单元整合""强化阅读，构建三位一体的阅读体系""重视方法指导，促进能力提升""凸显实践性，加强语言文字运用"四大方面，分条阐述教科书编写思路。	教材的基本结构	从"分组编排""专题编组""每组构成""语文园地栏目""生字识记""注音说明"等方面分段表述。
教科书的主要内容	从"阅读""习作""口语交际"三大领域进行解读，注重对"提问策略单元"和"习作单元"的解读，对"语文园地"栏目进行说明，简介本期"快乐读书吧"的阅读重点，对"识字表、写字表、词语表"进行说明。	教材的主要特点	从"加强目标意识，全面、准确地落实语文教学目标""加强整合、围绕专题组织教材""加强导学功能，引导学生自主、合作、探究地学习""加强开放性，密切语文学习与生活实际的联系"四大方面分条阐述。
教学目标	依据课标和本册教科书教学内容，制订"识字写字（4条）""阅读（9条）""习作（4条）""口语交际（3条）"要达成的阶段目标（共20条）。	具体教学内容及教学建议	从"识字、写字教材与教学""阅读教材与教学""口语交际教材与教学""习作教材与教学""综合性学习教材与教学"五大板块进行说明。
使用教科书要注意的问题	从"识字""阅读""习作""口语交际"四大领域强调教科书的教学要树立整体观念，加强方法指导。	结束语	简介配套的教学辅助品及意见反馈方式等信息。
教师教学用书的内容和编写意图	强调教学用书的功能，介绍各单元编排体例及各部分主要功能。简介配套的教学辅助品及意见反馈方式等信息。		

2. 阅读"单元说明"，构建语文要素发展线索。

"单元说明"是《教学用书》的重要组成系统，它直面教科书编写意图，揭示单元教学主题，说明选文特点及选文间的内在联系，指明单元的教学目标，并提示单元教学注意事项，对于教师选择教学内容、进行单元整体教学设计起着重要的指导作用。两种版本在"单元说明"这一板块上又有何不同呢？

表 2　两版《教学用书》单元说明比较

	课标版	部编版
单元说明	1. 从人文主题和语文要素两条线进行解读。"人文主题"部分，简介每篇课文主要内容（阅读策略和习作单元除外）。"语文要素"部分，简介这一语文要素在前后单元或前后册次的内在联系与发展，并介绍本单元落实语文要素的情况，有助于教师确定选择教学内容、进行单元整体教学设计。 2. 提示本单元教学需要注意的问题，帮助教师进一步辨析本单元涵盖的语文知识点及能力训练点，选取适当的教学策略。	1. 单元概述，主要扣住"人文主题"阐述。 2. 本单元教学需要注意的事项，包括阅读方法等。
教学要点和课时安排	紧扣单元语文要素，提出阅读、口语交际、习作、语文园地的教学要点及课时安排参考。	罗列各板块所需课时数。

169

从表 2 可以看出，部编版《教学用书》的"单元说明"不仅解读了选文，更重要的是通过对"语文要素"这条"隐在"线索的提炼，再现了教科书编写的内在逻辑性，帮助教师构建教学知识体系。

如"学习把握课文主要内容"是四年级上册阅读教学的重点之一，分布在第四单元和第七单元。第七单元的"单元说明"中这样描述：本单元的语文要素是"关注主要人物和事件，学习把握文章的主要内容"。这一要素是在三年级"了解文章的主要内容"基础上的进一步提升，四年级上册教材在第四单元安排了"了解故事的起因、经过、结果，学习把握文章的主要内容"的要素，第七单元在此基础上，引导学生学习如何关注主要人物和事件，把握文章的主要内容。《梅兰芳蓄须》一课侧重引导学生运用这种方法把握文章主要内容。《为中华之崛起而读书》一课侧重引导学生通过先弄清每件事情讲了什么，再以把几件事情连起来的方式把握文章的主要内容。

解读这段话，不难发现，编写者清晰地呈现出这一教学重点在第二学段的发展脉络：三年级重在"了解"；四年级上册第四单元是学习通过梳理故事的起因、经过、结果，把握单件事文章的主要内容；四年级上册第七单元是在学生已有经验上的提升，要借助梳理主要人物和事件，学习把握多件事文章的主要内容。学习把握文章主要内容，对于四年级的学生来说，已不是零起点。可见，"单元说明"可以帮助教师构建语文要素发展线索，对于教师选择教学内容、确定学习的程度、进行单元整体教学设计起着重要的指导作用。

3. 阅读每一课的编写，明确如何落实语文要素。

部编版《教学用书》每一课教学各栏目尽量围绕着如何落实语文要素这一核心在构架，使之成为一个整体。透过编写体例，教师不仅可以知道"教什么"，还能掌握相应的教学策略。表3对照比较了两个版本的阅读编写体例。

170　　从表3可以看出，部编版《教学用书》具体到每一篇课文、每一次学习活动的教学，站在学生学习的层面，给出了可操作的建议，努力实现教科书教学化。

表3　两版《教学用书》阅读编写体例比较

课标版		部编版	
教材解析	简要介绍文章主要内容、思想情感等，重点扣住语文要素对课文的表达特点进行分析。	教材解读	分为"课文简说"和"词句解析"两部分。介绍课文的主要内容、思想感情和写作特点（包括修辞），简单介绍选编目的和教学重难点。
教学目标	每课目标3～4条，第1条为识字写字常规目标，后几条紧扣语文要素或课后练习题设置能力目标，将情感态度价值观包含其中。	教学目标	每课目标3～4条，第1条为识字写字常规目标，第2、3条为朗读与理解课文的目标，第3或第4条目标点明人文性。
教学建议	分为"识字写字、理解运用"两大部分。"识字写字"强调识字写字的重难点，突出识字能力训练。"理解运用"分为"初步把握课文内容、词句段理解、积累表达"等内容，紧扣语文要素或课后练习，从"怎么教"的角度提出具体建议。	教学建议	按"课前准备、识字写字、课文内容及思想情感把握、重点段落及重点词句理解、朗读指导、课后思考题"等方面分条陈述，侧重抓住重点语句就课文内容进行解析、赏评和教学指导。

	课标版		部编版
教学资源	与课文内容相关的资料，如作者及作品简介、背景资料、词句拓展等。	相关链接	与课文内容相关的资料，如作者及作品简介、背景资料、词句拓展等。
教学设计举例	部分课文提供完整的教学设计，教学设计紧扣语文要素，注重学法的指导，体现学生的主体地位，不少课例呈现出学习单的开发与使用。	教学案例	部分课文呈现了教学片段设计或教学片段实录，多以教师的教为主。

以《观潮》为例，教学切入点原本很多，可以学习排比、夸张等修辞手法的综合运用，可以学习由远及近的描写顺序，也可以训练朗读。单元的语文要素是"边读边想象画面，感受自然之美"，于是，《观潮》一文被赋予"提升联想和想象能力"的教学价值。这一篇课文的"教材解析"即呈现了如下表述：

课文第2自然段，作者登上海塘大堤，为读者描绘了几幅静态的画面——宽阔的钱塘江、平静的江面、屹立的镇海古塔、云雾中的小山、人山人海的海堤等。每一幅画面都各有特点。课文第3~4自然段，作者从声音、样子两个方面重点描述了潮来时的景象。这两个自然段的描述让人如闻其声、如见其景。……我们的脑海中可以浮现出一幅幅有声有色的动感画面……

以上解析围绕"动静画面"展开，与语文要素产生对接。接下来，《教学用书》编写者确定的核心目标是"能边读边想象画面，说出印象深刻的画面，感受钱塘江大潮的壮美"。这一目标根据文本内容，圈定了"想象的画面"范围为"钱塘大潮的壮美"，检测达成目标的手段是"能说出"。这样的目标可检测可操作。在"教学建议"中，编写者设计了达成目标的路径：①圈画相关景物，想象潮来前的画面。②梳理潮来的过程，想象潮来时的画面。③品读重点词句，想象潮去后的画面。在此过程中，引导学生通过朗读、交流，把静态的文字想象成生动的画面，再转化为自己的语言，学习如何自觉运用"联想和想象"的阅读策略。

二、 有效利用 《教学用书》， 落实部编版教科书理念

部编版教科书的理念能否实现，最关键的是教学实践。笔者曾对所在区域

进行问卷调查，其中有一项提问："您认为四年级上册《教学用书》哪一个单元的编写最应该改进？可以怎么改进？"结果显示：约44.27%的教师认为"提问阅读策略单元"应该改进，28.13%的老师认为习作单元可以优化。大家希望能够提供更具指导性的教学设计，或者将相关知识更加细化。这些建议可以提供给编写者作为改进的参考。同时，我们也要认识到，建构主义学习理论认为：学习不是知识由教师向学生的传递，而是学生自己建构知识的过程。从这个角度出发，《教学用书》的编写会更多地纳入"学生因素"，重视合作学习的运用。四年级上册《教学用书》正是基于这样的编写理念，尽力引导教师在教学过程中通过小组合作完成任务等方式，促进学生主动进行意义建构。

172 　　因此，教学中，教师要注重结合学生实际情况，有效利用《教学用书》，致力于以生为本的课堂建设。

　　1. 以"单元说明"为统领，树立单元整体教学观。

　　单元的组合让零散的选文、相关主题的写作以及综合性学习成为相互关联的整体，形成一个系统的知识体系。《教学用书》在"单元说明"中反复提示教师要具备整体教学的观念，架构单元教学体系，由"单元设计——课时计划"，而不是盲目地进行单篇课文的解读。这里的"单元整体教学"，要根据单元不同的功能，采取不同的推进手段。

　　（1）依据教科书编排的梯度和层次，渐次推进。

　　有些单元的教学，每篇选文承担着不同的任务，教学中不易打乱顺序。如，"提问阅读策略单元"的"单元说明"指出：本单元的教学要根据教材内容，循序渐进地引导学生学习提问。从感受提问策略，到学习多角度提问，筛选出对理解课文最有帮助的问题，再到最后综合运用提问方法尝试独立阅读，渐次推进。

　　对照本单元语文要素——阅读时尝试从不同角度去思考，提出自己的问题。细读这段话，不难发现，学生提出问题的过程可以分为三个阶段：第一，有问题意识；第二，产生并试图表述问题；第三，筛选出有助于课文理解的问题并试着解决。"单元说明"遵循"提问策略"的学习过程，明确了四篇选文的不同教学价值。教学中，我们要留心教科书的编排规律，引导学生由浅入深地学习。需要强调的是，关于"提问策略"在四年级上册的学习程度是"尝试从不同角度提问"，四年级下册第二单元提出"阅读时能提出不懂的问题，并试着解决"，会引导学生运用提问策略进行阅读。这样的编排，也体现了学习的渐次推进。

（2）根据学习任务，进行板块整合。

有些单元的教学，可以适当调整板块顺序。如，"习作单元"的"单元说明"指出：习作单元各部分内容联系紧密。教学时，要注意各部分内容的整合。

笔者在教研活动中执教《麻雀》这篇精读课文，引导学生自主探究"作者如何把老麻雀的无畏写清楚"这一重点问题时，设计了如下教学流程：

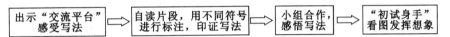

出示"交流平台"感受写法 ⟹ 自读片段，用不同符号进行标注，印证写法 ⟹ 小组合作，感悟写法 ⟹ "初试身手"看图发挥想象

在本环节教学中，笔者根据"单元说明"的建议，围绕培养学生的习作能力这条主线，将"精读课文、交流平台、初试身手"几个板块整合在一起，引导学生感悟写法，并积极进行语言实践，以求达到良好的效果。

2. 以实际学情为依据，细化教学目标。

《教学用书》呈现了三层目标：整册教学目标（编写说明）、单元教学目标（单元说明）、课时教学目标（每一课）。这三层目标围绕层层分解，逐步细化，最终成为课堂教学的导引。但仔细读这些课时目标会发现，采用何种方式达成目标，通过什么手段来检测学生达成目标的情况，目标的可操作性、可检测性并不是很强。如，习作单元《麻雀》一文有这样一条目标：知道可以按事情的发展顺序写事，把事情的起因、经过、结果交代清楚。目标中"知道"这样的表述，指向不明，如何知道学生"知道的结果"？又通过什么途径"知道学生知道"？目标表述不清晰，会导致教学流程不清晰。

笔者结合本区域学生的学情，将这两条目标做了如下调整：能借助图示说说课文讲了一件什么事，说清事情的起因、经过和结果，感受写事情的顺序。教学时，采用以下流程达成目标：①快速默读课文，想想这个故事出现哪些人物和动物，并在学习单上进行梳理。②提取关键词，说说他们之间发生了什么事。③小组内讨论：围绕着麻雀，事情的起因、经过、结果是怎样的？在全班展示。④根据黑板上的图示，将起因、经过、结果连起来说一说课文围绕麻雀写了一件什么事。⑤打乱顺序，发现问题，感受"按事情的起因、经过、结果写，可以把一件事写清楚"。

以上目标以感受表达方法为最终目的，教学环节层层剥笋，落实自主合作探究的课程理念。可见，结合学情，细化教学目标有利于教学开展。

3. 以"教学建议"为指南，充分发挥学生主动性。

四年级上册《教学用书》积极倡导自主、合作、探究的学习方式，在每一课的"教学建议"中有充分体现。如"批注单元"三篇课文的"教学建议"明确指出：自主批注，借助批注理解课文。并用"如果有学生……教师可以……"这样的句式，假设了若干个不同的学情下，教师可以怎么进行引导。

教学时，教师要充分解读"教学建议"，思考：编写者为什么提这样的建议？其背后的教学理论是什么？实际操作中，又如何优化，才能达成建议中的
174 愿景？

笔者在执教《牛和鹅》这篇课文时，在初步感知了批注有多个角度之后，放手让学生自主批注。在反馈过程中，收集多位学生对同一处语段所做的批注进行展示，引导学生进一步感知批注是自己的事，要读出自己的理解。然后再次放手让学生修订自己的批注，促进学生对批注式阅读的认识。在这一教学环节中，笔者注重保护学生的学习积极性，未对学生的批注做比较与评价，充分尊重学生的自主学习。这也是本课"教学建议"中强调的教学理念之一。

总之，我们要对照教科书，读懂《教学用书》，明晰其编排理念和操作体系。同时，更要在教学实践中，根据学情，灵活地运用，创造性地运用，方能不断提升自身专业素养，提升学生语文素养。

五年级《教师教学用书》使用建议

◆ 王海燕　李斩棘

部编版小学语文《义务教育教科书教师教学用书》（以下简称"《教学用书》"）是由人民教育出版社、课程教材研究所、小学语文课程教材研究开发中心的研究人员，以及来自全国各省市的优秀语文教研员、知名教师、骨干教师等，经过长期试教、研磨，按照部编版教材的编排体系编写的教师教学的指导用书。是语文教师提升专业水平的重要参考资料，能帮助语文教师更好地理解与创造性地使用教材。怎样才能真正用好这套《教学用书》呢？下面笔者结合五年级上册第五单元的《教学用书》内容，谈谈如何正确使用这本书。

一、 读懂 "编写说明"， 厘清单元内容

与以往教材不同的是，三～六年级每册安排了一个习作单元，分别围绕"观察、想象、写事、写景、写物、写人、围绕中心意思写、表达真情实感"八个方面，集中进行习作教学，意在有目的、有梯度地对学生进行习作训练，培养学生的习作能力。其中，五年级上册第五单元是习作单元。面对新教材新单元的教学，如何教，成了老师们探讨的问题，为了少走弯路，认真学习《教学用书》是必不可少的。

五年级上册的习作单元，教科书中要求"介绍一种事物"，学写说明性文章。阅读《教学用书》的"编写说明"，在"使用教科书要注意的问题"中，对习作单元专门有这样一段话："要特别重视习作单元的教学，准确把握习作单元的编排意图，紧紧围绕培养学生的习作能力这条主线开展教学。找准习作单元中精读课文、习作例文的定位，对单元中的'交流平台''初试身手'等相关资源进行有效组合，使学生通过学习说明文习作单元，能不怕写说明文，喜欢写说明文，体会到说明文在现实生活中的作用。"此编写说明明确了本单

元总的教学导向，即要在单元整体教学中引导学生学会习作。由此可见，阅读"编写说明"才能清楚特殊单元的整体要求，同时还可以对整套和本册教材的编写理念有个整体的了解。

二、 读好 "单元说明"， 明确语文要素

通过阅读"单元说明"就会发现，整套教材是以"双线结构"编排的：以宽泛的人文主题将单元课文组织在一起，形成一条贯穿全套教科书显性的线索。将语文训练的基本要素（简称"语文要素"）作为主线、明线，包括必备的语文知识、基本的语文能力、适当的学习方法（策略）和学习习惯等，分成若干个知识或能力训练点，由浅入深、由易及难地分布在各个单元中。

本单元还安排了精读课文《太阳》和《松鼠》，交流平台、单元习作、"初试身手"和习作例文《鲸》和《风向袋的制作》。这些板块设置的目的是什么？有什么作用？如何使用？此时，如果带着这些问题去阅读本单元的"单元说明"，就能从整体上了解单元编写意图，弄清楚各个板块、各篇课文分别承载的功能和作用。

本单元的"单元说明"从三个方面做了具体阐述：首先，整体介绍本单元总的学习任务——"学习写说明性文章"；接着，结合本单元的语文要素，具体介绍它们在单元各板块的体现，按各板块的内容、功用、目的做了整体分析；最后，对本单元教学提出了几点需要注意的问题。如，"本单元重在引导学生了解基本的说明方法，体会使用说明方法的好处，并能在习作中运用。对此不宜要求过高，不要让学生死记硬背那些说明方法，更不要作为知识点去考查学生"，"要根据习作教学的需要灵活处理各板块的内容"，"本单元'初试身手'的练笔和单元习作都要在学生观察和搜集资料的基础上进行"，"要针对学生的练笔及单元习作的实际情况进行有效指导"，等等。

纵观整本《教学用书》的八个单元，从"单元说明"里，能让我们从整体上了解单元课文的人文主题，以及语文要素在课后思考题、词句段运用、口语交际、习作各板块中的体现和要求。

三、 读懂 "教材解析"， 明确教学目标

（一）解决"老课文老教法"的问题。

部编版《教学用书》的"教材解析"，通常按照整体介绍、具体分段介

绍、插图介绍分段呈现的方式进行表述。其结构严谨，内容详细，层次清晰，能够有效帮助教师对文本实现整体把握，较好地确定语言知识点和能力训练点。

备课之前，可以找出之前其他版本的《教学用书》做比较阅读。如以《太阳》为例，人教版《教学用书》中提道："选编本课的意图是为了让学生在课文学习中增长自然知识，学习用联系的眼光看待自然界，激发学习自然科学的兴趣。同时接触说明事物的方法，初步学习阅读说明文。本课的教学重点和难点是了解太阳的特点，体会课文是怎样运用举例子和列数字等方法来说明太阳特点的。"而部编版教材中的《太阳》要求我们做什么？就需要认真阅读《教学用书》里的"教材解析"部分。《太阳》的"教材解析"中有这样一段话：

177

本文在介绍太阳的特点时，采用了列数字、作比较等说明方法。如，"太阳离我们有一亿五千万千米远"运用列数字的说明方法，将数字具体说明太阳和地球之间的距离十分遥远。"一百三十万个地球的体积才能抵得上一个太阳""到太阳上去，如果步行，日夜不停地走，差不多要走三千五百年；就是坐飞机，也要飞二十几年"运用作比较、列数字的说明方法，将地球与太阳相比较，突出了太阳的体积大，给人留下了深刻印象；用步行和坐飞机到太阳上去的时间作比较，让人很容易感受太阳距离地球的遥远。这些说明方法的使用，使抽象复杂的知识通俗易懂，突出了太阳的特点。

再反过来回顾"单元说明"中提到的"《松鼠》语言平实、通俗易懂，作者运用列数字、举例子、作比较等说明方法从多个方面介绍了松鼠外形、习性等。……两篇课文的课后题都与习作要求紧密联系，为单元习作做准备。《太阳》课后第二题引导学生体会运用说明方法的好处……"通过这样的前后勾连，就会发现，学生学习过《太阳》，此次的学习任务显然跟之前不同，它不仅要学习说明方法，还要体会说明方法使用的好处，为本单元"介绍一种事物"打基础。通过这样的解读，教师就能清楚习作单元的"精读课文"教学与其他单元不同，在理解内容、积累语言方面不做太多要求，重在让学生学习课文的表达方法。

（二）解决"不会用"的问题。

部编版教材每个单元都设置有"交流平台"，对本单元语文要素进行总结，以及对一些表达方法或要求进行梳理和提示。"初试身手"是习作单元中出现的板块，为学生提供一些片段练习或实践活动，让学生试着用学到的方法进行练笔。调研的过程中我们发现，很多教师不知道如何使用这两个板块。他们或是对"交流平台"逐字逐句分析，占用时间较长；或是以普通单元习作的标准进行"初试身手"教学，导致不能按时完成整个单元的教学任务。

本单元"交流平台"与"初试身手"的"教材解析"对两个板块的内容、插图、目的进行了详细的阐述，细读这一部分，能准确领会编者意图。如，"交流平台"梳理、总结了本单元的学习重点。第 1 自然段点明说明性文章的作用；第 2 自然段以具体的例子说明运用说明方法的好处；第 3 自然段点明要抓住事物的特点来介绍；第 4 自然段强调说明性文章无论怎样的语言风格，都要做到准确、清楚、有条理。"初试身手"对两次练笔的内容和目标进行了说明。第一次练笔让学生试着运用多种方法介绍身边的事物，把它的特征说清楚；第二次练笔让学生借助查找的资料，将散文《白鹭》中描写白鹭外形的内容改写成说明性文字，体会散文和说明性文章风格的不同。这两个练笔的素材，为学生搭建语言实践运用的平台，引领学生进行语言文字运用的练习，为单元大习作做好铺垫。

显然，"交流平台"是不需要进行细致指导的，只需要让学生梳理归纳课文中学到的写作方法，明确习作标准，借助"初试身手"进行小练笔，考查是否会用。而且根据"单元说明"，我们可以明白，这两个板块是可以穿插在精读课文的教学中随时拿来运用的板块。如一位教师灵活地将"交流平台"的部分内容融入精读课文《松鼠》的教学中：

1. （出示课后第二题的第 1 个句子）在《松鼠》一文中找一找与这句话对应的内容，读一读，谈感受。（生交流）

2. 这两段话在介绍松鼠外形时分别是从哪几个方面来写的？你还能发现什么？

（生交流：发现课后工具书是从松鼠的体形、身长、尾长、体重四个方面介绍松鼠的外形。课文是从面容、眼睛、身体、四肢、尾巴等方面来介绍松鼠的外形的，比工具书介绍更全面、好玩。还发现课文是抓住每一部分的特点细致描述的，按照从头到尾的顺序来介绍，更有条理。）

3. "交流平台"中有这样一句话，就总结了我们刚才交流的内容。

　　（出示：同样是介绍松鼠，有的说明文语言表达简洁，平实；有的说明文语言细致生动，活泼有趣。虽然表达不同，但描述都很准确、清楚、有一定的条理。）

　　4. 继续合作学习课后第二题其他句子。

　　……

　　（三）解决"误教误用"的问题。

　　部编版教材的八个习作单元均选取了贴近儿童生活的文章作为"习作例文"，"习作例文"在选取材料、表达方法、目标与要求等方面，各有侧重。且它们与精读课文不同，除了同样有课后思考题之外，正文的旁边还带有批注，主要便于学生学习习作方法并进行仿写。

　　本单元的习作例文《鲸》《风向袋的制作》就是以批注和课后题的形式，从"介绍事物的多个特点"和"事物的制作过程"两个写作角度介绍事物，给学生具体的习作指导。这两篇例文与本单元的两篇课文虽然都是说明文，但写作角度和方法各有特点。正是因为这样的相似性，又单独以篇章的形式出现，教师在不了解编者意图的情况下，往往按照略读课文来进行教学。如果能阅读"习作例文"和"习作"中的"教材解析"及"单元说明"里提到的需要注意的问题部分，就会发现"习作例文"的作用、功能和使用策略。

四、 参考 "教学建议"， 创造性地活用 《教学用书》

　　在这里需要说明的是，因《教学用书》要面向全国的教师，编写时势必须要有普及性、适切性，撰写者大多会关照到各个区域、各个层次的教师水平，力求让每一位使用它的教师读懂会用。因此，大部分内容的安排都是按照常规教学内容来设计。如，"单元说明"后的"教学要点和课时安排"是让教师整体了解该单元的课时安排和教学方向，各册《教学用书》绝大部分单元都是设置了常规教学思路。本册稍有不同，其在呈现时有所创新。如第三单元，选文都是民间故事，较为适合进行整体教学，因此，《教学用书》中便设计了"教学要点和课时安排（一）"和"教学要点和课时安排（二）"，提供了常规教学和单元整体教学两种方案。这样的设计就为不同区域、不同水平的教师提供了更为广阔的空间，为教师的备课和教学创新打开了思路。

　　"教学建议"结合教师实际教学需要，对教学中的识字写字、朗读指导、课文理解、课后练习和实践活动等内容，提出具有较强的可操作性的建议。

《教学用书》在"教学建议"中关注到了对学生学情的分析，预设了多种可能，体现了教学的层次性，多处提到根据学生能力的不同，要制订不同的学习任务等，为教师指出了多种路径。如，第五单元习作例文与习作部分的"教学建议"中提道："学生的习作可能会出现'不能恰当运用说明方法把事物特点说清'的问题。教师可以……如果学生介绍制作过程不够有条理，可以……习作完成后，可以建议学生进行分享展示……"

"教学设计举例"更是为教师提供了可供参考、模仿和使用的例子，对初次使用这套教材的教师或教学经验较少的青年教师有着较强的借鉴作用。如《慈母情深》一课提供了 A 版和 B 版两种教学设计。A 版教学设计是常规教学模式，B 版则是以灵活、开放的活动设计方式，通过实践探究引导学生完成学习任务。

我们要端正态度，根据学情，创造性活用"教学建议"内容。以下片段呈现了五年级上册第五单元习作"介绍一种事物"第二课时习作点评环节：

1.（展示学生的习作）这位同学写了恐龙，大家来评价一下。（生评价）

2. 大家一致认为这篇习作没能将恐龙的特点介绍清楚，该怎么修改呢？（生交流）

3. 回顾《太阳》这篇文章，是怎么把太阳"距离地球远、体积大、温度高"三个特点介绍清楚的？（生交流）

4. 阅读习作例文《鲸》，想一想作者又是采用了哪些说明方法介绍鲸的特点的？（学生结合习作例文中的三处批注分别交流《鲸》的第 1 自然段、第 5 自然段、第 7 自然段）

5. 这篇习作又该如何选择恰当的方法来介绍呢？

（生交流：如果为了突出恐龙的体形庞大，可以用列数字、作比较的说明方法，可以和大象作比较。如果介绍恐龙体形有大有小，可以用举例子、作比较的说明方法。如果写恐龙种类很多，可以用举例子或者和《鲸》一样用分类别的说明方法……）

6. 小结：加上这些说明方法，就能将恐龙的特征介绍清楚。写其他事物的同学也按照这样的方法试着修改自己的习作吧。

可以看出，教师借助《教学用书》习作例文与习作的"教学建议"，加入本班学生的实际情况，创造性地进行了设计，真正做到以学定教。而且，教师还充分理解了编者意图，在习作点评时，与课文内容、习作例文进行了有机关联，实现了习作单元的整体教学理念，在活用中渐渐走向创新。

总之，部编版《教学用书》内容更为详尽，是广大语文教师教学的必备资料和重要参考。读懂它，用好它，才能助力我们的课堂教学真正体现教材编者的意图。

六年级《教师教学用书》使用建议

◆ 曹　媛

全国的六年级语文教师都面临着"即将到来的学生毕业"，以及"如何处理好新旧两套教科书在语文知识、语文方法与能力等方面与编排上的衔接"两大问题。我想，与《义务教育教科书教师教学用书》（以下简称"《教学用书》"）进行一次深度对话，有助于教师更好地理解六年级部编版教科书的编排特点与编排内容，找准新的教学定位，准确把握六年级的教学目标。

这种深度对话应体现在三个层面：一是宏观层面的"编写说明"，从整体上把握六年级部编版教科书的编排特点和教学要求；二是中观层面的"单元说明"，了解每个单元在语文知识、语文方法和能力、学习习惯等方面的学习侧重点，梳理出六年级学生语文能力发展的训练体系；三是微观层面的教学建议，尤其是已学课文的教学要求与建议，要结合单元的训练侧重点，才能很好地理解已学课文在部编版教科书新单元中的教学功能定位，对这些课文的解读和教学才会有新的角度与思路。

一、宏观层面对话，从整体上把握部编版教科书的编排特点

"编写说明"对教科书的编写思路和教科书主要内容做了简洁而深入的概述，认真研读能够让我们充分了解部编版教科书"新"在哪里，如何把握"新意"，教出特点。

首先，《教学用书》从"双线组织单元，加强单元整合""强化阅读，构建三位一体的阅读体系""重视方法指导，促进能力提升""突显实践性，加强语言文字运用"四个方面阐述了教科书的编写思路。认真研读，我们可以获得以下三点主要信息：

一是部编版教科书以"能力"为核心，构建了学生语文能力发展的培养

体系。

二是部编版教科书以"实践"为路径，强调学生学语文与用语文相结合，提升学生语言文字运用能力。

三是部编版教科书以"读书"为要义，引导学生多读书、读好书，增强读书意识，养成良好的阅读习惯。

其次，认真阅读"编写说明"中关于六年级教科书编排的主要内容说明，以及对教学目标、使用教科书应注意的问题的阐述，对照着教科书的编写思路来理解：第一，有助于我们把握教科书单元组元的特点，围绕单元语文要素，从单元整体的角度进行教学内容的选择和构建，从语文知识体系，或者说是从教科书所建构的语文知识和能力训练体系中，探讨与分析一节课的语文训练点在整个训练系统中所处的位置以及应该发挥的作用，以体现语文教学的整体观。第二，有助于我们在教学中树立方法意识，在引导学生积累语言、运用语言、发展思维的学习过程中，从学生的学习实践中提取可迁移运用的方法，加强对学习方法的指导与运用，促进学生学习能力的提升。第三，有助于我们从语言学习的实践角度理解教科书单元语文要素的训练要求，课后练习的设计，语文园地中的交流平台、字词句（词句段）运用等编排内容，并能够把内容的学习转化成语文实践活动，将知识、方法、能力以及态度与习惯渗透或落实在语文实践活动的过程中。

二、 中观层面对话， 把脉以能力为核心的语文要素发展线索， 树立单元整体教学观

部编版教科书是围绕"人文主题"和"语文要素"双线组织单元，我们对六年级部编版教科书单元编排的双线主题进行梳理统计，可以清晰地看到六年级各单元语文要素的发展脉络。（见下页表1）

表1 六年级教科书单元主题的双线结构一览表

单元	上册		下册	
	人文主题	语文要素	人文主题	语文要素
第一单元	触摸自然	1. 阅读时能从所读的内容想开去。 2. 习作时发挥想象，把重点部分写得详细一些。	民风民俗	1. 阅读时，分清内容的主次，体会作者是如何详写主要部分的。 2. 习作时注意抓住重点，写出特点。
第二单元	革命岁月	1. 了解文章是怎样点面结合写场面的。 2. 尝试运用点面结合的写法记一次活动。	外国名著	1. 借助作品梗概，了解名著的主要内容。 2. 就印象深刻的人物和情节交流感受。 3. 学习写作品梗概。
第三单元	阅读策略单元：有目的地阅读	1. 根据阅读目的，选用恰当的阅读方法。 2. 写生活体验，试着表达自己的看法。	习作单元：写出真情实感	1. 体会文章是怎样表达情感的。 2. 习作时，选择合适的内容写出真情实感。
第四单元	小说	1. 读小说，关注情节、环境，感受人物形象。 2. 发挥想象，创编生活故事。	志向与心愿	1. 阅读时，关注外貌、神态、言行的描写，体会人物品质。 2. 查阅相关资料，加深对课文的理解。 3. 习作时选择适合的方式进行表达。
第五单元	习作：围绕中心意思写	1. 体会文章是怎样围绕中心意思来写的。 2. 从不同方面或选取不同事例，表达中心意思。	科学精神	1. 体会用具体事例说明观点的方法。 2. 展开想象，写科幻故事。
第六单元	保护环境	1. 抓住关键句，把握文章的主要观点。 2. 学写倡议书。	综合性学习单元：难忘小学生活	1. 学习整理资料的方法。 2. 策划简单的校园活动，学写策划书。

（续表）

单元	上册		下册	
	人文主题	语文要素	人文主题	语文要素
第七单元	艺术之美	1. 借助语言文字展开想象，体会艺术之美。 2. 写自己的拿手好戏，把重点部分写具体。		
第八单元	走近鲁迅	1. 借助相关资料，理解课文主要内容。 2. 通过事情写一个人，表达出自己的情感。		

　　如何理解各单元语文要素的编排意图，了解单元内部的联系和单元之间的关联，树立以能力发展为主线的单元整体教学观，在整体把握部编版教科书的特点和编排意图的基础上，还需要深入解读《教学用书》中的"单元说明"。

　　1. 在"单元说明"的指引下，把握单元语文要素的训练重点。

　　《教学用书》中的"单元说明"重点对单元学习内容设置单元双线主题，尤其是语文要素的训练侧重点，在学期、学年，甚至整个小学阶段所处的位置、发挥的作用都有言简意赅的解读，清晰明了。

　　例如，六年级上册第二单元的语文要素是"了解文章是怎样点面结合写场面的"，《教学用书》在"单元说明"中针对单元学习内容做了如下解读：

　　旨在体会文章在写场面时，既注意整体面貌的勾勒，也注意局部细节的刻画，感受二者是如何有机结合的。如，《开国大典》引导学生聚焦阅兵式，体会整个场面的恢宏气势和每个方阵的不同特点，感受点面结合描写的好处。《狼牙山五壮士》中，既有对五壮士群体形象的描写，也有对每个人的细致刻画，课后练习让学生关注这样的写法，并结合课文内容说说这样写的好处。语文园地的"交流平台"引导学生回顾课文中点面结合的写法，具体说明了其作用，并建议学生运用到自己的习作中去。这段话中，第一句话先点明语文要素的训练要点，接着以举例的方式，针对每一课书的内容，围绕单元"语文要素"的落实提出训练的不同侧重点。这个单元的人文主题是"革命岁月"，对学生的革命传统教育不是简单的说教和灌输，而是引导学生在体会整体描写与局部描写、群体描写与个体描写相结合所产生的语言表达的矛盾冲突中，深刻地感受革命志士不怕艰难困苦、勇敢乐观、抛头颅洒热血的大无畏的革命英雄主义气概。

2. 在"单元说明"的指引下，找寻单元语文要素的内在关联。

部编版教科书突出"阅读与表达并重"的教学思想，不仅是体现在阅读策略单元与习作单元的编排中，还体现在单元的语文要素是分阅读和习作两条主线。如六年级上册第二单元，阅读训练点是"了解文章是怎样点面结合写场面的"，习作的训练点则是"尝试运用点面结合的写法记一次活动"。从阅读学习到习作学习遵循的是由读到写的认知规律，由理解到表达，强调阅读方法的迁移与运用。正如《教学用书》中所讲，通过读写结合的单元语文要素的编排"加强了单元内部的横向联系"。

另一种语文要素之间的关联是单元与单元之间的纵向联系。这是由单元知识或能力训练"点"的相关性建立起的联系，而了解其内在关联的意义，一是能够让我们了解学生的认知经验在哪里，不做重复性教学；二是在"温故而知新"的基础上实现知识或方法的迁移运用，促进能力提升。

如，六年级上册第八单元以"走近鲁迅"为主题，编排了《少年闰土》《好的故事》《我的伯父鲁迅先生》《有的人——纪念鲁迅有感》四篇课文，单元语文要素是"借助相关资料，理解课文内容"。"单元说明"对这一语文要素做了这样的解读："一方面是对五年级上册学习的'结合资料，体会课文表达的思想感情'这一方法的延续与推进，体现了针对不同难度的课文，资料发挥的作用不同。另一方面，该语文要素也体现了对本单元选文特质的观照。因为鲁迅生活的年代离学生较远，当时的语言表达也与现在的语言表达有差异，所以，必须借助资料，才能真正读懂课文。"此外，"单元说明"中对这一语文要素的落实还提示"要有序推进"。

首先，要基于学生的已有学习经验展开教学，重视迁移运用。例如，四年级学过的"根据需要收集资料""从人物的语言、动作等描写中感受人物的品质"，五年级学过的"通过课文中动作、语言、神态的描写，体会人物的内心"等，这些方法可以在单元学习中再次实践运用。其次，要体现语文要素在单元课文学习的逐步落实。第一课《少年闰土》可以是教师提供搜集资料的指向，学生根据要求查找，并借助资料理解课文内容。第二课《好的故事》可以在阅读过程中引导学生自己生发对资料的需要，然后借助课后资料加深对课文的理解。第三课《我的伯父鲁迅先生》可以在预习时要求学生自己查找相关资料。第四课《有的人——纪念鲁迅有感》则应借助前一阶段的学习内容及课外查找到的资料展开学习。

"单元说明"对本单元语文要素的要求和在教学中应注意的问题做了清晰阐述，在其阐述的过程中我们能够发现，这一单元语文要素与四、五年级某单元语文要素之间存在联系。当我们把这些单元语文要素放在一起，彼此相互观照地去理解，就会发现：由于单元语文要素之间的关联，教学中学生所学的知识就不是零散的、碎片式的、杂乱无章的信息，而是有逻辑、有结构、有体系的知识；学生也不是孤立地学习知识，而是在教师的引导下，根据当前的学习活动去联想、调动、激活以往的经验，将学习内容本身所具有的关联和结构进行个性化的再关联，从而建构出自己的知识结构。由具有内在联系的单元语文要素引领的学习，是我们现在所倡导的深度学习的重要特征之一。

3. 在"单元说明"的指引下，构建由语文要素统领的有目的的学习。

读明白"编写说明"，再认真解读"单元说明"，我们就能理解部编版教科书是把"单元"看作一个整体存在，单元中的内容是围绕着一个提前设定好的学习任务或情境而呈现的。部编版教科书的编写者将其称为"语文要素"。我们可以把每一个单元的语文要素视为单元学习主线或线索，即学生能力训练的主题。单元教学围绕主题而推进，由"认知—实践—迁移运用"构成学习路径，由浅入深，由知而为，螺旋渐进地促进学生语文能力的发展。

部编版教科书在重建语文能力体系的过程中，遵循学生的认知发展需求和学习规律，在单元语文要素的设置上，有的单元内部阅读和习作的训练点是有横向联系的，还有相当一部分单元内部阅读和习作的训练点之间没有联系。陈先云先生解释为：这是因为阅读的认知先于习作的心理认知发展，学生的习作能力与阅读能力、习作需求与阅读需求之间毕竟存在着一定的差异。这句话能够帮助我们从广义的角度理解"单元"的概念。当我们阅读了部编版教科书和《教学用书》之后会发现，任何一个单元的习作训练都会和之前某一个或若干个单元的阅读训练有着千丝万缕的联系，阅读学习总是在为日后的表达做准备。这就需要我们跳出教材设置的单元，关注学期单元之间、学年单元之间、学段单元之间的关联，将不同学习领域的知识、方法、能力、学习习惯形成的结构视为一个单元。所以，围绕单元语文要素展开教学既要基于教科书编排的单元，又要不唯单元。

既然"单元"是作为一个"整体"存在的，那这个整体就不单单是教科书所呈现的所有学习内容，还应包括学校语境、学生生活语境。教师的教和学生的学都应该存在于这个整体之中。而教师的教学设计就是要将教科书呈现的静态的学习内容，放置于由知识、方法、能力和学习习惯系统编排的整个单元体系当中，加入学生已有经验和生活语境而转换成动态的、有目的、有意义的学习活动。

三、 微观层面对话， 解读每课书的教学建议， 结合实际， 创造性地实施教学

细节决定成败。对每一课书细致入微的解读是教师必做的功课。翻开部编版六年级教科书，老师们一定会注意到目录中出现的人教版五年级教科书的课文篇目，以及课文功能发生变化的保留篇目（见表2）。对于这些课文，不教或按照老要求教，都是对部编版教科书执行的懈怠。

表2 部编版六年级教科书出现的人教版五年级教科书的课文和功能改变的课文一览表

课文篇目	人教版教科书	部编版教科书	功能改变
草原	五下一单元	六上一单元	
七律·长征	五上八单元	六上二单元	
狼牙山五壮士	五上七单元	六上二单元	
开国大典	五上八单元	六上二单元	
桥	五下四单元	六上四单元	
浪淘沙	五下园地一	六上六单元	略读变精读
我的伯父鲁迅先生	六上五单元	六上八单元	精读变略读
金色的鱼钩	五下四单元	六下四单元	
泊船瓜洲	五上二单元	六下古诗词诵读	精读变古诗词诵读
鲁滨逊漂流记（节选）	六下四单元	六下二单元	略读变精读
匆匆	六下一单元	六下习作课文	从普通单元课文变成习作单元课文

《教学用书》中每一课的"教学建议"部分主要从写字、朗读指导、课文

教学和实践活动等方面为教师的教学提供帮助，我们在研读的时候，要更多地结合教科书编排的特点和单元语文要素理解，思考《教学用书》在朗读指导、课文教学、实践活动等方面提供了哪些建议，为什么提这些建议。只有明白了隐含在建议背后的教学思想，才能有效地、创造性地进行教学设计。尤其是这些已学还需再学的课文，要弄明白课文所在单元的语文要素是什么，在这个单元语文要素下课文的教学功能是什么。可以结合《教学用书》，将部编版教科书与人教版教科书的课后练习设计进行比较，帮助我们定准目标，找准这些已学过课文的教学新起点。

189

　　例如，部编版教科书六上第一单元课文《草原》是很经典的传统选文。围绕这一单元的语文要素是"阅读时能从所读的内容想开去"，课后练习 2 的设计与人教版教科书中课后的练习设计虽然都是体会语言表达效果，但部编版教科书练习设计的目的更明确，指向更清晰。如表 3 的比较。

表 3　《草原》课后练习设计比较

部编版教科书	人教版教科书
读下面的句子，回答括号里的问题。再从课文中找出其他类似的句子，读一读，抄写下来。 　　那些小丘的线条是那么柔美，就像只用绿色渲染，不用墨线勾勒的中国画那样，到处翠色欲流，轻轻流入云际。这种境界，既使人惊叹，又叫人舒服，既愿久立四望，又想坐下低吟一首奇丽的小诗。 　　（哪句是直接写草原景色的？哪句写了作者的感受？在写景中融入感受有什么好处？）	读下面的句子，体会在表达上的特点，再从课文中找出其他写得美的句子读一读，体会体会，再抄下来。 　　（1）那些小丘的线条是那么柔美，就像只用绿色渲染，不用墨线勾勒的中国画那样，到处翠色欲流，轻轻流入云际。 　　（2）马上的男女老少穿着各色的衣裳，群马疾驰，襟飘带舞，像一条彩虹向我们飞过来。

　　课文中的这段话，是草原的美景触动了作者对美的感受，作者由看到的美景想开去，并用笔记下了看到的和感受到的。部编版教科书在练习的设计上，将这样一种写作的思维过程与阅读理解的思维过程整合在了一起，使单元语文要素落实在读写训练中。而人教版教科书后的练习设计则是比较模糊，将体会表达的特点指向修辞的运用。通过比较，帮助我们找到部编版教科书《草原》一课的目标定位，再结合《教学用书》中的教学建议就能获得新的教学思路。

　　对于重复已学课文的另一个问题，就是既不能忽视学生已有的阅读经验，又要清楚学生需要新学的内容，处理好已学知识与将要学习知识的关系。教好重复出现的课文，要特别关注有前经验支持的语言活动设计，要引导学生在已知课文内容的基础上去探究，激发学生进一步阅读的兴趣和动机。

总之，对《教学用书》要认真研读，研读"编写说明"是对教科书宏观的认知，"单元说明"则是中观的把握，了解每一课的"教学建议"是从微观操作的层面去理解和实践教学。不过，用好《教学用书》，不光要会用，还要巧用。正如编写者所言，《教学用书》"只是给广大教师提供一个教学的基本依据，仅供教师教学时参考。教师要结合当时、当地、本人、本班的实际情况，创造性地进行教学设计，安排教学进程"，如此才能够帮助我们在深入理解部编版教科书编排特点的基础上，创造性地教好部编版教科书，也才能实现促进学生语文素养发展与提升的目的。

第 7 组

文言文教法研究与探索

不偏不倚，张弛有度

——文言文教学初探

◆ 刘　俊

如何在文言文教学中针对其文本特点，激发学生的学习兴趣，提升学生的阅读能力，形成学生阅读文言文的阅读素养？笔者从朗读教学、内容理解、主旨把握、文言现象等四个方面谈谈自己粗浅的理解。

一、 朗读教学不 "过度"

为保护学生学习文言文的兴趣，笔者以为，在朗读教学中，应以读正确、读出节奏、读懂内容为主。

如教学《铁杵成针》一文时，我要求学生：一读扫除障碍，通过自由读、个别读等方式，读准文中两个多音字 "传、还"，并且掌握据意定音的方法；二读明晰节奏，通过教师范读，让学生通过倾听感受教师读文言文的方法，注意停顿才能读出节奏的变化，并且跟着教师一起画节奏，为以后阅读文言文做好铺垫；三读初步感知，通过默读，让学生静静地思考，文章讲述了一个发生在什么地点、什么时间、有什么人物出现的故事，这样对他们更好地掌握文章内容能起到很好的促进作用。

当然，我们并不否定诵读对于学习文言文的重要性，但对于刚刚接触文言文的学生来说，不要让他们觉得文言文 "高不可攀"，而是要 "亲之敬之"，不妨将诵读作为课堂学习的延续，揣摩文言文的韵味。

二、 内容理解有 "温度"

文言文教学中，很多教师以通篇翻译来检测学生理解，本来灵动活泼的文字一下子变得僵硬死板。对于文言文的理解，笔者以为，学生能大概说出其意思即可，千万不可落入 "字字落实，句句清楚" 的窠臼。作为教者，我们应将内容的理解变得生动鲜活，如教学《两小儿辩日》，我们可抓住"辩"，让学生通过读文，说说两个孩子各有什么观点，分别有什么样的理由。这样理解，学生乐在其中，避免了照本宣科的沉闷。

当然，结合学生学习特点和课后习题，教师可教给学生一些理解的方法，比如扩词组词法、结合注释法、联系上下文理解等，从而提升学生理解文言文的能力。

三、 主旨把握讲 "厚度"

文章的主旨是文章的主要意义、目的或主张。对于文章主旨的把握，我们不是简单地告知，而是应引导学生深入地感悟，让学生建立起感同身受的价值判断，提升把握的"厚度"。

如《铁杵成针》启示我们每一个人在生活和学习上不能轻言放弃。教学中，我把"指挥棒"交给学生，让他们来品味李白心中的苦与酸。我问了三个问题："李白原来表现怎么样？后来呢？从他的行为变化你有什么想说的，或者说你想到了什么？"这样的问题更加开放，没有道德绑架，也没有价值判断的"影射"，学生在畅谈中明晰着自己的价值判断。我适时提问："你觉得学习是一件辛苦的事情吗？李白暂时放弃了学业，你能理解吗？"一石激起千层浪，很多学生表示理解。但到这里是不够的，必须再往前迈一步，我又告诉学生："你看，在困难面前，连一个伟大的人都有畏难情绪，这很正常。但是，一个伟大的人必须具备伟大的品格，李白就是这样的人。"

四、 文言现象重 "宽度"

古今异义、一词多义、通假字、词类活用、多用省略等都是文言文独特的文言现象。那么，在教学过程中，我们该如何取舍，为生所用呢？

1. 于省略处巧妙拓展。

文言文注重省略，如"人问之""问之，曰"等。如果我们只是让学生明白"之"的意思，让学生说说省略的内容，是远远不够的，也是不足以提升学生理解能力的。在课堂中，我们可以巧妙地捕捉一些文言特点，进行有效拓展。如《铁杵成针》教学片段。

师：同学们，"之乎者也"这几个字在文言文中出现频率很高，这里也出现了"之"，指的是什么？

生：在这里指老媪。

师：同学们很聪明，这里的"之"指一个人。其实，前面的《精卫填海》中也出现了"之"。（出示：炎帝之少女、常衔西山之木石）

师：这里的"之"是什么意思？

生：是"的"的意思。

师：你们看，在不同的语境中，"之"的用法是不一样的。文言文表达十分精练，经常使用省略，比如，谁过是溪，谁逢老媪，谁问，谁曰，文章都没有说。问之，问了什么，也没有说。现在，就让我们坐上时光穿梭机，回到当时的画面。

师：老奶奶，请问您在干什么啊？

生：我正在磨这根铁棒啊！我要把铁棒磨成一根绣花针！

师：（很吃惊的样子）这么粗的一根铁棒要磨成绣花针？老奶奶，这怎么可能，您不是在开玩笑吧？

生：怎么不可能？我就这样一直磨，一直磨，总会成功的。只要功夫深，铁杵磨成针。

围绕出现的"之"，先是建立与前文的联系，让学生感受到文言文中"之"的不同用法，为以后学习这个字打下更坚实的基础。另外，我和学生之间进行了巧妙的"补白"，不但补充了"之"字交代的内容，更重要的是，在情境的追问中，学生很巧妙地捕捉到了文章所要传达的核心要义。

2. 一字多义注重联系。

一是注重横向联系。如在学习《铁杵成针》中的"之"时，我们可以联系《精卫填海》中的"之"，两者比较，发现异同，可由它们出现在句子中的位置来猜测它们的意思，从而建构起对"之"字的前后联系。二是注重纵向比较。如《学弈》一文中一连出现了五个"之"，我们可以引导学生结合出现的位置，建立"之"与句子前后之间的联系来判断"之"的意思，这样，学生对"之"的认识就是立体的。

此外，小学阶段文言文中还出现了句子倒装、汉字通假等现象，我们不必将概念生硬地搬到学生的面前，可通过朗读、练习说话等方式巧妙理解。

总之，文言文教学一定要有"度"，这样既可以体现教材特点，又符合课标要求，更加贴合学生的年龄特征。不偏不倚，张弛有度，才是文言文教学之"道"。

文言文应在诵读中得意、得言、得法

——以六年级下册《学奕》教学为例

◆ 邹　洁　巫新秋

语文教学重在朗读，引导学生在正确朗读中了解文章写了什么内容——得意，在反复诵读中积累语言——得言，在深入研读中关注文章是怎样写的——得法，这是阅读教学的核心价值。文言文作为祖国文学宝库中的一笔重要财富，其教学也当如此。但文言文的语言习惯与现代汉语表达之间存在较大差异，给学生读懂文章、积累语言、习得写法造成一定困难。因此，笔者从"得意""得言""得法"三个层次对《学奕》一文的教学进行设计。

一、 在正确朗读中 "得意"

初读《学奕》，先让学生在课前预习的基础上大声朗读课文。同时，教师巡视，旨在发现问题，为下一步有针对性地指导读正确做准备。之后，重点指导难读、易错字音"诲""缴""为""与"等，引导学生借助注释，串讲字词意思，再根据句子意思合理断句、读通课文，进而达到"得意"的目的。

师：（标红"缴"）这个字念什么？请同学们借助注释去寻找答案。

生："缴"指带有丝绳的箭，射出后可以将箭收回，读 zhuó。

师：这里念 zhuó，不念 jiǎo，大家跟他读。

（生领读。）

师：缴，简单理解就是箭。有"箭"自然少不了"弓"，所以"弓缴"的意思就是——

生：弓箭。

（师领读两遍"弓缴"。）

师：那么，"援弓缴"是什么意思呢？（动作示范"张弓搭箭"状，指

名答)

师："援"在《古代汉语字典》中有多个义项，在这句话中是什么意思？（出示字典释义）

生：拉，拽。

师：（边述边写）"援"，左边提手旁表示手的动作，右边"爰"读 yuán，就是拉、引的意思，在甲骨文中是上面像一只手抓住棍棒的一头，下面抓住另一头。（领读两遍"援、援弓缴"）

师：谁能连起来说说"思援弓缴而射之"的意思？（指名答，相机点拨"之"的意思）

师：根据你们的理解，这句话应该怎么读？（指名读，相机指导学生根据词义断句）

师：根据词义，可以在句中没有标点符号的地方稍稍停顿，跟我读："思/援弓缴/而射之。"（领读，生跟读）

师：这样读，是不是比较好理解？这样在要停顿的地方稍稍拖个长音，让听的人也容易听得懂。来，拿出笔，在刚刚停顿的地方画一条斜线，（生动笔）我们再读这句。

（师生齐读。）

师：接下来请同学们自由朗读课文，揣摩词义，尝试用"/"划分句中停顿。

（生练读。）

师：古人读书讲究吟咏，常常情不自禁地摇头晃脑，我们来试试。（指名读，齐读）

"书读百遍，其义自见"，正确的朗读离不开理解，理解是正确朗读的基础，反过来，朗读又促进了文本理解。教师通过讲述、范读，指导学生标注和练习，让学生在反复朗读中做到了正确、流利，把握了文言文的节奏和韵味，读懂了文章的意思。这是学习文言文的起点。

二、 在反复诵读中 "得言"

文言文语言简练，却意韵悠长，在诵读中积累语言是文言文"得言"的根本。小学阶段的文言文以写人叙事为主，多种形式的诵读不但有助于学生熟悉故事情节，感受人物形象，而且可以让学生在趣味盎然的学习活动中实现当堂背诵、积累的目标。

　　师：二人为什么跟弈秋学弈？请用文中语句回答。

　　生："弈秋，通国之善弈者也。"

　　师：用自己的话怎么说？

　　生：因为弈秋是全国最擅长下围棋的人，所以他们跟弈秋学下棋。

　　师："善弈者"是善于下棋的人，那善于骑马的人就是——

　　生：善骑者。

　　师：善于跳舞的人是——

　　生：善舞者。

　　师：文中这位善于下围棋的秋就是善弈者。

　　师：其实这位老师名秋，因为是"通国之善弈者"，所以被独家冠名为197
"弈秋"。来夸一夸这位了不起的秋，你读——（指名读，齐读）

　　师：二人跟秋学弈，他们的表现相同吗？（生：不同。）怎么不同？

　　师：（出示自学提示）请同学们默读思考，圈画二人的不同表现。

　　生：其一人专心致志，惟弈秋之为听；一人虽听之，一心以为有鸿鹄将
至，思援弓缴而射之。

　　师：从他的回答中，你听出二人表现有什么不同了吗？（指名读）

　　师：大家看这个标点符号，（标红"；"）它在这里起到了什么作用？

　　生：对比。

　　师：对比帮助我们看清二人之不同，请男女生对比着读，读出不同。

　　（男女生分别读。）

　　师：对比还不明显，听老师来读——"其一人专心致志，惟弈秋之为听
（郑重、较缓的语气，重读加点字）；一人虽听之，一心以为有鸿鹄将至，思
援弓缴而射之（轻佻、稍快的语气，重读加点字）。"

　　师：用不同语气表现二人的不同，自己试试。

　　（生自由练读，师指名读。）

　　师：弈秋，通国之善弈者也。使弈秋诲二人弈，其一人——（生：专心
致志，惟弈秋之为听。）一人——（生：虽听之，一心以为有鸿鹄将至，思援
弓缴而射之。）

　　师：太棒了！看着图就会背了，谁敢单独来试试？

默读与朗读、范读与听读、对比读与齐声读……不用过多地阐释，教师以读为本，引导学生在反复诵读中加深了对文本的理解，深化了对人物的认识，还培养了语感，使熟读成诵、积累语言水到渠成。

三、 在深入研读中 "得法"

《学弈》紧贴"用具体事例说明观点"的单元主题，通过二人学弈的事例来强调"专心致志"对于成功的重要，属于文言文中的寓言体裁。学生在反复朗读中感知了故事内容，也不难悟出其中道理。

师：读了这个故事，你受到什么启发？

生：做事情不能三心二意，而应该专心致志。

生：态度决定成败，智力不是成功的关键。

师：正如文中所说——（出示句子）

生：虽与之俱学，弗若之矣。为是其智弗若与？曰：非然也。

师：什么意思？（指导理解关键字"俱""弗若""然"，指名说这两句的意思）

师：善思者！请你再读这两句。

（生读。）

师：读这两句语气一样吗？请你来读。（指名读）

师：（范读，标红"矣"和"与"）所以说，读好句末语气词，不仅有助于读出文言文的韵味，还能读出其中的意味。谁学着老师的样子再来读？（指名读）

师：善读者！一起来读。

（生齐读。）

师：这个单元的主题是"用具体事例说明观点"。你觉得这篇课文哪一部分是具体事例，哪一部分是所表达的观点？快速默读课文，用"//"在文中标出来。

师：作者是想要写具体事例呢，还是想要表达观点？

（生讨论后回答，师追问：作者是要通过什么事例来表达什么观点？）

师：生活中有没有类似的事例？（指名答）

师：全文短短70个字，却蕴含着一个深刻道理。我想，这也正是这则文言文能穿越时空流传至今的原因吧！让我们再读课文，一起品味小故事中蕴含

198

的大道理！（齐读课文）

师：这样"用具体事例说明观点"的写法，在我们学过的哪些文章中也用过？（指名答）

"用具体事例说明观点"对于六年级学生来说并不陌生，像《谈礼貌》《说勤奋》等说理文和《自相矛盾》《守株待兔》等寓言故事这类以事说理的文章，学生已有丰富的学习经验。教师只需稍加引导，让学生将课本与生活相结合，将新学与旧知相联系，从课内向课外拓展，便能深化认识，把握写法。

综上所述，在文言文教学中，只要我们握住"诵读"这把钥匙，引导学生在正确朗读中"得意"、在反复诵读中"得言"、在深入研读中"得法"，就一定能打开文言文教学之门。

小学"文言文"要"小"教

——以五年级下册《杨氏之子》教学为例

◆ 陈　林　张宏军

　　部编版教材中的文言文篇幅短小，朗朗上口，很好理解。中年级重在简单的生活知识和做人常识的传播（如《司马光》《王戎不取道旁李》），高年级倾向对简单的生活现象和思想的探讨（如《少年中国说》《学弈》），这些都是符合小学生的心理特征和认知水平的。根据编者意图，笔者以为小学的文言文要"小"教。下面以五年级下册《杨氏之子》的教学为例，谈谈笔者的做法。

一、 读顺， 游戏自读与适当范读相结合

　　文言文语词强度较大，往往一个字就是一个词，虚词使用也十分精练，且古文在起初没有句读，所以学生初读时存在一些困难。但汉字演变速度相对较慢，很多字义可以通过推理来理解。所以，反复读再加上适当的范读指导，学生是能够读顺的。部编版教材所选的文言文大多短小精悍，故事性、思想性和情感性较强，只要通过反复朗读，便能大致读顺。然而，学生往往不太喜欢枯燥乏味的反复朗读，他们需要游戏，更希望不知不觉地大致读顺文言文。游戏自读虽然能够让学生"感觉良好"，但有些句子读起来也会出现共性问题，所以教师需要进行适当范读。

　　1. 自我测验，同伴评价。

　　这个小游戏很简单，给学生设定目标，学生进行自我练习，并且通过展示获得同伴的帮助，最终达成目标。《杨氏之子》教学中，在理解了题目的意思及"氏"和"子"之后，笔者组织学生进行了这样的游戏：

　　师：这篇小文言文连题目不过才 59 个字，我们做一个游戏，看看你们读几遍能将这 59 个字读成故事，好吗？

（生认真仔细地朗读。）

师：你们读了几遍感到自己读顺了呢？

生 1：一遍。

生 2：两遍。

师：为了在最短的时间里读顺文言文，你们是怎么做的呢？

生 1：我是慢慢细读。

生 2：我是遇到不顺的地方反复读。

生 3：我是边读边想意思。

师：下面请展示你们的自读成果。

（生读。）

生 1："为设果"中的"为"应该是四声。

生 2："儿应声答曰"中的"应"应该是四声。

生 3："孔君平"是一个人，所以应连起来读，不能读成"孔君——平诣"。

师：孔君平确实是一个人。你真聪明。

2. 适当范读，豁然开朗。

文言的句读十分重要，涉及对文本意义的理解。但是对于学生来说，即使教材已经加了十分清晰的句读，他们也并不能将所有的句读都分析明白。然而，这些句读如果没有被正确读出，学生还是会产生困惑的。

师：真的感到自己已经读得很顺了吗？

生 1："孔指以示儿曰"这一句不知道如何读。

生 2：应该读"孔/指以示儿/曰"。意思是，孔君平指着杨梅给杨氏之子看，并且说。

生 3：应该是"孔指/以示儿/曰"。孔君平先指着杨梅，然后给杨氏之子看，最后说。

生 4：我赞成"孔/指以示儿/曰"的读法，因为"孔"是主语，"指以示儿"是做的一个动作，"曰"是说。

师：这说明大家都认真思考了。最后这位同学的分析十分正确。但怎样读出节奏来，还是有些困难，听老师读，大家学一学。

（生跟着师学两遍。）

师：这篇文言文里还有一句，几位同学读停顿也不同，能回忆起来吗？

生："未闻孔雀是夫子家禽。"

师：是啊，这一句到底该怎样断句呢？

生1：应该读"未闻孔雀/是夫子家/禽"。

生2：我赞同，因为上文有"此/是君家/果"这一句，同样有一个"家"字。

生3：我也赞同，但前面的"未闻"也应该停顿一下，读成"未闻/孔雀/是夫子家/禽"。

师：你们真会思考。"夫子家禽"的意思是与"君家果"对应的，因此"家"与"禽"的停顿可以稍微短一点，只要不理解成我们现在的"家禽"就可以了。来，跟老师读两遍。

3. 角色分读，完全读顺。

读顺虽然不能达到"此文若出我口"的境界，但也至少能做到朗朗上口。因此，在教师范读之后，还需要继续游戏读，以巩固"学读"的成果。对于《杨氏之子》，我们是这样巩固"学读成果"的：将文本的五句先标成不同的颜色。第一句教师读，后面四句分别四个小组读，看学生的注意力和读的顺口程度。接着，将文本的第一句标成蓝色，第二、四句标成绿色，第三、五句标成红色。第一句还是教师读，第二、四句男生读，第三、五句女生读。以此类推，学生在游戏中最终完全读顺了文本。

二、 读通， 大致口述与审问明辨相结合

所谓"读通"，笔者以为就是能够在读顺的基础上理解文言文的意义。然而，文言文的形式与内容一般结合得十分紧密，用的字和意义也很协和，倘若用通篇翻译的方法理解文言文的意义，可能会"以辞害意"。因此，翻译可以在理解具体的某一个句子的时候使用，但对于文言文整体，笔者以为只要大致口述明白即可。大致口述明白意思后，师生可通过"审问、明辨"来进一步明了文本所蕴藏的深刻意蕴。所谓"审问"，就是为了理解得更深刻而提问，"明辨"就是把意义省察得更加清楚，这就是"以意逆志"。只有这样，学生才能真正吸纳文言文。

1. 大致口述，反映"聪惠"。

师：刚才大家已经完全把这篇文言文读顺了，谁能说说它的大致意思呢？

生：梁国有一个杨家的孩子十分聪明。一次，一个叫孔君平的来拜访他父亲，他父亲不在，便把他叫了出来。这个孩子热情地用水果招待他，水果里有杨梅。孔君平指着杨梅给孩子看，并说："这是你家的水果。"这个孩子反应很快，立即对答："我没听说过孔雀是夫子家的禽。"

师：真棒，从你用的"十分""热情""反应很快""立即对答""夫子家"等词语，我更加感到这个孩子的聪明了。

2. 审问明辨，深解文意。

师：大家看注释，这篇文言文选自《世说新语·言说》，在古代，"言说"的意思是"会说话，善于言谈应对"。那这篇文言文里谁"善于言谈应对"呢？

生：杨氏之子。

师：好，能说说理由吗？

生：孔君平说杨梅是他家的果子，他立即回答"没听说孔雀是你家的禽"。

师：从哪儿看出杨氏之子立即回答了？

生：应声答曰。

师：真好。你善于抓住文中的词语，值得大家学习。

生：杨氏之子的回答还妙在跟孔君平的话很相对。"此是君家果""孔雀是夫子家禽"，听起来很呼应。

师：了不起，你从言语的形式上发现了杨氏之子的聪明。《世说新语·言说》里很多故事都是赞扬那些既能在内容上回答，又能用上很巧妙的语言形式的聪明之人的。但是，难道孔君平不聪明吗？告诉大家，他在那个时候可是一个大官啊！

生：也很聪明。因为他一看到杨梅，就想到了要说的话。并且，还用"君"表达了尊重。

师：写杨氏之子聪明，为什么还要写孔君平聪明呢？

生：这更能衬托杨氏之子的聪明啊！

师：太棒了，你也非常聪明。

三、 读美， 熟读成诵与诵读表演相结合

部编版教材所选的文言文要么具备有趣的故事情节，要么具备深沉的情

感，都比较适合诵读和表演。背诵文言文的目的，不是记住故事，而是通过反复读、熟读乃至于背诵和表演，让学生更加深入地感受文言，习悟语感，欣赏文言的节奏音韵之美，从而使自己的语言变美，变雅。当然，在这个环节，也要注意设计感，使教学过程贴近儿童，引发儿童兴趣。

1. 师生合作，背出音韵。

师：这篇文言文的故事性很强，有矛盾冲突，就像一篇小小说一样，很适合表演，我们把它演出来如何？不过，我们得用上这篇文言文里的句子。所以得先把它背下来，有信心吗？

生：有。

师：我们先采用接句子的方法试试看。梁国——

（生一句句地接教师的句子。）

师：还记得刚上课时朗读时文言文上的颜色吗？我们按照两次不同的颜色来背背看。

（生兴趣盎然地背。）

师：现在我们同桌互相背背看。

（生同桌互背。）

师：能像古人那样有节奏、有音韵地背吗？先听老师背一遍。（有节奏、有音韵地背）

（生练习背，师指名背诵。）

2. 诵读表演，享受美感。

师：我们来尝试表演好吗？需要三个人，一个说画外音，一个演孔君平，一个演杨氏之子。

（生自由尝试，师指导。）

（师指名表演，进一步指导。）

总之，部编版教材文言文的教学，一定要体现编者的"初心"，就是要兼顾小学生的"小"。这个"小"，就是简单一点，以"读"为主；就是有趣一点，多用游戏的形式；就是自主一点，以学生为主；就是思辨一点，多激发学生的思维。如此，文言文教学才会获得应有的效益。

扎实读背　巧妙理解

—— 小学文言文教学路径及策略

◆ 孟纪军

文言文，从 2019 年秋季学期开始，同时进入小学三～六年级。选自《山海经》的神话故事《精卫填海》成了学生学习文言文的启蒙篇。教好文言文，让学生喜欢并学会学习文言文，每一个语文教师都责无旁贷，重任在肩。

怎么教好文言文？课标没有明确的要求。课后习题（助学系统）虽然可以为我们指明方向，但文言文需要教到什么程度依然是摆在教师面前的一道难题。它成了教与学的难点。正如钱梦龙先生在《文言文教学改革刍议》中所说的那样："文言文教学是语文教学改革的一个'死角'，即使在语文教学改革很红火的年代，文言文教学这块'世袭领地'上仍然是一派'春风不度玉门关'的荒凉景象。"鉴于此，我们针对小学文言文教学，提出教学策略：兴趣为先、读背为本、理解取巧、拓展有度。

一、兴趣为先

选入小学教材的文言文，大多篇幅短小、故事生动、浅显易懂，且很多都写儿童，如司马光、杨氏之子、王戎、辩日的两小儿等。教学时，切忌机械呆板，走程式化（很多教学流程都是按照读准—读通—读懂—读背），尤其是逐字逐句说出文言文的意思，让学生对文言文心生恐惧，觉得索然无味，兴趣全无，把他们带入痛苦的深渊。全新的文体样式，不同的语言形式，需要引起学生的学习兴趣，因为兴趣是最好的老师。那么，如何激发学生的兴趣呢？试举几例：一是降低学习难度。文言文朗读可以教师示范，学生跟读。文言文理解可以借助注释，还可以联系上下文，结合我们的生活实践。二是增加神秘色彩。如教学《司马光》时说："曹冲七岁就会称象，古时候还有个小孩也很厉害，同伴落水后，其他人都吓跑了，只有他急中生智，救出伙伴，大家想不想认识他？"打开课本之前还可以进一步激趣："今天要学习的课文语言和其他课文有所不同，赶快打开去看一看，读一读吧！"三是进行情境表演。无论是《铁杵成针》还是《两小儿辩日》，抑或是《杨氏之子》，都可以创设情境，展开想象，角色表演。当然，还可以配乐朗读，结合"杨氏之子"说出自己是某氏之子（女）等法。总之，激趣的办法很多。体会文言文之趣不能靠说教，应该是贯穿于朗读、理解、背诵等学习的全过程。

二、 读背为本

学习文言文，读背是根本。把文言文读通读顺，然后背诵积累下来，对学生语言积累、语感形成至关重要。选文课后习题几乎每篇都要求学生正确流利地朗读课文，部分篇章要求背诵。学习文言文的总体原则是"囫囵吞枣，不求甚解"。学习文言文最好的方法，就是多读多背。"读"得天下，"读"占鳌头。

1. 读通读顺。

这是文言文学习中的核心环节。读通读顺是学习文言文的前提条件。但读通读顺不能一味地追求读准字音，读准停顿，读好节奏。因为，要想读得正确流利，必须建立在部分理解的基础上，这样，也为后续理解减轻负担。要想读通读顺，一味放手恐怕不行，尤其是在文言文起步学习阶段。

首先，读准停顿，读出节奏。"跟着老师朗读课文，注意词句间的停顿。"《司马光》课后第一题就是这样要求的。刚刚起步，跟读是一种很好的形式。停顿，是读通读顺读懂文言文语言的生命。如"众/皆弃去""唯/戎不动""儿/应声答曰：'未闻孔雀/是夫子家/禽'""一人/虽听之，一心以为/有鸿鹄将至，思/援弓缴/而射之""王戎七岁，尝/与诸小儿游，看道边李树/多子折枝"等句，可以按照这样的节奏停顿。若学生不会，教师可以示范，一遍一遍地领读，学生跟读，这是最有效的教学。

其次，读出理解，读懂意义。仅仅告诉学生这样停顿是不够的，还要借机理解。如，"众""唯"后面为什么要停顿，一个是突出其他小儿都四散逃离，一个是突出王戎有自己的主见和思考，并相机指导这两字读重音。再如，有教师认为正确的停顿应该是"思/援弓缴/而/射之"，我认为应该是"思/援弓缴/而射之"。这里的"缴"是一种带有丝绳的箭，射出去还可以收回。"援弓缴"

是一个词组，意即拉弓射箭，和"而射之"一样必须连读。可见，停顿一定与意义相关，否则就会机械停顿，随意画线。又如，很多教师这样读这一句："光/持石/击瓮/破之。"看似有停顿，但几乎是两字一顿，失去意义。我的节奏如下："光/持石击瓮/破之。"首尾慢读，中间连续快速，突出谁、怎么办、想干什么。"水迸，儿/得活。"可以读得干脆有力，开心快活。凸显水流之快，得救之乐。朗读指导时，不建议学生机械画线，听老师读时，可以画下来供自己参考，也可以考查学生是否倾听。

再次，读出韵味。文言文中，除"之乎者也"之外，还有"夫、耶、欤、矣"等词语，它们或在句首，或在句末。朗读时，可以引导学生关注这些词语，读出文言文特有之韵味。在这里，我不提诵读。如《学奕》一文："弈秋，通国之善弈者也。使弈秋诲二人弈，其一人专心致志，惟弈秋之为听；一人虽听之，一心以为有鸿鹄将至，思援弓缴而射之。虽与之俱学，弗若之矣。为是其智弗若与？曰：非然也。"在读通读顺的基础上，对于"者也、矣、也"三处，句末三声到位，甚至可以摇头晃脑，"与"二声扬上去，读出设问之语气。如此，则文言文之韵味尽出。再如《性缓》中这句："乃曰：'有一事，见之/已久，欲言/恐君性急，不言/又恐伤君。然则/言是耶？不言是耶？'"为了突出其人性缓，停顿处尽量拖长，两个"耶"字尽量上扬，可以把这个性缓之人的矛盾、纠结表现得淋漓尽致。再有，文言文中句式整齐、对仗工整的句子很多，适合学生朗读，要引导学生发现并通过朗读体会文言之美。如《龟兔赛跑》中的"龟与兔竞走，兔行速，中道而眠，龟行迟，努力不息"，《刘氏善举》中的"育一儿，昼则疾耕于田间，夜则纺织于烛下，竟年如是"，《伯牙鼓琴》中的"'善哉，峨峨兮若泰山！''善哉，洋洋兮若江河！'"等语句，读起来朗朗上口，节奏铿锵，有的还荡气回肠、韵味悠长。

2. 背诵积累。

读通读顺之后，背诵就一定顺理成章吗？这只是我们想当然，一厢情愿。多年教学经验证明，背诵之于儿童十分困难，尤其是文言文，哪怕再简短。虽如此，还是要倡导背诵积累。将所学文言文反复朗读，达到熟练背诵的程度，是巩固所学文言文最有效的方法。课本上所选文言文大多篇幅短小，有音韵美和节奏感，只有多朗读才能体会到文章的妙处。古语有"读书百遍，其义自见"之说，对文言文的复习巩固，再形象不过了。其一，可以建立在意义理解基础之上。选文大多有故事情节，或说明某个道理。帮助儿童厘清层次，然后逐句背诵。其二，铺设台阶。先尝试填空背诵，再逐步"裸背"。教师背诵对学生也很有启发意义和示范作用，可以把自己背诵的诀窍分享给学生。

三、 理解取巧

文言文理解在小学阶段总体要求不高。

一是理解关键字词的意思，体会文言表达之特点。如五年级下册《自相矛盾》课后第二题和四年级下册《文言文二则》课后第三题：

- 联系上下文，猜测加点字的意思。

誉之曰："吾盾之坚，物莫能陷也。"

其人弗能应也。

不可同世而立。

- 照样子，根据课文内容填一填。

胤恭勤不倦。（疲倦）

家贫不常得油。（　　　　　）

世传李太白读书山中，未成，弃去。（　　　　　）

二是说说课文大意。如三年级上册《司马光》、四年级上册《王戎不取道旁李》以及五年级上册《古人谈读书》三则的课后第二题，都要求借助注释，用自己的话讲一讲这个故事。

三是明白文章主旨。包括弄懂故事道理，体会人物品质等方面。总体要求不高，难度不大。重在文以载道，读书育人。例如：

1. 说说那个农夫为什么被宋国人笑话。

2. 说说为什么"树在道边而多子，此必苦李"。

3. 联系自己的读书体会，说说课文中的哪些内容对你有启发。

4. "其人弗能应也"的原因是什么？生活中也有类似的事情吗？

5. 说说从哪些地方可以看出杨氏之子的机智与幽默。

6. 在《两小儿辩日》中，两个小孩的观点分别是什么？他们是怎样说明自己的观点的？

以上三个教学内容，教学时，千万不要机械操作。总的原则是学会取巧，为他们学习搭建平台提供帮助，教会学生学习文言文的最佳路径。

1. 字词理解。

文言文语句精练，言简意赅。有其特有的语言现象，如通假字，一词多义，古今异义，词类活用，常见文言实词、虚词中古今不同的读音以及文言特殊句式等，教学时可以这样操作：（1）借助注释。从三年级开始，编者就在提醒我们要让学生借助注释理解词句意思，进而可以说说课文大意。这是最直接最有效的学习方法。（2）进行扩词。古汉语多用单音节词，教学时可以通过扩词的方法理解意思。如，倦（疲倦）、贫（贫穷）、弃（放弃）、善（善于）等。（3）查找工具书。（4）联系上下文猜想。（5）联系生活实际和已有经验。另外，还有些特殊用法的词语，教师也可以讲解，有些词语如"弗"就是今天我们说的"不"，有些地方的方言仍在使用。还有"誉"的使动用法，意为"称赞、赞扬"。再有"之、乎、者、也、耶、欤、矣"等词语，通过朗读可以体会。这里，重点讲一讲"之"字，它有很多种用法，但不一定要告知学生有多少种，也不要求学生全部掌握。还是要在具体语境中让学生整体把握，前后比较，迁移理解。如《精卫填海》中的"炎帝之少女""常衔西山之木石"，出现两个"之"，意思都是"的"。再如《王戎不取道旁李》中"诸儿竞走取之，唯戎不动。人问之，答曰：'树在道边而多子，此必苦李。'取之信然"，"取之"和"问之"要展开比较，"取之"易懂，"问之"的"之"不能简单理解为"他或者王戎"，而应理解为"问王戎怎么回事"。人们会怎么问呢？此处可以展开想象对话。同样，在《铁杵成针》中也有："问之，曰：'欲做针。'"教学时可引导想象，填补空白。

2. 大意把握。

无论是用自己的话讲讲这个故事，还是借助注释说说课文的大意。建议都不要一步到位，一味放手让学生去对照注释一句一句连起来说，这样会给学生带来很大的难度，打消学生学习文言文的兴趣。可以结合课文内容，独辟蹊径，给学生搭建台阶。如教学《司马光》一文，在朗读的基础上，一问："故事中有哪些人？"比较判断，得出主人公是司马光。二问："发生了一件什么人命关天的事？"此时，可以相机理解当时"没水中""没"之情况危急。三问："结果如何？"可以体会"迸"之迅猛。还可以读出前面的危险和后面的化险为夷。再如教学《性缓》："一人性缓，冬日共人围炉，见人裳尾为火所烧，乃曰：'有一事，见之已久，欲言恐君性急，不言又恐伤君。然则言是耶？

不言是耶？'人问何事，曰：'火烧君裳。'其人遽收衣而怒曰：'何不早言？'曰：'我道君性急，果然。'"一问："当时发生了一件十万火急的事，请在文中找出来。"学生会找出："见人裳尾为火所烧。""火烧君裳。"此时也可以相机读好原文，然后让学生说说到底发生了什么事。此时，文言文翻译在不知不觉之中已经自动完成，最终只用四个字就可以表达清楚，即"火烧君裳"。二问："这个性缓之人，面对如此紧急之情况，一直在担心纠结着什么事呢？"当然是："欲言恐君性急，不言又恐伤君。然则言是耶？不言是耶？""性急和伤君""说还是不说"可以让学生比较判断，结果不言自明。

　　3．主旨明了。

　　明了文言文主旨，是教学的重点或是难点。在前面读通读顺和把握大意的基础之上，应是水到渠成之事。教学时，千万注意把握好一个"度"，切不可在此绕圈子，可以点到为止。如，教学《铁杵成针》要明白"感其意，还卒业"的意思，体会其与"铁杵成针"之间的内在联系，对于四年级学生来说，也不简单。这里，根据文言文省略之特点，可以抓住"问之，曰：'欲做针'"展开想象，小组合作，角色体验进行补白：李白和老媪之间会怎么对话？听了老媪的话，李白会怎么想？怎么做？至此，"感其意，还卒业"之难点突破迎刃而解。再如，教学《司马光》一文，体会司马光之智慧可以在引导学生理解大意的基础上紧紧抓住"水迸，儿得活"做足文章。"迸"是"爆发、往外溅散"的意思，凸显水流之快，这是"儿得活"的关键。此时，还可以结合插图看看孩子得救的方式和平时落水之人得救的方式之不同，体会司马光急中生智、与众不同的逆向思维。教师只需引导发现方法之不同，不必非要跟学生纠结"逆向思维"问题，说了学生也不懂，不如不说。又如，《杨氏之子》中"说说从哪些地方可以看出杨氏之子的机智与幽默"，重在引导体会孔君平说"此是君家果"的原因和杨氏之子说"未闻孔雀是夫子家禽"之间的联系。杨氏之子和孔君平二人对话之巧妙，其间都暗含着巧合：杨梅和孔雀与二人姓氏的巧合，都是抓住彼此的姓氏做文章，且杨氏之子反应敏捷，还有"未闻"二字，委婉对答，既表现了应有的礼貌，又表达了"既然孔雀不是您家的鸟，杨梅岂是我家的果"这个意思，使孔君平无言以对。杨氏之子反驳有力，彰显智慧。

四、 拓展有度

选入教材的文言文只是沧海一粟，旨在为学生打开一扇认识了解文言文之窗。学完这些文言文后，课外还可以推荐阅读《山海经》《世说新语》《列子·汤问》等文言文著作。但如若拓展，切记要有度。因为小学阶段对于文言文教学只要略知大意、扎实读背即可。有人认为教师教得太简单了，无非就是读读、背背、说说意思，还应该教更多的东西。比如，有的教师会把文言文与相对应的白话文合在一起，文白对照，比较学习。殊不知，这违背了编者的意图。还有人建议课堂上可以一篇带多篇，殊不知起步阶段切忌肉多嚼不烂。也有人主张让学生用白话写一写，成为很好的一篇文章，这可能只适用于一部分学生。更多的教师会在体会司马光、王戎以及杨氏之子的思维、能力及智慧上浓墨重彩，下足功夫，殊不知这样做过犹不及。

总之，教无定法，贵在得法。文言文教学旨在让小学生初步体会文言文的语言特点，增强学生的文化积淀，提升欣赏语言美的情趣与能力，培养学生热爱中华优秀传统文化的思想感情。

传承教育经典，引领教学风尚。

《小学语文教学》杂志社　编

15组
热点微题研讨
下

编委会

总 主 编　杨永建

主　　编　杨　伟　郭艳红

分册主编　郭艳红　郝　帅

编　　委　郝　波　宋园弟　郝　帅　杨壮琴
　　　　　田　晟　张　艳　刘　妍　张　茹
　　　　　史慧芳　曹　震

山西出版传媒集团　山西教育出版社

图书在版编目（CIP）数据

15 组热点微题研讨／《小学语文教学》杂志社主编
. — 太原：山西教育出版社，2022.2
（小语人丛书）
ISBN　978 - 7 - 5703 - 0508 - 7

Ⅰ.①1… Ⅱ.①小… Ⅲ.①小学语文课—教学研究
Ⅳ.①G623.202

中国版本图书馆 CIP 数据核字（2019）第 129301 号

15 组热点微题研讨

15 ZU REDIAN WEITI YANTAO

《小学语文教学》杂志社／编

出 版 人	李　飞		选题策划	李梦燕
责任编辑	李梦燕		助理编辑	张可迪
复　　审	海晓丽		终　　审	康　健
装帧设计	薛　菲		印装监制	蔡　洁

出版发行　山西出版传媒集团·山西教育出版社
　　　　　（地址：太原市水西门街馒头巷 7 号　电话：0351 - 4729801　邮编：030002）
印　　装　山西基因包装印刷科技股份有限公司
开　　本　720mm×1020mm　1/16
印　　张　27.5
字　　数　448 千字
版　　次　2022 年 2 月第 1 版　2022 年 2 月山西第 1 次印刷
书　　号　ISBN　978 - 7 - 5703 - 0508 - 7
定　　价　88.00 元（上、下册）

如发现印装质量问题，影响阅读，请与山西教育出版社联系调换。电话：0351 - 4729718。

目　录

上　册

第1组　朗读：传播文字，展现生命

第2组 课堂上我们该用什么样的语言

第3组 "看图写话（习作）"怎么教

第4组 利用"提问策略"，助学生学会提问

第5组 基于核心素养的"写作训练学"

第6组　如何创造性地使用教参

第7组　文言文教法研究与探索

下　册

第8组　预测策略的教学及运用

第 15 组　群文阅读教学

第 8 组

预测策略的教学及运用

预测策略在童本阅读种子课程中的构建

◆ 陈慕阳　金　丹

一、 什么是预测策略

　　预测策略指的是：读者在阅读中根据有关信息，对文本的情节发展、故事结局、人物命运、作者观点等方面进行自主假设，并在阅读过程中寻找文本信息来验证自己已有的假设，如此反复假设、验证，不断推进阅读。

二、 童本阅读种子课程中构建预测策略的意义

　　1. 基于种子课程在童本阅读课程框架中的作用。

　　童本阅读是我们学校基于儿童立场提出的课程理念，包括种子课程、营养课程、生长课程三大圈层结构。种子课程以语文教材为例定点扎根，营养课程借层级阅读丰富拓展，生长课程创研学情境迁移实践。种子课程是童本阅读的第一层级，重在引导学生学习、掌握必要的阅读策略，如预测策略、图像化策略、提问策略、联想策略、比较策略、联系策略、推论策略等。以阅读策略的学习运用为点，据点探究，实现一课一得，得得相连。种子课程中的所得是播下的颗颗种子，这些种子在营养课程和生长课程中茁壮成长。预测策略是种子课程中播下的一颗种子，通过培养儿童的预测意识和技能，让儿童在预测中对阅读充满积极的期待和兴趣，有凭借阅读解决问题的欲望，并在预测中积极思考，主动完成新的阅读，从而提高阅读效果，提升阅读能力。

　　2. 基于阅读能力在语文阅读核心素养中的作用。

　　语文课程要致力于培养学生语文核心素养的形成与发展。语文阅读的核心素养，即儿童通过阅读，夯实语言文字的基础运用，发展思维能力，提高表达能力，培养实际生活应用能力的基本素养。阅读能力不是阅读素养的全部，但国内外公认阅读能力是阅读素养的核心。

　　课标明确提出，要培养学生"具有独立阅读的能力，学会运用多种阅读方法"，阅读策略的构建对学生阅读能力的形成和提高具有极其显著的促进作用。部编版教材围绕人文主题和语文要素双线并进，组织阅读单元内容，致力于培养学生的阅读能力，使学生在阅读中学会阅读。构建预测策略，就是回到阅读教学的原点，让阅读能力这一核心素养在阅读教学中落地生根，让其成为培养学生阅读核心素养的一颗种子。

　　3. 基于预测策略在阅读能力培养中的作用。

　　预测是一项重要的阅读策略。近年来，预测策略在单篇阅读与整本书阅读指导中常有运用。部编版教材从三年级起，每册安排一个策略单元。如三年级上册第四单元是第一个阅读策略单元，核心训练点就是预测。同时，它具有未知性、游戏性、趣味性等特点，是符合儿童心理、深受儿童喜欢的一种阅读策略。

　　每一次预测，都是训练学生推理能力、想象能力，发展其思维的过程，也是提高其阅读能力的过程。在这样的阅读过程中，由于预测策略本身的特点，学生在阅读过程中始终充满积极的期待与兴趣，能够运用预测策略在阅读过程中不断地假设、推理、验证、提出新假设……在这样的探究式阅读中真正做到主动与积极思考，真正做到敢于与善于猜测，真正提高其阅读能力。因此，在阅读教学中实施预测策略，有助于儿童语文阅读能力的提升。

三、 童本阅读种子课程中如何构建预测策略

　　教学中，教师聚焦预测策略，在种子单元中选定种子课文，在种子课文中选择预测依据，设计有逻辑的预测支架，帮助学生在阅读过程中运用预测策略，进行深度思考，从而理解文本。

　　1. 注重年段目标，构建有梯度的预测序列。

　　部编版教材把预测策略单元放在三年级上册，不代表预测策略的教学只能从三年级上学期开始进行。预测是儿童很喜欢的阅读策略，教师可以根据年级阅读能力目标，选择适合运用预测策略进行阅读的种子课文，形成有梯度的训练序列：一、二年级借课题和插图进行预测，激发阅读期待，落实字词教学；三、四年级抓重点句段预测，理解词句意思，初步把握文章主要内容；五、六年级根据作者的写作风格、写作背景和行文线索等做预测，论证批判，提高阅读质量。

2. 结合文本特点，选择合宜的预测依据。

预测不等于乱猜，而是有依据地猜。预测的依据，应该结合种子课文的文本体式来选择。图文并茂的课文适合根据插图预测：如《一分钟》，可通过比较两幅插图，预测发生了什么事。课题隐含多个信息的课文适合根据题目预测：如《慢性子裁缝和急性子顾客》，看题目中提示的人物身份和性格，猜测会发生什么故事。含有语意深刻的句子的课文，适合抓住关键句预测：如《灰雀》，抓住"会飞回来的，一定会飞回来的。它还活着"，预测灰雀究竟到哪里去了，补白文中隐藏的情节，读懂孩子的行为。情节一波三折的课文，可以在转折处预测：如《慢性子裁缝和急性子顾客》，根据时间轴"第一天""第二天""第三天""又过了一天"（转折处），预测急性子顾客的要求和慢性子裁缝的表现。名家名篇，要结合作者的写作意图或写作风格，抓住已知信息进行预测：如《穷人》，"这样的处境下，渔夫和桑娜做了什么？"是学生通过自学就能准确而快速提取的已知信息，并能从字里行间读出渔夫和桑娜的善良，在这样的基础上，结合作者的写作意图或写作风格，预测"已经是这样的处境了，还能这样做，他们将面临怎样的处境呢"，学生对人物形象的理解就会更准确。

3. 设计预测支架，呈现可视化的预测过程。

小学低年级的学生还处于直觉思维期，更多的会关注事物的显著特征，逻辑思维和推理思维欠缺。因此，在实施预测这一策略时，要善于设计预测支架，使阅读中预测这一不可见的思维过程、思考方法和思考路径直观呈现出来，让其可视化，从而有效帮助学生学会预测，同时也是对学生思维能力的培养。如一年级上册《蜗牛》有一道课后题，让学生借助图片识字。学生通过看图猜字，能准确地猜出"蜗牛""草莓""蘑菇"这样表示事物名称的字音，但对"发芽"一词的猜测却并不准确。当教师出示"图上有什么？""它怎么样了？"这两个支架问题，再与图片一结合，形成"图文结合"的预测支架后，学生预测的思维过程便更清楚具体了，猜测自然就更精准了。

中高年级学生初步形成逻辑的思维结构，思维方式从具体化逐渐发展到抽象化，可采用表格、关联式脑图、柱状图、饼图等图示支架，帮助学生在阅读中学会预测，培养其思维能力。如《普罗米修斯》一课，这是一个神话故事，既要抓住"宙斯怎么做的""为什么这么做""结果怎样"，还要凭借学生已有的阅读经验，预测宙斯的惩罚。教学中，用表格将预测的路径直观呈现出来（如下表），使儿童清晰地知道预测不是无端猜测，而是要有一定的依据；不仅需要文本内容的支持，也需要结合生活经验做出有根据的判断。这样的表格支架，让儿童对人物行为的预测有据可依。

依　据			预测宙斯的惩罚	
故事内容	宙斯怎么做的	为什么这么做	结果怎样	
阅读经验				

4. 链接课外阅读，聚焦能力的迁移训练。

种子课文只是在据点探究，而能力的形成还需要实践和迁移。因此，每一次探究后，教师还应该聚焦预测能力训练点，链接课外阅读，选择可以迁移阅读的文本，让儿童在阅读实践（营养课程）中进一步运用策略，习得能力。如教学《小蜗牛》一课后，推荐绘本《爷爷一定有办法》，遇到不认识的字，看图片，想想图上"有什么""它怎么样了"，猜测字音，扫除阅读障碍，提高阅读兴趣。学习《普罗米修斯》后，推荐阅读《古希腊神话故事》《被缚的普罗米修斯》《潘多拉的魔盒》，凭借已有的阅读经验，根据"这个人之前怎么做的？为什么这么做？结果怎样？"预测他还会怎么做，并用关联式脑图梳理人物之间的关系。

《蜘蛛开店》教学设计及评析

◆ 路晓岚　张　怡

【教学目标】

1. 认识"店、罩"等生字，随文识字。

2. 通过关注事物特点，预测故事情节，理解课文，创编故事。

【教学过程】

板块一：关注事物特点，猜测故事情节。

1. 出示谜语，生猜。

2. 出示课题，生齐读课题。

认识"店"字，读三遍，并组词。

3. 蜘蛛想开一家店，猜一猜，它可能会卖什么东西？（学生根据题目可以任意猜测蜘蛛开店所卖物品，再读文，验证自己的猜测，了解蜘蛛是利用自己的特长开店。学生由此懂得预测时要有方法，可以根据事物的特点来预测故事情节）

小结：蜘蛛卖的商品如果是利用它会吐丝编织的特长制作的东西，就会很方便了。

4. 在课文中找到蜘蛛卖的三样物品。

生汇报：口罩、围巾、袜子。

认识"罩"字，看字源，猜意思。

今义：遮盖；扣住；套在外面。

扩词：面罩、灯罩。

5. 蜘蛛能够编织的东西有很多，但它偏偏选择了这三样，你怎么看？（出示各种编织物，将蜘蛛选择的三样物品圈出）生根据图画来猜测。

和图上其他物品比起来，这三样物品织起来确实比较简单。看看你们小蜘蛛的想法是不是不谋而合呢？请在课文中用"_____"将蜘蛛选择它们时的想法勾画出来。

（生汇报，出示句子。）

蜘蛛决定开一家商店。卖什么呢？就卖口罩吧，因为口罩织起来很简单。

晚上，蜘蛛想：还是卖围巾吧，因为围巾织起来很简单。

蜘蛛累得趴倒在地上，心里想：还是卖袜子吧，因为袜子织起来很简单。

6. 指导朗读。

就为了简单，蜘蛛想——

（生：卖什么呢？就卖口罩吧。因为口罩织起来很简单。）

就为了简单，蜘蛛想——

（生：还是卖围巾吧，因为围巾织起来很简单。）

就为了简单，蜘蛛想——

（生：还是卖袜子吧，因为袜子织起来很简单。）

同学们很会读书，能让老师听出蜘蛛的心声。

总结：预测时，我们可以通过关注蜘蛛本身的特点来猜一猜。（板书：特点）

【设计意图：根据题目做猜测，有意识地让学生对所读文本有所期待，有目的地在头脑里产生表象，为后续预测奠定基础。**】**

板块二：关注事物特点，理解故事内容。

1. 关注顾客特点，感受"不简单"。

就这样，蜘蛛的口罩店开业了，事情真的会像它想的那么顺利吗？请大家大胆地猜测一下，什么样的顾客来购买口罩会让蜘蛛织起来很简单？

生猜各种动物，师追问："为什么会猜这些动物？"

生总结出猜测的动物特点：嘴巴小。

生从课文中找答案印证自己的猜测，画出与第一位顾客相关的句子。（河马嘴巴那么大，口罩好难织啊，蜘蛛用了一整天的工夫，终于织完了）

读句子，感受蜘蛛的辛苦。

蜘蛛以为口罩织起来很简单，是因为它忽略了顾客的什么特点？（生：嘴巴的大小。师板书：大小有别）

219

【设计意图：此处教学是对学生先前的预测方法——抓住事物特点进行预测的一个深入和细化，也是为后续更好地运用预测策略进行预测的方法指导。】

2. 如果来的都是嘴巴很大的顾客，事情就变得不简单了。于是蜘蛛又把商品换成了围巾甚至袜子，接下来又会发生什么呢？

四人小组合作学习。

互学要求：

（1）小组中轮流汇报，组长做好记录。

（2）组长主持讨论达成共识，分工，并为展学做准备。

（3）小组汇报。

导学单：

（1）猜猜哪些动物来购买围巾和袜子，会让蜘蛛觉得织起来很简单？

（2）谁来了？结果怎么样？

（3）蜘蛛忽略了顾客的哪些特点？

小结：不同的顾客特点不同，需求也就不同。

除了刚才我们发现的大小、长短、多少等特点，你还可以提醒蜘蛛要去考虑顾客的哪些特点或需求？（材质、花纹……）

总结：蜘蛛要想开好店，就得充分考虑顾客特点的变化。

【设计意图：本次合作学习，一是对已有故事进行分析总结，从而把握文本的写作特点和规律，同时从已有故事情节中进行必要线索的提取——蜘蛛开店的目的是打发时间，做一些简单的工作，从而对后续故事的预测提供必要的素材和依据。】

板块三：关注事物特点，创编故事。

蜘蛛吸取了教训，打算再开店，猜猜它这次会卖什么？又会遇到怎样的顾客？发生什么故事呢？小组合作创编故事。

【设计意图：本次预测是在充分提取原文本信息后进行的预测，依据比先前充足，并且有了预测方法的铺垫，那么"蜘蛛之后会遇到怎样的顾客，又会发生什么事"？学生可以比较有效地将相关信息整合起来，利用信息间的联系进行再创造，从而推动故事按既定规律发展下去。其实，这不仅仅是通过预测对故事进行创编，更多的是激发学生对文学作品再创造的兴趣。】

四人小组合作学习。

互学要求:

(1) 组长分工,每人说一句。

(2) 做好发言准备。

蜘蛛准备卖＿＿＿＿＿＿。招牌上写着:＿＿＿＿＿＿编织店

1. 按＿＿＿＿收费。＿＿＿＿的贵一些,＿＿＿＿＿的便宜一些。

2. 按＿＿＿＿收费。＿＿＿＿的贵一些,＿＿＿＿＿的便宜一些。

＿＿＿＿＿(谁)来了,它＿＿＿＿＿(顾客特点)。

蜘蛛＿＿＿＿＿(怎么收费的),＿＿＿＿＿(结果)。

板块四:迁移运用《大象的耳朵》。

看题目,从大象耳朵的特点,猜猜这是一个怎样的故事。

阅读前,我预测……

阅读后,故事的真相是……

【设计意图:此处是对预测策略的一个迁移,同时通过预测前后对比,让学生寻找其中的差异,并通过所用预测方法的不同来发现差异形成的原因,使学生养成带着预测的思维去阅读,同时对文本有更多的思考和发现。】

教学评析

苏霍姆林斯基曾经说过:人的内心里有一种根深蒂固的需要——总感到自己是发现者、研究者、探寻者。在儿童的精神世界中,这种需求特别强烈。但如果不向这种需求提供养料,即不积极接触事实和现象,缺乏认识的乐趣,这种需求就会逐渐消失,求知的火焰也会与之一道熄灭。今天,路晓岚老师执教的《蜘蛛开店》一课,就充分利用了"预测"这一教学策略,成功唤起学生阅读的渴望和兴趣,成为阅读的主体。

一、 层层递进的预测环节, 让学生在走进文本的同时, 了解预测的方法

路老师在教学本堂课时,从题目开始预测,"蜘蛛究竟要开怎样的店?"看似一个无边际的预测,实际上已开始引导学生摸索预测的方法,不仅有意识地让学生对所读文本有所期待,还在头脑里产生表象,为后续预测奠定基础。紧接着,路老师在引导学生阅读文本的同时,层层推进情节预测,让学生充分

了解"预测"不同于"猜测",是有理可依的、有章可循的。这样不仅完成了文本的预测,更重要的是学生了解了预测的方法,为后续阅读能力的形成提供了支点。

二、 巧设 "多维" 情节预测, 创编故事, 让阅读最终走向创作

路老师在执教"创编故事"这一环节时,以"简单"这一开店最初目的引入,给了学生一个多维的支点,让学生的创编走向多元化。因此在创编环节时,有学生设计的招牌紧扣"简单"来行,也有学生针对"不简单"的情况设计应对措施,让不简单变成简单。纵观学生创编的故事,蜘蛛最后面临的情况是五花八门,精彩纷呈的。这是学生自主利用"预测策略"独立创编的结果,这一环节的设立不仅印证了学生的深度阅读,还为他们独立创作提供了一个广阔的空间。

《普罗米修斯》教学设计及评析

◆　吴　斯　欧　乐

【教学目标】

1. 有依据地预测故事情节，读转折处，感受人物形象。

2. 聚焦第 5 ~ 7 自然段，在朗读中验证预测，激发运用预测策略读这一类神话的兴趣。

【教学过程】

课前猜谜，你是怎么猜出来的?（儿童谜语 + 数学应用题）

一、　课前谈话：　聊一聊　"心中的神"

1. 中国神话故事中的 "神" 性。

同学们读过很多神话故事，老师这里有几幅图，猜一猜和这些 "神" 有关的故事。（出示：女娲补天、后羿射日、大禹治水、夸父逐日、盘古开天……）

女娲、后羿……这些都是我国古代神话故事中的神，根据曾看过的故事，你能说一说 "心中的神" 是怎样的吗?

（生：①具有神力；②有献身精神；③有高尚品质；④有佑国佑民的责任感。）

这些中国的神给我们留下了深刻印象，今天我们要走进古希腊神话故事，看看外国的神是什么样的。

2. 出示："在希腊神话中，神与人除了力量上的差别外，在情感上却是相同的。当神脱掉神的外衣之后，个个就都成了世俗的凡人。"

在阅读前，请你先猜一猜，外国的神会有什么不同呢? 完成评价单。（如表 1）

表1

	古希腊众神		
阅读前	1. 神力	有（ ）	无（ ）
	2. 献身精神	有（ ）	无（ ）
	3. 高尚品质	有（ ）	无（ ）
	4. 佑国佑民的责任感	有（ ）	无（ ）
	5.（补充）		

　　根据读过的故事，我们对古希腊众神有这样的猜测，究竟是不是这样的呢？这节课我们就来一起阅读一篇古希腊神话。

二、 检查字词， 复述故事

　　1. 谁能把这些词语读准确？

　　惩罚　敬佩　饶恕

　　吩咐　肝脏　锁链　鹫鹰

　　驱寒取暖　愤愤不平　气急败坏

　　2.（出示五位神的名字：普罗米修斯、太阳神阿波罗、众神的领袖宙斯、火神赫淮斯托斯、大力神赫拉克勒斯）这是故事中提到的五位神，你能流畅地读出他们的名字吗，一起来试试。

　　提示：注意外国人名字很长，怎么能读得自然一点？（应连读）

　　3. 厘清人物关系，复述故事。

　　故事中，这几位神之间发生了什么事呢？

　　自学提示：自读课文第1～4自然段，选择关键词填进思维导图，然后根据思维导图同桌互相复述故事。

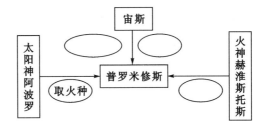

三、 读转折处， 预测故事情节的发展

　　面对普罗米修斯的公然挑战，宙斯怎能善罢甘休——生齐读第3自然段。

1. 体会人物心情，预测故事情节。

哪个词语最能体现宙斯的心情？（气急败坏）猜测：气急败坏的宙斯会给普罗米修斯怎样的惩罚呢？想一想，猜一猜。（如表2）

表2

依　据				预测宙斯的惩罚
故事内容	宙斯怎么做的	为什么这么做	结果怎样	
阅读经验				

小结：大家根据故事内容，激活阅读经验，做出了猜测。那面对无法预知的严厉惩罚，普罗米修斯可能会做出怎样的选择呢？

2. 自学问题：面对无法预知的严厉惩罚，普罗米修斯可能会做出怎样的选择？

自学步骤：

（1）轻声读第1~4自然段，根据故事内容，猜一猜普罗米修斯的选择。

A. 认错、归还火种；

B. 不认错；

C. 还有另一种看法。

（2）在文中勾出能帮助你猜测的词句。

交流准备：

（1）说出猜测：我的猜测是……

（2）摆出依据：我找到帮助我猜测的词句是……

（3）说出理由：我是这样理解这些词句的……所以我有这样的猜测。

3. 合作探究：面对无法预知的严厉惩罚，普罗米修斯可能会做出怎样的选择？

互学步骤：

（1）组长主持，有序交流：先说猜测的选择，再用笔在文中勾画依据并说出自己的理解，后面的成员只补充，不重复勾画。

（2）交流后组织讨论：大家还有疑问或补充吗？可自由发言。

展学准备：

组长分工，组织展学。

（1）说出猜测：请4号说出我们的猜测。

（2）摆出依据：请3号交流我们勾画的依据。

（3）说出理由：请2号根据我们的勾画，说说我们为什么会有这样的猜测。

捕捉故事里的蛛丝马迹，根据人物怎么做的、为什么这么做能帮助我们预测故事的发展，有依据的预测不分对错。这个时候，普罗米修斯给你留下了怎样的印象？（预测：敢作敢当、勇敢、善良）

想知道普罗米修斯真正的选择吗？我们接着读。

四、 验证预测， 感受情节设计在塑造人物形象中所起的作用

1. 出示第5自然段，齐读。

师引读：火神不敢违抗宙斯的命令，只好把普罗米修斯押到高加索山上——（生接读）

读着读着，就验证了我们的预测，坚决不认错的普罗米修斯一直被锁在那个可怕的悬崖上，哪些词句让你感到震撼？谈一谈你的感受。

2. 抓住关键词体会惩罚之残酷。

体会"锁之苦"和"啄之痛"。

小结：一个"死死地锁"，让我们从文字中读出了一幅悲惨的画面，感受到了普罗米修斯忍受的这份"锁之苦"。

过渡：然而，这还不是最悲惨的。我们接着来交流，还有哪些地方让你感动和震撼？

3. 再次评价普罗米修斯：谈到这里，普罗米修斯的形象在我们的心中变得更加丰富了，你认为他是一位怎样的神？

4. 带着感情再读。

过渡：现在让我们带着感情再来读一读，感受英雄之神的伟大和坚定。

五、 预测故事的发展， 激发学生阅读古希腊神话的兴趣

英雄的普罗米修斯不仅感动了我们，也感动了大力神赫拉克勒斯，来看一

看故事的结尾。

1. 在读了课文后，你能说说对文中其他神的印象吗？（生评价）

2. 验证阅读前的猜测，预测故事的发展。

回过头来看一看阅读前的评价单，你的猜测对了吗？先猜测，再读故事使我们的阅读充满期待，变得有趣。这篇课文结束了，整个故事可没有结束。

普罗米修斯被救，作为万神之主的宙斯会善罢甘休吗？接下来又会发生怎样的故事呢？我们来猜一下。（如表3）

表3

阅读前	我根据……所以我猜……
阅读后	故事真相是……

227

这节课我们边猜边读，在阅读中体验猜的乐趣，感受阅读的喜悦。要想知道更多的真相，就去阅读《古希腊神话故事》《被缚的普罗米修斯》《潘多拉的魔盒》吧。

教学评析

预测作为一种有效的阅读策略，不但有利于提高阅读速度，还有助于快速捕捉到所需要的信息。同时预测也是一项重要的阅读策略，培养读者的预测意识和技能，可以提高阅读的效果。在"童本阅读种子课程"的教学实践研究中，我们把"预测策略"作为研究内容，旨在通过不同年级的阅读教学实践，将预测策略更加明晰化、具体化，让学生更容易习得此方法，并在阅读中加以运用，思维能力得到更大的发展。

《普罗米修斯》由希腊神话故事改编。希腊神话众神名字复杂，关系复杂，故事留白多，选择这样的一篇课文作为"预测策略"的课例进行研究，本身就非常有价值。纵观吴斯老师执教的这堂课，有三处价值所在：

一是围绕精准适度的教学目标，很好地体现了以预测为主要策略的课堂所需要解决的三个问题，即：预测什么？什么时候预测？怎么预测？五个板块环环相扣，层层深入，从"猜神性""猜惩罚"到"猜选择""猜后续"，学生在跌宕起伏的故事情节中边猜边读，体会人物命运的一波三折，从而感知到更丰满的人物形象，同时也渐渐习得相关的预测策略，即关联阅读经验，关联文本内容，关联关键词句，从而激发起强烈的阅读兴趣，充满无限的阅读期待。每一次预测的过程，都是发展、训练学生的推理、想象能力，发展学生思维的过程。

二是适当的支架运用，用表格的方式将预测的思考路径直观呈现。在"读转折处，预测故事情节的发展"部分，这样的思维可视化，使学生明确预测不是无端猜测，而是要有一定的依据，不仅需要文本内容的支持，也需要结合生活经验做出有根据的判断。学生捕捉故事里的蛛丝马迹，根据人物是怎么做的、为什么这么做，从而预测故事的发展，这个时候普罗米修斯敢作敢当、勇敢、善良的英雄形象给他们留下了深刻的印象。

三是充分体现语文学科的特点，用语文的方式教语文，重视朗读感悟。尽管这堂课围绕预测策略展开，但是吴老师并没有忽视朗读的意义和价值，尤其是在验证预测的环节，抓关键词体会"惩罚"之"残酷"，在一次次朗读中体会"锁之苦"和"啄之痛"。读着读着，学生验证了之前关于惩罚的预测，坚决不认错的普罗米修斯一直被锁在那个可怕的悬崖上。读着读着，学生的感动和震撼越来越强烈，他们与人物命运同生共息。由此，普罗米修斯的形象也变得更加丰富、丰满。

《草船借箭》教学设计及评析

◆ 谭瑶红　贺丹丹

【教学目标】

1. 根据课题和插图，预测故事内容，巩固按事情发展顺序概括主要内容的方法。

2. 品读借箭前后描写不同人物的句子，聚焦情节变化中不同人物的表现，准确感知人物形象，把握作者借历史创编小说，拥护蜀汉阵营的意图。

3. 依据作者的创作意图，预测不同阵营的人物在故事中的表现，并尝试以一篇课文带一本名著，迁移预测策略到同类小说。

【教学过程】

课前交流

1. 听音乐，猜古典名著小说，畅谈对小说人物的初印象。

2. 借助微视频，回溯故事背景——火烧赤壁，孙刘联盟。

一、关注课题和插图，抓顺序，把握主要内容

1. 读课题，看插图，猜故事情节。（如表1）

表1

课题	插图	我的猜想
《草船借箭》		什么时间？ 谁？ 在哪里？ 因为什么？ 做了什么？ 结果怎样？

2. 默读课文，检测并修正预测结果，把握文章主要内容。

二、 关注情节变化中的人物表现， 感知人物形象

1. 结合课外知识和初读体验，概括诸葛亮的人物形象。（神机妙算）

2. 联系情节变化中不同人物的表现，深入体会人物形象。

（1）关注文段，自学探究。

探究问题：

联系下军令状前后诸葛亮的表现，联系诸葛亮与鲁肃的对话和鲁肃的表现，联系诸葛亮的推断与曹操的表现，等等，看看诸葛亮究竟算到了些什么，从中你又认识到了怎样的诸葛亮？

自学建议：

A. 默读课文，勾画相关句子。

B. 自主思考，提取关键词概括"_____算到了_____"。

（思考举例：我从文中画了这样两句话：诸葛亮说："只要三天。""这时候大雾漫天，江上的人连面对面都看不清。"这说明诸葛亮立下军令状之前就算到了三天后会有大雾。通过诸葛亮"算到了"三天后的天气，我们可以体会到诸葛亮的神机妙算已经到了出神入化的程度。所以我填的是"只要三天，算到了三天后大雾漫天"。）

（2）互学（组内完善和补充）。

（3）展学（合理分工，说清观点）。

（4）组际交流（对照组内学习成果，商讨补充、质疑或反驳）。

3. 梳理观点，小结归纳。

联系情节变化中不同人物的表现，我们看到了诸葛亮神机妙算的背后，对天气的预判、环境的了解、人心的洞察。他的神机妙算已经到了出神入化、让人叹为观止的地步。

三、 感知作者意图， 预测情节变化

1. 联系资料，借助预测，感知作者意图。

（1）借助表格，大胆猜测。

《三国演义》里其他关于诸葛亮和周瑜交锋的故事中，两人表现如何？历史上的两人和小说里的人物形象吻合吗？

借助表格，大胆猜一猜。（如表2）

表2

人物	《草船借箭》中的形象	《三国演义》中的形象	历史上的形象
诸葛亮	神机妙算		
周瑜	嫉妒、阴险、小气		

（2）联系资料，确认作者意图。

资料1：《草船借箭》历史真相

资料2：《三国志》周瑜与诸葛亮的交集

资料3：历史上的周瑜其人

资料4：《三国演义》的创作背景

（3）修正预测单，分享感受：罗贯中为什么会这么写？

2. 紧扣作者意图，借助表格，猜测在《三国演义》的其他情节中，诸葛亮和周瑜又会分别有怎样的表现。（如表3）

表3

故事背景	周瑜的表现	诸葛亮的表现	事情的结果
周瑜和诸葛亮约定，周瑜夺取南郡失败，刘备再去取。周瑜打败了曹兵……			
孙权假装嫁妹，想把刘备骗到东吴杀害。谁知孙权的母亲真要把孙尚香许配给他……			
刘备向东吴借取荆襄九郡，东吴三番五次要求其归还荆州……			

3. 《三国演义》中的诸葛亮等人和曹操、孙权阵营的其他人物还有交锋，又会发生什么故事呢？让我们继续猜。（如表4）

表4

故事背景	刘备阵营	孙权、曹操阵营	事情的结果
吕布部将华雄杀得联军损兵折将，担任弓箭手的关羽请求上阵，曹操令人斟上一杯热酒为关羽壮行……	关羽的表现：	华雄的表现：	
为联吴抗曹，诸葛亮前往柴桑游说孙权……	诸葛亮的表现：	孙权谋士的表现：	
曹操灭了吕布之后，请刘备去饮酒。酒席间，曹操说："今天下英雄，惟使君与操耳！"刘备一听大惊，知道曹操必不能容他……	刘备的表现：	曹操的表现：	

（鼓励学生大胆发言，围绕作者拥护刘备意图，言之有理即可。）

4. 小结。

具体情节有没有猜对，没有关系，我们毕竟不是作者本人。但我们抓住了作者贯穿始终的创作意图，就能较为准确地猜出故事的大概走向，这就是我们的收获。而这个过程激励着我们不断地在猜测中阅读，在阅读中获得快乐。

四、 链接课外， 迁移预测阅读， 走进名著

1. 小结方法。

这节课，我们透过文字的细节，抓住情节变化中不同人物的表现，找到了作者贯穿始终的创作意图，并借此更为精准地猜出了故事走向。运用这样的阅读方法，我们还能读懂一系列态度鲜明、目的明确的文学作品。

2. 从一篇，一本到一类。

和《三国演义》并称为四大名著的还有《水浒传》《西游记》《红楼梦》。

课下，我们可以用今天学到的方法，找准作者的写作意图，借助下面的表格，大胆去猜测故事情节的发展走向。（如表 5）猜测完以后，别忘了打开书，读一读，看看自己猜得怎么样。

表 5

作品	作者意图	阅读前，我猜测……	阅读后，故事真相是……
《水浒传》			
《西游记》			
《红楼梦》			

教学评析

这堂课在预测策略的设计上有很大的突破。

1. 尊重学生起点往下学。

《草船借箭》的文章内容和主题很清晰，对于五年级学生来说相对简单。谭老师借助自学展示，快速找准学生的学习起点，跳过已知，补充空白知识点，大刀阔斧地删减次要内容，直切重点，让学习路径短直平，对课堂时间的利用高效，使学生的学习集中聚焦。

2. 利用资料明确意图。

阅读非连续性文本，高年级学生已不陌生。课堂上，谭老师借助历史、小说和创作背景等资料，引导学生分析出作者的写作意图，从而顺利地进行后面的预测。

3. 贴着作者意图往下猜。

相较于一般预测策略的教学探究，《草船借箭》这堂课最大的价值在于引导学生从打开想象地猜，有理有据地猜，到紧贴作者的写作目的和文章主旨合情合理地猜。这样的目标设置符合学段学情，让课外阅读和课内选段有机结合，让学生猜出成就感，猜出幸福感。

4. 思维过程可视化。

从打开想象地猜，有理有据地猜，到紧贴作者的写作目的和文章主旨合情合理地猜，每一次"猜"，谭老师都有让学生思维可视化的手段——表格。这让教师能一步步看到学生是怎么思考的，学生也能及时修正自己的猜测。表格的运用让课堂更高效。

另外，谭老师在课前利用微视频回溯故事背景，让学生初步感知《三国演义》作为历史演义小说的属性。这样的处理为课堂学习赢得了宝贵时间。

第 9 组

联想策略的教学及运用

联想策略在童本阅读种子课程中的运用

◆ 邹 臻 杜 娟

一、 联想策略的定义

236

联想是语文阅读策略里辅助内容理解的一种重要方法，结合文本特性与阅读者自身的阅读经历，联想是创新、创作、学习的源泉，有效的联想能力在知识的获取过程中能发挥重大的作用。

综观国内多个学者的观点，联想策略指的是：读者在阅读中调动已有的阅读经验库存，由当前所读的文本内容，结合自身的生活经验或以往感知、接触到的类似生活事件，从而更好地理解当前阅读材料，进一步展开深入阅读。（周步新《小学适性阅读策略的学与教》）

二、 童本阅读种子课程中如何构建联想策略

在教学中教师重点关注联想策略，在种子单元中选定种子课文，在种子课文中选择联想依据，设计有思维含量的联想问题，帮助学生在教学过程中运用联想策略，进行深度思考，从而理解文本。

1. 紧扣年段目标，构建分层级的联想序列。

阅读能力在小学阶段呈螺旋上升的态势。其中，低年级主要借助读物中的图画展开想象，帮助阅读理解，教师以插图为教学载体，给出具体的引导和组织，找到文本学习的切入点。学生通过观察插图，联想，想象，从而更好地理解文中词语的意思，感知文本整体内容。中年级重在引导学生联系上下文鉴赏文本语言。能初步把握文章的主要内容，能复述叙事性作品的大意，展开联想与想象，初步感受作品中生动的形象和优美的语言，在角色诵读、对比阅读、成果展示中形成崭新的阅读认知。高年级引导学生联系上下文和自己的积累，运用多种联想策略推想课文中有关词句的意思，辨别词语的感情色彩，体会其

表达效果，展开联想，体会作者的思想感悟，初步领悟文章基本的表达方法。在交流和讨论中，敢于提出自己的看法，做出自己的判断。

2. 结合具体文本，选择适宜的联想依据。

联想要结合具体的文本情境。

对于图文并茂的课文，可以引导学生更好地理解词语。如《日月潭》，通过观察插图和结合生活经验了解"隐隐约约、群山环绕"等词语的意思。

对于相同或相似句式排列组合的课文，可以联系上下文，展开联想。如《比尾巴》，根据一问一答的句式展开联想，模仿课文句式说话。

对于有深刻寓意或含有深刻语意的课文，可联系上下文和生活实际，交流学习体会。如《坐井观天》，可以展开想象，在朗读中体会青蛙和小鸟说话的语气，初步理解寓意；又如《珍珠鸟》，可联系课文和生活实际，说说对"信赖，往往创造出美好的境界"这句话的理解。

对于故事性较强的神话或童话类课文，可引导学生了解故事经过，复述课文内容。如《女娲补天》《巨人的花园》，可以在交流阅读体会的基础上，学习把故事简要地讲给别人听。

对于文体形式较特殊的课文，可引导学生推想行文特点。如《桥》，可推想短句的作用，体会其渲染紧张气氛的作用，知道微型小说的一些特点。

对于一些有鲜明写作特点的名家名篇，可引导学生在紧扣课文内容、把握课文主题的基础上进行补白或拓展。如《卖火柴的小女孩》，可运用类似联想策略，想象小女孩三次擦亮火柴后看到的情景，读出小女孩对温饱、亲情的无比向往；又如《穷人》，可结合课文内容，展开想象续写，写后与同学交流。

3. 搭设下位支架，明晰可视化思维过程。

把联想策略落实到阅读教学中，需要围绕一个主问题展开学习，搭设合适的下位支架，能让学生的学习有据可依，有迹可循，让联想这一较为抽象的思维过程可视化。小学低年级，引导学生运用联想需借助插图，创设情境。让学生在阅读时将文章与插图进行对比，获得有关的情节依据，更好地帮助读文，进行再造想象和创造想象。如在教学《妈妈睡了》一文时，可以提示学生借助插图进行联想，体会妈妈的"温柔"。在教学第3自然段时，出示插图，启发学生联想，思考：从哪些地方能看出睡梦中的妈妈很"温柔"？学生结合插图，抓关键词句"微微地笑着，嘴巴、眼角都笑弯了"走进妈妈的内心。

课文的结构一般遵循着起承转合的过程，因此，在阅读教学中，教师要善于抓住教学契机，引导学生或追溯课文描写内容的原因，或将其继续演化，或针对结尾进行续写。追根溯源，多方联想。如《月光曲》一课，引导学生从对话、从皮鞋匠"看"到的等多方面去联想，最大限度地调动起思维的活跃性，不断建构，以期碰撞出更完整、更丰满、更具创造性的情境或内容。

4. 利用多媒体等资源，拓宽联想广度。

周步新主编的《小学适性阅读策略的学与教》告诉我们：人们从听说中获得的信息能够记忆的约占25%。如果同时调动听觉、视觉，就能接受信息的65%。在语文教学中，如果充分发挥录音、录像、幻灯、投影、电视等电教多媒体的优势，将声音、形象与讲授有机结合，形成立体教学氛围，可以大大丰富学生的想象空间。

想象不是凭空的，需要有所依托，特别是在小学低年级，学生对课文中出现的一些词语难以理解，需要借助图片或视频，调动视觉、听觉，更直观地加深理解。小学生视野有局限，在思维上无法认知一些视觉上不曾见到过的事物，或者对平时少见的事物记忆并不深刻，利用丰富的多媒体资源，出示学生未曾见过的事物，或触发学生的认知，对帮助学生理解课文有着教师直接用语言描述无法替代的作用。如教学《观潮》，教师相机引入钱塘江大潮的视频，既能加深学生对课文中出现的"山崩地裂""风号浪吼"等词语的理解，又能让学生通过接近联想策略说清"潮来前""潮来时""潮头过后"的景象。教学《爬山虎的脚》，先默读课文，关注爬山虎的脚的一系列动态，想象其变化过程，再出示爬山虎及爬山虎的脚的图片，加深学生对具体形象的感知。

5. 与课外实践相链接，挖掘联想深度。

（1）知行合一，重视社会实践。

"问渠那得清如许，为有源头活水来。"只有与鲜活的实践结合起来，学生的见闻才能得以充实和丰富。因此，学生应在学校学习之余广泛参加各类社会实践活动（科技、文艺、体育等），充实见闻，丰富阅历。教师适时引导他们在生活中捕捉形象，积累表象，为发展其想象力创设良好的条件。围绕课程基地建设，我们学校开展了丰富多彩的延伸活动：精心设计寒暑假阅读作业纸，引导学生一边阅读，一边实践，让身体和心灵同时行走在中华大地上；精心设计"阅读存折"，做有痕迹、有思考的阅读……

（2）以点带面，拓展群文阅读。

教师的教学，应以部编版教材的联想策略单元的课文为点，铺展更多可应用联想策略阅读的文本为面。我们学校在每个学段都会选编适宜的群文阅读教材，教师执教阅读，与学生共同经历"习得—迁移—运用"的过程。如教学《盘古开天地》后，推荐阅读《中国神话故事》，使学生在阅读中感受神话故事的神奇想象，体会人物的形象。教学《女娲补天》一课后，推荐阅读金子美玲的诗《向着明亮那方》，使学生感受主人公执着向上的品质。

《妈妈睡了》教学设计及评析

◆ 田馨予 窦 维

【教学目标】

1. 随文识记"哄、先、闭"等生字。

2. 结合上下文关键词句联想，理解"睡梦中的妈妈"美丽、温柔、累的样子。

3. 借助插图和生活实际联想，通过回忆自己与妈妈相处的经历，感受文中母子间的情感。

【教学过程】

一、 课前预热， 完成时间表

妈妈的一天	
什么时间	做了什么
早上	
下午	
晚上	

预习要求：根据生活实际提前完成时间表，简单记录妈妈的一天。

二、 自读课文， 初步感知妈妈的形象

1. 出示课题，今天我们学习课文《妈妈睡了》。朗读第 1 自然段，读准生字：哄、先。

2. "先"是一个表示顺序的词语，与它意思相反的词是什么？（后）

3. 妈妈明明在哄"我"睡觉，自己却先睡着了，猜猜会是什么原因。

4. 指导朗读：既然妈妈睡得这么香甜，声音轻柔一些才不会把她吵醒。

试着用轻柔的语气再来读一读。

5．"睡梦中的妈妈"是什么样子的？自读第 2、3、4 自然段，勾画关键句子。

睡梦中的妈妈真美丽。

睡梦中的妈妈好温柔。

睡梦中的妈妈好累。

出示关键词：美丽、温柔、累。

三、 联系上下文展开联想， 感受妈妈的 "美丽"

1．指名读第 2 自然段，识记"闭""紧""润"。

（1）说说"紧"的反义词是什么。（松）

（2）将眼睛紧紧闭上，在动作中感受"闭""紧"的意思。

（3）思考"润"的偏旁和字义的联系，看看班上哪些同学的脸蛋是"红润"的。

2．请同学们联系上下文，找一找从哪里能看出妈妈的美丽。（根据学生的回答，相机出示词组：明亮的眼睛、弯弯的眉毛、红润的脸）

3．读一读，照样子说一说。

明亮的眼睛　　　（　　）的眼睛

弯弯的眉毛　　　（　　）的眉毛

红润的脸　　　　（　　）的脸

你还会怎么说？（自由拓展）

4．在孩子眼里，睡梦中的妈妈看上去那么"美丽"，难道仅仅是因为她有着明亮的眼睛、弯弯的眉毛和红润的脸吗？

（生自由发言：孩子爱自己的妈妈，母子之间有着深厚的感情，所以在孩子眼里，会觉得妈妈看上去真美丽。）

四、 借助插图进行联想， 体会妈妈的 "温柔"

1．自由朗读第 3 自然段，边读边思考：从哪些地方能看出睡梦中的妈妈很"温柔"？

生汇报，抓关键词句："微微地笑着，嘴巴、眼角都笑弯了。"

2．出示课文插图，启发联想。

（1）为什么孩子会产生这样的联想？

合理猜测即可：可能妈妈经常给他讲故事；可能妈妈平时讲故事时也是这样微微笑着……

（2）妈妈的笑容让孩子想到了她讲故事的样子。仔细观察图画，联想你和妈妈平时相处的经历，如果你是那个孩子，你会觉得妈妈在睡梦中想到了什么呢？

3. 指导朗读，一个温柔微笑的表情唤起了我们许多愉快温暖的回忆，带着这样的感受读第 3 自然段。

五、 由课文内容联想到生活实际， 小组合作体会妈妈的 "累"

1. 读第 4 自然段，联系上下文，从哪些地方能看出妈妈"好累"？

（"那么沉""粘在""微微渗出汗珠""全听不到"，如果学生联系第 1 自然段中的"妈妈先睡着了"也能看出她好累，同样给予肯定。）

2. 出示句子：她干了好多活儿，累了，乏了，她真该好好睡一觉。读一读，想想她可能会干了什么活儿。

3. 出示《妈妈的一天》插画和时间表。

早上

7：15　　起床洗脸刷牙

7：20　　叫孩子起床

7：30　　做饭、吃早饭

7：50　　出门上班

8：05　　开始工作

下午

5：00　　下班回家做饭

6：00　　一起晚餐

6：30　　洗碗

晚上

7：00　　陪伴孩子玩耍

8：50　　洗漱、讲故事

10：00　　打扫房间、洗衣服

11：00　　睡觉

4．小组合作，联系生活实际进行交流。

学习要求：

（1）借助范例，利用预习时完成的表格在组内互学交流。

（2）完善表格，为展学做准备。

（3）小组展示。

在学生汇报后适当归纳小结：是呀，原来妈妈每天有这么多活儿要干。难怪在哄宝贝午睡时会因为辛劳，自己先睡着了。此时的她一定感觉很累、很困。当你看到妈妈累得睡着了，你会在心里对她说什么？

5．一起再读一读这段话。指导：注意语调轻柔，不要太大声，带着心疼妈妈、害怕吵醒妈妈的爱意来读。

本课小结：读这篇课文，我们能感受到，在孩子眼中，睡梦中的妈妈是那么美丽，那么温柔，结合插图，再联想到我们自己和妈妈平时相处的情景，"睡梦中妈妈的样子"仿佛更鲜活真实了。

在生活中，你看过自己家人睡觉时的样子吗？请仔细观察一下，能不能也用几个关键词语去形容一下他们呢？

教学评析

《妈妈睡了》是二年级上册的一篇课文。讲述了妈妈在哄孩子午睡的时候，自己先睡着了。看着熟睡的妈妈，孩子觉得她很美丽，很温柔，同时也感受到了妈妈的辛苦与劳累。通过孩子观察熟睡中的妈妈的举动，我们感受到了他对妈妈满满的爱；而通过孩子观察时的想象，也体会到了妈妈对孩子深深的爱。

今天，田老师执教的《妈妈睡了》一课，就充分利用了"联想"这一教学策略，调动学生的已有经验，由所读课文的内容，想到个人的生活经验、生活中的类似事件等，从而更好地理解当前阅读材料，进一步展开深入阅读。

一、 层层深入的联想环节， 让学生走进文本， 了解联想的方法

课文初始，便从"妈妈哄我午睡的时候，自己先睡着了"这一处让学生展开联想，通过这样的质疑来激发学生的学习兴趣。

抓住文中的关键词"美丽、温柔、好累"，运用联想策略进一步理解文本的意思，感受母子真情是本文的教学重点。为此，田老师设计了一系列层层推进的环节。

首先，让学生联系课文中对妈妈外貌和表情等具体描写，抓住关键词句进行初步感知。

其次，通过观察课文插图，将妈妈微笑的表情与孩子的想法相关联，启发学生结合自己的生活经历，联想类似情景，去理解妈妈的"温柔"和"美丽"。

为了让学生比较直观地感受妈妈"干了好多活儿"，在接下来的迁移训练中，田老师出示了相关的补充图画，进一步帮助学生找到联想的支点，让真实的生活情景能够与课文实实在在地连接在一起。

二、 巧设环节， 让学生走出文本， 走进生活

244

生活是神奇而丰富的世界，我们需要带领学生走进课文，又带领学生走出课堂，观察社会，感受生活，丰富学生的感性经验，并在观察中引导学生积极思考，逐步打开学生想象的大门。

在本课教学中，第一次走出文本是利用日常生活经验去猜测妈妈睡着的原因。之后，抓住课文插图中母亲与孩子的神态，用同样的方法启发学生在已有生活经验上进行思考、揣摩。最巧妙的环节是小组合作设计：根据学情，课前布置了预习作业，要求学生根据生活中的实际情况记录妈妈的一天。这样的设计既引起学生对生活的关注，又为接下来进行自主合作学习做好铺垫。

通过出示补充资料，学生更直观地从图像化的信息中联系到生活——自己的妈妈会做哪些事，再利用示例的时间表，搭好框架，便于学生更有条理地梳理自己的生活经历和学习思路。小组合作学习能促进学生之间生活信息的交流和补充。就这样，通过学习，学生既走出文本，走进生活，更能用亲身的生活体验去加深对文本的理解。

联想，是建立在文本与生活之间的一座桥梁。

只有通过联想，学生才会知疑善思，举一反三，闻一而知十。这样不仅能读懂书中的知识，而且还能获得书本之外的体验的阅读策略，才真正称得上用书之智。

《精卫填海》教学设计及评析

◆ 杨　玲　尹　语

【教学目标】

1. 由课文题目联想开去，提出学习问题，结合注释，用自己的话讲述"精卫填海"的故事。

2. 能根据课文中的三组关键词对比联想，根据人物动作"衔"丰富联想，感受精卫填海过程中遇到种种困难的画面，体会精卫坚忍执着的形象。

3. 能结合神话文体"神奇"的特点和《山海经》资料，产生阅读联想，进一步体会人物形象及背后蕴藏的民族精神。

【教学过程】

一、 根据课题联想， 理解文意， 讲述故事

《精卫填海》是一篇经典的中国上古神话故事，今天我们一起走进它，齐读课题。

1. 读了题目后，由题目联想开去，你想到了哪些问题？把你想到的问题说给大家听。

【学情预测：学生提问主要是这五类：精卫是谁？精卫长什么样？精卫为什么要填海？精卫是怎么填海的？精卫填海的结果怎么样？】

2. 在文中找到上述问题答案的语句，结合注释，用自己的话解释一下这些语句。

3. 结合注释，用自己的话讲述"精卫填海"的故事。

故事内容：炎帝有个小女儿叫女娃。女娃去东海游玩，溺水身亡，再也没有回来，因此化为精卫鸟。她经常叼着西山上的树枝和石块，用来填塞东海。

4. 朗读课文。

师小结：首先由题目联想开去，带着问题在阅读中找答案，能很好地帮助我们理解文章。我们知道了故事的主要内容，故事中的精卫一定给你留下深刻的印象。接下来让我们一起走近"精卫"。

二、 根据关键词句对比联想， 体会人物形象

1. 出示三组词语，进行对比联想。

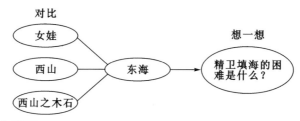

246

（1）合作学习：

对比女娃与东海这两个形象。

对比西山与东海这两个方位。

对比精卫用于填海的西山之木石与东海这两个形象。

结合课文插图，根据课文内容，展开联想：精卫填海的困难是什么？

（2）交流汇报。

通过对比联想学生体会：女娃"弱小"，东海"强大"；西山离东海"遥远"；西山之木石"渺小"，东海"巨大"。

2. 抓人物动作，展开联想。

（1）找一找，表示精卫填海动作的词语。（衔）

（2）想一想，精卫"衔"木石填海时会遇到怎样的困难呢？选择一种精卫"衔"木石填海时会遇到的困难，联想画面，它当时会怎么想？怎么做？

环境：①酷暑寒冬　　②暴风骤雨

③_____　　　　④_____……

他人：⑤不解疑惑　　⑥冷嘲热讽

⑦_____　　　　⑧_____……

自身：⑨精疲力竭　　⑩嘴破血流

⑪_____　　　　⑫_____……

3. 说一说，你认为精卫是一只怎样的鸟儿？（出示导说小助手）

精卫"衔"西山之木石填海时，_____（遇到的困难），它_____

（怎么想的，怎么做的），我认为它是一只＿＿＿＿＿的鸟儿。

4. 师小结：我们抓住文中的三组关键词，结合课文内容和插图，展开对比联想，并联系自己的生活体验，透过"衔"这个动作，联想精卫填海过程中遇到种种困难的画面，体会到了精卫坚忍执着的形象。

5. 有感情地朗读课文。

三、 结合神话 "神奇" 的特点深入联想， 体会民族精神

1. 这篇流传久远的经典神话来自一部著名的古书——《山海经》。读一读《山海经》的介绍。（出示）

《山海经》是中国先秦重要古籍，也是一部富于神话传说的最古老的奇书。它记载了夸父逐日、精卫填海、大禹治水等不少神奇的远古神话传说和寓言故事，也记载了许多奇妙的生物和奇特的国度、巨人等，还介绍了许多山川地形、风土人情。此外，它对宗教、科学，以及浪漫主义文学也有着深远的影响，实在是我国古代众多典籍中价值位列前茅的伟大著作，连司马迁都在《史记》中感叹道："余不敢言之也。"

2. 神话最大的特点就是"神奇"，你觉得"精卫填海"的故事神奇在哪里？（生自由发言）

3. 神话可以赋予主人公神奇的力量，联系精卫外形弱小的形象，想一想，你有什么问题想问吗？

4. 生自主提问，并试着解答。

（作者可以让精卫拥有神力，或者请神力相助，这样填海会容易很多，但为什么不这样写，而要把它变得这么弱小，没有一点超能力呢？诸如此类的问题皆可，旨在引出"作者为什么要这样写"，从而进一步体会人物形象及背后蕴藏的坚忍执着的中华民族精神。）

5. 出示盘古开天地、夸父逐日、女娲补天、大禹治水、愚公移山等神话故事的图片，感受神话人物背后蕴藏的民族精神：先秦时代的中国人就非常看重人的气节，《山海经》是一部先秦古籍，也是一部富于神话传说的最古老的地理书，其中不仅记载着神话故事，更记载着中华民族最古老、最原始的民族精神。《盘古开天地》记载着自我牺牲、开拓创新的精神，《夸父逐日》记载着勇敢追求、锲而不舍的精神，《女娲补天》记载着博大宽厚、勇于奉献的精神，《大禹治水》记载着公而忘私、尊重自然、因势利导的科学精神，《愚公移山》《精卫填海》记载着坚忍执着、自强不息的精神。

师小结：《精卫填海》选自《山海经·北山经》，所在的地理位置是中华民族先民最早开发的地区之一，我们的祖先在这里经历了茹毛饮血、披荆斩棘的斗争，创造了辉煌的农耕文明，同时也留下了《精卫填海》等神话传说。一只小小的鸟，就能一刻不停地衔木石填于东海。我们的祖先也正是靠着这种坚忍不拔、自强不息、锲而不舍的意志，克服了各种恶劣的条件，让中华民族精神、中华文明立于世界之林。

6. 有感情地朗读课文。

本课小结：同学们，这节课我们通过结合课题，结合神话"神奇"的特点，根据关键词，展开联想，体会到了精卫的坚忍执着，更体会到了中国神话故事背后传递给我们的中华民族精神！

教学评析

联想力是语文学习必备的能力之一。培养学生的联想能力，是提升阅读素养的有效途径。《精卫填海》是古代经典神话故事，故事本身充满想象力，因而联想策略在本堂课中的运用恰到好处。联想策略是指阅读中读者调动已有的经验库存，由所读文章的内容联想到个人的生活经验、生活中的类似事件等，从而更好地理解当前阅读中的材料，进一步展开深入阅读。本堂课采用联想策略有依据——根据课文内容，根据插图，根据生活经验，根据文体特点，使学生的联想思维有支架可攀。

一、 由题目联想开去， 整合疑问， 把握主要内容

课文题目已概括了故事最主要的情节，指引学生关注题目，从题目开始生发在时间或空间上相关的联想，产生初始疑问——精卫为什么填海？精卫怎样填海？结果怎样？……顺着思路，整合疑问，结合课文注释解释，便把握了文章的主要内容。

二、 抓关键词句对比联想， 抓人物动作丰富联想

本课是文言文，共两句话，言简意赅。对于刚上四年级的学生来说，阅读时容易停留在字面意思，较难深层感知文章主旨或人物形象。于是寻找到学生的认知突破点，展开联想，丰富重要故事情节，是深度解读文本的核心策略。本堂课出示三组词语，进行对比联想阅读，初步感知"精卫填海的困难"。抓住人物动作"衔"字，结合课文插图，依据课文内容，并结合自己的生活经历和体验，深入感知"精卫填海的困难"，在头脑中进行再造想象，设身处地去设想困难中的精卫会想什么、说什么、做什么。在阅读过程中获得了更多的情感体验，从而使精卫这一坚忍执着的人物形象更加立体地印在学生的脑海里。

在课堂教学中依托教材提供的信息采用联想策略，触发学生生活经验，连接读者与文本，连接文本与现实生活，连接新旧知识，从而取得预期的教学效果，加深了学生对作品的理解，为培养学生的创造力奠定了基础。

三、 联系神话文体特点和拓展资料， 深入联想

《精卫填海》是中国古代神话的经典之一。"神奇"是神话的重要特点，本堂课每个环节层层深入，最后在感受神奇的基础上，引入拓展资料《山海经》，引导学生结合神话"神奇"这个特点，进一步联想：既然很神奇，那实际上是否可以赋予精卫强大的神力去填海？学生将联想的结果与文中的精卫形象比较产生新的认知冲突点：为什么作者让精卫变成了一只弱小的鸟？结合资料感知中国古代神话蕴含的坚忍不拔、自强不息的中华民族精神。这一联想感知，更加深了学生对中国古代神话的认识，使精卫的形象更加立体、饱满。

《月光曲》教学设计及评析

◆ 陈　洁　段真铮

【教学目标】

1. 根据创作过程，梳理层次，初步把握文章内容。

2. 能根据课文中的三次对话联想，感受兄妹俩的善良、对音乐的热爱，以及贝多芬为穷苦人造福的美好情怀。

3. 能结合语言文字深入联想，进一步感受乐曲的优美，品味艺术之美。

【教学过程】

一、 梳理课文脉络， 整体把握内容

1.（播放《月光曲》选段）音乐带给你怎样的感受？

这就是著名的钢琴曲《月光奏鸣曲》，它的作者是德国音乐家贝多芬，今天我们学习的文章就是以这首钢琴曲为标题。现在让我们一起走进贝多芬的《月光曲》，了解这首世界名曲是怎样诞生的。

2. 学生自读课文，根据《月光曲》的创作过程，边读边想：课文可以分成哪几个部分？再想一想：文章主要写了一件什么事？

主要内容：《月光曲》是一个传说，讲述了德国著名音乐家贝多芬同情皮鞋匠兄妹俩，为他们弹琴，有感于盲姑娘对音乐的痴迷而即兴创作《月光曲》的故事。

二、 根据对话联想， 体会人物内心

1. 文中的三个人物共有几次对话？分别是谁和谁？找一找，做好标记，再思考：根据每一次的对话，你联想到什么，完成表格。

	对话人物	我联想到……
第一次对话		
第二次对话		
第三次对话		

2．交流汇报，通过对话中的关键语句来体会。

预设：

第一次兄妹俩的对话中，从"那有多好""别难过""随便说说"联想到妹妹热爱音乐又善解人意，饱含对哥哥的体贴；从"入场券太贵了，咱们又太穷"联想到哥哥感到不安和愧疚。

第二次皮鞋匠和贝多芬的对话中，联想到贝多芬主动为兄妹俩演奏。

第三次盲姑娘和贝多芬的对话中，从"多纯熟哇""感情多深哪"联想到盲姑娘赞叹琴技高超，猜出弹琴者是贝多芬，联想到盲姑娘对音乐的热爱。

3．出示贝多芬的生平简介以及名言。

贝多芬（1770—1827）出生于波恩，自幼学习弹琴，1787年曾到维也纳向海顿学习作曲，并结识莫扎特。贝多芬生活在法国大革命、拿破仑战争和维也纳体系的时代，欧洲的民主和民族意识此时正日益兴起。他的作品正反映了这些时代的特征，或歌颂英雄，或反对封建，争取民主自由和美好未来。其主要作品有《悲怆奏鸣曲》、《月光奏鸣曲》、《命运交响曲》（第五交响曲）、《合唱交响曲》（第九交响曲）等。贝多芬的晚年十分凄凉，在贫病交加中死去。但是，人民忘不了他，1827年3月29日，贝多芬的葬礼举行时，有两千多人参加护灵。贝多芬对音乐的最重要贡献是交响曲，因此他被誉为"交响乐之王"。

"我的音乐只应当为穷苦人造福。如果我做到这点该是多么幸福。"

——贝多芬

关联贝多芬的生平及名言，再联系这三次对话，你又想到了什么？

预设：

三次对话，一次次加深了贝多芬对这对善良、热爱音乐的兄妹俩的认识，一次次被这位热爱音乐却贫穷的盲姑娘所打动，最后主动为她演奏乐曲。由此可看出贝多芬为贫苦人演奏而感到幸福。

251

4. 师小结：我们通过关注文中皮鞋匠兄妹俩与贝多芬的三次对话，抓住关键词句，结合贝多芬生平以及他的名言，展开联想，感受到兄妹俩贫穷却很善良，盲姑娘热爱音乐又善解人意，从而理解了贝多芬会主动为她演奏的原因，表现出贝多芬高尚的情怀。

5. 分角色朗读对话。

三、 结合文字深入联想， 品味艺术之美

1. 怎样的情景使贝多芬创作了第二首曲子，即世界闻名的《月光曲》？
抓住两个"清幽"，你联想到什么？

清幽雅静、月光朦胧的景，兄妹情深、善良，对音乐无限向往的热情，给了贝多芬创作的灵感。

2. 播放《月光曲》，生欣赏。

在优美的乐曲中，你们脑海里是否出现了一幅幅画面呢？ （出示自学提示）

关注第9自然段，兄妹俩听着琴声，好像看到了什么？用"_____"勾画出来。想想皮鞋匠"看"到了哪三个画面，用不同颜色的笔在课文中勾画出来。

3. 合作学习。

请结合这三个画面，找出皮鞋匠兄妹俩"看"到的事物，再分别填入下面的方框中，并在椭圆形圈中写下这三个画面之间有怎样的变化。

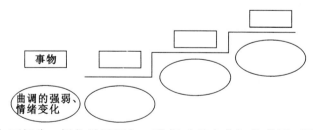

4. 读勾画部分，抓住关键词句，联想《月光曲》的曲调可能是怎样的，选择你认为最恰当的一个，并说明理由。

A. 气势增强—舒缓悠扬—高昂激越

B. 高昂激越—舒缓悠扬—气势增强

C. 舒缓悠扬—气势增强—高昂激越

5. 交流汇报。

画面有三次变化，相应的曲调是：舒缓悠扬—气势增强—高昂激越。

理由：月亮正从水天相接的地方升起来，海面上微波粼粼，洒满了银光，月光下的一切都很幽静，这时的音乐悠长、舒缓、轻柔。接着，月亮升高穿过微云，微云在月光下飘动，说明音乐的气势增强，旋律有了变化。最后，海面上忽然刮起了大风，卷起了巨浪，从"一个连一个""涌过来"这些语句联想到音乐应该是高昂激越的，节奏越来越快。

6. 盲姑娘有没有想到什么，看到什么？抓关键词说明理由。

"恬静的脸""睁得大大的眼睛""仿佛""从来没看到过的景象"，盲姑娘也陶醉在音乐带来的画面中。

7. 我们朗读时该怎么读呢？

语气由轻到重，语速由慢到快，语调由轻柔到激昂。有感情地朗读，读出乐曲的美妙。

8. 小结：我们通过皮鞋匠兄妹俩听到音乐的联想和想象，从画面描写中感受到乐曲的美妙和贝多芬琴技的高超。也正是兄妹俩美好的品格以及对音乐的热爱带给贝多芬创作的灵感。贝多芬不愧是音乐天才，我们不仅佩服他在音乐上的造诣，更欣赏他为穷苦人造福的高尚情怀。

评析：

爱因斯坦曾说过，想象力比知识更重要，因为知识是有限的，而想象力概括了世界上的一切，推动着进步，并且是知识进化的源泉。他说的这种想象力，从某种角度上也可以说是联想。阅读教学中所依托的文本很多都是作者联想思维的结晶，因此，阅读过程本身就是一项极具创造力的思维体操，培养学生的联想能力，是提升阅读素养的有效途径。

《月光曲》一课的设计，充分利用了"联想"这一策略，让学生依托文本，关联个人的生活经验和生活中类似的情感体验，体会文章语言和意境的优美，感受人物表达的丰富情感。

一、 抓人物三次对话联想， 体会人物内心情感的变化

教师利用表格，厘清兄妹俩、皮鞋匠和贝多芬、盲姑娘和贝多芬之间的对话，抓住人物的语言描写，让学生根据自己的生活经历和体验，在头脑中进行再造想象，体会人物内心情感的变化，使人物形象栩栩如生地闪现在学生的脑

海里。

二、 借助语言文字展开联想， 感受优美的乐曲， 品味艺术之美

"清幽"这一关键词在文中出现了两次，让学生运用联想去推想同一个词语所表达的不同意思，辨别词语的感情色彩，体会兄妹的情深、善良以及对音乐的无限向往。清幽的一切显得那么诗情画意，盖过了茅屋里的穷困和凄凉，激发了贝多芬的创作灵感。

《月光曲》是一首优美的钢琴曲，它所蕴含的内容很丰富，很深刻，给学生展开丰富的联想创造了空间。学生自读第9自然段，说说听着琴声，兄妹俩好像看到了什么，再谈谈读后的体会和感受。借助兄妹俩的联想和想象，引导学生从文字中想象描绘的优美意境。音乐本是虚幻的、抽象的，但可以让学生通过联想用隐喻的方式具体可见，借助曲调、节奏来激发相应的类似联想，从而体会人物的思想感情。课堂上，教师引导学生在交流和讨论中，大胆提出自己的看法，并做出自己的判断，有效突破阅读难点，并对乐曲产生无限向往，真切感受艺术的魅力！

第 10 组

写好科幻故事　如何找准想象点

找准选材切入点，让想象插上翅膀

◆ 张　龙

部编版六年级下册第五单元有这样一篇习作——插上科学的翅膀飞。这是一篇想象作文，课本中从内容方面给了一些提示：大脑直接从书上拷贝知识，人能在火星上生活，能用时光机穿越时空回到恐龙时代……这些提示确实能够为学生打开一扇窗，使自己的梦想通过想象得以实现。

经过实践，学生在写想象作文的过程中会出现一些问题。如：一些想象过于浮夸，极其不切实际；想象的目的性不强，不知道为何想象；还有一些学生想象力贫乏，不知道如何想象；想象作文素材陈旧，创意性不够；还有的学生在想象中缺乏情节关联……

本文将从如何选择材料方面提出解决问题的方法，使想象作文目的性更强，改变素材陈旧等现象。

一、 围绕 "解决现实生活的问题" 进行想象

如果留心观察身边的事物，我们就会发现，生活中有许多事情需要解决：如雾霾一直困扰着我们，我们有时候不能呼吸到清新的空气；堵车情况特别严重，本来 20 分钟的路程，因为堵车可能会导致 1 个小时才能到达目的地；资源闲置浪费，因为限号，很多家庭都购买了两辆车，使得每天都会有一辆车在家闲置；垃圾分类还不能形成习惯……

在教学的过程中，应该运用任务驱动的方式，引导学生观察生活，发现生活中存在的问题，开展调查活动，让学生带着问题思考，在解决问题的过程中进行丰富的想象。如表1。

表1

调查存在的问题	解决问题的办法
堵车现象	制造飞车……
大气污染	吸霾神器、空中风扇……
垃圾乱投	机器人处理器……

想象作文必须源于生活，想象的魅力在于它可以将你带入一个虚拟世界，实现现实生活中不可能实现的梦想。因此，通过调查身边问题的方式为切入点，引导学生进行素材的选择尤为重要。例如：有一位学生通过观察生活，为了解决士兵的穿鞋问题而发明了"水陆空行走鞋"。他这样写道："'水陆空行走鞋'，顾名思义，是在水中、空中和陆地上都能行走的鞋，适合解放军战士。这双鞋是由一片树叶带给我的灵感而发明的。那天，我看见一片树叶被风一会儿吹到空中，一会儿落到地上，一会儿又吹到小池里。通过这个场景，我发明了这双鞋。"通过观察事物，解决生活中的问题，选择素材，进行想象，就会有许多意想不到的发明和创造。

二、围绕"现实科技引发的思考"进行想象

在英国《自然》杂志发表的一项环境学最新研究中，科学家称：2020年是标志着人造物质量超过活生物量的转折点，在过去的一百年里，建筑、道路、机器这类人造物的质量每二十年翻一番。这一研究结果提醒所有人，人类对地球的影响正在不断增加，科技正在改变着人类的发展。

"嫦娥五号"月面采样；"天问一号"探测器成功进入预定轨道，开启火星探测之旅；中国"九章"量子计算机问世，比超级计算机快100万亿倍……现在科技正在影响着世界，在这样一个高科技时代，我们的想象力又该走到何处呢？

吃完早饭后，我便坐到书桌前，等着机器人老师给我"上课"。其实，"上课"就是将一个装满新知识的U盘，插到我后脑勺上的一个插口里，将知识输送到我大脑中的一个芯片中，强迫我记忆这些知识……

这个学生的选材在芯片科技，他抓住了未来科技的核心，在人类社会逐步

科技化的过程中，芯片将会扮演起极为关键的角色，成为第四次科技革命的重要基础。

我躺在冰冷的机器里沉睡了约300年，因为研究成功了核聚变技术，以后人们可以生活在地底下，人类也在火星、月球地表和地底下建立了不同的"巢"……

这个学生的选材聚焦在核聚变以及人类探索火星和月球的梦想上，迁移之梦终于得以实现，这是人类几千年的梦想。

我的父母也都是从事航天事业的人，长大后的我传承了他们热爱航天事业的精神，也成为航天人。经过一番严格的训练和检查后，我终于获得了乘坐代表着现代最高科学技术结晶的"航天七号"宇宙飞船的资格。

这个学生写到了自己的家庭，写到了传承，写到了航天事业，这和我们伟大的中国梦紧密地联系在一起。

……

立德树人是教育的根本任务，教学生习作的过程就是培育和践行社会主义核心价值观的过程，就是学做人的过程。教师一定要在"道"这个层面去教学，无论是习作教学还是阅读教学，一定要和学生的心灵产生关系，同学生的理想、信念、激情和人生体验产生联系。为学生插上科学的翅膀，是需要现实科技作为依托，作为支撑，把握住现实和幻想的联系，使文章更具有震撼力、冲击力。科学不能只是一种背景，而要成为习作中的重要元素。

三、围绕"自身极其感兴趣的话题"进行想象

任何一篇好的作文，一定离不开自己的情感体验。科幻想象作文也需要结合自身的爱好去想象，去体验，去探索。只有兴趣被激发，才能够有思维活动，才能够写得有深度，写出对生命思索、对未来发展有价值的文章。纳米技术、克隆技术、时光隧道、恐龙时代……这些都是学生感兴趣的话题。他们可以从电影中找到科学幻想的素材和依据，也可以从自身积累的知识中提取一些有意义的素材，我手写我心，才能够发挥其潜能，让习作更加生动形象，富有创意。

在我校开展的一项调查中，40%的学生都选择了运用时光机穿越到恐龙时代这个素材进行写作。为什么大家对恐龙如此感兴趣呢？首先，大家有许多关于恐龙的知识储备；其次，关于恐龙的电影大家非常感兴趣，比如《侏罗纪

时代》等；最后，恐龙的故事比较好写，比如一位学生写道：

我们悄无声息地降落到了一个石洞中，却被一只头上有三只角的不明小生物发现了。我忙起身打开显示器，看着不断好奇地冲我眨眼睛的小家伙——三角龙，笑了笑。我正要抚摸它时，被远处的一声哀号声打断，只见一只剑龙正在被一群霸王龙围攻，寡不敌众，剑龙的身上不断地增添着伤口，剑龙最终在不甘中咽了气。我还顾不上哀叹自然的残酷，就被两只在清可见底的湖中打闹的马门溪龙吸引了，我久久地站在原地，看着将湖水搅得水花四溅的正在进行"大战"的马门溪龙……

这位学生一连写了三角龙、剑龙、霸王龙、马门溪龙，由此可见，学生对自己感兴趣的话题可以写得很生动。

在想象作文中，要引导学生围绕"解决生活中的问题"进行想象。这是思维发展的基本过程，这样的想象会始终指导学生探索未来，探索未知；要引导学生围绕"现实科技引发的思考"进行想象，科技是第一生产力，科技的发展日新月异，学生的想象应该与科技的前沿发展紧密联结起来，这样的想象会更有生命力；要引导学生"对自己感兴趣的话题"进行想象，兴趣是想象的前提，更是一切发明和创造的前提。总之，选好素材进行想象创作是想象作文的基础，找准选材切入点，才会改变素材陈旧的问题，才会让习作的想象更有目的性，让习作出现新的生长点。

以图为媒，激发想象

◆ 刘　爽

在科幻故事的创作过程中，学生天马行空，常常出现想象缺乏情节关联，想象脱离科学依据的情况。因此，如何将科学、想象、情节三个元素有机结合，以科学为基础，激发学生通过奇特的想象推动情节发展成为习作中的难点。

突破这一难点首先要对教材进行进一步解读与关联。通过下列表1可知，教材想象类习作在引导学生展开想象的过程中，大部分内容借助了思维的可视化工具——图示。图示是实现思维从抽象到具象的桥梁。在本次习作中，巧用图示发展思维点展开想象，可以将科学、想象、情节三个元素进行有效整合。

表1　教材想象类习作训练内容汇总

年级单元	习作内容	相关训练内容
三上第三单元	我来编童话	表示人物、时间、地点的关键词激发想象
三下第五单元	奇妙的想象	借助题目进行想象
三下第八单元	这样想象真有趣	借助图片进行想象
四上第四单元	我和_____过一天	借助情境图激发想象
四下第二单元	我的奇思妙想	运用框架图激发想象
四下第八单元	故事新编	选择故事结尾激发想象
五上第四单元	二十年后的家乡	学习列提纲构思想象
五下第六单元	神奇的探险之旅	选择图表信息进行想象
六上第一单元	变形记	借助插图激发想象
六上第四单元	笔尖流出的故事	借助人物环境和人物创设展开想象
六下第五单元	插上科学的翅膀飞	借助图片激发想象

一、 引入图示， 激发想象兴趣

直观形象的图片可以激发学生的习作兴趣，可以唤醒学生对于科幻世界的想象，激发他们展开科学幻想的热情。

1. 借助教材插图，激活想象。

在六年级下册第五单元习作中，教材首先出示的就是三幅富有奇特想象的图片，以此来引导学生想象。

这一连串的视觉冲击，点燃了学生想象的火花，一下就可以帮助学生打破了思想的壁垒，将想象延伸出去。教师应充分利用教材的想象因素，利用图画这一想象思维的载体，让学生展开想象的翅膀，充分进行再创造的思维活动。

2. 收集科技图片，打好想象基础。

本单元鼓励学生在想象中融入科学元素。而这些科学元素就需要课外知识的扩充。大多数学生对于最新科技的发展了解较为有限。只有打开这扇科技之门，才能够激发学生多元的想象空间。因此，引导学生主动收集先进科技图片进行分享，帮助学生了解到更多的前沿科技成果，积蓄想象源泉，就可以使学生的想象插上科技的翅膀。

3. 借助创作图画，激发想象兴趣。

学生善于运用绘画表现自己丰富的想象，因此，在习作构思前，教师可以鼓励学生将自己的奇思妙想画出来。图1是学生绘制的"未来之翼"。

图1 学生创意作品"未来之翼"

学生通过绘制"未来之翼"的神奇功能展开想象，便有了主人公上天入地，救人于危难之际的奇幻经历。"瑞克被鞋载降落伞带到了一个陌生的地方，他裹紧大衣，还是觉得自己特别冷，于是他打开鞋子的温控按钮，将鞋内的温度上调到 20 摄氏度。嗯，现在暖和多了。这里的地面都是冰，鞋底的滚轮让他寸步难行，他赶紧开启冰刀模式，这样他就可以自由滑行了……"图文结合发展想象，让学生先绘图再描述，画与话相辅相成，这样必定会不断融入学生新的想象与创造。

直观的图片融合了科技、想象等元素，极大地激发了学生的创作热情，为故事的创编打下了基础。

二、 梳理图示， 丰富想象路径

《他们那时候多有趣啊》为学生的创编提供了模仿的范本，承载着读写结合的重要意义，如图 2。因此，在教学中就要引导学生借助课文了解科幻故事的特征，梳理科幻故事的构思特点，产生图式认同，为学生的想象提供思维的支架，从而在习作中进行实践应用。

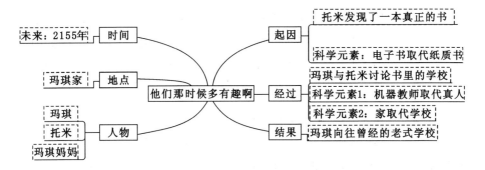

图 2 《他们那时候多有趣啊》课文要素梳理图示

大量阅读是培养想象力的有效途径。没有表象的储备就没有想象的腾飞。在课内阅读的引导下，教师可以鼓励学生进行课外科幻故事的阅读，并借助图示梳理故事的内容及写法。学生阅读了《流浪地球》后受到启发，也开启了超越时空的想象之旅。他们绘制了登月电梯，就像地球与月球之间的一根红绸带："她先乘车来到了一个'大车站'，这可不是普通的车站，而是建有太空电梯的中国始发站。这部太空电梯采用了高密度的碳纳米绳作为缆绳，用其带动升降仓运行。经历了三次换乘，小月终于顺利到达月球……"

读写结合，梳理课文及课外读物的构思特点，形成图示，拓宽视野，丰富表象储备，为想象提供了多元化的路径。

三、 构思图示， 提升想象品质

构思的过程，就是将想象落地，让思维更加具体化。将隐性的思维显性化，将即时性的灵感过程化，就需要可视化的思维工具——图示来提升想象的品质。

在图示的构思过程中，教材提供了文字的提示，教师可以鼓励学生将问题中的关键词"生活环境、科学技术、奇特经历"融入思维图示中，将习作中的各要素进行联系，构建想象的思维过程，帮助学生形成故事创编的支架，让想象、科学与情节关联起来。

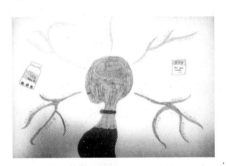

图3　学生绘制的《拷贝大脑》习作构思图示

思维图示的形式、内容并不固定，教师要鼓励学生发挥想象，大胆创新。在《拷贝大脑》这篇习作中，学生就绘制了图3这一思维图示进行创作，将故事情节一波三折地展现出来，情节中充满奇思妙想。

以图为媒，激发想象。可视化的思维工具使学生放飞想象，活化语言，最大限度地激活并丰富了学生的想象力。因此，我们的语文教学应帮助学生找准想象生长点，在每一次的想象释放中，发展他们的想象力。

巧借科技元素，写好科幻故事

◆ 杨晓红

"展开想象，写科幻故事"是六年级下册语文教材中学生最喜欢的习作。但读读提交上来的习作就会发现：学生的想象既缺乏神话的"奇"，又没有魔幻的"幻"。故事情节简单，故事发展缺少科学的元素，怎么看也不像一篇科幻故事。写科幻故事的难点在哪里？如何引导学生在大胆的想象中走进神奇的科幻世界呢？本文将巧借科学元素找准突破点，让想象插上翅膀，在科幻故事里"遇见"未来。

一、 借科技元素激发想象， 点亮科幻时空

"我的科幻故事发生在一个什么样的时空中，人物的生活环境会是怎样的？"带着这样的问题，"我的科幻时空"演讲交流活动应运而生。学生分小组合作，查阅资料，绘制思维导图，撰写演讲稿。班里的恐龙迷们通过图片重现恐龙时代侏罗纪公园的神奇景象。"火星探秘"小组为我们描绘了一个有着高山河川、四季交替的红色星球。连接遥远时空的多维空间隧道——虫洞，躲避外星人进攻的太空城，神秘莫测的马里亚纳海沟都成为故事中人物的生活环境。

分享交流激活了学生头脑中储存的科学知识，借想象突破时间和空间的束缚，为自己的故事设计出一个与众不同、令人惊叹的科幻世界。

二、 借科技元素激发想象， 赋予人物超能力

什么才是我们探知世界的真正武器？拿破仑曾高呼"想象力统治世界"。

对儿童来说，想象是他们的天性，是他们学习的重要思维方式。《羿射九日》中后羿拔出神箭一口气射下了九个太阳；《盘古开天地》中盘古头顶天、脚踏地，为我们撑起了天和地；《西游记》中孙悟空的七十二变，一个"变"

字就幻化出无限可能……神话故事中主人公的神力带给学生无限的想象空间。当神话故事经历了一场蓬勃发展的工业革命之后，人类对世界有了全新的认知。嫦娥奔月的神话，解决了一颗仙丹让她飞离地球的目的，但是无法解决她落户月球后生活的实际困难。学生科幻故事中的人物应该拥有哪些超能力呢？

教师引导学生由神话人物想开去，展开"主人公的超能力"想象大赛，回答"运用了哪些不可思议的科学技术？"的问题，解决学生没有科技元素的漫天想象。

1. 现代工具的革新与创造。

不可思议的科学技术不是凭空想出来的，而是基于前沿科技帮助学生革新与创造。近期，我国大量智能产品投入使用，智能声控电梯的发明引发学生对居家电器语音控制的想象；由声控门引发学生创造了"阿里巴巴的神奇之门"，它有情感，具有洞察人心的本领，一切邪恶与阴谋都无法进入神奇之门。3D打印技术的运用，引发学生创造了梦想打印机，只要说出你的梦想，这台打印机就会帮你实现。

云端飘移停车场、隐形汽车、超级芯片加工厂……每一款科技产品都与众不同，令人惊叹，或来自科技前沿产品，或出自学生的大脑。

2. 已知生物的夸张与进化。

根据书籍、电影中的生物进行夸张变异，创造出新的科技力量。从《阿凡达》获得灵感，学生创造了两个星球基因合并诞生的纳亚人，赋予他们两个星球生物的超能力；创造了造型各异的外星人，借助头上的天线敏锐地捕捉人类感知不到的蛛丝马迹；赋予宇航员特异功能，使他们在太空行走自如……更多的想象充满童趣，篮球运动员的手臂可以自由伸缩，袋鼠的耳朵可以捕捉千里之外的声波，人形花朵能和人类对话，还有只听命于儿童的恐龙。

对科技前沿知识的了解，大大激发了学生的想象力，创造出拥有超强科技能力的独特人物形象，科幻故事精彩纷呈。

三、 融科技元素激发想象， 展开奇特经历

科幻故事既不是科学小品文，更不是说明文。"我的科幻故事"该怎么写呢？教师要在难点处指导。

1. 借助写法上的反复结构，让情节一波三折。

第一次尝试写科幻故事，教师可以指导学生借鉴童话故事的反复结构进行

创作。如在《阿里巴巴的神奇之门》故事中，不同人物进入神奇之门，故事情节波澜起伏。当第 4 个人走来，他邪恶的内心被神奇之门觉察，他将怎么进入呢？教师引导学生在反复结构的故事中，巧设悬念，借助科技手段，不断化解危机，使故事情节跌宕起伏，奇特有趣。

2. 借助问题链，激发想象，展开奇特经历。

写作的过程就是学生关注现实生活，不断提出问题、解决问题的过程。有个学生写道：2250 年，某国带头撕毁了安全条约，大规模使用破坏力极强的机甲 IM 发动侵略战争，世界被破坏得满目疮痍。联合国总部决定使用时空穿梭技术，送一个人回到 2200 年，把即将研发出的机甲 IM 彻底毁掉。

这个故事的情节如何曲折离奇，一波三折呢？引导学生思考：时空穿梭机是怎样回到 2200 年的？主人公运用了哪些高科技解决了哪些困难？是如何毁掉机甲 IM 的？他还能再返回 2250 年吗？……帮助学生以问题链的方式，找准情节发展与科技元素之间的链接，激发想象，推动故事情节的发展。

3. 抓住场景、细节描写展开想象，让情节一波三折。

世界上最短的科幻小说是这样写的：最后一个地球人坐在家里，突然响起了敲门声……

短短的一句话，却展示了场景和细节描写，带给读者无限的想象空间。对于习作有困难又不善于想象的学生，教师可以通过改编以往作文的方式，降低习作的难度。

例如：把下雨天送伞、扶摔倒的同学去医务室、参加运动会比赛……这些平常的习作内容，加入科学元素，在场景、细节处想象，就会呈现出一篇篇不一样的科幻故事。

有位学生这样写道：雨越下越大，学校门口的人越来越多。大家都没有带伞。我快速打开铅笔盒，按动侧面的红色按钮，铅笔盒瞬间变成微型电脑，借助语音识别系统，我熟练地打开页面，几笔便画出一把把漂亮的雨伞图案，然后连接我的微型 3D 打印机，随着一声"打印"指令，一把把颜色不一、造型奇特的伞就飞向人们头顶，人群欢呼雀跃。我告诉那些感谢我的人，3D 打印并不神秘，它只是一种新型的制造和加工工艺而已……

法国科幻小说之父凡尔纳曾说：一个人能够产生想象，另一些人就能将这种想象变为现实。他被誉为"科学时代的预言家"，因为他在 19 世纪写的故事中那些奇妙无比的构想，到了 20 世纪几乎全都成为现实。指导学生写科幻小说的过程，也让教师不断反思，要想做学生创新思维的引路人，教师的知识、常识和见识一个都不能少。

"插上科学的翅膀飞"习作教学，让学生经历一场神奇的科幻之旅，在想象的故事里"遇见"神奇的未来，激发了学生的科学精神、创新欲望，使其真切感受到科技的力量对人类未来生活的巨大影响。

借助多元素，想象更出彩

◆ 陆映天

六年级下册第五单元习作要求写一篇科幻故事。如何让科幻故事出新、出彩，不落俗套呢？找准想象点是关键。

一、 借助熟悉的事物， 发掘新的功能点

科幻故事中天马行空的想象，大多须借助具体的物件，再创设曲折离奇、丰富多彩的情节。那么，这些科幻故事中的"道具"从哪儿发掘呢？从学生熟悉的身边的事物着手。"哈利·波特"系列的主人公骑着扫帚满天飞行不就是最好的例证吗？儿童是最具想象力的，想象是儿童的天赋。许多在成年人眼里不起眼的物件，孩子们都能端详半天，谁能知道在他们的想象世界里，又出现了多少奇思妙想。

1. 从家庭生活中汲取元素。家庭是学生最为熟悉的地方了，家里的物件大到冰箱、电视，小到餐桌上的碗筷碟子，都可以成为科幻故事里的角色。让这些普普通通的事物开口说话、有思想，也可以开启它们的奇幻之旅。比如，让扫地机器人有更多的功能，让台灯读懂人的心思，从而能根据人的情绪调节亮度，甚至开关。这是多么有趣的幻想啊！

2. 从学校生活中汲取元素。学校既是学生学习知识的场所，也是开展各项活动，实现生命成长的地方，它所带给人的想象是非常丰富的。比如，那会飞的教室就是神奇的幻想。教室里的黑板、桌凳，甚至文具、扫帚都可以成为科幻故事的创作元素。校园、教室、水房、实验室都是产生科幻故事的月光宝盒。"跳蚤市场""课本剧场""科技活动节"等都可以融入科幻故事的场景之中。

二、 借助神话人物， 发掘新的故事点

神话故事是人类文化的瑰宝，是古代劳动人民智慧的结晶。大胆的想象，有趣的情节，栩栩如生的人物形象，深深地吸引着学生的目光。创作科幻故事可以从神话故事中得到许多有益的启示。

1. 借助神话故事中的人物形象来设计科幻故事里的人物。比如，由《西游记》中的孙悟空，可以创设孙小圣这一形象。由猪八戒，可以想到猪九戒。由《嫦娥奔月》中的玉兔，可以创设迷人小猫这一角色等。

2. 借助神话故事中的情节来设计科幻故事里发生的事情。比如由"哪吒闹海"的故事，设计"机器人大战海底怪兽"，由"东海龙宫"的故事，设计"未来海底工厂""海底城市"等。

269

三、 借助现代科技， 发掘新的价值点

1. 从环保科技中汲取元素。科幻故事的写作离不开社会、时代热点。进入新时代，环保科技是一个非常重要的领域，况且，少年儿童对科技话题特别感兴趣，学校也经常组织一些环保科技活动。写作时可以把环保与科技结合起来，充分发挥想象，整合想象资源。

2. 从军事科技中汲取元素。有不少学生都非常崇拜军人，对各种武器装备有浓厚的兴趣。把科技与军事结合起来，写进科幻故事里，结合人工智能的运用前景，一定能写出生动有趣、充满想象力的科幻故事。

四、 借助时空穿越， 发掘新的触发点

1. 从古今穿越中汲取元素。时下，有关古今穿越的小说、影视作品很多，科幻故事写作也可从中汲取方法，形成新的故事触发点。把科学的发明创造与古代或者未来的生命体联系起来，把古代的人物故事与现代人物联系起来，或者把古代的人物故事与未来的人物联系起来，创作新的故事形象。

2. 从星际穿越中汲取元素。浩瀚的宇宙空间一直以它神秘的存在吸引着孩子们的目光。神秘的星空一直是生长故事的所在，教学时可以引导学生查阅、搜集相关资料，掌握一定的天文知识，结合人类的航天成就，展开丰富的想象。比如，如何以不同的方式进行星际旅行，实现外星球的定居梦想；如何与外星人建立联系，会发生哪些离奇而有趣的故事等。这样既能激发学生的写作兴趣，又能丰富习作的内容。

　　找准想象点是写好科幻故事的基础。当然，还要构思好故事的情节，还要做到言之有理，言之有趣，言之有序，言之有情。这样，学生就不难写出一篇生动有趣而又引人入胜的科幻故事来。

以时间为轴线，构写科幻故事

◆ 傅尧尧

六年级下册第五单元的习作主题是有关"科幻故事"的创作。基于学生的年龄特点、认知水平，教师该如何指导学生构写科幻故事呢？是否只有天马行空的想象就行？本篇文章重在以时间为轴线，为学生提供合理的想象，突出"生活气"。

一、 基于小学生定义 "科幻故事"

"科幻"一词对于小学生构写"科幻故事"有非常重要的作用，但目前出现的解释相对来说比较抽象，难以理解。所以教师首先要给学生一个适合他们的科学解释。科学的幻想，即根据有限的科学假设（某些东西的存在，某些事件的发生），在不与人类最大的可知信息量（如现有的科学理论，有据可考的事件记录）冲突的前提下，虚构可能发生的事件。即根据现有的科学进行合理想象的故事，就是科幻故事。学生便可在有效的范围内进行想象，构写故事。这也可在一定程度上将童话故事与科幻故事区分开来。

二、 以时间为轴线， 确定故事线索

"科幻故事"的编写需要一定的时间线索。给学生一个"以当前为基点，向两边无限延伸的时间轴线，让学生可以沿着'过去'或'将来'进行想象"。学生沿着时间轴线构写科幻故事难度就会缩小。另外，大部分学生的印象中只有幻想"未来"的片段，通过时间轴线可以拓宽学生的想象范围，"过去"也是可以走进学生的科幻故事中的。

三、"科幻感" 牵手 "生活气"， 共育想象新生命

在故事基本框架敲定的情况下，学生该如何找到想象点，进行故事构写

呢？根据"科幻故事"的特点，任何想象都要基于科技，但是学生对于科技的感觉是抽象的，摸不着、抓不到，学生该如何切入想象呢？

首先，学生的想象要有创造未来的"生活气"。学生认知范围有限，但生活对于学生来说是最熟悉的，生活带给学生的灵感像泉水一样咕咚咕咚地涌进来。学生在生活中基于自身的需要，亟待解决的问题非常多，何不在想象中让科学去帮助解决呢？学生可写的范围及内容取之不尽、用之不完。如来自学生的作品《神奇书包》，书包都可以与学生对话了，解决了学生丢三落四的毛病；《神笔金箍棒》一笔多用，上学就用一支笔，解决学生整天买笔的困扰；《会变色的沙发》，沙发可以根据人类的心情随意切换颜色，让主人随时都能开心起来；《开心橡皮》，这块橡皮可以擦掉任何人类不开心的事情，让人们每天都能开心幸福地生活……学生用科技将生活变得越来越美好，更多的是解决困扰。这一类改变未来的科幻故事是学生们最喜欢、最容易进行想象的科幻故事。

其次，学生的想象要有改变过去的"生活气"。学生时常会问老师一些问题，如"要是以前就有……就好了"，学生不仅有让未来更美好的愿景，也有改变古代不太方便的生活方式的想法。学生会想象着用科技去改变过去的时代和历史，所以，引导学生想象改变过去不失为一个有趣的主意。如学生的《茅屋酒店》，让杜甫也能住在茅屋外形的酒店中，这样就能御寒；《马儿的风火轮》，古代人们出行距离较远时，马儿跑得比较慢，可以为马儿创造一个专属的车，让马儿跑得像风火轮一样快……

最后，学生提出建议，让想象拥有大同世界的"生活气"。我觉得这个建议提得很有创意。学生解释，我们用科技改变生活，目的是让我们过去、当下、未来的生活都如人类所希望的那样去发展，那我们何不想象未来的世界就是一个大同世界，古往今来不都在朝着这个方向努力吗？是的，在想象中用科技为人类创造一个大同世界，学生的想象越来越"不受控制"，喷涌而出。

以时间为轴线，构写科幻故事，让想象更具"生活气"。

阅读经典作品，探寻写作策略

◆ 张香娜

　　写作者通过想象创造出的假想事物和假象世界，只有遵循某种规律或作者创设的某种特殊法则时才能得以存在。只有在这一法则行得通的前提下，假想世界里的人物才能得以生存，想象故事才可能得以顺利叙述。这些内在规则，就是想象作文的写作策略，通过阅读经典想象文学作品，可以从中发现规律。学生写作之前，首要任务就是探寻出其中一个规则。

一、探路（挖掘内容，发现规则）

　　习作前教师给学生留阅读任务，要求从《绿野仙踪》《爱丽丝梦游仙境》《尼尔斯骑鹅旅行记》中选读一本。

　　习作时学生按要求做阅读汇报，即：用一句话概括所读故事的梗概，这一句话要包括：①什么人（主人公）；②在什么时候（什么情况下）；③去（在、经过）哪里；④做（发生、遇到）什么事。

　　本环节引导学生自主发现故事的奇妙之处，并尝试探究故事背后的法则。

　　三个故事的梗概分别是：《绿野仙踪》，多萝西被大风吹走，寻找回家之路时和朋友们游历奇幻世界；《爱丽丝梦游仙境》，爱丽丝睡着后，在梦中掉进兔子洞进入奇妙世界，展开惊险之旅；《尼尔斯骑鹅旅行记》，尼尔斯被妖精变成小人后骑鹅飞到拉普兰。

二、指路（梳理特点，探究策略）

　　梳理的故事梗概，以表格的形式呈现如下：

作品	什么人	什么时候	去哪里	做什么事
《尼尔斯骑鹅旅行记》	尼尔斯	变成小人	骑鹅去拉普兰	骑鹅北飞的惊险之旅
《爱丽丝梦游仙境》	爱丽丝	睡着	掉进兔子洞	进入奇妙世界的惊险之旅
《绿野仙踪》	多萝西	被大风吹走	寻找回家路	游历奇幻世界

教师就表格内容做补充延伸：《哈利·波特与魔法石》，哈利离开姨妈家到霍格沃茨的奇妙故事；《西游记》，唐僧受唐王嘱托去西天取经的故事。

对比表格内容可发现这些作品的共同特点——主人公出发、上路、离开、追寻，然后展开奇妙经历。与这种奇幻文学有相似特点的经典作品还有很多，如《纳尼亚传奇》《白雪皇后》等。

274

找到想象文学的一个关键写作法宝后，引导学生从三要素的角度确定写作路径：确定主人公，设定其奇妙境遇。确定特殊环境，为主人公离开日常生活环境创设异样氛围。确定奇妙情节，在特殊旅程中，遇到不平凡的事情，实现不平凡的人生价值。比如遭遇黑洞、生病、辐射或某些不可抗的事件，或者遇见特殊的人、物，比如魔法师、时钟、信件等。旅途中的不平凡经历将是整个想象作文的核心部分。

三、 行路（落实方法， 写作实践）

明确写作路径后，教师指导学生以同路径异创作的形式进行习作练习。

确定人物，因为写作者是三年级学生，故建议使用第一人称以便叙述。动物为第一主人公的，尽量选熟悉的，可以使描写更加生动、真实。

确定环境，保证主人公在不寻常的时机、地点开启奇妙旅程。可以提供一些参考帮助学生打开思路，如阁楼、衣柜、地下室，家庭旅行或学校活动，去露营、徒步等，或全家都出游只剩主人公一人在家（参考《小鬼当家》，将笨贼变成奇妙的角色）。

最后学生自主讨论确定六个主题方向，分六个写作小组完成习作。同一组的学生使用相同的主题，展开不同的想象，各自创编不同的情节。

习作课之后的讲评很重要。此次作文讲评会跟平时不一样，实际是进阶创作，是在第一阶创编基础上的升级。同组成员之间先自评，找不合理情节、漏洞，进行修改整合，再创作后推选出六个精彩的想象故事。

第 11 组

四年级下册第四单元整体教学谈

着眼单元整体，实施有效教学

◆ 魏 星

部编版教材"双线组元"的编排，给教材解读带来更大的空间，也给大单元、大问题、大任务教学设计带来更多可能和便利。单元整体教学的教学形态应是什么样，如何基于单元整体设计活动任务群，进而实现语文深度学习，是当前教改的热点、难点问题。

四年级下册第四单元以"作家笔下的动物"为主题，安排了老舍的《猫》《母鸡》和丰子恺的《白鹅》，教学重点指向"体会作家是如何表达对动物的感情的"。无论是人文主题，还是语文要素，都强调了"作家"的感悟和表达。老舍和丰子恺都是语言大师，他们看待小动物的视角是独特的，表达的方式和趣味是极具个性色彩的。三篇课文都非常幽默，但幽默的方式却各不相同。老舍的《猫》娓娓道来，就像面对面向你介绍一个淘气又可爱的小生灵。《母鸡》的"先抑"非常夸大，与"后扬"的部分形成鲜明对比。丰子恺以漫画家的眼光去看待鹅，对鹅的"高傲"表现得淋漓尽致。教材还安排了两篇"阅读链接"，与三篇课文形成一个"超文本"，一个更大的召唤式结构。解读教材与教学设计时，既要找到单篇课文的教学落点和进入文本语言的"缝隙"，与作家对话，又要抓住同一作家、不同动物之间的相似联系及不同作家笔下相同动物之间的相似联系，通过比较、品评等方式进行联结式学习。"语言是有限手段的无限运用。"把握文本语言表达的"有限手段"，与学生在生活中对动物的感知进行有效的联结，从阅读学习表达，进而走向"无限运用"，这是本次工作室进行单元整体研讨的基本理念。

站在单元整体视角设计的学生学习任务具有三个特点：一是在文本理解方面具有吸引学生整体感悟、探究的牵引力；二是在教学过程中具有形成一个教学板块的支撑力；三是在课堂活动方面具有让学生共同参与、广泛交流的凝聚力。这次教研活动是在反复集体备课的基础上形成的教学设计，综合运用演绎式、归纳式、体验式等思维方式。但无论是哪种教学思维，都紧扣单元要素打开。把三位教师的语言活动设计整合在一起，就构成了这个单元的学习活动任务群。让我们带着这样的眼光，走进"作家笔下的动物"单元吧！

让"要素"在课堂生根

——以《猫》教学为例

◆ 顾　萍

如何让语文要素清晰、具体、扎实地在课堂落地生根？我以《猫》这一课为例，谈谈实践和体会。

一、 准确定位， 找准要素落脚点

四年级下册第四单元以"作家笔下的动物"为主题，指向阅读的语文要素是"体会作家是如何表达对动物的感情的"。《猫》是语言大师老舍的作品，他将笔触落于生活的细微之处，用平实的口语化表达，娓娓道来，字里行间倾注了对猫浓浓的喜爱之情。老舍的语言，富有浓郁的生活气息，读起来亲切有味，风趣生动。

结合单元语文要素，研读老舍的语言风格，同时对接课后习题，找到语文要素在本课中的具体落脚点——围绕"老舍是如何表达对猫的喜爱之情的"这一核心学习目标，探秘老舍表达情感的独特句式。因为在"说它……吧……的确……可是……"中，包含着老舍表达情感的具体方法，一是巧用事例，二是妙用矛盾，三是善用口语。

核心目标的准确定位，让单元语文要素在单篇文本中有了准确、可靠的落脚点，让笼统、模糊的语文要素清晰、明确地呈现在课堂上，也为后续语文要素在课堂的深入展开奠定了基础。

二、 细化内容， 把握要素着力点

如何让语文要素在课堂上有力生长？找准语文要素的着力点。细化学习内容，把学习目标转化为一个个具体、有效、可操作的学习环节，确保语文要素在课堂上扎实推进、有效落实。

　　围绕《猫》这一课的学习目标，我找寻到了要素落实的着力点。放大猫的"古怪"性格，从猫的"古怪"中感受"可爱"，从"可爱"中体会老舍对猫的"喜爱"。聚焦"说它……吧……的确……可是……"这一句式，并以这一特殊句式贯穿整个教学，从教学带有这个句式的段落，到另外两个段落，再迁移到生活中的说和写，目标集中，内容聚焦，让学生从中学习老舍表达情感的方法。

　　基于语文要素，对学习内容分板块推进，落实到每个学习环节：一是抓关键句，厘清层次；二是从"古怪"中感受"可爱"；三是探秘表达，体会情感；四是迁移运用，表达情感。主要板块要做到重点突破，深入细化。譬如第三板块，聚焦"作者是如何表达对猫的喜爱之情"，紧扣第2自然段的特殊句式展开学习，继而迁移到第3、4自然段，由扶到放，在迁移中学习、运用句式，捕捉老舍表达情感的具体方法：巧用事例，表现"喜爱"；妙用矛盾，展现"喜爱"；善用口语，凸显"喜爱"。这样的学习是聚焦的，也是清晰而具体的，学生在课堂上是真正有所得的。

三、 充分实践， 落实要素能力点

　　只有充分进行言语实践，才能实现从"语文要素"到"语文能力"的转变。因为学生的语文素养是在积极的言语实践活动中积累与构建起来的。

　　老舍善于运用口语化的表达，亲切有味地展现出对猫的关切和爱怜。"说它……吧……的确……可是……"这一句式，正是他口语化的集中体现。围绕这个特殊的句式，把课文的情境巧妙变成一个交际的语境，和学生在真实自然的聊天对话中，学习、迁移、运用老舍的表达。通过言语实践活动，把课堂成功变成一个语用场。譬如：

　　师：介绍猫老实又贪玩的古怪性格，用了"说它……吧……的确……可是……"这样口语化的表达方式，写出了猫矛盾的性格。其实生活中很多人、很多物，性格特点也不是单一的，甚至看起来也是矛盾的。比如，说妈妈严厉吧，可是她又很——

　　生：慈爱。

　　师：说奶奶节约吧，可是她有时又很——

　　生：大方。

　　师：说小狗忠厚吧，可是它又很——

生：狡猾。

师：说得真好。有同学用上刚学会的句式来说他的爸爸——（出示：说爸爸懒惰吧，的确是呀，他什么事情都不管，老是躺在沙发上玩手机。可是，他有时又出奇地勤快，当家里来客人的时候，买菜啊，烧饭啊，就都是他干）

师：你能像这样，用上句式来说一句吗？

生：说奶奶节约吧，的确是这样啊，夏天连空调也舍不得开，自己的衣服也舍不得买。可是，她又是那么的大方，只要是我需要的东西，她二话不说，一定会毫不犹豫地给我买。

这样的学习有梯度，有层次，学生习得句式，内化句式，运用句式，语文要素就在这具体的言语实践过程中，得到一步步扎实有效的落实。

280

基于单元语文要素，在单篇文本教学中找准语文要素的落脚点、着力点和能力点，就能把静态、冰冷的语文要素，转化为动态、有温度的语文能力，从而提升学生的语文素养。

来，跟着作者学表达

——由《猫》一课谈语文要素落地的路径

◆　费　洁

《猫》是一篇老课文，也是一篇好课文，文字非常经典，值得咀嚼。它编排在四年级下册第四单元第一篇，指向阅读的语文要素是"体会作家是如何表达对动物的感情的"。

课文后面有四个练习，其中三个指向语文要素："举例说说可以从哪些地方看出作者非常喜欢猫，再把你的体会有感情地读出来。""读一读，体会这段话的表达特点，再照样子写一写。""读下面的'阅读链接'，体会不同作家对猫的喜爱之情。"这明确告诉我们，《猫》这篇课文要让学生来学习作者怎样表达对猫的喜欢的，并能运用学到的方法写一段话。

顾萍老师很清楚这一点，她执教的这一课，真真切切地让学生跟着课文学会了表达，非常到位地体现了教材编者的意图，让语文要素在课堂落地。

一、聚焦：从古怪中体会可爱

1. 抓住关键，厘清文脉。

课后第一个练习是"默读课文，说说课文围绕猫的可爱讲了哪几层意思"，这是让学生厘清文章条理。顾老师有一双慧眼，她发现第1和第5自然段都是一句话，"猫的性格实在有些古怪"是总起，"这种古怪的小动物，真让人觉得可爱"是总结。她让学生把两句话连起来读一读，学生就明白了：课文第2~4自然段写的是猫很古怪，这种古怪让作者觉得可爱。再联系第6自然段中的"满月的小猫们就更好玩了，腿脚还不稳，可是已经学会了淘气"这句话，学生自然就知道了课文围绕猫的可爱讲了两层意思：一是猫很古怪，二是小猫淘气。就这样如庖丁解牛般厘清了文章思路，自然而贴切，可见执教者对文本解读的精准。

2．提取信息，凸显"古怪"。

猫的性格实在有些古怪，那么，古怪在哪里呢？顾老师用了一个填空，就把这个问题破解了。引导学生默读第 2～4 自然段，找找形容猫性格的词语，然后填空："猫的性格实在有些古怪。它既（　　　），又（　　　）；既贪玩，又（　　　）；既温柔可亲，又（　　　）；既（　　　），又勇猛。"填空的过程就是提取关键信息的过程，提取关键信息的过程也是概括的过程。这样一整合，提纲挈领，三个自然段巧妙地融为一个整体，为进一步体会猫的可爱和学法迁移做好了铺垫。

3．品味文字，体味"可爱"。

282

聚焦"从古怪中体会可爱"来展开教学，从而看出作者对猫的喜爱，这是重点，也是学生理解的难点。

譬如，让学生从猫的"贪玩"中体会到可爱，顾老师抓住"任凭谁怎么呼唤，它也不肯回来"来品味，启发学生想象，会有哪些人来呼唤？怎样呼唤？学生把自己当成老舍，着急地呼唤："我的猫呀，你在哪里呀？快回来啊！"接着让学生当一当老舍的夫人和孩子，继续呼唤，可是猫还是不回来。顾老师顺势点明："哎呀，这猫怎么就像个淘气的孩子呀，一玩起来就不知道回家了呢！"难怪老舍说——任凭谁怎么呼唤，它也不肯回来。这样教学，走进了作者的内心，很好地理解了这句话，所以学生豁然开朗，纷纷发言："玩是天性，这样的猫十分可爱，作者非常喜欢。"就这样品味文字，体味"可爱"，化解了难点。

二、 破译： 扣片段来体悟方法

那么，课文表达上有什么秘妙？顾老师紧扣第 2 自然段，删繁就简，巧妙引导学生去破译，去体悟。

1．妙用矛盾。

顾老师是这样来引导学生破译"妙用矛盾"的。"老实、贪玩、尽职，同时集中在了猫的身上。那老舍是用了哪个神奇的句式把这三个相互矛盾的性格连在一起的？你能发现作者表达的秘密吗？"这样清楚轻巧地一问，学生就关注到了表达的与众不同，一下子发现了两次"可是"的巧妙运用，以及"说它……吧……的确……可是……"这样奇特的句式，不仅把猫的矛盾性格特点巧妙地连接在了一起，还在转折、强调中自然而然地展现了猫的古怪和可爱，真是妙不可言。

2. 善用口语。

顾老师又是这样来引导学生破译"善用口语"这个方法的。"老舍的文章好像不是写给你看的，而是在'说'给你听。现在你们就是老舍，我是你的朋友，我来做客，老舍忍不住聊起了家里的猫。"于是学生当老舍，顾老师当邻居，聊了起来："很多人养猫，都是为了捉老鼠，你家猫会捉老鼠吗?"学生非常自然地接着往下说："会啊会啊，这只猫只要听到老鼠的一点儿响动，就非常尽职。它会屏息凝视，一连就是几个钟头，非把老鼠等出来不可。"就在这样的聊天中，学生把老舍口语化的文字说了出来，而不再是机械地读。这时，让学生把"说它贪玩吧，的确是啊，要不怎么会一天一夜不回家呢?"这句话中的语气词去掉后再读，学生就心领神会，他们说："有了语气词，感觉更加生动了。""突出了小猫的可爱。""感受到老舍对猫的喜爱。"此时，教师的总结水到渠成："你们看，用上了生活中常用的语气词，表达就更加口语化，说起来更亲切，更有味道了，流露出了对猫浓浓的喜爱之情。"老舍语言文字表达的特色，就这样如同雨水，沁入学生心田。

3. 巧用事例。

课文中，老舍用了很多细小的事例，恰当地表现了猫的特点。顾老师这样引导："我们知道，这段话写了猫的三个不同的性格，分别是——老实、贪玩和尽职。请默读第 2 自然段，从哪些词句感受到猫的老实、贪玩和尽职?想到什么就说什么。"这样的设计，贴近学生，又贴近课文，学生就抓住"成天睡大觉""出走一天一夜""非把老鼠等出来不可"等词句说起了那只猫，学生充分交流后，顾老师总结："老舍用睡觉写猫的老实，用出走写它的贪玩，用捕捉老鼠写它的尽职，巧用细小又平常的事例，具体生动地表现了猫的古怪。"巧用事例这一方法就这样被学生收入囊中。

三、 抵达： 在迁移中学会表达

如何把体会到的方法运用出来，完成课后的仿写?这是学习的难点。老舍是语言大师，他的表达特点不是简简单单就能模仿的。顾老师在这里分三步来引导。

1. 理一理矛盾的性格。

顾老师给出几对矛盾的词语，"严厉—慈爱""节约—大方""忠厚—狡猾"等。然后师生合作，学生觉得很有趣，这样的设计丰富了内容，降低了难度，激活了学生的思维。

2．说一说身边的事例。

引导学生说说"生活中让你产生这种感觉的人和物"。虽然这时候学生的表达还不够好，但是又有什么关系呢。因为他们已经能说了，这是多么了不起，只要他们想说，就已经成功了一半。"妈妈有时很温柔，会耐心地教我做题目，可是，有时又很凶，做错事后会狠狠地批评我。"学生已经会用细小的事例呈现矛盾的性格，进步很大，但没有模仿文中口语化的句式。

3．引一引口语化句式。

284

这时顾老师示范了一段话："说爸爸懒惰吧，的确是，他什么事情都不管，老是躺在沙发上玩手机。可是，他有时又出奇地勤快，当家里来客人的时候，买菜啊，烧饭啊，就都是他干。"此时的引领恰到好处，学生再次感受到句式的精妙，接下来果然说得不错："说奶奶节约吧，的确是这样呀，夏天连空调也舍不得开，自己的衣服也舍不得买。可是，她又是那么的大方，只要是我需要的东西，她二话不说，一定会毫不犹豫地给我买。"这时学生的语言已经融入了老舍表达的特点。

运用，才是真正的学会。在引导学生学习第3、4自然段的时候，顾老师还让学生用上"说它……吧……的确……可是……"这种句式来说，这就把妙用矛盾、巧用事例、善用口语这三个表达特点融为一体，不但理解了内容，省时高效，还为最后的模仿表达打下了基础。

聚焦，破译，抵达，层层深入，这是引领学生学习作者怎么表达对猫的喜欢并写好一段话的方法，也是落实语文要素的一条路径。

比较阅读，悟情得法

——以《母鸡》教学为例

◆ 王 洁

部编版四年级下册第四单元编排了《猫》《母鸡》《白鹅》三篇散文。课后都安排了比较阅读，主要有两种形式：一种是不同作家对于同一写作对象在内容和形式方面的比较，一种是同一作家对不同写作对象在内容和形式方面的比较。这些比较阅读的目标都指向单元语文核心要素"体会作家是如何表达对动物的感情的"。

读完《母鸡》，发现老舍之所以对母鸡的情感态度从开始的一向讨厌到最后不敢再讨厌，都是因为母鸡成为鸡母亲这一角色后的一系列表现，让人感觉到母亲的伟大。捕捉到文本的语言密码，寻找情感变化突破口，一条鲜明的教学线索就能串起整篇文章的教学：母鸡角色变化后的不同表现引起作者情感态度的变化，那么教学时就可以紧扣"母鸡、鸡母亲"这两个关键角色，通过不同表现的品读，体会鸡母亲负责、慈爱、勇敢、辛苦的特点，从而水到渠成地体悟到老舍情感变化的原因以及语言大师表达的方法。教学时，以母鸡不同角色的不同表现进行前后对比，以及老舍写的《猫》和《母鸡》两篇文章在表达上的对比，在比较阅读中落实单元语文要素。

一、 前后对比， 感悟作者情感变化

比较阅读是在纵向阅读与横向阅读中对比文本内容和形式上的相同点和不同点，更清晰地认识文本特征的阅读。在比较阅读活动中，学生对阅读文本必须经过一个由现象到本质、由特殊到一般的思考认识过程，才能达到阅读的目的。比较阅读可以改变学生单一的阅读方式，引导学生的思维向多层次、多维度发展，使思维更加灵活和深刻。一个好的问题设计可以为学生的思考"架

桥"，促使学生的思维向更深处发展。

聚焦"欺负与反抗"片段：

师： 老舍是怎样把一向讨厌母鸡到不敢再讨厌的情感变化写出来的？让我们先来聚焦遇到"欺负与反抗"时，母鸡的表现有什么不同。

生： 我找到了两处："它永远不反抗公鸡……咬下一撮儿毛来。""假若有别的大鸡来抢食……连大公鸡也怕它三分。"母鸡以前很可恶，连自己的同类都要欺侮。

师： 是呀，的确令人讨厌。老舍说"更可恶的是……"说明母鸡还有让人讨厌的地方，你能说说吗？

生： 母鸡看到比它强的公鸡是"永远不反抗"，却要"欺侮最忠厚的鸭子"，真是个欺软怕硬的家伙。

师： 难怪老舍讨厌它了，那后来呢？

生： 它成了鸡母亲后，为了保护小鸡雏的食物竟然敢和公鸡去斗，好勇敢啊。所以作者对它不敢再讨厌了，甚至有点敬佩它。

师： 面对强者，之前的它是永远不反抗；但有了鸡雏后，遇到强敌，它敢拼敢打，分明就是一个勇敢的斗士，难怪老舍如此敬佩它。你发现了吗？从讨厌到不敢再讨厌，作者用了怎样的方式来表达？

生： 前后对比。

师： 是的，作者扣住事件，写出了母鸡角色不同时不同的表现，鲜明地表达了他从讨厌到不敢再讨厌的情感变化，他是通过前后对比的表达方法来表达情感的。

遇到"欺负与反抗"时，母鸡的表现有什么不同？这一问题提出后，学生就会去关注母鸡表现的句子，抓住关键词句品悟出母鸡之前欺软怕硬，所以作者讨厌它。成了鸡母亲后，面对自己的宝宝啄它，却特别宽容，在保护鸡雏时表现得特别勇敢，因此作者不敢再讨厌它了。把这些句子放在一起对比，引导学生发现母鸡因角色不同，才会表现的不同，作者的情感随之发生变化。学生就能清晰地感受到作者表达情感的方法是对比手法。

二、 迁移对比， 体悟文章人文主题

作者花了大量笔墨写了母鸡的"叫"，当学生习得了方法后，教师就可以大胆放手让学生把学习方法迁移过来，再次到课文中去读句子，通过前后比较

286

来发现母鸡的"叫"有什么不同，再次印证作者的表达方法，从而水到渠成地感悟鸡母亲这一角色的特点——负责、慈爱、勇敢、辛苦。再以"一个鸡母亲必定就是一位英雄"和"一个母亲必定就是一位英雄"进行对比思辨，明白老舍写这篇文章的用意在于借这只母鸡来赞扬天下所有的母亲。"一个母亲必定就是一位英雄"这句话耐人寻味，通过阅读链接《母爱》《白狼》，让学生对这句话有更加深切的体悟。

聚焦"母鸡的叫声"片段：

师：找一找描写母鸡叫声的相关句子读一读，比较一下，它的叫声前后有什么不同？表达了作者怎样的情感？在旁边写批注。

生：平日里它扯长了声叫，如怨如诉，让人讨厌。夜晚，它放声啼叫，"顶尖锐""顶凄惨"，一定更难听，但主人知道它是为了保护小鸡雏，想要叫醒主人来赶走黄鼠狼才叫的，它那么辛苦，那么负责，听着却一点也不讨厌了，反而很敬佩它。

生：它以前是没事找事地叫，连下个蛋都要到处炫耀自己的成绩。现在成了鸡母亲，它每次叫都是为了孩子。只要一有动静，就十分警觉，咕咕地叫，招呼鸡雏们赶紧来自己身边好保护它们，它真慈爱、负责。作者讨厌以前的母鸡，却很喜欢现在的鸡母亲。

生：我有补充，它除了有危险要叫，要是发现一点好吃的，也会"咕咕地紧叫"，而且只是"啄一下"，自己不吃，让儿女吃个饱，真是慈爱的母亲啊！难怪后来作者"不敢再讨厌母鸡了"。

师：说得真好！通过比较，你们发现，作者采用了前后对比的方法，鲜明地表达了自己的情感变化。平时它是自己随性地叫，为了自己高兴而叫，现在是有目的地叫，为了鸡宝宝而叫。有吃的要叫，有危险要叫，这样的叫声中透露出——

生："它负责、慈爱、勇敢、辛苦……一个母亲必定就是一位英雄。"

师：老师有个疑问：它伟大，因为它是鸡母亲。那后面应该顺理成章地写"一个鸡母亲必定就是一位英雄"，作者是不是漏写了一个"鸡"字？

生：没有漏写，因为天下的母亲都是慈爱、辛苦、负责、勇敢、伟大的。他是想赞美天下所有的母亲。

师：是呀，作者借这只鸡母亲来赞美天下所有的母亲，借这篇文章来表达对所有母亲的赞美。那既然是要赞美母鸡，为什么前面花那么多笔墨写讨厌母鸡呢？

生：这样前后对比写，更加能突出作者对母鸡的喜爱和敬畏之情。

师：是的，作家"先抑后扬"，先极尽语言直接表达讨厌之情，后面高度赞扬，让我们深深地感受到"一个母亲必定是一位英雄"！

三、 类文对比， 觉悟表达情感方法

从文章布局看《猫》和《母鸡》，篇章结构的形态基本相似，都是由两部分组成，都有链接和显示篇章结构的关键句子。《猫》以"猫的性格实在有些古怪"开头，接着分写，以"这种古怪的小动物，真让人觉得可爱"总结并过渡到"满月的小猫就更好玩了"。《母鸡》开篇第一句直接写"我一向讨厌母鸡"，接着具体从三个方面写讨厌的原因，再以"现在我改变了心思，我看见一只孵出一群小雏鸡的母鸡"过渡，结尾写"我不敢再讨厌母鸡了"总结全文。抓住这些关键的总起句、过渡句和总结句进行比较，就可以发现两篇文章都属于纵向式结构。《猫》属于纵向递进式的结构，作者对猫是越来越喜欢。《母鸡》属于纵向转折式的结构，作者是根据对母鸡情感的变化来安排内容的。

两篇文章的内容按照先总后分或先分后总的结构展开描述。写猫的性格，作者先提纲挈领地点出"古怪"，再从"捉摸不定的行为，喜忧无常的情绪，亦大亦小的胆量"三方面选择"睡大觉、出走、捉老鼠、蹭腿抓痒、踩印小梅花、斗蛇"等具体事例展开分述。写母鸡的讨厌，作者先开门见山地表明"讨厌"，再通过生活中的三个场景来表现对母鸡的讨厌之情，后文褒奖母鸡时运用了欲扬先抑、前后对比的表现手法，加深了作者对母鸡的赞颂、敬佩之情。

教学时，通过表格引导学生小组合作，把这两篇文章进行比较阅读，就能从多角度发现表达上的相同和不同之处，有利于学生进一步深入体会作者是如何表达情感的。

题目	相同	不同
《猫》	1. 结构清晰，采用总分的构段方式。 2. 语言平实，勾勒生活中的平常小事，把动物写得形象逼真。 3. 表达了对动物的喜爱、赞美之情。	明贬实褒、通篇用反语表达喜爱。
《母鸡》		先抑后扬、情感有转变，从"一向讨厌"到"不敢再讨厌"，突显对母鸡的赞美、敬佩之情。

通过对比同一文本中角色的前后表现以及同一类型的文体，学生习得了一定的文本结构和表达方法，发现了作家的写作秘妙，就有利于今后把习得的阅读要素迁移转化为习作要素，也学会了如何自然自如地表达情感。

在比较中探寻作者的表达秘妙

——由《母鸡》一课谈比较策略的运用

◆ 倪凯颜

听到王洁老师执教的《母鸡》一课，不由眼前一亮，巧妙运用"比较阅读"的策略，引导学生多重比较，自主发现作家在表达对动物的感情时的表达方式（尤其突出的是"前后对比"），在比较中悟情得法。王老师教得简洁大气，学生学得自然自主，课堂生成让人觉得生长力很强，充满了执教者的匠心智慧。

及至研读这一单元，了解了编者的意图，更是内心洞明。由此生发感慨，这一单元的教学，何不就活用"比较"这一策略，引导学生探寻并习得作家的表达秘妙，达到最后也能我手写我心，用文字自然流淌出对自己喜欢的动物的特殊情感，写出动物的特点呢？

比较，是学生探究性学习的一种基本方式，是一种依据文本材料，把关联的内容联系在一起，提炼、编排信息，进行比较分析，在思辨中发现共性与差异等，继而发展思维，找到答案或规律，产生质疑或批判，从而诞生自己思想的常见途径。巧用比较，既能帮助学生深入理解文本，体悟到主旨，又能促进思维向广度与深度发展，从而发展学生的语文素养。让我们聚焦王洁老师的《母鸡》这一课，一起来体悟比较教学策略所带来的秘妙之处。

一、单篇内部比较，体会表达特点

1. 在比较中提取相对信息，明了行文结构。

课后习题一，直接引导学生进行比较：默读课文，画出"我"对母鸡的态度前后变化的句子，说说为什么有这样的变化。于是，王老师紧扣这一话题，课堂教学开始就让学生快速浏览课文，前后比较找句子，发现作者鲜明的情感态度变化——从"讨厌母鸡"到"不敢再讨厌母鸡"。那么，为什么会有如此鲜明的对比呢？继续寻找，学生找到过渡段，找到关键原因，"我"改变心思，是因为"我看见一只孵出一群小雏鸡的母鸡"。

于是，作家的篇章结构就在比较中被发现了，纵向结构，总起句"我一向讨厌母鸡"开篇，中间过渡段转折，最后总结句收尾。

2. 在比较中聚焦异同表现，感悟鸡母亲伟大。

"那么，老舍是怎样把一向讨厌母鸡到不敢再讨厌的情感变化写出来的？读读课文，前后比较，母鸡的表现有什么不同？"王老师用这个富有张力的问题，组织学生深入场景，抓住细节中母鸡的不同表现进行比较，自主学习。于是，学生不断发现，经历同类事件"欺负或反抗"时，母鸡简直判若两人：面对强者公鸡的攻击，它从来不反抗，但它却欺负忠厚老实的鸭子，最可恨的是它还欺负自己的同类——母鸡；而当它成了一个鸡母亲，同样面对攻击，它却会主动出击并追赶，连公鸡也怕它三分；然而在自己的雏儿面前，即便鸡雏们有的"爬到它的背上，啄它的头或别的地方，它一声也不哼"。如此截然不同的强烈反差，在不断地比较阅读中，学生很快发现，并强烈感受到，作为一只普通母鸡，它是那样"欺软怕硬"，但是当它成为一个鸡母亲时，它是那样"慈爱、勇敢、负责、辛苦"。

在扶着学这部分内容之后，王老师趁热打铁，让学生继续阅读比较，去发现这只母鸡表现前后的极大反差，去寻找背后折射出的是什么，从而明了作者情感变化的原因。于是，学生聚焦母鸡的"叫"，前后比照，找到了截然不同的很多表现，相机梳理出一张对比鲜明的表格：

事件	角色	表现	背后折射	作者的情感
叫	母鸡	嘎嘎乱叫 如怨如诉 下蛋狂叫	自我、自私	讨厌
	鸡母亲	有危险，咕咕地警告 有食物，咕咕地紧叫 鸡雏们啄它，一声不哼 夜间有动静，放声啼叫， 顶尖锐，顶凄惨	慈爱、勇敢、 负责、辛苦	不敢再讨厌

3. 在比较中提炼表达方式，领悟该篇表达特点。

此时，再让学生来发现，作者的情感自然而然发生了变化，而这种变化，正是运用了"前后对比"的叙事抒情方式来表达的。此刻，王老师的一问"那后面应该顺理成章地写'一个鸡母亲必定就是一位英雄'，作者是不是漏写了一个'鸡'字？"引导学生体悟到，作者是在借这只鸡母亲来赞美天下所有的母亲，借这篇文章来表达对所有母亲的赞美与敬爱。

紧接着，教师又发问："既然是要赞美母鸡，为什么却花费那么多笔墨写讨厌母鸡呢？"于是，"欲扬先抑"的写作手法水到渠成地被学生探寻到了。

如此，教师层层推进，多次运用"比较阅读"的方法开展单篇内的教学活动，简洁明了，悟情得法，浑然天成。

292

二、 同作家异篇比较， 体会表达特质

《母鸡》是本单元的第 2 篇课文，编者匠心独运，第一篇《猫》也是老舍的作品，而且在《母鸡》的练习三中明确要求："比一比，说说两篇课文在表达上有哪些相同和不同之处。"后面还呈现了"资料袋"，简要介绍著名作家老舍。为什么这个资料袋不放在第 1 篇课文后面，要放在第 2 篇课文后面呢？细思，编者的意图显而易见：通过同一作家不同的作品比较，由读文到识人，意图引导学生在比较中求同探异，发现作家的表达特质。

王老师就敏锐地抓住了这一点，进一步设计了这样的比较环节，让学生小组合作，梳理发现：这两篇文章都表达了作者对小动物的喜爱之情，都是抓住生活中的平常小事，通过特定场景中的细节把动物写得形象逼真。不同的地方是：《猫》明贬实褒，通篇都让我们感受到作者对猫的喜爱；而《母鸡》先抑后扬，写出了从"一向讨厌"到"不敢再讨厌"的情感变化，更加强烈地表达了自己对一个鸡母亲的敬畏、喜爱，由此表达对天下母亲的赞美、敬佩之情。

由"资料袋"中对老舍的赞誉"他是杰出的语言大师，被誉为'人民艺术家'"，我们可以一起来探究一下，通过这两篇文章，窥一斑见全豹，尝试了解为什么他堪称"语言大师"？于是，他的语言口语化、生活化、幽默风趣等特点呼之欲出，学生能比较清晰地感悟到老舍作品的表达特质。

三、 异作家类文比较， 习得表达方法

部编版教材的单元编排具有结构化的特点，既有一定的人文主题，又有非

常明确的单元要素。本单元聚焦可爱的动物朋友，让学生感悟与小动物相处时的愉悦与欢欣，还要落实从读学写的要素目标，从体悟作家如何表达对动物的感情，到内化为自己也能写出自己喜欢的动物的特点。如果我们能通过几篇课文的教学，让学生获得这样普适性的方法，那么落实要素就不仅是纸面上的要求了。在比较中归纳，能有助于学生自我内化，自然习得表达方法。

基于本单元前两课的比较学习，学生掌握了老舍作品中运用的一些表达方法，那么，如果能找到其他作家与老舍共同的表达秘钥，学生归纳提炼，就更容易真正习得了。于是，我们这样设想，在学生学习《白鹅》时，主动关联，进行异作家类文比较，会更有收益。

学习丰子恺的《白鹅》，我们体会到语言的无限趣味，对他笔下的鹅老爷有了深刻认识后，比较阅读俄国作家叶·诺索夫笔下的《白公鹅》，比一比不同作家笔下的不同公鹅，有着怎样的共同生活特点，表达上又有什么相同之处。再往外拓展，跟前面学过的老舍的动物作品进行比照阅读，寻找写动物的作品，作家们共同表达的秘钥，最吸引你的是哪些方面。

于是，学生一起来读一读，比一比，在进一步比较中越来越接近，直到抓住这把秘钥：要对这种小动物非常熟悉，充满深深的喜爱之情，这是动笔的源动力。然后，情动而辞发，抓取它最有代表性的生活场景中的表现，通过细节来表达。描述时，语言要生活化，就像在跟人聊天，说自己喜爱它哪样，流畅、风趣、自然，还可以运用比喻、拟人等修辞手法来表达特殊的效果。

比较，是一种常见的教学方法，本单元整体视角设计中，适合巧妙运用这样的方法，既能帮助学生理解文本，体悟主旨，还能习得方法，助推学生的思维不断向纵深发展。

紧扣"漫画式语言"体悟情感

——以《白鹅》教学为例

◆ 王勇燕

　　《白鹅》的作者丰子恺是漫画大师，他在散文创作中，善于以漫画家的视角观察生活，以漫画家的笔调反映生活，所以他的散文自然注入了漫画元素。于是，我引导学生聚焦漫画式语言的特色，以"读到哪里，让你觉得特别夸张、幽默、有趣，就像在看漫画，忍不住想笑出声来"这一大任务，引领学生主动探究课文内容，通过品味语言感受文中刻画的形象，感悟作者所要表达的情感。

片段一： 比较步态品语言

　　师：下面，就请同学们默读课文，看看你读到哪里，觉得像是在看漫画，感觉特别夸张、幽默、有趣。从这四个方面读（出示：姿态、叫声、步态、吃相），重点选择一个方面来读一读、画一画、品一品、写一写。

　　（生自读自悟。）

　　师：谁来分享你觉得特别有意思、特别有画面感的语句？

　　生：这里的"步调从容"让我仿佛看到它走路不紧不慢，十分淡定。

　　师：好，这位同学仿佛看到了白鹅走路的速度。（板书：步调从容）

　　生："大模大样"让我仿佛看到它走路时大摇大摆、昂首挺胸的样子。

　　师：你仿佛看到了它走路时的姿态。（板书：大模大样）这样的步态，让你想到了哪些人走路的样子？

　　生：我想到了京剧中的净角。

　　师："净角"，是京剧中的四大行当之一，又叫"花脸"。来，请看屏幕，有位"净角"就要出场了。（播放视频）

师：来，说说看，"净角出场"给你什么感觉？

生：有种威风凛凛、高高在上的气势。

师：这就叫——（指板书）大模大样。速度怎么样？

生：不紧不慢。

师：这就叫——（指板书）步调从容。总而言之，这"净角"出场给人感觉就是两个字——

生：高傲！

师：在作者眼中，白鹅走起路来就跟净角出场一样步调从容，大模大样，十分高傲。想象一下，把刚才视频中的净角换成白鹅，是不是很有看漫画的感觉？谁能把这种夸张、有趣、幽默的画面感读出来？

（生读。）

师：读得真好，让我们仿佛看到了一幅"鹅老爷出场"的有趣画面！

片段二： 为画取名品语言

师：我们来品读"吃相"部分。这部分作者用的文字最多，不止一幅画，而是一组连环画。先来看"第一页"。（出示画面及文字）

师：大家浏览这段话，想想如果让你为这幅画取个名字，你会取什么？

生：一丝不苟图。

师："一丝不苟"这个词语跟本段中哪个词的意思相近？

生：三眼一板。

师：是的，你们看，这里是三盆食物——冷饭、水、泥和草，如果是让你们自由选择，你会怎么吃？

生：先吃饭，再喝水，最后吃泥和草。

师：还可以怎么吃？

生：先喝水，再吃饭，最后吃泥和草。

师：这三样东西，有好多种吃法呢！但文中白鹅永远是怎么吃的？

生：先吃一口冷饭，再喝一口水，然后再到别处去吃一口泥和草。这就是"三眼一板""一丝不苟"，读到这里，你觉得白鹅怎么样？

生：做事真古板。

师：你讨厌这样的鹅吗？

生：不讨厌！越是写它的古板，越觉得可爱。

295

师：嗯，这里表达了作者的喜爱。下面，我们就用这样的学法，把课文中的"话"变成"画"，体悟作者的真实情感。

本单元的作者都表达了对小动物的喜爱之情，但他们言语表达的方式是完全不同的。要让学生走进文本，与文本进行深层次的对话，首先必须找到进入文本语言的通道或是"缝隙"。漫画式语言即是这篇课文的特色。教学《白鹅》时，我引导学生紧扣漫画式语言这一抓手，设置语言活动，让学生通过品读、想象、比较等方式，读出画面，读出见解，读出问题，读出趣味，体悟作家的真情实感。这样，就把教材的价值转化为教学的价值，学生自主阅读，独立思考，主动表达，从而让语文学习"看得见"，让语文要素"看得见"。基于大单元整体教学，必须将单篇课文置于更大的背景之中。《白鹅》的活动设计和《猫》《母鸡》的教学相互呼应，教学落点不一样，但都采用了"大任务教学"的方式。紧扣作家的语言表达特点，用精而少的问题、任务驱动学习动机，用富有挑战的话题引领学生打开文本隐藏的情感密码。本文篇幅较长，笔者整节课只提出一个大问题，给予了学生更多的时间、空间，让他们充分接触语言文本，与作家相遇，与知识相遇，从而留下深刻的印象。

在"画趣"中品赏语言

——观《白鹅》一课有感

◆ 陈春雯

王勇燕老师在教学《白鹅》一课时，围绕"体会作家是如何表达对动物的感情的"单元教学目标，聚焦作家的"漫画式表达"，引导学生在体会文章所表达的情感的基础上，感受作家的语言趣味，为单元要素的渐进落实打下了基础，也为学生习作"写自己喜欢的动物，试着写出特点"打开了思路。

一、 引入漫画特点， 初识语言风格

丰子恺先生是散文家、漫画大师。他的散文与漫画风格，神韵极为相似。在《绘画与文学·文学的写生》中，他指出文学者描写自然的时候，因为没有线条和色彩而只有一双锐敏的眼和一只利巧的嘴，故惯于提取自然的特点而扩张之，而描写其大体的印象。这种"印象的描写"，正是漫画式的描写方法。《白鹅》的趣味也在于此，在朴素的接近白描的文字中，作者倾注了一股真挚而又深沉的情感，使得白鹅的"高傲"跃然纸上，打动了读者的心灵。

在阅读过程中，学生体会"作家是如何表达的"是一个难点。因为阅读经验的限制，他们还不能一下子发现文章语言的秘妙，尤其对名家的表达风格还存在一定的距离感。这就需要教师引入对作家的介绍，拉近学生与作家的距离。在《白鹅》一文的教学中，教师就引导学生将作家"漫画家"的身份角色与作品语言风格联系起来，从而帮助学生更快地走近作者，理解作品。

上课伊始，教师便引导学生回忆古诗《咏鹅》中的"白鹅"给人什么印象，在丰子恺笔下的"白鹅"又是什么样子的，从而引发追问："为什么丰子恺眼中的白鹅形象（高傲）与我们一般人印象中的不一样呢？"在学生猜测交流的基础上，教师相机补充介绍作家丰子恺也是一位漫画家，他是以漫画家的

眼光对白鹅进行观察，并在写作中夸大和突出了一个特点——"高傲"。通过教师的介绍，学生对丰子恺既是作家又是漫画家的身份有了了解，因此能初步感受到本文的表达正与漫画的幽默、有趣、夸张一脉相承，处处彰显诙谐有趣，读来意味深长又让人忍俊不禁。这样，学生对文本语言的学习便有了依托，再以"默读课文，在感到特别夸张、特别幽默、特别有趣的地方读一读、品一品"为学习任务来推动作品语言学习的过程，就有目标、有抓手了。

二、 巧借漫画意蕴， 品赏语言妙趣

《白鹅》一课中，所配插图正是丰子恺所画的白鹅，一张刻画了白鹅高傲的步态，另一张刻画了白鹅的吃相。形神兼备的漫画对文本进行了形象的诠释，能帮助学生更好地感受语言文字的表达效果。同时，教师在引导学生进行语言品读的过程中，时时处处借助漫画的意蕴，引导学生感悟文字的魅力，通过将语言文字与画面进行灵动又自然的转换，让学生在阅读中获得了别样的审美意趣。

1. 联系生活，想象画面。

教学"鹅的叫声"时，教师引导学生关注"严肃郑重，似厉声呵斥""厉声叫嚣""引吭大叫""不亚于狗的狂吠"等词句，理解鹅的叫声十分威严庄重，像是在大声地、严厉地斥责别人。为了让学生进一步体会叫声的特点，教师引导学生想象：这样的叫声像是生活中谁在厉声呵斥谁的情景呢？学生大多有这样的生活经验，很容易联想到自己做错事情时，严厉的家长、生气的老师等人的表现。接着教师鼓励学生给画面配个音，想象一下，白鹅在对生客或路人叫什么？通过想象，一只活脱脱的"看门鹅"形象出现在读者面前，再来朗读相关语段，漫画式语言的魅力就充分地显现了出来。

2. 直观比照，联想画面。

文章为了凸显白鹅步态的"傲慢"，与鸭子的步调进行了对比，还与京剧里的"净角"进行了比拟。但学生缺少对"净角"的认知，生活在城市的学生更连鸭子都没见过。因此，教师在教学时，简介了"净角"，并播放了"净角出场"的视频，让学生直观地感受到"净角出场"时步调从容、大模大样、十分高傲的样子。接着让学生观看鸭子走路时"局促不安"的步态，使其充分感受到，鸭子和白鹅两个角色，一个急一个缓，一个局促一个从容，对比鲜明，学生脑海中便自然联想到了一幅"鹅老爷出场"的有趣画面。再让学生

通过朗读，把这种夸张、有趣、幽默的画面感读出来，语言的意趣便也自然蕴藏在了其间。

3. 提炼补白，充实画面。

作者在白鹅"吃相"部分的着墨最多，占的篇幅也最长，写得也特别有意思、有画面感。教学时，教师巧妙地将文字转化为三页"连环画"，让学生来为这三幅画取一个名字，事实上也是引导学生来读懂文字，提炼关键内容。学生通过阅读，为第一幅取了"一丝不苟图""三眼一板图"等题目，为第二幅取了"鹅狗争食图""狗偷鹅食图""伺机偷饭图"等名字，趣味盎然，文字真正成了画作。而在学习"白鹅吃饭时必有一个人侍候不可"时，教师让学生读读文字，想象在第二幅图上可以添加些什么。学生很快做出反应："要补充一个人。"教师追问："这人是站着还是坐着？站着的话又该站在哪里？"学生结合文字说理由："要站着，因为他是负责替鹅添饭，看管饭罐，不让其他狗、鸡来偷食的。"这时教师再让学生给图画取名，这时"堂倌侍鹅图""反主为仆图""主仆颠倒图"等名字从学生嘴里脱口而出，一个架子十足的"鹅老爷"形象也从文字中树立了起来。

聚焦文本语言特点，将文字读成一幅幅漫画，又从形象的画面回到语言的赏读，学生在这样的品读过程中来回漫步，获得了美好的学习体验，感受到了语言的魅力。

三、 还原画家生活， 体悟语言情味

丰子恺先生的语言有着鲜明的特点，除了"印象的描写"风格，还蕴含着真挚的情感。这样的深情，需要教师引领着学生在语言中揣摩品味，研读细节，甚至回到作家生活，方能体悟。教师在教学时，分了三步走，层层深入地引领学生感悟文字背后的情感。

1. 揣度语言，引发思辨。

在讲读"吃相"部分时，教师让学生边读边想一想：文中的"我"对白鹅有着一种怎样的感情，是喜爱还是厌恶？对于这一问题，学生有两种回答，一种是"喜爱"，原因是尽管这白鹅十分高傲，但作者把它侍候得非常周到、细致，还处处为它着想；另一种是"厌恶"，因为"我"不像是鹅的主人，倒像是它的"堂倌"，作者觉得"不胜其烦"，白鹅却"架子十足"。这里的"不胜其烦""架子十足"等，跟"鹅老爷"的称呼一样，似乎都含有贬义，

感觉作者有些厌恶这只白鹅。那么，作者对白鹅到底是喜欢还是厌恶？学生的思维被搅动，纷纷亮出自己的观点和依据。

2. 补充原文，溯源情感。

在学生疑惑时，教师适时补充了《白鹅》一文的写作背景。学生从中了解到，1946年夏天，丰子恺内迁重庆，住在郊外一座荒村里。当时生活条件异常艰苦，丰子恺在读书、作画之余，在院子里种豆、种菜、养鸡、养鹅。所以，作者口中的"不胜其烦""架子十足"貌似带有贬义、嘲讽的意味，实际上是把这份亲昵与喜爱隐藏在了漫画式语言之中，写出了这只鹅虽然高傲，却个性十足，惹人喜爱，寄寓着作者对他们曾经在艰苦环境中能够相依为命的一种感激。

3. 对比阅读，强化感受。

临近课堂结尾，教师布置了拓展阅读作业。拓展阅读给了学生自主阅读的空间，能丰富学生的阅读体验；通过比较阅读，学生又能进一步感受白鹅高傲的特点，以及作者明贬实褒的写作风格和作品中包含的对白鹅的喜爱之情。这是对课堂教学的有益补充，使得学生的语言学习过程趋于完整。

本课的教学从作家"漫画家"身份的引入，到作品"漫画式表达"的品读，再到作家"漫画人生"的回溯，教师引领着学生在文本赏读的过程中感受白鹅的形象，学习情感的表达，可以说，充分有效地实践了这一点，也为学生今后阅读名家作品提供了方法上的借鉴。

第 12 组

"亲近鲁迅" 主题研读

写法切入，主题立人

——《阿长与〈山海经〉》教学与评析

◆ 执教/窦桂梅　评析/潘新和

【教学目标】

1. 整体感知课文，厘清文章脉络，理解文中含义丰富的词句，了解阿长的人物形象。

2. 重点研读"睡相不好""逼吃福橘""买《山海经》"三件事，借助其中人物的语言，体会详略、繁简、曲直的写作特点，感受鲁迅散文语言的魅力。

3. 借助"情感坐标工具"把握作者情感变化的过程，领会阿长性格中的纯真美，体会作者对长妈妈的怀念、同情、赞美、愧疚之情。

【教学过程】

一、 读到了什么——写了阿长的什么

师：（出示鲁迅的画作、设计的书刊封面、书法作品）猜猜是谁的作品？（板书"鲁迅"）

师：结合预学单聊聊，阿长有几个称呼，《山海经》是一本怎样的书。

生：阿长、阿妈、长妈妈、保姆、女工、什么姑娘。

生：《山海经》，由战国至西汉的不同作者集体完成。以山为经，以海为纬。记录了上古的地理、天文、历史等，还保存了不少上古时代的神话故事。

师：文章写了关于阿长的几件事？鲁迅对此态度又如何？

生：（将小标题的词卡按文章顺序张贴在黑板上）谋死隐鼠，鲁迅的态度是憎恶；切切察察，鲁迅的态度是不大佩服；睡相不好，鲁迅的态度是无法可想；逼吃福橘，鲁迅的态度是不耐烦，觉得是辟头的磨难；买《山海经》，鲁迅的态度是产生新的敬意，觉得她有伟大的神力。

师：五件事中哪些是详写，哪些是略写？

生："睡相不好""逼吃福橘""买《山海经》"是详写。其他是略写。

师：咱们玩个游戏。（在黑板上画出坐标轴）这条坐标轴代表鲁迅对阿长的态度。如果上面为正，下面为负，这几件事该怎么分类？

（生移动词卡，将"买《山海经》"放在坐标轴上方，其他都放在坐标轴下方。）

师：平时咱们写人都写优点，鲁迅竟然写了这么多问题。对此你们有问题要问吗？

生：鲁迅到底喜不喜欢阿长？他究竟为什么写阿长？

生：鲁迅写了阿长那么多缺点，然后又写了一个巨大的优点，这到底是一种什么写法？

生：鲁迅先生究竟是怎么写阿长的？

（教师将学生的质疑梳理成以下共学问题。）

鲁迅究竟是怎样写阿长的

共学提示：

默读文本，画出阿长的相关表现，体会表现背后的秘密；

聚焦对话，体验人物语言的情感，发现情感背后的秘密。

师：那咱们聚焦三件详写的故事，到鲁迅先生的文字里去探秘。先自学两分钟，再小组交流三分钟。

二、 读懂了什么——怎样写阿长的

1. "睡相不好"

（生小组汇报）

小组生1：我们组讨论的是"睡相不好"。鲁迅先生进行了动作描写，写了阿长夏天睡觉时伸开两手两脚，挤得"我"没有地方翻身。

小组生2：还有语言描写，突出了"我"对阿长的无法可想。

小组生3：而且，鲁迅多次诉苦后，长妈妈依然不改，还越发严重。

小组生4：我补充一下，动作描写中还写出推她不动，叫她也不闻。

师：不动、不闻、不开口。

生：简称"三不"。我们想演演，行吗？

（生情境表演，展示"三不"。）

303

师：（生演完，师采访阿长的扮演者）阿长啊，这里没别人，你就和我说说心里话，迅哥那么推你叫你，你为什么不动也不闻？

生：您不知道，我的工作是保姆，我们家迅哥又挺淘气的，我每天除了照顾他，还得干好多家务，累得我晚上一动也不想动。

师：那迅哥妈妈问你的时候，你可以解释呀，为什么不开口？

生：这还有啥解释的，错了就是错了，我这把岁数，也很难改了，主人说我我就听着呗。（生鼓掌。随着学生的发言，教师请学生板书阿长的品质，如勤劳、谦卑……）

师：你们说的这些，文章是通过谁的语言表现出来的？

（聚焦："长妈妈生得那么胖，一定很怕热罢？晚上的睡相，怕不见得很

好罢？……"）

师：如果将这句话的前后文隐去，像谁对谁说的话？

生：像母亲听了儿子的诉苦之后，对阿长的询问。

生：像母亲问完阿长后，向儿子解释的话语。

师：虽然简简单单一句话，但里面四两拨千斤。原来鲁迅的文字里藏着这么多秘密啊，咱们继续探秘。

2."逼吃福橘"

（生小组汇报）

小组生 1：我们组研究的是"逼吃福橘"。这里有语言描写。（读相应的句子）

小组生 2：请大家跟我看第 11 自然段，这里是动作描写，突出了阿长的一些规矩和迷信。（读相应的句子）

小组生 3：也有神态描写，通过十分欢喜与大吃一惊的对比，突出了"我"想不到是这样的形势。（读相应的句子）

小组生 4：我总结一下，描写阿长"逼吃福橘"突出了阿长的迷信，从中看出鲁迅的不耐烦。

师：鲁迅在写阿长"逼吃福橘"的过程中，写了阿长的不停说、不停行动、不停变化表情包。

生：也是"三不"。（朗读阿长的语言、动作、表情）

师：这里的"三不"又是通过谁的语言表现出来的？

（聚焦：鲁迅说："阿妈，恭喜……"

阿长说："恭喜恭喜！大家恭喜！真聪明！恭喜恭喜！"她于是十分喜欢似的，笑将起来，同时将一点冰冷的东西，塞在我的嘴里。）

师：都说了"恭喜"，但有什么不一样？

生：表情不一样，一个惊异，一个急切。

生：心情也不一样，鲁迅觉得阿长迷信，纯属应付，但阿长是慎重对待。

生：说话时候的语气也不一样，鲁迅是刚刚睡醒被迫完成任务，而阿长盼了一宿，没准连觉都没睡好，一直欢天喜地地等着呢。（朗读，读出两个人不一样的语气）

师：小鲁迅对这事不耐烦，甚至觉得有点迷信，但阿长对这事呢？

生：真信。

师：阿长真信的是什么？

生：她真的相信鲁迅把福橘吃了，就能带来好运气。（朗读，重读"恭喜"）

师：这运气仅仅是给自己的吗？

生：是给大家的，给家里每一个人的。（朗读，重读"大家"）

师：如此，迷信的阿长就这样说了做了，还不忘表扬表扬小鲁迅，并且笑将起来。

（指名读，生重读"真聪明"，并发出热烈的笑声。）

师：这又是一个怎样的阿长？

（生答。随着学生的发言，请学生板书阿长的品质，如：慈爱、乐观、充满希望……）

师：写"睡相不好"时，只写了不动、不闻、不开口，到这儿又不厌其烦地写阿长不停说、不停行动、不停变化的表情包，若说前面是——简，这里就是——繁，真可谓繁花似锦。让我们竟然发现另外一个阿长。所以，坐标轴下面这两件事，怎么办？

（生把"睡相不好""逼吃福橘"移到坐标轴上面"正"的区域。）

3. "买《山海经》"

（生小组汇报）

小组生1：我们组研究的是"买《山海经》"。鲁迅先生写的时候，先写了好多人都不愿意帮他买这本书，这就为后面突出阿长买书是一种神力做了铺垫。

小组生2：而且鲁迅写了他对这本书特别渴望，只要一闲下来，就想着。

师：用文中的一个词叫——

小组生2：念念不忘。（师板书：念念不忘）

小组生3：阿长连书名都不知道，但还是把这本书买回来了，这更突出了阿长对鲁迅的用心。

师：鲁迅在文中还写了不该阿长去买、阿长不懂、阿长也没有买到的能力。

小组生3：还是"三不"。

306

小组生4：特别是文章还写了这本书对鲁迅后来的影响，其实这个影响不仅是书的影响，也有阿长的影响。

师：我们来个情境再现。老师演书店老板，请同学们看看在我们的对话中你又读出了怎样的阿长。（请一位学生扮演阿长）

生（阿长）：老板您好！我要买本书。

师（老板）：我们这儿可是书店，瞧你这穿着打扮，不该你来买书呀！

生（阿长）：不是我看，是给我们家少爷迅哥看。

师（老板）：那你要买什么书？

生（阿长）：三哼经。

师（老板）：啥玩意儿？三哼经？这我可真没听说过。你连书名都没整对，你不懂呀！

生（阿长）：就叫这个名呀。对啦，那本书是有画的。

师（老板）：噢，有画的，你说的是《山海经》吧？哎呀，有画的书可挺贵的，我估计你买不起呀。你确定要买？

生（阿长）：我必须买，那是我们少爷喜欢的书，我就是砸锅卖铁也得帮他买到。

师（老板）：哎呀，你这个保姆真是太负责了，我必须给你打折。快把书给你家少爷拿去吧。

师：我亲爱的同学们，这买书的过程，按理该写，但鲁迅写了吗？写了什么？

（聚焦："哥儿，有画儿的'三哼经'，我给你买来了！"）

师：从这句话中，你读出了什么？

生：得到了这本书，阿长一定想第一时间让哥儿知道。（朗读，强调"哥儿"）

生：她非常确认，她要买的不是别的书，而是她的迅哥要的那本有画儿的书。（朗读，强调"有画儿"）

生：而且，这本书谁也没给少爷弄来，但是她买到了，她特别骄傲。（朗读，强调"我给你"）

师：阿长费尽心思地买到了这本书，第一时间风尘仆仆地来到她最爱的迅哥面前，抖了抖身上的尘土。她该怎样送书？（指名读。生读出上气不接下气的感觉）

师：也许想到自己曾经弄死了迅哥的隐鼠，睡相也不大雅观，带着点歉意，又有点儿讨好。（指名读。生读出歉意的感觉）

师：就这一句话，里面写出了买书的艰难、送书的深情，牵一发而动全身，怎能不让我们产生空前的敬意。这里你又读出了一个怎样的阿长？（生回答。随着学生的发言，请学生板书阿长的品质，如：竭尽全力、无限疼爱、视如己出……）

师：因为这本《山海经》，鲁迅终其一生都没有改变他对于美术的热爱，甚至北大的校徽都是他设计的。（课件再次出示鲁迅美术作品以及鲁迅扶植中国版画事业的资料）

师：为什么把"山海经"作为题目？在阿长的那么多称呼中，为什么偏偏只选了这一个？

生：我认为阿长给鲁迅买的这本《山海经》，对鲁迅的影响非常大，让他爱上了美术，所以值得他一生纪念。

生：买《山海经》，是全文中最能体现阿长品质的高潮部分，值得放在题目中进行强调。

生：之所以把阿长的名字也放在题目里，是因为这个名字是鲁迅厌烦长妈妈的时候叫的，但《山海经》改变了他的看法。放在一起，会有一个鲜明的对比效果。

生：长妈妈可能只有鲁迅能叫，但阿长这个名字鲁迅家里所有人都能叫，可见"阿长"是所有名字中最卑微的一个。但就是这样一个卑微的人，却带给了鲁迅一生的影响。我想鲁迅先生就是想通过这一条告诉我们，身份的高低不重要，真正的关爱会永远留在心间。

师： 大胆猜想，阿长陪伴了鲁迅多少年？（课件出示鲁迅生平时间轴）18年的时间里，阿长就这样陪伴在鲁迅身边，这中间会发生多少故事？所以当已经 45 岁的鲁迅写下"睡相不好""逼吃福橘"，特别是写下"买《山海经》"这些故事的时候，他该是怎样的表情，又会有怎样的情感涌上心头？当他收笔最后写下这个题目的时候，他最想对阿长说的是什么呢？

（生当堂练笔，写下鲁迅想对阿长说的话。）

生： 阿长啊，还记得"三哼经"吗？还记得摆大字吗？还记得福橘吗？这生命中的点点滴滴，都将令我永生难忘。

生： 阿长啊，虽然你切切察察、睡相不好，还常常做些令我不耐烦的事，但是你的勤劳、乐观以及对我的关爱，是我生命里永远的亮色。

生： 阿长啊，感谢你这么多年对我的照顾与陪伴，当年的我不懂事，对你的很多做法不理解，甚至还找妈妈告过你的状，现在想来，我心里充满了愧疚，愿你的灵魂在天堂中永安。

……

师： 有愧疚，有赞美，有感激，有祝福，五味杂陈，通过这详略、繁简、曲直的描写，内心复杂的感情就这样表达了出来。（板书：复杂感情的表达）最后，化作文章结尾的这句话——

生：（齐）"仁厚黑暗的地母呵，愿在你怀里永安她的魂灵！"

三、 还要读什么——还怎么写阿长的

师： 总有读不完的书，总有说不完的阿长。相信同学们课后一定会再次捧起书，（出示《小学生鲁迅读本》《朝花夕拾》封面图片）去字里行间寻找长妈妈的身影。你也许就会感受到那童年回忆中，所谓的正，所谓的负，当我们回首往事、仰看流云的时候，都变成了美好的念想。（擦掉"正、负"，板书将"念念不忘"改成"美好的念想"）

【评析】

经典务本 立言成志

——窦桂梅课的"表现本位"解读

2016 年 11 月 2 日"千课万人"教学观摩课，窦桂梅老师教《阿长与〈山海经〉》，让不少专家、教师大惑不解：鲁迅那么长，那么难的文章，小学生读得懂吗？这是人教版七年级的教材啊！虽然文本节选自钱理群主编的《小学生鲁迅读本》。确实，在当下，连中学生读鲁迅也头大如斗；小学教材只选了鲁迅的一篇《少年闰土》——《故乡》节改版，不就是为了想让小学生读懂？读不懂的，还能教吗？

这普遍的困惑，也体现了对"表现本位"理念的隔膜。因此，有必要对窦老师的课做一诠释，为她说说课。

1. 读鲁迅，读经典是为"立言"价值观打底。

小学生要读经典。读鲁迅，即读经典。读中国现代文学经典，不读伟大的作家、作品，读什么？窦老师讲《阿长与〈山海经〉》，是她策划的清华附小"亲近鲁迅"专题教学活动内容之一，是清华附小"成志教育"精神的体现。她研究实践的"语文主题教学"中，一直关乎"语文立人"，进而"成志"，成就"立言"之志；鲁迅是"立言者"之楷模，让学生了解这些光耀千秋的作家、作品，十分必要。语文学科人文关怀的特性，就在于激发存在性言语动机，培育"立言"这一核心价值观。

窦老师课堂的"导入"部分介绍学生认识多才多艺、了不起的文化巨匠鲁迅的美术书法造诣，结尾部分提供了鲁迅对版画等美术形式的贡献，以及推荐阅读的《朝花夕拾》等，都是为引领学生走进鲁迅之门，并激发他们进一步学习、研究经典的动机，培育"立言"之志，这种"动力学"价值，是听课时不应忽略的。

至于经典是否读得懂，懂多少，这不重要。读书要读"懂"，是伪命题。经典是常读常新、读一辈子的，好书不厌百回读，便表明别指望一次性读懂。能懂多少是多少，基本不懂也没关系；能记诵最好，即便留点印象，也会受用终身。小学生要少读时文，少读粗糙的儿童文学和绘本，要多读、多记经典——读经过时间检验的经典，尤其是要多读古代经典，这是"性价比"最高的。留下经典的记忆，就是为一生"立言"打底。

窦老师教《阿长与〈山海经〉》是为了纪念鲁迅135周年诞辰，让学生用儿童的方式亲近鲁迅的作品。她在语文主题教学的深度发展中，有一个庞大的"回归经典"研读计划，为成就"立言者"搭建天梯。

2. "表现本位"阅读重在"转化""再创造"。

以"立言成志"为导向，必然要以"言语表现"为本位。人类主要是通过写作、言语创造，建构精神家园，彰显存在价值，从而获得归属感、尊严感、成就感的。这就是"表现—存在论"之要义：我写故我在。因而，语文课程"表现本位"（写作本位）的转向，乃大势所趋。

与"阅读本位"教学理解、吸收的定位不同，"表现本位"教学重在"转化"与"再创造"。要使文本中的志、知、情、意、能，"转化"为学生的志、知、情、意、能，以丰富、提升其心灵境界与言语素养。心灵丰富了，便有了表现、创造欲，喷涌不竭的写作源泉。情动于中，才能发之为文。阅读、理解文本不是目的，而是迈向"再创造"的跳板。

基于"转化""再创造"的认知，我们看到窦老师的课风剧变：她不再像以往老师们那样带领学生较多地停留在"写了什么"的理解与分析层面，而重在启发学生"怎么写，为什么写"的体验与感受，情感与思辨，建构与生成。以此调动、组织学生进行参与性、创造性的言语活动，促其自悟自觉。有了学生的言语感知、创造活动，才有真正意义上的"儿童本位"教学。她在这节课上，不同于一般语文教师对该文本的解读，而是发现了鲁迅回忆性叙事背后复杂纠结的负面情感与正面情感，这是独到也是独特的见解。那么原生价值如何转换？窦老师让学生自读和共读相结合，细读品味，发现字面上看不到的秘密与味道。例如学生发现了鲁迅在"写作表现"上，回忆几件事的详写与略说；发现了"摆成大字"的简，与"逼说恭喜、逼吃福橘"的繁，以及表面对阿长"不大佩服""无法可想""辟头的磨难"的"抑"，到文字背后透着的"扬"；还发现了写"买《山海经》"这件事，运用侧面烘托、对比反衬的"长"，买《山海经》过程的"消"，等等。引导学生打破写人"只写好事"与表现"单一情感"的写作思维定式，进而从阿长的一件件事上联想到写亲人、他人可以运用复杂情感的构思与表现……学生的言语生命被激活了。

"表现本位"课堂，踩在"理解"文本的垫脚石上，牢牢揪住"转化""再创造"的缰绳，就对了。

3. 想象是"转化""再创造"的助推器。

在"转化""再创造"过程中，需要大量的情境、行为的还原与人物的代入、置换，这些都离不开想象，离不开借助想象领悟写作的道理与方法。在"转化""再创造"的工具箱中，想象是最重要的工具，也是亟须培养的写作核心能力。

许多教师以为"表现本位""写作本位"阅读教学就是读、写结合，是某些写作技能的训练，是边读边"练笔"，这是一个误解，是肤浅的认知。"练笔"可以有，但不是必须有。那些纯粹的写作技能训练课，以为是"指向写作"，最"写作本位"，其实是舍本逐末。离开从经典研读中培育、获得"志、知、情、意"，便没有真正的写作之"能"。

窦老师的课没有练笔，但是有三项活动让人印象深刻，都是通过想象来促成"转化""再创造"的。一是将母亲说长妈妈"……晚上的睡相，怕不见得很好罢？"让学生说说若去掉前后文，这句话像是谁说的。从这种情境言说中，体会到原文母亲语言里藏着的对阿长摆成大字睡觉，"不动、不闻、不开口"的理解。二是请学生加上动作、表情朗读长妈妈"恭喜恭喜！大家恭喜！真聪明！恭喜恭喜！"，体验阿长心态的乐观，想着"大家"的善良，以及最朴素的"一年到头，顺顺溜溜（原文为'顺顺流流'）"的愿望。三是把鲁迅没有写的"阿长怎么买《山海经》"的过程变成学生表演，进一步发现鲁迅运用"留白"写法的奥妙。没文化的阿长如何买"三哼经"的，学生自行创设情境对话表演起来。这种进入角色进行虚构与表现，能把儿童自己体会到的人物情感、语言、动作等进行创造性的表达。这段创造表演，用儿童的话说，会有多种买《山海经》的版本，鲁迅不就是让我们想象阿长买《山海经》的伟大神力吗？体验鲁迅"似乎遇着了一个霹雳，全体都震悚起来"的感觉吗？原来买《山海经》过程的"消"，就是丰富学生心灵与学习言语表现的助推器。想象力属于言语智慧，是写作的核心竞争力；言语智慧重于表现技能。想象力是言语智能之母。一个人失去什么也不能失去想象力，语文教师不培养什么也不能不培养言语想象力。窦老师的教学设计，也是充满想象力的。是用教师的想象力唤起学生的想象力。

于是，课尾，当学生以鲁迅的身份想象鲁迅最想对阿长说的是什么的时候，我们听到了学生的精彩语言。这种语言的建构与运用，正是表现与存在。

此外，我还想请各位注意窦老师板书时最先写下的是"回忆性散文"。在课中，这个关键词多次出现，这意味着本课任务是学写回忆性散文。培养文体感是"表现本位"教学的题内之意。鲁迅散文是不可复制的，但可以从中学到怎样写回忆性散文。教其他文章也一样，目的是培养某一文体感。借助某一文本，教的是某种文体的写作，这应成为教师的教学常规。缺乏"教文体"的意识，便没有正确、高效的"表现本位"的教学活动。

4. 赘论："我会怎么教"之浅见。

窦桂梅老师"表现本位"教学显示出较高的水平，综合才智超群，给予我许多教益与启示。毋庸讳言，这是一个艰难的转向，任何人都很难一蹴而就。我也仍在不断思考与探索中。文无定法，课无常型。在"转化""再创造"上，势必还有提升空间与其他教学选择，愿奉献拙见与大家分享。

我没有教过小学，如果我来教，会跟学生说鲁迅的"弃医从文"：疗治人的精神比疗治肉体更重要；会跟他们讨论鲁迅为什么写《朝花夕拾》，写《阿长与〈山海经〉》……求解"为什么写作"之谜，为学生写作、立言寻找理由——动力支撑；积聚能量，激发言说欲、立言欲，是语文课永恒的主题。

我会根据学情，聚焦某一言语素养、能力的"转化"、生成：或与学生一道进入鲁迅写作的心路历程，猜测、还原这篇文章——回忆性散文是怎么写出来的，如何起意、立意、选材、构思、表达、修改；或让学生与自己写的回忆性文章相互参照、比较，体会如何选择、运用更好的写作内容与表达方法，有针对性地释疑解惑；或"入乎其内"，让学生进入该作品的各个语境，想象自己对长妈妈的作为有什么感觉、情感，比较自己与鲁迅的感觉、情感有无异同，相互交流个人特殊的情感体验；或"出乎其外"，回忆自己对某一家人、老师、同学有什么特别想表达的感觉、情感，"内视"这感觉、情感随时间的推移，是否产生起伏、反差、变异，讨论打算表现什么、怎样表现……

从求"语用"到求"立言"，从读时文到读经典，从为理解、吸收到为转化、再创造，从写"生活"到写"心灵"（"思想"）等观念的重构，终将成为语文界的共识。到那时，想必窦老师经典研读计划已遍地开花、硕果累累。孩子们老庄、孔孟、李杜……读过不少，满腹诗书，出口成章，落笔珠玑——诸位还会对她领学生"亲近鲁迅"感到惊讶吗？

不妥、错误之处尚望窦老师与读者批评、指教。

朝花带露夕拾香

—— 《朝花夕拾》导读教学与评析

◆ 执教/王玲湘　评析/郝婧坤

【教学目标】

1. 用题目、目录、小引与成长经历相结合的方法，读回忆性散文《朝花夕拾》。

2. 在与鲁迅有趣、丰富的童年生活相遇中，发现鲁迅综合运用白描、对比、引用的散文表达方式，进而引发对整本书阅读的兴趣。

【教学过程】

一、拾"花"，整体感知

1. 齐读"朝花夕拾"。从字面理解，"朝花夕拾"是什么意思？（生：早晨开的花，傍晚捡起来）当这个四字词成了鲁迅回忆性散文的题目时，"朝花""夕拾"指的又是什么呢？（生：是一个比喻，就是在人生的中、晚年回忆童年时的美好事情）

2. 既然是回忆性散文，就与鲁迅的成长经历有关。打开预学单，我们一起来梳理鲁迅的简历。（师生在坐标轴上，共同梳理横坐标——鲁迅简历：1881 年生于绍兴，17 岁到南京求学，21 岁赴日本留学，28 岁回国任教，45 岁写下《朝花夕拾》，点明夕拾的时间是 45 岁；55 岁，也就是 1936 年去世，2016 年是鲁迅先生逝世 80 周年）

3. 鲁迅为什么要写《朝花夕拾》呢？一般来说，写作的背景都藏在"小引"里。鲁迅 45 岁时特别坎坷，从北京辗转到厦门大学、中山大学，心情苦闷，于是在《小引》里说——（出示，生读）

"我常想在纷扰中寻出一点闲静来。"

——《朝花夕拾》小引

他不愿意想到当前，只能借回忆旧时美好的事物，如一朵朵美丽的"朝花"，来排除目前的苦闷，寻一点"闲静"，寄一丝安慰。

4. 鲁迅夕拾，到底拾起了人生的哪些朝花呢？打开目录，我们共同去拾花。（师生共读目录，教师相机结合鲁迅成长经历交流散文大概内容，并把课题摆在相应的坐标轴上。《狗·猫·鼠》，童年的记忆从动物开始；《二十四孝图》，关于孝道，鲁迅从小就要学；《五猖会》，这样的迎神赛会现在农村里也少见了，但那时却是鲁迅期盼的盛会；《无常》，写的可是鬼啊，有活无常，还有死无常；《从百草园到三味书屋》，百草园、三味书屋，是鲁迅小时候生活、读书的场所；《父亲的病》，父亲得病，鲁迅在名医、当铺间周旋，加上祖父入狱，家道没落，他开始感受到世态炎凉；去南京的原因写在《琐记》里；在日本，他看到了国人的麻木不仁，毅然选择了弃医从文，记录在《藤野先生》中；回国后三年，范爱农去世，《范爱农》就是这段时间写的。）

师：这样一摆，有什么发现？

生：童年的作品多。

生：篇目的顺序基本上就是鲁迅成长经历的顺序。

师：（小结）亲爱的同学们，我们通过略读小引、目录，联系鲁迅的简历，概览了这本回忆性散文的内容。

二、赏"花"，聚焦探秘

师：（过渡）这些朝花一共有10朵，每朵花都是独立的散文。那么我们就从《从百草园到三味书屋》中选取几个片段，一起来赏"花"。

1. 聚焦"夏天的百草园"。

（1）浏览感知。

师：读整本书，我们常常用浏览的方式，一目多行，快速了解内容。还记得如何扫描式浏览吗？（出示）

扫描式浏览：把手指放在书页中间不停地向下移动，集中注意力，眼睛随手指扫描指尖左右的文字。

师：用"扫描式浏览"读夏天的百草园，读完后回想夏天的百草园给你留下的印象。时间20秒。

（生浏览后交流。）

生： 百草园挺有意思的，充满了童真童趣。

师： 爱玩是天性，一定是好玩、有趣最吸引你的眼球。写上。（生板书）

生： 这些动植物我都没有见过，有新鲜感。

生： 鲁迅的童年好像比我们还多姿多彩呢。

生： 我觉得百草园生机勃勃。

生： 百草园的文字读起来很温暖。

师： 好一个"温暖"！把对文字的感觉用情感的语词表达了出来。写上！
（生板书）

生： 在百草园里玩，真是自由自在啊！

……

师： 真实、有趣、温暖、生机勃勃，初念是最值得珍惜的。尤其是这个词——好玩，这正应了陈丹青对鲁迅的评价：鲁迅是百年来中国第一好玩的人！

（2）读出体验。

浏览是读整本书的主要方法，但遇到特别好玩、有趣之处，可以停下来，细细再读。

①有人说，百草园就是个大自然的百乐园，天上飞的，地上爬的，应有尽有，快数数，园里一共有多少种动植物？（生迫不及待地边读名称边数，一共19种……）

②遇上不认识的动植物，问问小组同学；遇上特别喜欢的，也可以与小组同学分享。（生小组分享交流）

在百草园里感同身受地体验了，让我们做个小游戏，猜猜这些动植物。（依次出示重点动植物，生抢答：皂荚树、何首乌、木莲、桑葚、斑蝥……）

③19种动植物，如果让我们写，肯定得一大篇啊，可鲁迅只用了一个自然段；19种动植物你们之所以能猜出来，身临其境地体验到，就是因为鲁迅准确地抓住每一种事物的特点，寥寥几笔，就细致入微、形象生动地把看到、听到、摸到、尝到的描绘了出来，这样的写法就叫作白描。

④既然这样，让我们一起打开视觉、听觉、触觉、味觉，走进百草园，体验这种好玩和有趣。（配乐读）

（3）读出生活。

读书要读出体验，更要读出生活，读到自己。读了鲁迅的百草园，你是否想起你生活中的百草园呢？让我们一起来分享。（生分享。略）

2. 聚焦三味书屋。

（1）你们了解私塾的读书生活吗？（生：老师不讲，学生天天从早到晚吟诵，有点枯燥）

（2）有点枯燥的三味书屋里，难道也有好玩之处吗？（出示）

跳跃式浏览：忽略次要内容，直取核心内容。

师： 请同学们用跳跃式浏览法读"三味书屋"片段，找到好玩之处迅速圈画出来。时间 1 分钟。

（生读后交流。）

生： 有折蜡梅、寻蝉蜕、捉了苍蝇喂蚂蚁。

生： 还有课上用荆川纸描绣像，还可以画画。

生： 看老先生读书也是很有意思的。

师： 在三味书屋，一年四季好玩的花样百出啊。冬天可以——（生：折蜡梅）夏天可以——（生：捉了苍蝇喂蚂蚁）秋天可以——（生：桂花树上寻蝉蜕）课上可以——（生：描绣像、画画、听老先生读书）

师： 老先生是怎样读书的？谁来提示大家？

生： 吟诵，拉长声音。

生： 头要仰起，摇着，向后拗过去，拗过去。

师： 寥寥几笔，把老先生的动作准确地展现了出来，这就是我们前面说的——

生： 白描。

师： 谁能把老先生读书的白描部分再现出来？

（一男生吟诵，摇头晃脑，引得阵阵笑声。）

（3）对比：两个园子的乐趣一样吗？

生： 不一样，百草园是无忧无虑地玩耍，三味书屋是有限制地玩耍。

生： 百草园是自由自在地玩，三味书屋是偷偷地乐。

师：（引读）一边是尽情玩耍的大自然——

生："不必说碧绿的菜畦，光滑的石井栏，高大的皂荚树，紫红的桑葚。"

　　师：一边是偷着乐的小后园——

　　生："三味书屋后面也有一个园，虽然小，但在那里也可以爬上花坛去折蜡梅花，在地上或桂花树上寻蝉蜕。"

　　师：一边尽情欣赏——

　　生："也不必说鸣蝉在树叶里长吟，肥胖的黄蜂伏在菜花上，轻捷的叫天子（云雀）忽然从草间直窜向云霄里去了。"

　　师：一边悄悄拨弄——

　　生："最好的工作是捉了苍蝇喂蚂蚁，静悄悄地没有声音。"

　　师：（小结）鲁迅运用对比，（板书：对比）展现了百草园、三味书屋两种不同的乐趣，我们感受到的好玩就更丰富了。

　　3. 聚焦"美女蛇的故事"。

　　（1）在《从百草园到三味书屋》的原文中，藏了一个美女蛇的传说故事，想听吗？

　　（2）（师讲述美女蛇的故事。略）我特别想问，如果是你，听了美女蛇的故事，你还想去百草园吗？

　　生：我觉得更加刺激了，我更想去一探究竟。

　　生：我好害怕，不过，百草园更有吸引力了。

　　生：真有美女蛇吗？太神秘了，我当然要去看看。

　　师：（小结）引用了传说故事，我们体会到的好玩不仅丰富，而且还平添了一份神秘、刺激和好奇。

　　4. 亲爱的同学们，仅仅读了《从百草园到三味书屋》的几个片段，我们就发现鲁迅散文丰富灵活的表达：描画、对比、引用；我们也发现鲁迅的童年生活是好玩的，这样的好玩不但丰富，而且充满神秘的色彩。这些发现用一句话概括就是：鲁迅用丰富的表达展现了丰富的童年生活。（板书：丰富）

三、寻"花"，引向整本

　　1. **师**：《朝花夕拾》的每一篇都是独立的散文，散文与散文间真的没有联系吗？读读这些句子，你有什么发现？（出示）

　　长妈妈，一个一向带领着我的女工，也许是以为我等得太苦了罢，轻轻地来告诉我一句话。

——《狗·猫·鼠》

长妈妈，已经说过，是一个一向带领着我的女工，说得阔气一点，就是我的保姆。

——《阿长与〈山海经〉》

母亲、工人、长妈妈即阿长，都无法营救，只默默地静候着我读熟，而且背出来。

——《五猖会》

长妈妈曾经讲给我一个故事听：先前，有一个读书人住在古庙里用功，晚间，在院子里纳凉的时候，突然听到有人在叫他。

——《从百草园到三味书屋》

生：这四篇文章中都有阿长。

生：《阿长与〈山海经〉》中第一句说"长妈妈，已经说过"，在哪儿说过呢？在《狗·猫·鼠》中说过。

师：（小结）阿长伴随着鲁迅的成长，陪伴了他 18 年。在回忆性散文中，鲁迅生命中重要的人和事都彼此关联和照应，要了解鲁迅的童年经历，就要整体联系地读。

2. 你们的发现引发了我的思考，作者对生命体验的独特表达，也会贯穿在他的作品中。这么看来，表达方式在其他篇目中也有吗？

（1）发现"白描"。

师：（出示藤野先生照片）猜一猜：鲁迅会抓住藤野先生的哪些外貌特点描画？

生：也许会抓住他的厚嘴唇。

生：我觉得鲁迅会写他戴着眼镜。

生：他的八字胡须。

生：西装和领结吧。

师：想读读鲁迅是怎么写的吗？（出示《藤野先生》中的句子）

生：（读）"其时进来的是一个黑瘦的先生，八字须，戴着眼镜，挟着一叠大大小小的书。"

师：八字须与你们异曲同工啊。想知道鲁迅是怎么描画范爱农的吗？（出示《范爱农》中的句子）

生：（读）"这是一个高大身材，长头发，眼球白多黑少的人，看人总像在渺视。"

（2）发现"对比"。

师： 再读《五猖会》中的几句，你们又发现了什么？（出示）

女生：（读）"我笑着跳着，催他们要搬得快。"

男生：（读）"我忐忑着，拿了书来了。……我担着心，一句一句地读下去。……似乎从头上浇了一盆冷水。"

师： 发现了什么？

生： 运用了对比。

师： 一会儿让你灿烂如花，一会儿让你掉进冰窟，这样的对比想表达什么呢？想知道吗？当然得看原文了。

（3）发现"引用"。

师：（出示："猫是老虎的师父""老鼠成亲""老鼠数铜钱""猫'吃'隐鼠"四个故事）猜猜出自哪一篇？为什么？

3. 45岁的鲁迅备受压迫时，童年的好玩、有趣、美好，一次次温暖他继续上路。这部散文集里，到底还有哪些丰富的表达？除了好玩，他还想表达哪些丰富的内容呢？当我们这样去读这本书的时候，这本书不也是我们阅读的百草园吗？他日回忆，不也是你人生的《朝花夕拾》吗？

师：（音乐起）鲁迅曾经说过："没有亲吻过土地的孩子没有童年。"没有百草园、三味书屋，没有阿长与《山海经》，就没有日后伟大鲁迅无尽的远方、无穷的想象、丰富的未来！那就读《朝花夕拾》吧，我们有幸在童年时与童年的鲁迅相遇，我相信，在你们以后的人生中，会继续与鲁迅相遇，你们会继续感悟，继续感动，继续收获……

【评析】

"亲近鲁迅"专题研究课程群是清华附小在迈进新百年元年和纪念鲁迅逝世80周年背景下，践行"核心素养导向下'1＋X'课程探索"呈现出的课改成果，在小学教育界和鲁迅研究界尚属罕见。王玲湘老师执教六年级的《朝花夕拾》是唯一入选的整本经典阅读课例，也是一节有挑战、有特色、有开创意义的导读研究课，体现了课程资源的有效开发，展示了课堂深度学习的魅力磁场，也开辟了"立人"主题教学的新境界。

319

1. 整本经典选择——课程资源的有效开发。

2011 年版课标指出，课程资源要开发整本书，"多读书，好读书，读好书，读整本的书"。小学六年级与初中相衔接，是加强名著阅读、丰富学生阅读空间的关键期，有必要养成阅读整本书的良好习惯。其实，叶圣陶先生很早就认为"养成读书的习惯，不教他们读整本的书，那习惯怎么养得成"。朱自清先生也曾说"读书若只读选本，只算是陌人而不是学人"。这道出了中国学人的一个重要传统，那就是读"专籍"。

由此可见，《朝花夕拾》入选鲁迅课程群资源，体现了开发者高瞻远瞩的探究勇气。读《朝花夕拾》这样的整本书，有利于培育学生核心素养、打通学段教育，形成整体阅读系统；有利于学生感受名著的思想魅力，提升综合语言技能，丰富其精神世界；还有利于书香校园、书香家庭的建设，从而促进经典的传承与应用。

对小学生而言，读鲁迅文章难，阅读鲁迅整本书则难上加难。本课是如何深入浅出地化解这一难题的呢？王老师巧妙地用解题、联系鲁迅简历、略读小引和目录的方法，激发起学生的阅读兴趣，从而拉近学生与伟人的距离。第一板块引导学生分解与归纳题目含义，时间轴标明了其成长经历与创作的关键节点，并结合坐标图示走进"小引"，领悟了散文集创作的背景。在此基础上，展开"目录分类"活动，让学生从整体上把握了散文排列的特点和大略内容。这个化解难度的方式既遵循了学生的认知规律，又遵循了作家的创作规律，体现了老师的教学智慧。

2. "拾花—赏花—寻花"——课堂深度学习的魅力磁场。

"拾花—赏花—寻花"是贯穿教学设计、课堂内容、课堂活动的主线。教学设计方面，删繁就简，视角精准，结构提炼突出了一个"精"字。王老师从《朝花夕拾》众多文本信息中提炼出最本质的关键词"花"，即选一典型篇目，牵一"花"引整体，并逐步引导学生进入"拾花—赏花—寻花"的书册阅读立体大结构中，进而发掘出"整体感知—聚焦探秘—引向整本"三个对应能力发展层次，呈现出聚合发散效应、深度拓展功能，有效促进了学生的深度学习，让《朝花夕拾》课成为吸引学生注意力的"花"海磁场。

课堂内容方面，由薄变厚，撬动思维，材料整合突出一个"巧"字。王老师在课堂上，用"阿长"这个散文集中多次出现的人物，策略性地打通了单篇与整本之间的壁垒，实现了篇目和散文集的融通，使得学生发现散文集中的人和事是彼此关联和照应的。不仅如此，王老师进而引导学生自主探究《朝花夕拾》中"白描、对比、引用"的表达方法也贯穿在其他的作品中，让学生能够整合学习经验，发现篇目之间的关联，将知识进行迁移与运用。纵观整堂课，还以时间轴、配乐感悟、图片引导等多重立体的工具，撬动学生玩转思维、激发奇思妙想，引导其走进鲁迅动物世界、植物世界、人物世界和神话世界的语境中，把少年迅哥的"猫猫狗狗小隐鼠，草园书屋老先生，爱农藤野长妈妈，女蛇五猖山海经"等丰富多样的文学意象和风俗人情淋漓尽致地刻在学生脑海中，让学生发现"材料丰富"的散文集构文特点，在资料重组、动态整合中，智慧巧妙地设计出丰富饱满的意境磁场。

课堂活动方面，由静变动，多感官调动，实践方式突出一个"活"字。活动期间，通过对比引读、游戏抢答、精彩演读、小组探究、合作分享等方式循序渐进地开展。特别是在写法归纳上，不是以简单的传输或者问答来总结，而是充分打开学生的视觉、听觉、触觉、嗅觉、味觉五感，使学生真正将学习少年鲁迅的感受、感悟有机地融入自己原有的认知结构中，进而适应新情境、探究新问题、生成新能力，在文本、课堂、教师、学生四方的不断超越中，让散文集这一魅力磁场激发出了实践活力。

3. "真实、好玩、有趣、温暖"——"立人"主题教学的新境界。

"主题教学撬动课改，为聪慧高尚的人生奠基"是此次活动的价值取向。这堂课，王老师始终没有离开过语文立人、成志教育的主题，方式上也没有价值观的说教。在准确把握散文主旨的基础上，减少了意识形态化的鲁迅，在百草园、三味书屋、美女蛇、五猖会、长妈妈、藤野先生等众多教学环节中，与学生共同发掘了一个可亲可爱、真实丰富、有趣温暖的童年鲁迅世界，与深沉冷峻、忧愤深广的成年鲁迅风格有所不同，开辟了鲁迅"立人"主题教学的新境界，是主题教学在实践上的一次成果创新。

也许，一堂有价值的课能改变学生的一生。王老师的课堂将生动的童年意境传达给所有的学生和老师，育人就是要育像鲁迅少年那样"真实、好玩、有趣、温暖"的人。毫无疑问，教学向童心靠拢了，素养在课堂积淀了，语文使命在活动中得以实现，这恰恰是执教者一以贯之的儿童本位立场，深度契合"让儿童站在学校正中央"的教育哲学。整个课堂实践中，积极响应了窦桂梅反复追问的"我们要育什么人""怎么育人"这两个核心命题，充分体现了教学工作者精湛的语文学科素养、宽阔的文学文化视野与"语文立人"的教育使命。

"拾花赏花寻花，经典教学立人"。作为小语界的教学研究领军者，这节课从各个方面显示出较为深厚的功力，既有对语文教学规律和方式变革的深刻认识，也有对鲁迅文本经典、鲁迅精神价值在小学接受程度的深切观照，还有对清华附小理念精神"力透纸背"的深度契合。多年之后，学生回顾起这堂特别的课，相信也是一朵带着露水、带着丁香花香、带着满满美好回忆的"朝花"！

"鲁迅笔下的儿童" 群文阅读教学与评析

◆ 执教/李怀源　评析/汪　锋

一、 预学——猜猜他是谁

1. 联系阅读经验，聊 "小说" 概念。

师： 谁读过小说？请举手。（生举手）谁知道什么是小说？请举手。（生举手）

生： 小说就是有时间、地点、人物和情节的比较长的文章。

师： 有不同见解吗？

生： 我想补充一点，不仅仅有长篇小说，还有中篇小说和短篇小说。

师： 嗯，你还知道小说的类型。同学们对小说有一定的了解，那么小说的内容是真的还是假的呢？

生： 有的是真的，有的是假的。

师： 什么是真的，什么是假的？

生： 真的就是指真实发生的一些事，而假的就是指夸大化的一些事情、动作、表情之类的。

生： 我认为假的可能是指通过真实的事情改编的。

师： 谁能举一些例子？

生： 真实的就是回忆性的小说，假的比如科幻类小说等。

生： 鲁迅写的《社戏》就是一个内容真实的小说。

生： 讽刺小说并不是真的人物和情节，但反映的是真实的社会现状，里面的人物都是虚构的。

师： 非常棒，这是你们的感觉。词典里这样写： "小说是以刻画人物形象为主，通过具体的故事情节和社会背景的描写，来传递作者想法的一种文学体裁。"里面有几个关键词：人物、情节、社会背景、想法、文学体裁。也就是说它是一种创作出来的文学作品，里面的人物并不是真的，任何小说中的人物都有创作的原型。

2. 联系阅读细节，猜小说人物。

（1）整合图画猜人物，发现文字的画面感。

师：我们来看看鲁迅笔下的儿童，这是谁？（**出示图片**）

生：闰土。

师：你们一下子就看出他是闰土，为什么？

生：《少年闰土》这篇文章里写了闰土拿着刺猬的工具。

师：这些都是文本中的儿童形象，你能猜出来其他图片上的人物吗？

生：我觉得这是小栓吃药，老栓把红色的馒头用荷叶包起来烤后，喂给小栓吃。

生：我认为这个是《社戏》中的鲁迅，因为鲁迅要去看社戏，但是他妈妈不让他去，他没有心思干别的，一直想着看社戏。

生：跟鲁迅妈妈和老祖母说话的人是双喜，他打包票能让鲁迅平安回家。

生：我认为这个是鲁迅和他的小伙伴到阿发家田里偷罗汉豆。

师：鲁迅是一个伟大的文学家，他写的人物，我们都能够通过具体的场面回想起来。你们知道刚才这些画是谁画的吗？是丰子恺画的鲁迅小说里的场景。

（2）联系语句猜人物，发现人物的语言特点。

师：现在你要说一句或一段最能表现这个人物的语句，让我们猜出来这个人是谁。准备 1 分钟。计时开始。

（**生练说 1 分钟**。）

生："我写包票！船又大；迅哥向来不乱跑。"

生：我觉得是双喜。

生："偷我们的罢，我们的大得多呢。"

生：我觉得是阿发。

生："大船，八叔的航船不是回来了么？"

生：这个也是双喜。

生："他答应了一声是，恭恭敬敬地退下去了。"

324

生：我觉得是学程。

生："'我……我不懂'，他更加局促起来。"

生：还是学程。

师：你们是怎么一下子猜到的呢？

生：大家都是找比较典型的或比较经典的一句话，让大家猜。

师：为什么找出经典的话，你们就猜中了呢？

生：因为这些话代表了人物的性格和做事风格。比如说阿发比较大方，他们家东西比较多，所以让偷他们家。

师：还有补充的吗？

生：我觉得是因为人物都有自己独有的个性，比如说阿发，不是因为他家的东西多才大方，而是因为他特别纯真。

师：大家找到的都是什么样的语句？

生：描写人物语言的句子。

（3）结合细节猜人物，发现文字的深刻性。

师：描写这些儿童语言的句子，让我们很快就能知道是谁。刚才难度系数有点低，现在上升点难度：还是猜人物，怎么能让大家不太好猜出来？

生："他虽然有时觉得他走路很像上台的老生，却从没有将他当作女人看待，他知道自己答的很错了。"

生：应该是学程。

生："大粒的汗，从额上滚下。"

生：应该是小栓。

生："走到灶下，盛出一碗冷饭，泡上热水，坐下便吃。"

生：小栓。

生："我刚在练八卦拳。"

生：学程。

师：问问题的同学总结一下经验：为什么被人家一下子就猜到了？回答问题的同学总结一下：为什么他们说什么你们都能猜出来？

生：我觉得鲁迅笔下人物的特点、个性，被他刻画得特别清晰，所以随便一句话就能听出来是谁。

生：就像一些画家能把人画得惟妙惟肖一样，鲁迅是用典型的文字把人物

325

写得生动，因此，就算是不显眼的话，大家也能猜出来。

二、 共学——为什么写儿童

1. 结合理解，初探缘由。

师： 大家都对这些人物熟悉了吧。下面我们要做的工作是问问"为什么"。老师的问题是：鲁迅是一位著名的文学家，他为什么要写这些儿童？在你的学习单里写上你的答案，这是我们最初的想法。（生写）只有最初的想法还不够，我们要进行研究和探索，才能知道我们这个想法是对还是错，是不是可以更深入。

2. 进行分类，再探缘由。

师： 我们下面进行探索。第一步，老师想让大家做的工作是把这些儿童进行分类。同类写在一起，而且你们要说出这一类有什么特点，并且告诉大家你们为什么要这样分。

（生小组讨论。）

生： 我们组把《社戏》中其他孩子放到一类，鲁迅一类。因为鲁迅当时是一个书生，而《社戏》里出现的其他孩子，大多数没有上过学。这是按照有学识和没学识分的。

生： 我认为还有另一个分类方法，就是分为活泼的和不活泼的。《社戏》中的儿童除了鲁迅都很活泼，鲁迅算是一个很文静的人。

生： 我们组也同样将他们分为两类：双喜、阿发和"我"是心理健康的一类；小栓、胖孩子、学程、赤膊、癞头疮、女孩儿是心理不太健康的一类。

生： 我觉得不应该这样分。迷信跟心理健不健康没关系。我认为应该分为麻木的和清醒的。

师： 鲁迅为什么写这些儿童呢？经过刚才的分类和讨论，在你刚才写的想法下面，再把你现在的想法写下来。

3. 细读资料，三探缘由。

师： 刚才我们探讨了"为什么写"，接下来老师给你们两个资料，看看你们读后能不能回答出刚才那个问题，然后再写下你们新的想法。（出示）

资料一：

中国中流的家庭，教孩子大抵只有两种法。其一，是任其跋（bá）扈（hù），一点也不管，骂人固可，打人亦无不可，在门内或门前是暴主,是霸王,但到外面,便如失了网的蜘蛛一般,立刻毫无能力。其二,是终日给以冷遇或呵斥,甚而至于打扑,使他畏葸(xǐ)退缩,仿佛一个奴才,一个傀儡,然而父母却美其名曰"听话",自以为是教育的成功,待到放他到外面来,则如暂出樊笼的小禽,他决不会飞鸣,也不会跳跃。

——《上海的儿童》

资料二:

中国和日本的小孩子,穿的如果都是洋服,普通人实在是很难分辨的。但我们这里的有些人,却有一种错误的速断法:温文尔雅,不大言笑,不大动弹的,是中国孩子;健壮活泼,不怕生人,大叫大跳的,是日本孩子。

然而奇怪,我曾在日本的照相馆里给他照过一张相,满脸顽皮,也真像日本孩子;后来又给他在中国的照相馆里照了一张相,相类的衣服,然而面貌很拘谨,驯良,是一个道地的中国孩子了。

为了这事,我曾经想了一想。这不同的大原因,是在照相师的。他所指示的站或坐的姿势,两国的照相师先就不相同,站定之后,他就瞪了眼睛,伺机摄取他以为最好的一刹那的相貌。孩子被摆在照相机的镜头之下,表情是总在变化的,时而活泼,时而顽皮,时而驯良,时而拘谨,时而烦厌,时而疑惧,时而无畏,时而疲劳……照住了驯良和拘谨的一刹那的,是中国孩子相;照住了活泼或顽皮的一刹那的,就好像日本孩子相。

——《从孩子的照相说起》

生: 我觉得是因为鲁迅由于自己童年的缺失,因此他写出的小说,让我们从中感受到他希望儿童不要像大人那么麻木,而是有一种觉醒的意识。

生: 我觉得他想表现的是儿童的纯真和原始的样态。在《社戏》里,那些儿童都是很纯朴、天真无邪的,在《长明灯》里,有些儿童的心灵已经被污染了。

……

师: 关于鲁迅为什么要写这样的儿童,每个同学心中都有一个答案。通过对刚才三个层面的探索,大家应该获得的一点收获是:我们想要回答一个问题,光靠我们自己的想象是不可以的。我们要借助一些资料研究它,才能更全面地解答这个问题。

三、 延学——想想我自己

师: 其实最后我们应该想想自己:我们读这些书,我们的目的是什么,阅

327

读对我们的作用是什么。来读一下鲁迅写过的一段话：（出示）

> 街灯的光穿窗而入，屋子里显出微明，我大略一看，熟识的墙壁，壁端的棱线，熟识的书堆，堆边的未订的画集，外面的进行着的夜，无穷的远方，无数的人们，都和我有关。我存在着，我在生活，我将生活下去，我开始觉得自己更切实了，我有动作的欲望——但不久我又坠入了睡眠。
>
> ——《这也是生活》

师： 大家有没有想过：阅读对我们的作用是什么？

生： 我觉得阅读可以提高我们的修养和审美。

师： 鲁迅能让麻木的人惊醒，能让聪明的人更理智，他创作的文学作品——尤其是小说带来的力量，体现在他笔下鲜明的形象与复杂的社会。看来文学创作能让我们更好地认识现实的人生。请同学们齐读这句话——（出示）

生：（读）"无穷的远方，无数的人们，都和我有关。"

生： 我觉得阅读还可以把不同时代、不同地方、不同想法的人联系到一起。

师： 请大家记住这句话，所有的人都和我们有关。我们要关心他人，关心社会，做一个鲁迅所希望的儿童。下课！

【评析】

给儿童铺一条亲近鲁迅的路
——如何在小学教鲁迅作品

2016年是鲁迅先生逝世80周年。如何纪念这位伟大的文学家？最适合的方式莫过于传承他的作品。鲁迅作品的丰富性给我们提供了很多可能的入口和梯度。清华附小经过精心的准备，率先推出了成系列的鲁迅阅读课，可谓第一个尝螃蟹的人，尤为可喜的是，效果很不错。李怀源老师执教的《鲁迅笔下的儿童》群文阅读课明明白白地给我们展示了这一点。

这堂课选择了两个切入点来走进鲁迅作品：一个是儿童；一个是群文阅读。更为难得的是，李老师把二者结合得很好，在这两方面都能掌握很好的度。

鲁迅笔下的儿童在其作品中大都是为了凸显对现实社会的批判。那些儿童或者他自己的儿时其实是他在回忆中营造的一个理想世界，如钱理群先生所说："《朝花夕拾》里的回忆，始终有一个'他者'的存在……鲁迅在《朝花夕拾》里所要创造的'世界'是直接与这些'绅士''名教授'的世界相抗衡的。"（《文本阅读：从〈朝花夕拾〉到〈野草〉》）但这样的读解深度是无法传达给小学生的，这需要太多的阅读经验和社会经验。李老师显然是明了思想深度并不是教学目的，因此，他选择了两个连接点：一是"画面感"。抓住鲁迅作品中风格很突出这一点，他让学生看丰子恺画的图来推测文本中的儿童形象。通过这一活动激发学生阅读中的场景回忆，同时也激发了学生阅读的兴趣，从文字到形象的连接很符合儿童阅读的认知梯度。二是"形象刻画"。通常的教学方式是给出文字，问学生文字体现了怎样的形象或者特点，而李老师的连接点却是反向的，他让学生自己找最能体现人物特点的字句，让其他同学猜人物，这就要求学生自己得先有"形象"的总体概念，再从各种表现中挑出最具特色的字句，这也形成了比较的意识。最后，又引导学生总结容易猜到和难猜的原因，这样就慢慢地引导学生意识到写作时要注意"形象刻画"，这才是我们所认为的读写结合。

329

群文阅读最重要的一个目的是让学生在多篇文章中找到共性和差异性。在第二个教学环节，李老师设置了一个问题："鲁迅为什么要写这些儿童?"他先给学生搭了一个梯子：让学生把鲁迅笔下的儿童分类，引导学生归纳和概括。接下来的活动又向答案延伸了一步：写这样的形象是什么目的？待学生给出很多答案后，李老师的落脚点很妙，他没有给出任何答案，而是点出了群文阅读的目的：如何更好地研究与解答问题。这也是鲁迅作品进入小学课堂的一条新路。

最后还要特别提到的是：李老师执教这堂课，话语并不多，大部分时间是学生在回忆、展示和思考，但从中可以看出他的过渡和引导都恰到好处，要言不烦。

"亲近鲁迅"主题研读课群总评

◆ 胡海舟

2016 年，在全国人民纪念鲁迅先生 135 周年诞辰、逝世 80 周年的特殊时刻，在清华大学附属小学迈进新百年元年的重要时间节点，窦桂梅、王玲湘、李怀源等老师推出"亲近鲁迅"主题研读课群，显然是精心策划、意味深长之举。

一、 顶层设计显高远立意

一个人的阅读史往往就是他的精神发育史，小学阶段的阅读更具有"种子"的功能。鲁迅的作品是中国现代文学的高峰，鲁迅的思想代表了民族思考的高度。一个国家、一个民族的子孙后代学习语文，当然不能绕开代表他们国家、民族艺术深度、文化宽度、灵魂刻度的作家作品。在浅阅读越来越泛滥的大背景下，从语文教学立人的高度出发，从"成志教育"的总目标出发，窦桂梅带领的清华附小语文人敏感地抓住纪念鲁迅先生逝世 80 周年这样一个历史契机，高瞻远瞩，顶层设计，开展走近童年的鲁迅专题研读活动，准备以此为起点，实施一个庞大的"回归经典"研读工程，解决"为什么读"和"读什么"的问题，并使之成为育人系统的有机组成部分。这样的教学立意是非常高远的，这样的行动是非常睿智、及时的，显示了一个优秀的语文教育群体应该具有的文化自觉、历史担当和课程视野。这项研读计划的主题是"亲近鲁迅、走进经典"，抓手则是寻找语文教学与民族文化、世界文化的共通点，寻找阅读与儿童生活的相交点，寻找语文教学与儿童言语、精神、生命成长需要的契合点，把学生引向更广阔的阅读天地、更美好的阅读人生。

二、 巧妙架构创新式课型

2011 年版课标强调"要重视培养学生广泛的阅读兴趣，扩大阅读面，增加阅读量，提高阅读品位"，提倡"多读书，好读书，读好书，读整本的书"。
2016 年 9 月开始使用的"部编版"语文教材有意减少入选课文的篇数，注重
语文课向课外阅读的延伸，注重构建"教读""自读"加上"课外阅读"三位
一体的教学体系。清华附小语文团队正是想通过"亲近鲁迅"主题研读课群，
让课标中"读好书，读整本书"的建议落地生根，让新教材要求的教读、自
读、课外阅读的延伸与结合成为现实。为此，他们缜密思考，巧妙架构，创造
了主题研读课群这样一种新的课型，为学生走近大师、亲近经典开辟了一条新
路。这里，既有深入、精彩的单篇《阿长与〈山海经〉》研读，又有富有新意
的整本书《朝花夕拾》导读，还有视野宽阔的《鲁迅笔下的儿童》群文阅读。
单篇—整本书—鲁迅先生其他的作品，整体规划，有机勾连，步步为营。很明
显，清华附小语文人是在为学生搭建一架走近鲁迅，走向经典，走进文学、文
化之林，走上语言与思想高峰的天梯。从单篇走向整本，从教材走向自主开发
的课程，从课内走向课外，从小小的教室走向大大的世界，从主题研读走向主
题实践活动，"亲近鲁迅"主题研读课群是清华附小践行"核心素养导向下
'1 + X'课程探索"新的课改成果。

331

三、 谋定而动求扎实功效

小学生需要读鲁迅，读经典，需要通过经典阅读打下精神的底色，但经典
深奥，鲁迅难读，连中学生都害怕畏惧，让小学生阅读岂不是难上加难？ 具有
使命意识的清华附小语文人迎难而上，不但高瞻远瞩，宏观设计，而且谋定而
动，脚踏实地，他们用激兴趣、教策略、谋发展三大方法让学生不但爱读，而
且会读鲁迅的作品。

一是激兴趣，用儿童的方式亲近鲁迅的作品。窦桂梅老师教学《阿长与
〈山海经〉》，一开课就展示鲁迅的画作、书法作品及其设计的书刊封面、北大
校徽，除了意在强调这本《山海经》与鲁迅人生之路的联系，更在于展示鲁
迅多才多艺的才子形象，将鲁迅从"革命家、思想家"的神坛宝座送回到
"人"的位置，让学生产生亲近感。接下来的厘清文脉运用游戏的手段，将
"谋死隐鼠、切切察察、睡相不好、逼吃福橘、买《山海经》"这五件事纳入
鲁迅对阿长的情感坐标，引导发现问题：既然阿长有那么多缺点，鲁迅为何还
要写她？ 是怎样写的？ 由此激发研读兴趣，启发探究情感背后的秘密，破译语
言的密码。相比较单篇，整本书篇幅长、内容多、内涵深，从何处入手导读，

很有讲究。著名画家、文化学者陈丹青评价鲁迅是"百年来中国第一好玩的人"。而童心是相通的，爱玩是孩子的天性。针对《朝花夕拾》的内容特点，针对儿童的心理特点，王玲湘老师匠心独具，先隐去《朝花夕拾》人到中年"夕拾"的沉重、深刻，隐去鲁迅作为大师严肃、深邃的一面，而着眼于"朝花"的有趣、轻松，着眼于童年鲁迅的好玩、活泼，从写游戏、玩耍、背书等内容的篇章和片段如《五猖会》《狗·猫·鼠》切入，让书中的世界与学生当下的生活接轨，引起情感的共鸣，引发阅读的渴望；赏"花"探秘环节，聚焦的也是学生最喜欢、最生动有趣的《从百草园到三味书屋》。李怀源老师则是抓住儿童与群文的结合点展开教学：预学环节，整合画面、联系语句、结合细节三猜"人物"，从文字到形象、从形象到文字的游戏式连接，不但切合儿童的认知特点，而且符合鲁迅作品注意形象刻画的特质，帮助学生激活了阅读的场景回忆、人物回忆、细节回忆，也激发了学生的阅读欲望；延学环节，让学生结合鲁迅的作品"想想自己"，思考阅读的作用，做一个鲁迅所希望的儿童。

二是教策略，让学生会读鲁迅的作品。窦桂梅老师教学《阿长与〈山海经〉》，在整个课群中具有单篇引路、昭示方法的功能，意在用教读、精读让学生学会自读，学会读整本书，提高课外阅读质量，体现了教读对自读、课外阅读的示范。窦老师教学的重点不在内容层面的"读到了什么——写了阿长的什么"，而在"读懂了什么——怎么写阿长的"。为此，她独具慧眼，通过三个"三不"——"睡相不好"中的不动、不闻、不开口，"逼吃福橘"中的不停说、不停行动、不停变化表情包，"买《山海经》"中的不该她去买、她不懂、她不具备买到的能力，在"怎么写""为什么这么写"的层面启发学生深入感悟、思辨、探究，透过作者情感的变化，体会详略、繁简、曲直等写作手法的妙处，感受鲁迅文章的魅力，起到了榜样示范、举一反三的作用。除了窦桂梅老师教学运用到的切己体察、虚心涵泳、前后联系等读书方略的渗透，王玲湘老师在整本书《朝花夕拾》导读时还注意针对文本的体裁特点，着重运用目录、篇目与鲁迅简历相结合的方法，运用坐标图示加资料袋的方法，把篇目进行了分类，将文章与人生勾连，导读回忆性散文，这就很自然、巧妙地将古人非常看重的"知人论世"的阅读方法教给了学生。群文阅读的长处是材料众多，便于参照、比较、思考，李怀源老师充分利用这一点，引导学生聚焦"鲁迅先生为什么要写这些儿童"这个问题进行探索：结合理解，初探缘由；进行分类，再探缘由；细读老师提供的资料，三探缘由。这不仅是一次多角度、有深度的群文阅读实践，更是一次科学研究方法与路径的揭示，是一次规范的专题研究训练。

三是谋发展。由上面的分析还可以看出，无论是单篇的研读、整本书的导读，还是群文的阅读，三位老师着意的都不只是学生当下的亲近鲁迅、亲近经典的趣味性阅读，更有未来的发展性、专业性阅读；着意的都不只是学生的"读进去"，更有"读出来"，入乎其内，出乎其外。在童年和鲁迅相遇，和经典相遇，在人生路上一次又一次地和鲁迅相遇，和经典相遇，不断地感受、感悟，不断地研究、发现，不断地成长、进步，成为有思想的立言者，收获自己的诗意人生。

第 13 组

语文要素的 "热关注" 与 "冷思考"

立足儿童视角，落实语文要素

◆ 朱　煜

　　在三～六年级的部编版教材每个单元的导语中，教材编者将学生在该单元需要学会的语文知识和能力清晰地罗列了出来。这些语文知识和能力就是语文要素。教材执行主编陈先云老师提出："所谓语文要素，就是语文训练的基本元素，包括基本方法、基本能力、基本学习内容和学习习惯。"语文要素是部编版教材提出的一个核心概念，从语文课程建设角度看，它是建构语文教材训练体系的基石。从教师教学角度看，它使教师明确了语文课的教学目标和教学内容。相较于以往的教材，这是巨大的进步。

　　没有语文要素的时代，同一篇课文，不同老师教，会定出不一样的目标，教出不一样的结果。于是孰优孰劣，莫衷一是。没有语文要素的时代，不少语文老师上课的模式几乎雷同：第一步，学习生字新词；第二步，了解主要内容；第三步，根据每个段落中字词句的情况，逐一细讲；第四步，提炼中心思想，渗透思想教育。知识点和能力点看上去教了很多，也教得辛苦，可学生却没有真正掌握。因为每个知识点都是浅尝辄止，蜻蜓点水。下课后，起先学生还能记住课文内容。若干年后，连内容也会淡忘。因此，语文要素对于提升学生语文学习质量，提高语文教师专业能力至关重要。

　　于是，一个新课题就出现在教师面前，在日常教学中，语文要素该如何落实到位？

　　在笔者最近一两年听过的语文课中，教师大都能对语文要素充分关注，并开展相应的教学活动。但是，教学效果却不理想。比如，一位教师教提问的阅读策略。整堂课，不停地让学生提出各种问题。因为问题太多，教师也无从梳理，更谈不上解决问题。下课时，除了黑板上留下一堆质量参差的问题外，什么也没有留下。试问，学生在这样的课堂中，提问能力得到提高了吗？看似在学习提问，但如果不上这节课，学生是不是就不会提问题呢？学生是否明白如何判断问题的质量？是否明白可以从哪些角度来提问？这是第一种情况。教师对语文要素的理解是肤浅的，甚至是有偏差的，导致对于如何利用课文落实语文要素，没有成熟的思考。

又比如，一位教师教《在柏林》。一上来就告诉学生，读小说要注意人物形象、故事情节、典型环境三个要素。接着，围绕三个要素，从课文中找出相应的内容。整节课被枯燥的一问一答填满。最后，教师把教参上的分析一一灌输给学生。笔者听完课最大的感受是，语文要素好像有了，可是学生没有了，语言文字没有了。这是第二种情况。教师想到用一些方法落实语文要素，但落实的过程中没有考虑小学生的语言学习规律，只是从概念教学的角度出发，将语文课变成了纯粹的方法、技术教学课，而没有将语文知识概念转化成学生的语文能力。

上述问题提醒我们，要真正将语文要素落实好，必须立足儿童视角。在日常教学中，我们需要注意以下两点。

一、 语文要素的落实需要依托言语实践活动

2011年版课标上说：语文课程是一门学习语言文字运用的综合性、实践性课程。换而言之，小学生上了六年的语文课，应该具备规范的口头和书面表达能力。通过口头和书面表达，清晰准确地向外界传递自己的见闻感受。这种能力的训练和获得必须依托言语实践活动。也就是说，教师在语文课上，不能"满堂灌"，更不能大搞"题海战术"，而是应该根据课文的特点，结合单元中的语文要素，设计听说读写演的言语实践活动，让学生在言语交际过程中，借助课文学会规范使用语言。要特别说明的是，教师不是通过言语实践活动去教授语文要素的概念，而是将语文要素融合在具体的教学环节中，让学生通过感受语言现象，积累词汇句式，体悟文字背后的情感，从而提升语言素养。

比如，五年级上册第一单元的语文要素是：初步了解课文借助具体事物抒发感情的方法。该单元中的《桂花雨》一课非常适合落实该语文要素。如果简单操作，直接问学生：作者借助了什么事物，抒发了什么感情？学生只要读过课文，应该也能回答出来。但问题是，这样做能达到教学目标吗？学生对作者借助具体事物抒发感情的方法真的了解了吗？答案是否定的。于是，笔者设计了以下教学环节：

师：请大家轻声读第5~8自然段，再来找一找句子里那些看似普通的词语，感受作者对桂花的那种情绪、感觉。

（生自读，找句子。）

师：分享一下你们的发现。

生：我找到的句子在第5自然段——我总是缠着母亲问："妈，怎么还不摇桂花呢？"这里的"总是"表达了作者对摇桂花的喜爱。

师：不仅仅是喜爱哦。从"总是"还可以看出一种心情——（生：期盼）对，是期盼、期待。（板书）他讲得特别好，先告诉我们句子，再告诉我们词语，然后说从这个词语中获得的感受。三个步骤，讲得清楚、明白。

生：我找到的句子也在第5自然段中，"啊！真像下雨，好香的雨呀！"中的"啊""呀"表达了作者摇桂花时的激动。

师：她是从两个语气词感受到激动、兴奋之情的。（板书：激动、兴奋）

生：我找到的句子是"这下，我可乐了，帮大人抱着桂花树，使劲地摇……"，句中"使劲"体现出"我"对桂花的迷恋之情。

师：为什么"使劲"可以看出迷恋呢？

生：因为她是抱着桂花树的呀。

师：我觉得他的解释蛮有道理的。（板书：迷恋）

生：我找的句子在第7自然段。从第一句"我念中学的时候"可以看出作者当时已不住在童年所生活的老家，搬到了新的地方，那里全是桂花树，她沉迷于花香之中。后面说"回家时，总要捡一大袋桂花给母亲"，说明作者不仅迷恋于花香，而且还想把这种感觉分享给家人。

生：我找到的也是第7自然段，第三句话"秋天，我常到那儿去赏桂花"，我从"常"体会到作者对桂花的喜爱之情。虽然她不在家乡，但是她还是特别喜欢桂花，总会到那儿赏桂花，享受桂花的香气。

生：我找到的也是第7自然段，是和第8自然段衔接的地方。（师提醒：仔细听，有新发现）第7自然段说"这里的桂花再香，也比不上家乡院子里的桂花"，第8自然段又说"我又想起了在故乡童年时代的'摇花乐'"，这里把摇桂花说成"摇花乐"，表达作者的喜爱。而且，后面说"阵阵桂花雨"，我觉得母亲说"比不上家乡院子里的桂花"就是因为这"阵阵桂花雨"，因为"我"捧给母亲的是风吹落的桂花，但是在家乡，桂花是摇下来的，这个感觉是不一样的。

师：体验是不同的，难怪母亲要说她更喜爱家乡的桂花。

生：我找到的是第 8 自然段。"于是，我又想起了……"这个"又"说明作者不止一次想起摇花乐，表达了她的思乡之情。

师：这个同学从一个"又"字想到了思乡。（板书：思乡之情）

生：第 8 自然段"还有那摇落的阵阵桂花雨"，作者把摇落的桂花比作桂花雨，体现了她对桂花的热爱。

师：有迷恋，还有热爱……对于家乡的桂花，除了喜欢之外，我们居然找到了这么丰富的感受。一起把这段话读好。（出示"摇桂花"片段，生齐读）

在上述言语实践活动中，学生找词句，细细读悟，充分交流，现场生成"期盼、激动、兴奋、迷恋、幸福、热爱"等体会。这些情感体验，正是连接桂花与思乡之情的桥梁。因为作者小时候在家乡，桂花带给她那么多的快乐感受，所以她成年离开家乡后，再见到桂花，闻到桂花香，就会情不自禁地想到家乡。笔者在教学中没有抽象地提及"初步了解课文借助具体事物抒发感情的方法"，更没有将这句话概括成"借景抒情"的标签直接贴给学生看。而是让学生通过找词句、说体会，真正了解到为什么桂花可以勾起作者的思乡之情，了解到作者是如何使用借助事物抒发情感的写作方法的。在将来的某一个时刻，学生有了类似的感受，说不定就能在自己的习作中借助具体事物抒发感情。

二、 语文要素的落实需要遵循儿童语言学习的一般规律

低年级学生学习语言重在字词句的学习，要在模仿中学习基本、规范的短语和句式。中年级学生学习语言重在基于段落，体会句子之间的关系，学习基本的构段形式。高年级的语言学习则要从整体入手，探寻作者的行文思路，感悟作者选材组材和遣词造句的匠心。这是儿童学习语言的一般规律。教学中，根据语文要素所在的年段，选用合适的教学素材，才能事半功倍。

比如，四年级上册第八单元的语文要素是：了解故事情节，简要复述课文。该单元中的《西门豹治邺》一课课后有道习题，要学生根据小标题简要复述课文。《西门豹治邺》篇幅较长，如果让学生在课堂上复述全文，获得练习机会的学生就不会多。而教简要复述，最好的方式是让尽可能多的学生在课堂上练习，以便教师及时了解学生的学习情况，并加以辅导。因此笔者在教学

中，选择了西门豹惩治巫婆和官绅头子的段落，指导学生先朗读，再提取小标题，最后根据小标题简要复述。因为这个部分情节生动，篇幅适中，梳理小标题也便捷，所以教学节奏明快，保证了较多学生得到当堂练习简要复述的机会，教学目标达成度很高。

落实语文要素过程中，除了关注儿童学习语言的年段特征之外，还应注意儿童习得任何一种能力，必定要经历学习、操练、巩固、再操练的过程。教有过程，学有经历，才能真正学会。因此，笔者在教学中，经常结合课文特点使用"教—扶—放"的教学方法。

340

比如，四年级上册中的《牛和鹅》。这篇课文所在单元的语文要素是：学习用批注的方法阅读。这是学生第一次正式学习批注，笔者先用课文中现成的批注让学生明白可以从不同角度做批注。然后请学生针对小伙伴们欺负牛的动词做批注。这是第一次练习，是"教"。接着，让学生从"我"遇到鹅时的四次心情变化中选一个做批注。这是第二次练习，是"扶"。最后，针对课文最后一部分进行口头批注，引导学生从阅读课文走向感悟生活。这是"放"。三次操练，层次分明，难度不断提升。学生的思维越来越活跃，思考的深度也得到提升。他们借助批注，读懂了课文中的牛和鹅，其实就是生活中的善与恶。明白了作者之所以始终记得这件事，是因为他明白了一个道理——不要欺善怕恶。需要补充说明的是，这一课，表面上看是教批注，其实真正的教学目标是让学生学会借助批注自主阅读课文，提高阅读理解能力。

由此，回头再看上文提到的提问的阅读策略，我们就可以明白，教提问，重在教会学生在阅读中能从内容、表达形式、生活经验等多角度提出有质量的问题。当学生提出一系列的问题后，教师应该协助其梳理，并选择一两个有助于课文内容理解的问题解决掉。这样才能体现提问的价值。不然，只问不答，提出的问题无益于阅读理解，提问就没有意义了。同样，再看五年级的阅读策略——提高阅读速度，由上述分析就可以推导出，这个语文要素不是片面追求阅读的速度，而是提高学生阅读理解的速度。

综上所述，落实部编版教材中的语文要素，目的是为了更好地提高学生的阅读能力和表达能力。明白了这一点，再从儿童语言学习的规律出发，就不会将语文课上成技术方法操练课，就不会将语文要素与语言文字割裂开来，而是能润物无声地落实语文要素，使其真正转化为学生的语言素养。

科学化的追求与限度

——关于部编版教材中"语文要素"的认识与思考

◆ 林志芳

随着部编版教材的全面使用，作为教材核心概念的"语文要素"迅速成为语文界热议的话题。语文要素是语文素养包含的各种基本因素，它包含了基本的语文知识、必需的语文能力、适当的学习策略和学习习惯等。部编版教材从三年级开始，围绕"语文要素"，在同一单元内实现了单元导语、精读课文、略读课文、语文园地、口语交际、习作以及"快乐读书吧"的有机统整，形成了"主题—探究—表达—拓展"的整体学习链条。低年级教材出于对学生认知差异及学习特点的考量，没有直接呈现语文要素，但课文、旁注泡泡图、课后习题、阅读链接、略读课文的导读等都围绕单元语文要素进行编排，且依照学生的认知能力形成了循序渐进的认知体系。语文要素被称为部编版教材的"骨架"，它以体系化的方式，匹配学生具体学段的语文学习要求，兼顾知识与能力、方法与习惯，初步建立起了语文课程的学科内容体系。

在当前的教学实践中，我们欣喜地看到语文要素为教师的课堂教学提供了抓手，为解决困扰语文教学许久的"教什么"的问题提供了路径与方向。然而，也发现了把语文要素当作概念、术语进行讲解和识记，甚至当作孤立的知识进行机械化操练、强化型巩固的现象，还有的语文教学被语文要素牢牢束缚住了手脚，语文学科的丰富性、教师教学的个性化与自主性等都受到了严重损伤。深入理解和有效落实语文要素，要求我们对语文要素提出的背景做出历史考查，进一步厘清语文要素问题的本质，从而明确实施语文要素的意义与限度，真正用好部编版教材，切实培养学生的语文素养。

一、 历史审视： 语文教育的科学化追求

语文要素绝非横空出世的新事物，它的提出源于语文教改的现实需要并最终归属于百年语文不断探索现代性、追求科学化的过程。传统的语文教学不重视语文知识的传授，学生主要以涵泳、内省、体察等方式进行读写实践，逐渐感悟摸索，提高读写能力。就是鲁迅所言"一条暗胡同，一任你自己去摸索，走得通与否，大家听天由命"。1904 年，独立设科后的语文教育与封建语文教育目标、教育内容的决裂，开启了对语文学科内容、方法、规律等确定性的寻求。科学化、学科化的追求是现、当代语文发展的最主要方向。当然，在这一过程中，语文教育内部始终存在着矛盾与张力，科学与人文、实用与文化、创新与复古等各种思潮互相掣肘，相反相成，在博弈中寻求统一与平衡。

1978 年，继吕叔湘对语文教育中存在的"少、慢、差、费"的问题展开批评之后，张志公明确提出语文教育科学化的主张，认为"不能继续把提高语文能力这件事神秘化而听其自然，要力求做到语文教学科学化"。20 世纪 80 年代以后，语文课程知识、结构、体系都不断逻辑化、系统化，并希望以此提高语文教学质量与效率。20 世纪 80 年代末，对科学化的过度强调逐渐消解了语文教育的思想性，使之逐步陷入技术主义路线。1997 年，《北京文学》引起的语文教育大讨论是中国当代语文教育的重大转折。人们对科学化导致的工具理性至上的教学价值进行反思，又开始回到语文学科的本体问题思考语文到底是一门什么样的学科。随后，语文教育出现课程性质的"工具与人文之争"。作为论争的结果，2001 年义务教育课标、2003 年普通高中课标都将语文学科课程性质描述为"语文是最重要的交际工具，是人类文化的重要组成部分。工具性与人文性的统一，是语文课程的基本特点"。课标也不再"刻意追求语文知识的系统和完整"，这在一定程度上给语文教育减轻了负担，带来了生机与活力，但也导致了语文教学内容选择的困境，成为"泛语文"现象发生的重要原因。目前，部编版教材建立的语文要素体系，是对课改以来语文教学课程规定性内容缺失导致"泛语文"等问题出现的一种补救，它要改变语文教育基于经验与感悟的"暗中摸索"的状态，将语文学习的内容与方法呈示出来以做"明里探讨"。

大多数语文教育研究者认为部编版语文教材"人文主题"和"语文要素"协同并进的编排体例体现了语文学科工具性与人文性相统一的课程特点。

在当代语文教育发展的历史上，工具性与人文性的博弈反映的是语文教育价值取向中科学主义与人文主义的较量与权衡。与世界哲学思潮发展的脉络一致，在当代语文教育史上，科学主义总体占上风。当然，当前的语文教学经历了科学主义与人文精神的双重洗礼，日益走向中正平和，双方力量博弈的结果使双方都不至于抱残守缺或固守一端。

二、 本质厘清： 学科教学内容体系的重构

教学内容的确定一直是现、当代语文教育的难题。叶圣陶先生曾言："大家只笼统地知道语文教学应该对学生进行语言教育和文学教育，并且通过语言教育和文学教育进行思想教育。至于语文教育的具体任务到底是什么，应该给学生哪些基础知识，学科的体系又是怎样建立，这些问题都还没有得到明确的解答。"改革开放之后，随着语文教育现代化的进程，语文课程逐步建立起了以语文知识为基础的内容体系，并不断逻辑化、系统化。"1978 年中小学大纲"和"1980 年中小学大纲"以表格的形式将语文知识在各年级的安排附于文后附录中，集中展现了教学中的语文知识体系。"1986 年中小学大纲"分"阅读""写作""听说""基础知识"四部分列出"各年级语文基本能力和基础知识教学要求"。"1992 年义务教育大纲"则将语文基础知识作为一个独立板块呈现。这些知识体系在各套语文教科书中以不同的方式渗透或呈现，例如在人民教育出版社 1987 年出版的六年制小学语文教科书中，每两个单元就在"基础训练"之前附一个"读写例话"的编排，用于指导学生结合单元课文系统学习阅读与写作的相关基础知识。

与对语文知识的重视一致，"训练"这一概念成了 20 世纪 90 年代语文教育领域的核心概念，语文课一度被上成语言文字训练课。这在一段时间内对强化语言的基础工具性发挥过积极作用，但是随着时间的推移，这种强化训练和应试教育一拍即合，使训练变成了枯燥机械的纯技能训练。20 世纪 90 年代末，"形式训练论"遭到口诛笔伐。2001 年课标出现了明显的去知识化倾向，提出了"不宜刻意追求语文知识的系统和完整""可以引导学生随文学习必要的语法知识和修辞知识，但不必进行系统、集中的语法修辞知识教学""不必过多传授口语交际知识"的意见。并且这一版的课标中没有"内容标准"这个部分。内容标准的缺失在 2011 年修订版课标中没有得到补充，直接导致了语文教学内容选择的困境。

本次部编版教材中出现的语文要素，担负的正是语文学科教学内容体系重构的任务。它是部编版教材对义务教育课标中学段目标与内容的具体设计与编排。综观各册次、各单元的教材，其所引导的教学内容选择表现出某些多元化的倾向，并且第一次编排了预测、提问、提高阅读速度、有目的地阅读等引导学生学习阅读策略的要求。语文要素属于广义的语文知识，它通过对语文知识、语文能力、学习策略和学习习惯等的全面建构，回应了"什么样的语文知识最有价值"这一时代话题。当然，语文要素的编排中尚存在不足之处，比如方法性知识仍相对薄弱，还没有把语文知识化约为一般知识等。但它确实在积极吸纳语言学、阅读学、写作学等相关学科的最新知识成果，努力修正语文界长时间存在的语文知识结构不合理的问题，在对语文知识体系进行更新与重建。

344

三、 意义明确： 语文教育的确定性与公共理性

语文要素的提出反映了百年现代语文不断探索现代性、追求科学化的过程。科学化的追求在语文教育现代性建构中意义重大，正是由于科学的介入，原本无章可循的语文教育开始把握科学的方向。在这个过程中，科学精神中的客观、理性、包容的心态也为传统语文教育开辟了更广阔的视野，注入了生机与活力。正如刘正伟先生所言："当人们以怀旧的心态重叙传统语文教育所散发出来的种种古典人文主义之美时，首先应该承认科学给语文教育所带来的根本变化：它揭开了被传统人文主义所遮蔽的价值与意义。"语文要素要改变语文教育"暗中摸索"的状态，将语文学习的内容与方法做"明里探讨"，这必然会改变课程改革中出现的语文教学内容"任意化"的弊病。随着语文要素的落实，王荣生先生曾批评过的个体教师"仅凭自己的语文个人知识（亚里士多德称为'臆断'）在从事教学；学生在学的，完全是由不同语文教师随意择取或任意制造的不同东西，这些东西有些甚至叫不出应该是什么名称"的状况必将得到显著改观。

语文要素在教材中出现，成为规定性教学内容，传达的自然是一种语文教育的公共理性。比较几年前语文教育热议的"文本秘妙"，我们可以更好地理解语文要素的这种公共理性。2005 年前后，课改进入调适反思阶段。随着对"泛语文"现象的批评，王尚文先生早年提出的语文教学中"言语形式"与"言语内容"的讨论再次被广泛关注，发现"言语形式"的特点被认为是语文教学的"独当之任"。随后，文艺理论中的"文本秘妙"一词进入语文教学内

容讨论的视野，文本秘妙的开掘成为教师教学设计中教学内容确定的依据。比较"文本秘妙"与"语文要素"，它们同样基于"言语形式"，但文本秘妙的开掘指向文本本身，是由"文"而教语文，教师的言语经验、阅读素养、言语敏感、教学判断等决定着文本秘妙的开掘程度，具有鲜明的教师个体性特征，最终指向语文教学的发展性。而语文要素是系统性、课程性的教学要求，它是包含了基于语文元素选择课文和基于课文提炼语文要素的双向互动，是体系化、规定性、公共性的教学内容，指向语文教学保底性的教学要求。

四、 限度反思： 不可忽视的语文教育复杂性与教学个性

如前所述，语文要素的背后是当代语文"重建知识体系"的信念，体现了当代语文教育科学化的追求。我们在明确它的意义的同时，也必须意识到这一追求的弊端。科学主义的知识观源于认识论和机械反映论，当它试图用科学的方法解决人文学科的问题时，就不可能不出现捉襟见肘的尴尬。历史上因为过度追求语文知识而带来的工具主义弊病以及"形式训练论"的危害，我们仍须小心提防。此外，语文教师必须清醒地认识到，教学绝不是把储存在书本上的知识转移到学生的头脑里再储存起来，而是要把外在于学生的知识符号与学生建立起生命的意义关联，并转变成学生语文能力成长的养分。这个转变中所蕴含的言语智能发展变化的过程，我们尚没有完全窥清。事实上，语文教育的简单与明了就在于，其中总有可以科学化的空间，它给语文确定性与安全感；语文教育的艰难与复杂就在于，其中总有科学化无法抵达的空间，它给语文神圣性与敬畏感。

此外，语文要素在教材中出现，传达了语文教育的一种共性规定，而在现实的语文教育实践中，我们必须承认语文教学个性存在的合理与正当，应把握好共性与个性的平衡。教师不仅是教材的执行者，还是教材的开发者。部编版教材中的语文要素为教师解读教材、设计教学目标提供了重要的依据，但教师的教学万不可完全被语文要素束缚住手脚。真正落实好语文要素，教师在教学中必须对教材中的语文要素进行细化与优化，还必须根据学情灵活补充新的教学内容。在一定意义上，一位语文教师教学能力成熟的标志，就是语文教师不再仅仅满足于完成了课程规定的知识传授，而是拥有了独立发现与选择合宜教学点的能力。面对同一篇课文的教学，教师的教学内容处理存在一定的差异是必然的，也是合理的。完全的统一必然意味着一定意义的遮蔽。

也许，好的语文教学总在共性与个性、理性与直觉之间发生。

落实部编版教材语文要素的有效策略

◆ 孙世梅

"语文要素"与"人文主题"双线组元，是部编版小学语文教材的编写特点。"语文要素"的提出，利于教师在教学中更好地解决"教什么"的问题。在教学实践中如何有效落实语文要素，笔者结合具体课例，提出了语文要素教学要做到"强化意识，聚焦要素；有机融合，实现统整；适当复现，持续深化"。这样，语文要素就更容易落地生根。

一、强化意识，聚焦要素

部编版教材中的"语文要素"，从低学段到高学段有序分布，是课标各学段目标、任务的具体体现，呈现出了序列化、体系化的特点。在教学中，教师强化"要素"意识，是对课标理念的落实，利于切实提升学生的语文素养。

1. 强化语文要素教学的意识，明确教学任务。

使用部编版教材，要正确理解教材编者意图，同教材编者对话。语文要素是部编版教材单元训练的主线，教师对此要予以重视，不能视而不见。长期以来，语文教学"教什么"的问题一直困扰着一线教师。由于对此存在模糊认识，导致教学内容的随意性较大，出现"脚踩西瓜皮，滑到哪里算哪里"或者"眉毛胡子一把抓"等问题。语文要素进入教材体系，为教师明确教学任务、确定教学内容，提供了重要的凭借。

教师进行单元教学，首先要关注这一单元的语文要素。比如，三年级上册第六单元的语文要素为"借助关键语句理解一段话的意思；习作的时候，试着围绕一个意思写"。这一单元阅读部分的内容包括《古诗三首》《富饶的西沙群岛》《海滨小城》《美丽的小兴安岭》，习作部分的内容为"这儿真美"。教师在备课的时候，无论是阅读还是习作，都要聚焦上述两方面语文要素的落实。以《富饶的西沙群岛》一课为例，教师可以首先引导学生说说从哪些地方看出西沙群岛风景优美、物产丰富，这是对课文内容的总体把握。在此基础上，指导学生借助关键语句"西沙群岛一带的海水五光十色，瑰丽无比""海底的岩石上生长着各种各样的珊瑚"等来理解每一段话的意思，这就是本课主要的教学任务。这一单元的有些课文，每一段话都是围绕一个意思写的，都有一个概括段落大意的关键语句，是进行要素教学的代表性、典型性载体。为此，教师要牢牢把握要素，紧紧围绕要素，突出要素进行备课，确定教学任务。

2. 理解单元语文要素的内涵，定位教学目标。

就具体的单元语文要素而言，教师要结合单元内容，正确理解、内化并做到转化，避免出现孤立开展知识教学、照搬概念、机械操作等现象。

语文要素指的是必备的语文知识和关键的语文能力。依据要素定位教学目标的前提是正确理解要素内涵，这样就会避免目标确立的失当。再以三年级上册第六单元的语文要素为例，有的教师把教学目标确定为：让学生掌握关键语句的概念，把握关键语句的特征，理解关键语句的作用。这样的目标，显然指向了概念教学，是有偏颇的。就这一要素的教学，学生无须记住关键语句的概念，只要结合具体的段落，能够找到这个统领全段意思的句子即可，并学会在习作过程中如何围绕一个意思来写。以《海滨小城》的第4自然段为例，这一段共有四句话。第一句是中心句，也就是关键语句。第二句围绕"小城里每一个庭院都栽了很多树"，介绍了树的种类多。第三句、第四句分别写的是桉树多，凤凰树多，同样是围绕着关键语句的意思写的。这一段的教学目标可以定位为理解一段话的意思，看看作者是怎么围绕这个意思写的。这样的目标设计，在教学过程中不脱离具体的语言环境，需要依托具体的语言实践活动来达成，既指向了内容的理解，又指向表达形式，有利于培养学生的语文能力。

3. 聚焦单元语文要素的落实，设计教学活动。

使用部编版教材，语文要素的落实是一个显性的教学任务，需要教师聚焦单元语文要素，设计并实施教学活动，扎扎实实地促进学生语文能力的形成与提高。

以《美丽的西沙群岛》第5自然段的教学为例，设计教学活动如下：①默读这段文字，数数一共有几句话，看看每句话写了什么。②这几个句子是一组，选择一个句子担任"组长"，说说这样选的理由。③讨论一下，其他的句子是怎么围绕这一个意思来写的。④围绕这个意思，试着再补充一两句话。这样的教学活动设计，结合课文内容的特点，直指语文要素的落实，最大化地引导学生进行"学习语言文字运用"的相关实践。在这一过程中，学生潜移默化地学会了如何在阅读中抓住关键语句来理解一段话的意思，并掌握了构段的方法和要领，从而迁移至习作之中。如此进行语文要素教学就避免了浮于表面、流于形式，更易于落地，有较强的操作性。

二、 有机融合， 实现统整

语文要素直观地呈现在部编版教材的编排之中，引导教师要强化"要素"意识，但也要避免在教学实践中出现"唯要素"的错误倾向。"要素"是重点，但不是唯一，"要素"的教学要和相关的语文素养提升加以统整；同时，"要素"教学还要避免孤立地、碎片化地处理，要寻求到相关的支持性条件，找到其内在环环相扣的联系；还要建立起单元整体的体系，做到单元内部的横向勾连，开展单元整体意义上的融合教学。

1. 凸显要素教学，多维目标，协调发展。

使用部编版教材，要凸显要素教学的重要地位，时时聚焦要素，但不是只有教学要素，其他相关的教学内容也要兼顾。在要素教学方面下足功夫的同时，教学的目标也是多维度的，以实现学生各方面语文能力的协调发展。

以《王戎不取道旁李》的教学为例，引导学生感受故事中的人物形象：首先说说为什么"树在道边而多子，此必苦李"。接下来指导学生展开想象：路人是怎么问的，王戎是怎么回答的；当其他的孩子尝到李子果然是苦的那一刻，他们会对王戎说什么、做什么。路人听到王戎的回答又会说什么、做什么，通过对上述问题的补白，让学生想象当时的情景。在此基础上，教师进一步提出问题：王戎是个怎样的孩子。让学生感受故事中的人物形象。这样的教学过程是实现要素落实的过程，是调动学生语言积累与运用的过程，是发展学生思维的过程，同时也是对学生进行人文教育的过程。最后，让学生讲讲这个故事，并提示讲故事的时候要注意语气、表情，还可以加上动作，也可鼓励学生找同伴表演这个故事。这样的做法，把本单元的阅读教学和口语交际教学结合起来，实现了学生多项语文能力的协调发展。

2. 找到支持条件，建立联系，步步为营。

在使用部编版教材的过程中，如何在具体教学中落实语文要素，需要找到与要素相关的支持性条件，并建立起条件与要素之间、条件与条件之间的密切关联，再加以整合，而不是孤立地、机械地进行要素教学，这样更利于达成要素教学的有效、实效。

以四年级上册第八单元为例。这一单元编选了一组历史故事，分别为《王戎不取道旁李》《西门豹治邺》《故事二则》（含《扁鹊治病》《纪昌学射》），另有口语交际"讲历史故事"。单元的语文要素有"了解故事情节，简要复述课文"。首先，这个要素是有联系的，前句是后句的基础。就简要复述而言，"了解故事情节"是必要的支持性条件。那么，了解故事情节的支持性条件则包括明晰事情发展的顺序、关注表示时间和顺序的词语、给每个故事起个小标题再把各个小标题连起来等。依据课文的特点，选择确定达成要素的必要的支持性条件，建立其内在联系，进行统整教学，从而落实语文要素的教学，培养学生形成与之相关的语文能力。

3. 着眼单元整体，厘清关系，密切勾连。

部编版教材通过语文要素及人文主题将单元各部分内容统整在一起，形成了结构严谨、彼此关联的系统。因此，教师务必将单元看作一个"整体"，厘清个体之间的关系，避免各自为政的"分散式"教学。

以六年级上册第三单元为例。这是一个阅读策略单元，通过《竹节人》《宇宙生命之谜》《故宫博物院》三篇课文，引导学生学习"有目的地阅读"，即"根据阅读目的，选用恰当的阅读方法"。第一篇精读课文《竹节人》，旨在使学生初步了解有目的地阅读策略是什么，以及怎么根据目的选择材料。第二篇精读课文《宇宙生命之谜》以旁批的形式呈现儿童阅读的思维过程，为学生做示范，提示达成阅读目的有多种方法，比如浏览、找关键句、圈画关键词、提取关键信息等。两篇精读课文是有梯度的，为学生提供了一个由易到难的学习过程：首先要明确阅读的目的；其次要根据目的，对所阅读的内容进行取舍；最后运用以前掌握的阅读方法和策略达到阅读目的。第三篇《故宫博物院》是一篇略读课文，意在运用前两篇精读课文中承载的技巧、方法等开展独立阅读实践，在真实的任务情境中迁移运用，学会"有目的地阅读"。"语文园地"中的"交流平台"栏目，梳理总结了这一阅读策略，强调根据目的选择合适的材料，并强调要养成"有目的地阅读"的好习惯。综上，教学这一单元时一定要"瞻前顾后"，密切勾连，从整体出发到个体，再回到整体（如下图所示），加强教与学的连续性和系统性。

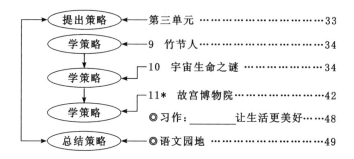

三、 适当复现， 持续深化

语文要素在部编版教材中的分布，不是彼此孤立的，在横向和纵向上均有各种联系。前面出现的语文要素，是后面要素的必要前提或基础。教师要善于从总体上把握教材，从整体上建立起教材各要素之间的内在关联。利用好教材中语文要素的复现点，加以强化和巩固。同时，得法于课内的教材教学，得益于课外的实践活动。教师要引领学生开展丰富的综合性学习，让学生在具体的语文学习实践中经常对课内学习的语文要素进行适当的"重温"和深化，以切实提升其语文素养。

1. 把握教材编排横向的承接点，通过复习加以巩固。

部编版教材重新建构语文知识体系。每个单元的语文要素，不仅是教材环环相扣的体系结构中的一环，而且对于前面提到的语文要素，后面多有相应的安排，以便学生进行复习巩固。

以五年级上册第三单元《牛郎织女（二）》为例，"阅读提示"中要求学生"用上一单元学到的阅读方法，尽可能快地默读课文，了解牛郎织女故事的结局"。"上一单元"指"提问策略"单元，学生掌握了连词成句、不回读、带着问题、抓住关键词句等提高阅读速度的办法。本单元语文要素是"了解课文内容，创造性地复述故事"，在此继续承接上一单元，进行提高阅读速度的练习。第三单元的故事篇幅较长，是练习速读能力的好素材。同时，本单元的语文要素指向"创造性复述"，快速默读课文，了解故事内容，是进行"创造性复述"的必要前提。因此，教师在进行每一次单元语文要素的教学过程中，都要夯实基础，思考这一要素在学生语文学习能力中的重要意义，和相关的语文必备知识、关键能力之间有何联系，这样的教学就不至于走向封闭，更会关注到知识和能力之间的复杂关系，从而使教学更具立体化、体系化、系统化。

2. 明晰教材编排纵向的衔接处，从低到高有序递进。

课标的编排体现了九年一贯、螺旋上升，注重了各个学段之间的过渡与衔接的特点。部编版教材中的语文要素分布，与此一脉相承。对于语文学习的关键能力，在不同年级进行了深化，体现了一种由浅入深的梯度性训练。教师要善于抓住语文要素在不同年级的衔接点，做到前后照应，顺势而为，持续推进。

比如，部编版教材三年级下册编排了"详细复述"单元，四年级上册编排了"简要复述"单元，五年级上册编排了"创造性复述"单元。虽然复述要求不同，但同样是对"复述"这一要素的不断复现。详细复述和简要复述都是在学生了解原文内容、把握叙述顺序等的基础上的复述。教师的着力点在于帮助学生把课文中规范性的语言转化为学生自己的语言。而"创造性复述"需要学生根据对内容的理解，改组课文。比如，改变人称、体裁、结构，展开想象、增加内容，等等。教师备课和教学，要通读整套教材，把教材中语文要素各个年级衔接的点进行梳理，便于在教学中从总体上进行把握，在初次教学某一方面的语文要素时，就要夯实底子，为后面的要素深化做好必要的准备，打好基础。在后面册次出现的相关要素，也要看看教材之前的相关编排，以便更准确地定位新的教学生长点。

3. 适度增设教材之外的训练场，加大综合练习力度。

对于语文要素的教学，仅仅通过教材的教学进行落实是远远不够的，还需要教师开发教材之外的资源，通过搭建和学生语文生活对接的训练场，在综合性学习中加大训练力度，对教材中的要素教学进行多次的复现，以让学生形成真正的语文能力。

部编版教材从三年级上册开始设计了四个阅读策略单元，具体的语文要素分别指向预测策略、提问策略、有速度地阅读、有目的地阅读。这四个方面的语文要素，通过教材的教学，目的是让学生得法。如何真正内化成为学生的阅读能力，更重要的是要在课外阅读活动中进行迁移和运用。只有通过扎实的阅读实践，学生才能掌握这些阅读策略，实实在在地提升其阅读素养。

综上所述，语文要素的教学以强化意识，高度重视为先；建立联系，加强统整为要；反复实践，持续推进为基。只有这样，才能促进语文要素的有效落实，引导学生学习语言文字运用，为学生的语文学习打下坚实的基础。

围绕语文要素，构建全局语境中的单元主题读写教学

◆ 曹 媛

以"人文主题 + 语文要素"双线主题统领语文教材内容体系，以语文要素贯穿学生语文能力的发展过程，是部编版小学语文教材的编排特点之一。我们可以将语文要素看作一个单元阅读和习作的学习重点、目标或学习的核心任务，以此为抓手，基于学生已有的经验、新的学习需求，站在教材双线主题融合的全局语境视域下，构建单元主题读写活动。这一单元活动，既要立足于教材编排的单元，又要不唯这个单元，要从语文要素的读写关联、认知建构、能力发展等角度构建整体的读写活动，把一个单元或跨单元的阅读、口语交际、习作的内容视为一个融合了学生自身语境、生活语境、学校语境和认知能力发展语境的全局系统，以语文要素为指引，进行学习内容和学习活动的整合规划，使语文的学习在一个动态的、不断发展变化的听说读写的活动中进行。

一、 什么是全局语境

什么是全局语境？先要理解全语境。全语境的概念来自第二语言的学习，是指在第二语言的学习过程中，要在课堂的教学语境中尽可能多地创设语言能够应用的生活语境，提升学生学习语言的兴趣和能力。语文课程是学生学习运用祖国语言文字的课程，是母语课程，学生身处母语环境，其社会语境为学生提供了大量的学习资源和实践机会。如果不能用好这些资源，不能为学生搭建与生活紧密相关的实践机会，作为母语的第一语言的学习成效同样会大打折扣。

因此，母语学习同样要在生活语境和课堂教学语境的融合中激发起学生学习运用语言的需求，才有可能提高学生听说读写的语言能力。可是语文又不只

是语言的学习，语文的学习是以语言学习为路径，在学习语言的同时发展思维，在发展语言思维的同时了解语言所传递出来的各种意义，逐步树立起以德为核心，以家国情怀、中华民族大义为信仰的核心价值观，促进自身精神的成长。而这些都需要在一个完整的语言情境中进行。语文的内容领域虽然分为识字、阅读、口语交际和习作，但是每一个内容领域的学习活动都是听说读写的综合活动，同时也与学生的生活经验、自身的语言经验、学生运用语言的需求、自我意义的表达紧密相关，我们将这个完整的，有目的、需求、意义和实践特征的课堂环境称为全局语境。"全局"就是要立足立德树人的教育大格局，立足学生语文能力的发展，立足学生未来更好地处理与社会的关系，强调在语言学习的过程中，对学生个性、人格、精神成长的熏陶与塑造。

354

二、 围绕语文要素， 构建全局语境中的读写教学策略

1. 以语文要素作为学生语言能力发展与语言学习共同的需求。

学习即运用。儿童的语言会因为沟通需要的增加而快速成长，语言能力也获得提升。因此，单元主题读写的整体教学要创设一个主题语境，即将文本语境、生活语境和学生已有经验融合在一个主题语境中，让学生成为这个主题语境中语言运用的主体。例如，习作单元的语文要素虽然是从阅读和习作两个方面提出训练要求，但阅读的要求指向习作，阅读的学习服务于习作。因此习作单元的阅读要立足于学生在习作语境中的表达沟通与学习，调动学生因习作产生的语言表达需求，以学生语言学习目的为根本，统整语文要素的读写训练点创设真实语境，围绕真实的学习任务设计语言能力发展的进阶活动。

2. 以语文要素统整学校语境、社会语境与学生语言经验。

单元主题读写教学强调的是"统整"，这是因为：第一，习作也是一种认知过程，从这一点说，它与阅读在心理认知建构上有相通的策略，读与写是一回事；第二，儿童从生活和读写活动中获得相当多的语言经验，这些经验在学生的生活和新的读写活动中相互作用，具有连续性、不断生长的特点；第三，经验是儿童个体与周围人、事和环境的交互作用，这种交互作用形成情境，因此，经验和情境是统一的。所以，围绕语文要素将学校语境、社会语境与学生语言经验统整在一起的时候，才能创设更广泛的语言运用环境，也才能唤起学生语言学习的动机，使其成为语言学习的主体。

3. 以语文要素统整听说读写的思维发展。

运用语言的过程也一定是思维的过程。语文要素虽然从阅读理解、阅读策略、习作技能、学习习惯等方面阐述，但其深处都是思维的发展。因此围绕语文要素统整听说读写的活动，要关注学生思维方法的形成过程。我们倡导学生在真实情景中真实运用语言，在有意义的、开放的任务和活动中，不断实践、反思、修正自己的语言，用已有的知识与经验，不断地、持续地打破自己语言的限制，扩展它的使用范围。在这个过程中，让学生内隐的思维显性化，是一个重要策略。教师可以通过连续追问、学生的自我分析和质疑辩论让思维外显。思维外显的意义不仅是发展学生的语言，还在于提升学生的思维品质。

三、 以语文要素构建全语境单元主题读写活动的特征

1. 建立了单元读写主题的内在联系。

以语文要素统领每一册书、每一学年、每一学段的单元教学，使单元与单元因为知识或能力训练"点"的关联而建立联系，就是在学生已有经验和新经验（新知识或能力）之间建立联系，从而使学生与知识之间建立意义关联。例如，三年级下册第六单元的训练点是"运用多种方法理解难懂的句子"，教师如果从教方法入手引导学生的阅读活动，学生就会失去语言学习的动力与兴趣。因此，教师应当引导学生将已有的"能用多种方法理解难懂词语意思"的经验，迁移运用到理解难懂的句意上，去解决阅读活动中的新问题。这样，学生就能在一个完整的文本语境和自身语境融合的情境中，获得新的语文经验。

由于单元训练点之间的关联，学生所获得的知识与能力就不是零散的、碎片式的、杂乱无章的信息，而是有逻辑、有结构、有体系的知识；学生也不是孤立地学习知识，而是在教师的引导下根据当前的学习活动去联想、调动、激活以往的经验，将学习内容本身所具有的关联和结构进行个体地再关联，从而建构出自己的知识和能力结构。

2. 突出了主题统领的有目的的读写学习。

语文要素明确了每个单元的学习任务，或者说是强化了每个单元的学习目的。我们可以把语文要素视为单元学习主线或线索，即学生能力训练的主题。单元教学围绕主题而推进，由认知—实践—迁移运用构成学习路径，由浅入深，由知而为，螺旋渐进地促进学生语文能力的发展。例如，四年级下册

"动物朋友"这一单元，语文要素是"体会作家是如何表达对动物的感情的""写自己喜欢的动物，试着写出特点"。围绕这一单元的语文要素，教材编排了《猫》《母鸡》和《白鹅》三篇文章。同是老舍先生的文章，《猫》和《母鸡》在初读课文之后，可以采用互文比较的方式，引导学生在深入品读、比较阅读的基础上，探寻同一作家写自己喜欢的不同动物，语言表达特点的不同之处是什么，为什么会有不同。通过这样的阅读活动，贯通学生对文本的认知与学生表达的认知心理，使其领悟语言为情感表达的需要服务，获得写"我的动物朋友"习作表达的技术策略。

围绕语文要素展开的单元主题读写活动，力求将教材呈现的单元静态的学习内容，融合学生已有经验和生活语境而转换成动态的有目的、有意义的学习活动，使单元的学习内容、学习活动和学习目的有了内在的逻辑关系和一致性，强化了单元读写的目的。

3. 构建了前经验支持的语言活动。

单元主题教学活动强调教师要注重引导学生将已具有的先行经验与新知识进行关联并积极投入到新知识的学习当中，习得方法、形成能力，促进学科核心素养的发展。实际上，每一次新的学习活动的认知是从上一次学习活动结束时的迁移运用开始的，所以我们可以把学习活动的开始称为"前迁移"，把学习活动的结束称为"后迁移"。学习活动就是从一次迁移运用到下一次的迁移运用。在这个过程中，前经验的支持就显得尤为重要。因为，每一次的迁移运用都是前经验的扩展与提升，是知识内化之后的外显结果。例如二年级上册第四单元，《黄山奇石》《日月潭》《葡萄沟》三篇课文围绕着"学习课文语言表达，积累语言"的单元训练点，每一课的语言训练点都可以设计成从"前迁移"到"后迁移"的语言实践活动，由此组合成单元的语言实践活动群，这个"群"中每个"点"的排列呈现出训练的层次与梯度。

在单元教学活动中，《黄山奇石》一课的教学强调在朗读中展开想象，借助课文的语言文字，结合在动物园、在图片上见到的各种动物的形态这一生活经验，想象奇石的样子，学习课文的表达方式，用丰富的想象来写奇石的样子并起一个有趣的名字，发展学生的形象思维，体会表达的生动性、形象性。《日月潭》一课的教学，在前一课目标达成的基础上侧重让学生根据课文想象画面，借助课后练习"读一读，记一记"中的词语说一说想到的画面，调动学生的形象思维，感受语言的优美。强调课文语言的典范作用，通过想象画面练习背诵，积累语言。《葡萄沟》是这一单元的最后一篇课文，由《黄山奇石》一课围绕课文中的景物练习表达，到《葡萄沟》这一课语言表达的迁移运用，学生要联系自己的生活经验和语言积累进行语言表达的练习，不仅在语言表达上的难度提高，而且由前一课形象思维的练习延伸到后一课初步的逻辑思维练习，逐步提升思维的概括性和准确性。教学活动中，指导学生运用联系上下文展开想象，了解词句的意思，体会课文语言表达的方式。再运用联系策略，根据上下文词语的意思展开想象，补充句子。整个单元围绕"学习课文语言表达，积累语言"的训练点，在前经验的支持下完成对新知的认知理解，从实践到积累，再到迁移运用，让学生经历了语言学习的全过程，而这一过程将是学生未来终身学习反复经历的过程，让学生看到自己的进步，体验到成功的喜悦，是学习的真正意义所在。

4. 强化了语言发展的要素。

教学是培养人的活动，是以促进人的发展为旨归。全语境的单元教学就是强调在提升学生语言表达能力的同时促进学生良好个性和健全人格的形成，培养学生正确的情感态度和社会主义核心价值观。围绕语文要素，将一个单元内阅读、习作、口语交际等学习内容用一个目的明确的读写任务统整为一个学习任务群，学生在完成一个个任务而进行的语言实践活动中，体验学习情趣，掌握语言所运用的语境全貌，习得表达方法或技巧，获得促进自身发展和终身学习需要的语言。

如，三年级上册第六单元围绕"祖国山河"这一人文主题，编排的阅读内容包括描写山水美景的古诗《望天门山》《饮湖上初晴后雨》和《望洞庭》，表现海疆风景优美、物产丰富的《富饶的西沙群岛》，描绘南国美丽风光的《海滨小城》，展现北国四季迷人景色的《美丽的小兴安岭》。习作要求是写一写"这儿真美"。语文要素是"借助关键语句理解一段话的意思"和"习作的时候，试着围绕一个意思写"。本单元的阅读要求和表达要求呈现出读写一致的特点，从阅读到习作的思维过程决定了本单元的学习可以采用从读到写的语言学习路径。"借助关键语句理解一段话的意思"，首先要读懂段落中句子的意思，然后体会句与句之间的关系，认识段的表达形式，找出关键句，进而达到围绕一句话写一段话的习作要求。

　　单元的整体设计按照读写能力发展的进阶来组织教学内容，以读写任务统整文本语境、学生已有经验和生活语境。先从三篇现代文的阅读中完成认识总分段式、体会作者如何进行语言表达的阅读任务，采用联想、想象、再现等策略关联生活语境，唤醒学生自身语言经验，完成阅读任务。然后学习三首古诗，用人文主题将现代文与古诗关联，将学生置于学校语境、生活语境和从阅读中获得的总分段式的表达经验统整的语境之中，引导学生采用总分段式进行自我意义的表达，将一个共通的意义和形式通过内化吸收，完成由内向外的个体语言的创造性表达。

语文要素学习的比较机制建构

——以四年级下册第六单元教学为例

◆ 鲍国潮

  语文要素作为小学语文统编版教材单元编制的重要元素，在单元中并非如同文本、提示、练习题等实体，它是以非实体的方式，存在于单元学习的过程与情境之中，表现为学习的策略、视角、方法、工具等。它既是指对学生单元语文实践的指导，又是指学生单元学习的结果。但是，教材中的语文要素一旦以很少的文字被提炼出来，就成为抽象的概念，就容易陷入"要素空转"，即要素并没有落实到学习过程中成为学习体验，而是简单地从课文中抽取出相关的内容，用以印证语文要素，使语文学习成为枯燥的答案索取。同时，脱离了学习体验，也就割裂了语文要素之间的内在联系，使要素之间彼此孤立，碎片化运行。可见，真正的语文要素存在于学生丰富的单元语文学习体验的过程之中，它不一定很清晰，它与其他的体验一起，成为学生语感发展的支持性力量。

  语文要素的学习，既需要一个"基于语言"的过程，也就是能理解单元主题页上提供的这个句子，又需要一个"基于形象"的过程，也就是能建立起这个要素操作的具体形象。因此，语文要素的学习，意在获得在具有一定的相似性的不同文本情境中运用同一个学习策略、方法的能力。这就需要在语文要素的学习中运用比较思维，根据两个（两类）对象在一系列属性上的相似与不同，进而运用语文要素做出某种调整，以适应这种变化。所以，比较思维是语文要素学习重要的心理机制。下面以四年级下册第六单元（以下简称"本单元"）为例，谈一谈如何在单元中开展语文要素的学习。

一、 关注发展： 语文要素间的功能比较

本单元语文要素为"学习把握长文章的主要内容"，就需要与已学的语文要素进行功能比较，引领学生在已有的学习体验基础上获得进一步发展。关于把握主要内容，四年级上册第四单元（以下简称"四单元"）安排了"了解故事的起因、经过、结果，学习把握文章的主要内容"，第七单元（以下简称"七单元"）安排了"关注主要人物和事件，学习把握文章的主要内容"。本单元的语文要素就需要在与前面两个语文要素进行比较的基础上深入学习，以更好地让学生掌握新学语文要素的功能。

（一）已学语文要素的综合运用。

本单元教材中提供的三篇文章，均为叙事类作品，但是篇幅上较以往学到的文章要长，因此把握主要内容就比较难。通过比较，四单元的语文要素适合写一件事的文章，七单元的语文要素适合写多件事的文章，而本单元的语文要素则适合多人物、多事件综合的文本。联系本单元，三篇课文均进行了分节，相当于把一篇长文章分成了若干篇短文章，所以可以在短文章里运用"了解故事的起因、经过、结果，学习把握文章的主要内容"这一语文要素，来帮助学生形成每个章节的小标题。当然，如《小英雄雨来》一课在分节时，有的章节内容复杂，有的则相对简单，并不是一件完整的事，因此，是否每一节的内容均有起因、经过、结果，还要看文本的具体情况。在形成小标题的基础上，再根据"关注主要人物和事件，学习把握文章的主要内容"这一语文要素，把诸多事件整合成为主要内容。可见，"学习把握长文章的主要内容"实际上是根据长文章的特点，综合运用了以前学习过的语文要素。

（二）新学语文要素的发展分析。

如果只是把本单元的语文要素理解为是四单元和七单元两个语文要素的叠加，就过于简单机械了。本单元的语文要素有两方面的发展：一是要把章节内容用一个小标题来概括，较之用几句话来概括，在难度上有所提升。以《小英雄雨来》为例，教材课后提供了两个小标题的样例，均用了五个字，这对于四年级学生而言，是具有一定的难度的。因此，在教学中不宜一开始就要求学生用这么少的文字概括小标题，而应当允许学生可以用较多的文字来表达，然后通过教师的指导，逐渐提炼，让学生经历一个文字精练化的过程。二是通过小标题来概括全文的主要内容，需要在小标题的基础上，再做取舍、补充与

丰富，而不是简单地把小标题串起来。《小英雄雨来》课后第 1 题要求学生用较快的速度默读课文，思考为什么说雨来是小英雄；《我们家的男子汉》要求学生思考为什么称这个孩子为"男子汉"；《芦花鞋》要求交流印象最深的内容。这些就是在引导学生抓课文最主要的内容，有了这个基础，再对小标题做取舍、补充与丰富，就有了明确的方向。

二、 注重运用： 文本情境间的形式比较

语文要素是单元中语文实践的重要载体与抓手，它既是单元学习的重要工具，又是单元的重要目标，而单元中的课文则是提供运用语文要素的文本情境。在不同的文本情境中反复运用语文要素，从中得到对规律的体悟，发现细微的差别，学生才能对语文要素获得比较深入的理解。因此，语文要素在文本情境之间进行形式比较，也就是对语文要素的表现形式进行比较。

（一）根据文本的功能差异运用。

单元中的文本，因其在单元中扮演不同的角色，所以其单元功能会有差异。本单元安排了三篇课文，一篇为精读课文，两篇为略读课文，就语文要素而言，三篇课文的功能各有不同。《小英雄雨来》是本单元的起始课文，教材也提供了两个样例，引导学生在模仿的基础上学习制作小标题，最后形成的小标题也相对一致，所以其语文要素学习定位于"仿"；《我们家的男子汉》却提供了现成的小标题，但要求学生给每个部分换小标题，引发学生思考，小标题的制作并不是只有一种方式，而应当求"变"；《芦花鞋》则让学生自由制作小标题，充分发挥学生学习的自主性，引导学生会"创"。所以，基于文本在单元中的功能比较可以发现，语文要素在"仿""变""创"的路径上运行，这一语文要素在单元内的运作路径，也为部编版教材的大部分单元所采用。

（二）根据文本的风格差异运用。

文本是具有作家的个人风格的。本单元的三篇课文风格各异。《小英雄雨来》是中华人民共和国成立前的儿童小说，作为现代文学作品，叙事明白晓畅，节奏鲜明，起伏有致，所以小标题的制作主要围绕"事"来写；《我们家的男子汉》是以成人的视角去观察描写儿童的生活，作品并没有一个完整的叙事，而是以散点、碎片、综述的方式来表现人物，所以教材提供的小标题是围绕"人"来写；《芦花鞋》一课，以青铜的视角来写，青铜的思绪流动与事情发展融为一体，所以此课的小标题可以围绕"情"来写。因此，文本的风

格差异会导致语文要素在实际运作中发生一定的变化，而正是这种变化，让语文拥有了丰富的可能性。

三、 表现个性： 要素内涵间的创意比较

语文要素的实践并不是如同训练题一样追求一致的标准答案。语文要素更像一个平台，引导学生在这个平台上表现出自己语文学习的个性。但学生的语文个性并不是凭空形成的，而是学生在语文要素的学习过程中，通过不断的比较，也就是把自己的学习实践成果与课文整体进行比较，从中发现细微的差别，进行不断推敲与改进，让要素的内涵在比较中变得越来越清晰，进而形成更加细腻的语感。这种比较，也可以称之为创意比较。

（一）联系文本整体寻找表达个性。

学生根据语文要素展开学习之后，就形成了自己的学习成果，此时的学习成果，代表着语文要素的"第一次落地"。如《我们家的男子汉》，即学生根据三个小标题自己概括课文主要内容。此时，教师引导学生抛开小标题概括的课文主要内容，凭借着已经对课文相当熟悉的优势，再一次回到文本整体之中，概括课文主要内容。然后将这两次概括的主要内容进行比较，引发学生反思：小标题概括的课文主要内容，还有哪些地方存在问题，制作小标题还应当注意什么？这个反思的过程可以称之为语文要素的"第二次落地"。通过"两次落地"的创意比较，学生对语文要素的内涵就有了更加深入的理解。通过《小英雄雨来》和《我们家的男子汉》两课的学习，学生对于运用小标题把握主要内容有了较为丰富的体验，为后续有个性地制作小标题奠定了基础。

（二）关注文本细节寻找表达个性。

小标题的涵盖能力有限，而文本的丰富性却很大，所以，不能直奔语文要素而放弃文本丰富的细节。《小英雄雨来》中的爸爸、女老师、妈妈等人物形象，还乡河美丽的风光，在小标题中都无法呈现，但却对雨来影响很大。因此，在掌握课文主要内容后，要引导学生思考：雨来为什么能成为这样的小英雄？而《我们家的男子汉》细节更为丰富，可以在阅读中引导学生在每一部分中做一个统计，看作者为了表现人物的特点，共写了多少件事，每一件事中，哪一句话最有趣，让你会心一笑。这样关注文本的细节后，再反观自己拟的小标题，看看还有什么问题，有没有可以改进的地方。这样的揣摩文本细节过程，对于更有个性和创意地运用语文要素很有帮助。

（三）拓展要素表现寻找表达个性。

语文要素常常是方向性的、策略性的，而具体的阅读行为常常是因人而异的，因此，每个人对于语文要素的理解也会有一定的差异。所以语文要素学习需要拓展与深化。以《芦花鞋》为例，在教学中，引导学生可以根据人物的行为把小标题列为"编鞋""穿鞋""卖鞋""送鞋"，也可以引导学生从鞋子的角度把小标题列为"一百双芦花鞋""一双芦花鞋""十双芦花鞋""一双芦花鞋"，也可以引导学生从人物心理的角度把小标题列为"希望""坚持""欣赏""给予"等，这就实现了语文要素的深化。在此基础上，可以联系整本书的课外阅读，看看作者是如何为自己的作品列小标题的，以求拓展语文要素的学习空间。

第 14 组

微话题

像玩微信一样写作文

◆ 易志军

"微作文" 之具体实施

频率：每日一篇＋规定篇幅

全班每人一个"微作文"本，每天完成一篇"微作文"，从四年级开始实施。除诗歌外，其他文体均不低于规定的字数：四年级 100 字，五年级 200字，六年级 300 字。学生每天完成作文之后，根据行数，写出大致的字数，如：约 350 字。

内容：规划主题＋专栏征题

教师根据教学进度、近期热聊话题或单元作文等设计相关主题，每两周一个主题。如教学人教版五年级下册第七单元《作家笔下的人》将"微作文"主题定为"咱们班的那些人"；又如教学人教版五年级上册第四单元《生活的启示》时，将"微作文"主题定为"生活，需要＿＿＿＿＿"；再如，人教版六年级下册第一单元作文为《第一次……》，此时便可将"微作文"主题定为"第一次系列"。

教师规划好主题后，每天在黑板的一侧开辟"题目菜单"专栏，面向全班征集作文题。学生可在课间随时将自己想到的作文题写在黑板上，写满为止。全班学生可选择"题目菜单"上的题目作为自己的作文题，也可以自己拟题。

互动："点赞" ＋ "评论" ＋ "群聊"

每天早上，学生互相主动向同伴推荐自己的作文，学生给自己喜欢的作文"点赞"（即在规定的区域内签名或画"♡"），亦可在文后"评论"（写简短的评语）。同时，鼓励作者组建"群聊"（对同伴的评语进行回复，同伴进行再回复、讨论，5 人以上为一个群）。这个过程，教师只需视时间适度参与即可。

“微币”积分：①以六年级为例（每文不少于 300 字）：每完成一篇，即可获得 10 微币，每增加 50 字，再奖 10 微币。为防止学生“以字数论英雄”的情况，封顶为 50 微币。②作者每获得一个“赞”，即可奖励 2 微币，获得一个“评论”，奖励 4 微币（教师与家长的评论翻倍）。作者若能组建一个“群聊”，奖励 10 微币。③在“题目菜单”专栏写一个作文题，奖励 1 微币。

“班报”发表：每两周完成一个主题后出版一次班报，获得微币前十名者可竞选班报编辑部成员，并根据投票确认主编、编委。学生将自己本次主题中最得意的文章发至班报公共邮箱，由编辑部审阅、编辑、排版，最后交给家委会印刷。每发表一篇文章，即可获得“稿费”（50 微币）。每次班报问世，学生除批注、圈画外，均在指定区域写上“佳作推荐语”。教师只需拿着班报在全班综合讲评即可。

专区“晒文”：作者可将自己未能成功发表的文章张贴在教室规定的墙面上，广邀读者。每晒一次作文，即可获得 30 微币。

除此之外，每节语文课前 5 分钟，由两位作者上台分享自己的“微作文”。对于特别优秀的习作（微币数最高者），教师还将推荐至学校校刊发表。

保障：取消作业＋微信推送

取消作业：将学生其他的语文书面作业或取消，或移至校内完成，保证每天有足够的时间写“微作文”。

微信推送：不定期将学生的作文用手机拍照，并发至班级家长微信群，邀请家长围观、评论。既提高了学生作文的读者量，又促使学生精心创作。

“微作文” 之 “微思考”

如何让学生“好写”，进而达成“乐写”这一目标呢？或许，“微作文”是一个很好的尝试。几年的实践也证明，这种方式的确提高了学生习作的水平，增强了习作的兴趣。

“微作文”，让学生像玩微信一样写作文，邀请同伴“点赞”“评论”，自己再参与其中组建“群聊”，再到“班报”投稿……对于这些，均以“微币”的形式进行奖励，形成一种循环的长效机制。这不仅最大限度地增加了读者的数量，满足了学生创作的热情，也与微信这一新事物巧妙地结合起来，深受学生和家长欢迎。

对于作者来说，没有读者的及时反馈总是让人失落的，初学写作的学生更是如此。实施"微作文"这一模式，学生前一晚的作文第二天一大早就会拥有很多读者，同伴之间的"点赞""评论"，均是最及时、最令作者在意的反馈。

"微作文"习作模式，让教师的批改简化了，只需适当参与"点赞"和简单"评论"，即便教师偶尔没参与，学生似乎也不在意了。教师只需每两周组织一次"微作文周报"综合讲评即可。这种模式，解放了教师，解放了学生，也提高了效率。

最美的诗，写在春天里

◆ 顾文艳

　　各位家长朋友：这段时间的早读课，我带着孩子们阅读欣赏了一组春天的诗：《春天来了吗》《春天很大又很小》《春天说了些什么》《春天的气味》……孩子们很喜欢每天清晨读一首诗的形式。今天，我还带着孩子一起在校园里找春天，一棵棵开满花的红梅树，激发了他们的想象，孩子们现场创作了不少精妙的小诗。请大家周末时，带着孩子到公园里走一走，看一看，闻闻花草香，听听鸟儿叫，看看虫子爬……让孩子感受大自然的神奇与美丽。本周的作业是完成一幅关于春天的诗配画。

　　周一，学生的一幅幅作品交上来，给了我许多的惊喜，我与全班学生一起分享了这些美好的小诗：

逛　街

张嘉琳

　　　　蜜蜂在逛街
　　　　一朵花就是一家服装店
　　　　穿穿这件裙子
　　　　试试那件毛衣
　　　　就像我妈妈
　　　　逛街逛得忘了回家

读着嘉琳的小诗，孩子们都笑了。

　　"我妈妈也是哦，很爱逛街呢！"有孩子小声地说着。在同伴的诗中，他们读到了自己的生活，这是多么有意思啊！

　　一首好的诗，一定有"独特的发现"。嘉琳把一朵朵花想象成一家家服装店，这就是"独特的发现"呀！

同样是看到蜜蜂在梅花树上飞来飞去，若宁却是另一番想象：

挑　床
夏若宁

一只挑剔的蜜蜂

它睡了一张又一张

花朵床

哪张床最软

哪张床最香

它挑来挑去

从早上一直挑到晚上

"这个挑剔的蜜蜂，是在哪里挑床呀？"我问孩子们。

"蜜蜂是在卖家具的大商场里。"

"蜜蜂是在宾馆里挑床呢！"

……

学生的回答，永远是那么富有童趣哦！

一棵梅花树，开出了朵朵诗花……

看表演
蔡依霖

梅树穿上粉紫色纱裙

在表演跳舞

嗡嗡嗡

小蜜蜂赶来伴奏

观众是谁呢

当然是我们小朋友

花裙子

潘宣仪

梅树上开满了花
多像我的花裙子
我的花裙子是妈妈买的
梅树的花裙子
是谁买的呢

当我把这一首首小诗投影在屏幕上时，我问学生们："在你的眼中，这棵开花的梅树，又像什么呢?"

"像是一幢新楼房，蜜蜂正在挑选新房子呢!"

"像很大很大的棒棒糖，蜜蜂、蝴蝶都要来舔一舔。"

"像喷泉，喷出一朵朵花的喷泉。"

……

学生们的想象力，永远让我自叹不如!

做 客

李 玉

梨花请客
蜜蜂高兴地去了
杏花请客
蜜蜂高兴地去了
梅花请客
蜜蜂高兴地去了
蜜蜂
天天忙着做客

每一首小诗，都是那么奇妙，都是那么可爱! 孩子，是天生的诗人。他们对这个世界的感知，比成年人更敏感。他们不会复制别人的想象，他们总是能想别人想不到的，想别人不敢想的。

当然，能涌现出如此多优秀的作品，还因为前期阅读欣赏了一组优秀的童诗，这对于启发学生多角度思维具有一定的作用。我和家长带着孩子们走进春天，感受春光的美好，又为学生们提供了更丰富的创作素材……

铃　铛

范卓昀

每一朵迎春花

都是一个小铃铛

丁零零

丁零零

睡得正香的春天

醒了

读着卓昀的这首诗，我不禁想象着，春天被吵醒时，她会不会微笑着对孩子们说："你们，就是最美的诗……"

让孩子们在分享中学会习作

◆ 杨　蕾

随着"三通两平台"的深入建设，我校学生都开通了"人人通"空间，这种空间既可以上传文字、语音、图片，具有微信的大部分功能，又是独立的教育应用。我坚持通过网络将习作要求推送到每个学生的空间里，让学生进行生活体验并拍摄照片，再完成习作，然后将生活照片和习作上传到"人人通"空间里，分享给其他同学和老师。学生通过网络相互评价，教师即时批阅，学生当天完成作文的修改，二次上传。作文内容真实，作文批改及时，学生间相互分享生活点滴，分享习作成果，分享交流评价，实现了作文即作品，文成即发表。

劳动节就要到了，我通过平台推送一条作业到学生空间：帮你身边的人做一件力所能及的事，把自己做的过程和感受写完整，写清楚。以下是我班刘鹏瑞同学作业完成的情况。

作文一稿分享到空间里：

第一次喂弟弟

下午，我回到家，还没进家门，就听见弟弟的哭声。

我连忙打开门，看见妈妈正一手抱着弟弟，一手给他冲奶粉。我赶紧放下书包，想帮妈妈的忙。可她就是不让，恳求她好多遍才答应。于是，我学着妈妈的样子，让弟弟坐到我的腿上，拿着奶瓶喂他，弟弟"咕咚、咕咚"地喝着，不一会儿，就把一瓶奶喝光了。他喝完奶，打了个饱嗝，朝我一个劲儿地笑。我也很高兴，但是，手和肩膀又酸又累。

今天是我第一次喂弟弟，可开心了！妈妈夸我真能干！

师生们在空间里即时评价：

苗淼淼："你真是妈妈的好帮手！"

胡俊豪："'恳求'这个词用得真好！"

杨老师："好温馨的画面！妈妈一定很欣慰！短文中小作者的语言较流畅，叙事也较完整，如果能加上一些准确的动作和与妈妈的对话，文章会更具体。"

刘金鑫："第二节中'我也很高兴'如果能和'但是，手和肩膀又酸又累'颠倒过来，可能会更好吧。"

王岑欣："我最喜欢这句话：'他喝完奶，打了个饱嗝，朝我一个劲儿地笑。'你弟弟好可爱哟！"

刘鹏瑞："谢谢大家给我提的建议，我会好好地修改。"

收到同学们的评价后，刘鹏瑞当天修改了作文，分享二稿到空间里：

我是妈妈的好帮手

今天放学回家，还没进家门，就听见弟弟的哭声，我想：肯定是这个小家伙又不听话了。

我连忙打开门，只见妈妈正一手抱着弟弟，一手给他冲奶粉。这时，我赶紧放下书包，对妈妈说："妈妈，我来吧。"妈妈不放心地说："不行，不行，你还是个孩子，怎么会干这个活？"我自信地说："没事，我已经长大了，能帮你了。"在我的一再恳求下，她才勉强答应。妈妈先让我坐到沙发上，再把弟弟小心翼翼地放到我的一条腿上，并让我用另一条腿撑住他的小屁股。我学着妈妈的样子，一只手搂住弟弟的肩膀，一只手握着奶瓶，把瓶嘴轻轻地塞到弟弟的嘴里。真奇怪！弟弟立刻不哭了！红红的小嘴咂个不停，还能听到他"咕咚、咕咚"咽的声音……（以下作文省略）

师生在空间里对二稿的评价：

陈香怡："你的题目更有意思了！"

陈鹏宇："读着文章，我好像看到了你正在喂弟弟。"

樊瀚忆："'小心翼翼'这个词用得很恰当，看出了妈妈很细心。"

王岑欣："我认为'心满意足'这个成语用得太好了！可以看出弟弟吃饱后的满足，很有趣！"

杨老师："细心的孩子会发现，小作者用了很多表示心情的词语，如赶紧、自信、激动、心满意足等，形象生动，为文章锦上添花！"

徐语童："你喂弟弟时的动词写得很准确，如搂、握、塞，我要向你学习！"

杨老师："你真是个聪明的好孩子！不仅能虚心接受别人的意见，还能认真思考，把这篇短文修改得更精彩了！你不仅亲身体验了照顾弟弟的乐趣，也感受到了妈妈的辛苦。很有意义！"

把习作共享到空间之后，每个同学既是他人评价的对象，还是评价他人的主体。经过一段时间的尝试后，学生们的评价能力大大提高了。有的同学对作文的题目提出修改意见，有的同学对词语的运用表达出自己的见解。我对每个学生分享的文章都认真点评，悉心指导，得到学生的及时反馈，这种效果和"面批"是一样的，有了一种"手把手"教作文的感觉。

微观察：基于"觉知"唤醒的体验式家庭作业

◆ 夏小波

我班开展的以"爱"为主题的微观察活动，不仅培养了学生在生活中感受爱的能力，而且使作文与做人活动相得益彰。

一、"微观察"社会，感动一份博爱

在"互联网＋"背景下，微信平台越来越受到人们的青睐。在微信平台上，传播着很多充满正能量的公益视频，这些视频选取典型的事件、场景、画面、人物，弘扬社会正气，传播正义能量。

学生微观察选登：

"吝啬"大叔

一位大叔来到饭店点菜，这时一对情侣吃了半碗饺子便把碗一推起身离去。这位大叔瞥了一眼，便丢下手中的菜单，走过去拿起一双筷子，夹起碗中剩下的饺子，蘸着碟子中的醋津津有味地吃起来。周围的人指指点点，纷纷投来鄙夷的目光。大叔吃完后，从怀里掏出100元塞进了吧台上的捐款箱。人们看到后，不禁向他投来了敬佩的目光。一位退伍军人竟对着他离去的背影行了一个恭敬的军礼！

——夏叶观察于微信视频

写作目的："我"通过人们两次目光的对比，生动表现出大叔可贵的品格。

生活感悟：有一种伟大叫"对自己吝啬，对别人慷慨"。

我们还利用微信平台，引导学生微观察了海豚飞身救人、猎犬撩水救鱼、渔民泥潭助人等数十部公益视频，学生捕捉到了感人的细节，受到了真、善、美的教育。

二、"微观察"自然，感动一份热爱

经过一个冬天的蛰伏，生命再也无法拒绝这春光的诱惑。春暖花开，枝头添绿；草木葱茏，芳草萋萋。景色最旖旎，踏青正当时。在这春意融融、风和日丽的日子里，411班的孩子们捧着一部部相机，一路追赶着春天的足迹。

学生微观察选登：

如火一般的叶子缠绕在枝头，在微风中轻轻跳跃，不时发出"哗哗"的笑声。

——刘婕观察于马路边

写作目的：我用"缠绕"写出了叶子。

生活感悟：春色把马路打扮得很迷人。

一朵朵桃花或明或暗，或浓或淡，簇拥在枝间。微风拂过，花枝轻轻摇曳，仿佛在说悄悄话呢！

——夏叶观察于桃园

写作目的：我用"簇拥"写出了桃花的茂盛。

生活感悟：桃花把春天点缀得十分温馨。

春天的桃花、夏天的银杏、秋天的桂花、冬天的蜡梅都留下了学生踏访的足迹，枝头萦绕着大家的欢声笑语。

以上仅仅从一个维度展示了我们班级开展的微观察活动。在内容层面上，我们还根据节日主题、活动主题、气候主题等开展了微观察系列活动，让微观察言之有物；在表达层面上，我们还从观察的视角（由整体到局部、由静态到动态、由主体到客体……）、思维的层次（由概括到具体、由现实到联想、由现象到本质……）等方面进行了微观察指导，让微观察言之有法。

亲子日记体验记

◆ 王红莲

我让学生一周写一篇日记，按照自己的想法自由写，写出一周中有意义的事或自己特别想记录下来的话以及自己的心情等，特别强调写自己的真实感受，不要为了写日记而编日记。有能力的学生可以坚持每天写日记，爸爸妈妈则可在日记后面写下一段话。因学生的能力水平有差异，我在作业后面有这样的温馨提示：在写日记遇到困难时，你可以向身边的人求助，若还是无从下笔，本周可以选择留白，但是，一学期留白最多不能超过两次。"可以留白？"学生们露出了怀疑的眼神。"是的，"我肯定地说，"把写日记作为一种兴趣来培养，而不是一种负担。"

"亲子日记"在爸爸妈妈的支持下，孩子们的写作兴趣渐浓。家长们在亲子日记中和孩子谈童年，谈自己的工作，孩子通过日记认识了更加多面的家长，加深了对父母的了解。家长的日记像涓涓细流滋养着、充盈着孩子们的写作源泉。果果妈妈说："果果每天回家，都会翻开心爱的日记本，记录一天的精彩生活。我每天坚持在日记后面写下一段话，'宝贝，让我们一起学会坚持'。"露露在日记中写道："妈妈做生意很忙，每天九点多才回家，但是不论多累，都要给我写日记。我真佩服妈妈，我也要向她学习。"

为了避免让亲子日记成为"批评日记""唠叨日记"……我和家长达成共识，少在日记中指责孩子的缺点和错误，多鼓励孩子，勇于反思自身的行为。靓靓爸爸在日记中写道："以前总是把尊重孩子、理解孩子挂在嘴边，人们常说孩子是父母的一面镜子，从孩子的日记中我们才发现身为父母自身存在的毛病和缺点。要真正做到尊重孩子、理解孩子，就要信任孩子，尽管靓靓只有七岁。"家长对自己行为的反思和纠正，也悄悄影响着孩子们。

亲子日记已经坚持了一年多，现在学生已经三年级了，每天坚持写日记的学生达到了一半，"亲子日记"成为班级文化的一部分，孩子们见面问得最多的一句话是："今天，你写日记了吗？"当然，"亲子日记"作为我个人对语文作业的一种尝试，其生成的作业改革、作业评价等问题，还在进一步探索中。

附亲子日记一则：

【2016 年 9 月 29 日菡菡日记】

奶奶的心事

最近几天，我发现奶奶好像和平常不太一样，总是闷闷不乐，很少开怀大笑，就连做的饭也没有平时那么好吃了，我想奶奶一定是遇到什么不开心的事了。

今天，奶奶打电话的时候，我模模糊糊听到了摔倒、住院等词语，奶奶的表情很着急，我问奶奶怎么了，奶奶才告诉我太婆婆生病住院，已经几天了。太婆婆住在枝江，奶奶很想去照顾她，可是又担心没有人接送我上学。我明白了，这就是奶奶心情不好的原因。

知道奶奶的心事后，我说："奶奶，明天您去探望太婆婆吧，中午我在学校食堂吃饭，放学后一个人在家做作业，不给任何人开门，直到您回来！"奶奶不放心地说："你自己一个人在家怎么行？"我说："就一天时间，不要紧，放心吧！"

【2016 年 9 月 29 日菡菡奶奶日记】

菡菡的父母在外地打工，一直是我在带着菡菡。她一直是个胆小的孩子，没想到今天竟然能主动说自己能一个人在家。听到这番话，我感到这些年的付出都是值得的。菡菡，我的好孙女！

【2016 年 9 月 30 日王老师评语】

菡菡，你真的长大了，不仅学会了很多知识，更重要的是，你能关心、照顾奶奶了，我为你点赞！

借力微信　巧置作业

◆ 余玲霞

为了让学生在轻松的寒假里也不忘记阅读和学习，我再三斟酌，结合《中国诗词大会》第二季的播放预告，布置了一项特殊的寒假作业："在微信群里吟诗诵词"，具体做法概括为四大步骤：一观、二诵、三背、四画。

一观，认真观看诗词大会。看选手表现，看嘉宾点评，看经典诗文，看董卿阿姨的主持风格等。

二诵，吟诵经典诗词。把选手答题或嘉宾评论中感兴趣的诗词，在《唐诗宋词元曲》中找到原诗，熟读成诵。

三背，背感兴趣的古诗词。诗词背熟之后，用视频录制，发到班级群，让全班同学欣赏、借鉴并交流，每位同学背诵诗词不少于 10 首。

四画，制作一份以"我爱古诗或我爱阅读"为主题的手抄报。栏目为古诗欣赏、古诗改编、我来写诗等，拍照传在微信群，并在开学时上交。

大年初二，翘首以盼的《中国诗词大会》第二季第一期开始在央视播放。我及时在班级群里发布公告：

@所有人，《中国诗词大会》第二季如期而至，小伙伴们，你们在看吗？

我以为同学们都沉浸在春节的热闹中，不一定有空观看节目。没想到消息发布后，马上有几十个家长发来学生们观看诗词大会的图片，让我感动不已。有一位热心的家长还写了一副对联："背唐诗，读宋词，汲取精华；诵论语，赏元曲，陶冶情操。"并回复信息说："这么好的学习机会，孩子们不会错过的。"得到了家长的支持，我信心十足。

当天晚上，我又发了一条公告：

@所有人，中央电视台《中国诗词大会》正在火热进行中，我们 202

班的诗词大会也在如火如荼地进行着！这是一个享受传统文化大餐的祥和的春节！孩子们真棒！谢谢各位家长朋友们的配合！"

第二天早上，我打开手机，班级群未读信息达到 20 多条，全是家长们发来的背诗视频。

接下来的 10 天，每到诗词大会节目进行时，班级群里便热热闹闹的，每天都有近 50 个视频在群里播放。有的家长还互相借鉴，相互学习，我将上传了视频的同学和诗题记录下来。到开学的前一天，全班同学都完成了背诵 10 首古诗的任务，有些积极的同学，背诵的古诗都已超过了 10 首，其中有两个同学达到了 20 首。其中不乏长诗，如《将进酒》《满江红》。还有一位女生背的都是毛主席的诗词，让全班同学大为惊叹。

现在，在微信群里吟诗诵词已成为我班的一项常态作业。我认为这种作业形式开辟了低年级学生课外诗词积累的新途径，既有效激发了学生学习古诗词的兴趣，也减轻了学生枯燥抄写的负担。这正是"课外读诗三百篇，借力微信来呈现。作业形式巧改变，娃读诗书乐无边"。

第 15 组

群文阅读教学

群文阅读再出发

——基于部编版教材的群文阅读课程探索

◆ 崔 峦

一、 群文阅读从哪里来

过去，我们从事群文阅读研究有一个明确的目标，即实现《语文课程标准》的三维目标。如今，这个目标由实现三维目标向提高核心素养、语文学科素养转变。

对于核心素养，学术界已有许多解读。我认为，义务教育阶段的学生的核心素养有三个维度。一是健康的身心，即"育体"。身体要健康，心理也要健康，这是一个人的本钱。二是关键的能力，即"育智"。这是一个人安身立命的本领。三是良好的品格，即"育德"。这是一个人的灵魂。人一旦有了本钱、本领、灵魂，这个人就具备了比较高的核心素养。

在"核心素养"这一概念下有各门学科的学科素养。对于小学阶段的语文学科，其学科素养包括以下五个方面。

一是培养学生的人格雏形。在小学阶段，教师不可能使学生的人生观、价值观、世界观定型，因为学生还处于成长的阶段，但是教师可以对其进行人格雏形的培养，包括热爱家乡、热爱祖国等。小学阶段，我认为学生的主要责任就是好好学习，并培养优良的品德和品质。人格雏形的培养，一个很重要的方面就是良好习惯的养成。

二是夯实学生听、说、读、写、书的基础。书，指书写、写字。一个小学毕业生，要做到"六个一"：有一定的识字量和词汇量；有一副好口才；能读懂一篇文章甚至一本书；养成每一天都阅读的好习惯；能写一篇内容具体、感情真实、文从字顺的文章；能写一手好字。

　　三是提升学生的阅读素养。阅读非常重要，它是教育的核心。无论是在掌握好各门知识，还是在获得精神发展上；无论是在丰厚一个人的文化、文学、语言的积淀，还是在开阔其视野，丰富其阅历、见识上，阅读都起着至关重要的作用。因此，开展群文阅读，对于提升学生的阅读素养无疑有很大的促进作用。小学语文教师，一方面要借助教科书教好语文，做学生学习语文的引路人；另一方面也要带领学生阅读课外书，做儿童阅读的点灯人。这是教师义不容辞的责任。教师从学生一年级开始，就要着力培养学生广泛的阅读兴趣及良好的阅读习惯，使其做到好读书，读好书，读整本书，最终养成天天阅读的好习惯。

　　四是培养学生自主学习的能力和独立思考的能力。

　　五是增加学生的文化积淀，培养学生的审美情趣。

　　我认为，群文阅读再出发，一定要以培养学生的核心素养，提升学生的语文素养作为出发点和归宿。

　　致力群文阅读，肯定要有所追求，即实现阅读教学的增量提质。在教学中，我们可以发现，单篇阅读如果教不好的话，费时多而收效微。群文阅读则是从改变阅读内容的组织结构和阅读教学的形态开始，撬动阅读教学，撬动整个语文教学改革。

　　致力群文阅读，旨在实现单篇教读和群文阅读的一体化。部编版教材总主编温儒敏教授提出，希望把单篇教读、群文阅读和读整本书贯通起来，打通它们之间的壁垒。教读，要精；群读，要扶；读整本书，要放。把在教读中学到的知识、方法、能力运用到群文阅读的过程中，运用到读整本书的过程中，做到能力迁移，最终养成每天阅读的良好习惯。

　　致力群文阅读，希望能服务学生的语文学习和语文生活。群文阅读是最接近阅读常态的阅读，是学生学习与生活最有效的阅读方式。比如，写文章之前进行广泛阅读收集的海量素材，就是群文；外出旅游，要做一个计划，需要搜集各方面的资料信息，这也是群文。所以，群文阅读是最有助于解决实际问题，最能锻炼思维（比如比较、分析、综合、概括）、培养思维的阅读方式。源于目标的达成，基于阅读教学的问题，出于改革的需要，基于学生的学习和生活，群文阅读应运而生。

二、 群文阅读已经走到了哪里

　　经过几年的研究与实践，群文阅读已经成为具有全国影响力的研究课题，对于阅读教学、语文教学乃至课程改革做出了自己的贡献。

一是改变了阅读教学的格局。以往，阅读教学多是单篇教读、单篇讲读，教材中尽管有一些略读课文，但老师们还是习惯用讲读的方法去教。虽然出现过一些有价值的教学经验，比如，北京的霍懋征老师创造的"一篇带多篇"，但是这些经验并没有引起广泛的重视。语文教学这么多年走了这样一段路：由单篇讲读到实现了一篇带一篇或一篇带多篇，再到今天，许多地方，许多学校开展的群文阅读。在全国，群文阅读不再是星星之火，而是已形成燎原之势，成为推动语文教学改革的一支重要力量。

二是改变了课上读得少的状况。温儒敏教授说，中小学阅读教学最大的问题是书读得少。这不仅指课外读得少，而且指课上学生的阅读字数少，阅读遍数少。过去传统的教学模式，两三个课时才教完一篇短文或者一首诗，而群文阅读一个课时就要求读一群文章、一组诗词。这大大增加了学生课内的阅读量，量的增加才有可能导致质的提升。

三是提高了阅读的速度和效率。在群文阅读中，阅读量的增加，再加以速读、浏览、猜读、跳读、寻读等阅读方法的有效掌握和灵活运用，便能大大提高阅读的速度。我国正在计划新一轮的从幼儿教育到高等教育的改革，比如今后的中高考，各门学科都将大幅度地增加卷面的字数和阅读材料的字数。如果阅读速度慢，答卷的速度就会慢，甚至可能会做不完，这必然影响考试的成绩。阅读速度是阅读教学要培养的一个指标，速读的能力是我们要培养的一种阅读技能。群文阅读不仅增加了阅读的量，而且还扩大了阅读的面。老师们上的群文阅读课，所读文本不仅有文学的，还有科普的。今后，阅读素材涉及的面应更宽泛，这样才能满足学习、生活的需要，才能符合今后中高考的要求。今后中高考的导向，是最大限度地考查学生广泛阅读的水平，包括知识的宽度、广度。这不仅适用于语文，还适用于数学、英语等学科。今后的中高考知识跨度会非常大，可能会考到小学所学知识。今天读到的群文，今天练就的阅读能力，说不定将来在中高考中会助学生一臂之力。所以，不训练学生读群文，不引导学生读整本书，拓宽阅读面，学生将来是要吃大亏的。

四是发展了学生的思维。发展语言，发展思维，是语文教学的两个基本任务。群文阅读中儿童诗的阅读、现代诗的阅读、古诗词的阅读，学生读诗歌、想画面，能激发具体形象思维，发展学生的想象力。群文阅读在整合阅读中，锻炼了学生思维的全面性；在梳理结构中，锻炼了学生思维的条理性。有的教师运用思维导图、结构路线图等，引导学生梳理文本的结构，这是培养思维条理性的有效途径。在群文阅读中，教师要鼓励学生发表个人的感受、见解和评价。一方面培养学生分析、比较、抽象、概括、整合、建构的能力，另一方面也锻炼学生思维的深刻性。所以，群文阅读，不仅能有效提高学生的阅读速度、阅读理解力，而且能使学生的头脑变得越来越灵活，能够有效地提高他们筛选、辨识、提取、加工、整合、运用信息的能力，提出问题并解决问题的能力。所以，我们可以理直气壮地说，群文阅读有效地提高了学生的阅读速度和阅读理解力，促进了阅读教学、语文教学的改革，为语文课程改革做出了实实在在的贡献。

三、 群文阅读往哪里去

群文阅读要朝着建构群文阅读课程的方向去努力。群文阅读要走的下一段路是建构群文阅读课程，并且要把群文阅读课程自觉地融入整个语文课程当中。

首先，要明确群文阅读的定位。

群文阅读是语文阅读课程的重要组成部分。它的特质是整合的、结构化的阅读，是群文比较阅读。群文阅读教学追求的是自主性、探究性、创新性。群文阅读的一般教学流程，是通过比较阅读整合信息，进而实现意义建构。所以教师在对群文阅读进行设计的时候，一定要十分明确这一次群文阅读教学要的是什么，即目标一定要明确。只有这样，才能实现有意义的建构。布鲁姆说，有效的教学始于准确地知道希望达到的目标是什么。教师所期望的学生的变化，便是教学的目标。

群文阅读是单篇教读和整本书阅读之间的桥梁和纽带。一头是单篇教读，一头是整本书阅读，而群文阅读恰在中间起着桥梁和纽带的作用。群文阅读的过程，是以话题或者线索为抓手，在教师的引导下，自主地比较阅读的过程；是小组合作探究、解决问题的过程；是师生对群文比较辨析、求同存异、整合建构的过程。群文阅读对于掌握比较阅读的方法策略，提升学生的阅读理解力；对于在比较阅读中培养学生提取、筛选、加工、运用信息的能力；对于读中学写，促进学生习作能力的提高，都有着十分重要的作用。

其次，要进行基于部编版教材的群文阅读课程的探索。

基于部编版教材，组文成群的思路要多样化。要明确主题、议题、训练点，也就是要明确群文教学的重点是什么，这是组文成群的核心。在明确了主题、议题、训练点的基础上，组文成群的思路可以多种多样。比如，组文成群可以是人文主题的，可以是"人文主题＋语文要素"双主题的，可以是文体主题的，可以是作家主题的，可以是指向阅读方法、策略的，可以是引导学生怎样读、怎样写某一类文章的，还可以是"群媒"阅读的。比如，群文阅读"武松打虎"，可以听评书，读文本，看京剧，演山东快书。课堂上，文本、音频、视频——呈现，这就是一种"群媒"的阅读。总之，组文成群可以多种多样，教学模式不一，鼓励不断创新。

基于部编版教材，可以由群文教学到群文课程，进行课程改革的探索。一是可以在部编版教材的框架内进行"1＋X"的教学。部编版教材中的文章都

是一组一组呈现的，里面既有精读课文，又有略读课文。教师可以利用一篇精读课文来教读，其他课文组织成为一组群文，作为"X"来进行群文阅读。"1＋X"是基本的群文阅读文本组织的架构，符合温儒敏教授倡导的"1＋X"阅读教学的模式。二是可以根据组文成群的需要，对部编版教材里面的文章进行增、删、调、换。即用教科书里的文章，加上自选的文章，组成群文来阅读。三是可以自行组织群文。依据年段目标，以教科书中的语文要素为线索，自行组织一组或两组进行群文教学。四是可以借助教科书中的单篇，拓展到读群文，读整本书。比如，人教版里有一篇《冬阳·童年·骆驼队》，这是林海音《城南旧事》这部小说的后记。有的老师这样组织一个单元，教读《冬阳·童年·骆驼队》，再从《城南旧事》里摘选几个片段进行群文阅读，然后引领学生读《城南旧事》这本书。这种方式就比较自然地把单篇教读、群文阅读、读整本书结合了起来，达到阅读增量提质的目的。总之，进行群文阅读课程的探索，有很多办法，有供教师施展的更广阔的天地。希望大家齐心协力，共同建构以部编版教材为基础的，能够和单篇教读，和整本书阅读牵起手来的，能把阅读和表达能力的培养结合起来的，教师拿来就能用的群文阅读课程设计和教材，研发具有群文阅读课程特色的语文辅助教材。

最后，发掘群文阅读更大的阅读空间。

群文阅读能够发掘更大的阅读空间，这个空间从哪里来？这个时间从哪里来？语文课时有限，这就要从减少教读课文，减少烦琐内容的分析，提高教读课文的教学效率里要空间，要时间，从重新设计阅读课程里面要空间，要时

间。我们不能只做加法，不做减法。语文课程改革的出路，一个是整合，一个是跨界。单篇教读依然是基础，是阅读教学的压舱石。因为一些语文知识，比如，汉字的知识、词法、句法、语法、修辞、文章写法等，这些知识如果教师不教，只靠学生自己学习，是学不通的；因为一些阅读技能的掌握，特别是精读，还包括略读、浏览、跳读、猜读、寻读等，教师不指导，学生是练不到位的；因为比较强的阅读能力，比如，理解词句的能力、分析段篇的能力、提取信息的能力、整体把握的能力、对文本做出解释的能力、对文本做出评价的能力，教师不以经典的单篇为例进行指导，让学生知其然并且得其能，而只让学生自己去摸索的话，学生是难以练就读懂一篇文章的本领的。还有一些实用的作文能力，比如，观察事物的能力，展开丰富想象的能力，扎实描摹事物的能力，基本布局谋篇的能力，用文字表达自己的感受、想法、观点的能力等，若教师不以单篇课文为例，让学生从读学写、读中悟写，做到读写结合，而只靠每个学期的八篇习作训练，学生的习作能力是难以达到课标的要求的。比如扎实的描摹事物的能力是小学中段要重点培养的学生的能力。为什么在教材里安排这么多写景、状物、记事、写人的文章？目的就是训练学生描摹事物的基本功。正如曹文轩教授所说，少年写作文，实际是对自己描摹状态的基本功的锻炼。这有点像学美术，第一步要先练习素描。如果上述这些知识、能力，不靠单篇讲读教学，完全靠群文阅读乃至是读整本书，是不能完全实现的。

总之，群文阅读再出发，关键要找准自己的位置，要将其提高到课程的层面去研究，去实践，要和国家课程、国家教材进行深度融合。还是那句话，群文阅读要和单篇教读、读整本书阅读拉起手来，要和口头表达、书面表达的训练结合起来，探索具有群文阅读特色的大阅读课程，这将是对深化语文课程教材改革的一个新贡献。

群文阅读再出发，为的是进一步提升学生的阅读素养，为的是建设一流的母语教育。

"古诗中的'动'与'静'"群文阅读教学设计与评析

◆ 执教/刘 悦 评析/黄国才

【教学篇目】

《敕勒歌》《出郊》《绝句一》（两个黄鹂鸣翠柳）《绝句二》（迟日江山丽）

【教学设计】

1. 运用"想象"的方法读古诗，感受诗中描绘的画面。

2. 通过《敕勒歌》的学习，发现古诗中"在'静'的画面中加入'动'，画面就能'活起来'"的现象。再通过其他三首诗的对比学习，感受诗中"动静搭配"的美妙，建构对"诗歌'动静搭配'方式"的作用的粗浅认识。

3. 在《出郊》《绝句一》《绝句二》的学习中，探究"诗歌'动静搭配'有不同妙处"，引发学生对古诗"动"与"静"的持续的探索兴趣。

【教学过程】

一、读《敕勒歌》，发现"动静搭配之美"

1. 情境创设。课件呈现配乐视频：草原美景。教师讲述：在魏晋南北朝时期，有一个生活在我国北方大草原上的游牧民族，叫敕勒族。那里的天湛蓝高远，草原辽阔无垠，茂盛的青草养育了一群群骏马和牛羊。听，有人唱起了那首流传千古的北朝民歌——《敕勒歌》。教师配乐诵读。

2. 学生自由朗读。要求读准字音，读通诗句。

3. 指名学生朗读。强调正确、流利地朗读。

4. 提问思考：这首诗所展现的画面中有哪些景物呢？同学们把它们从诗

歌中圈出来。（生圈画：天、草、牛羊）

5. 边读边想象画面。出示："敕勒川……野茫茫……"你看到一幅怎样的画面？（生描绘：天很阔，草很绿……）

出示：图画＋诗句（天似穹庐，笼盖四野。天苍苍，野茫茫）。感受"天似穹庐"的广阔无垠。生朗读想象。

出示：风吹草低见牛羊。展开想象：一望无际的天底下，当风吹过，草原上能看到什么？（生：牛羊）继续想象：牛羊在做什么？

师：展开想象的翅膀，草原上除了牛羊，还能看到什么？

师：看，当我们展开想象，这幅草原图就越来越丰富啦！

6. 讨论最后一句诗的作用。对比有与没有"风吹草低见牛羊"这一句诗的不同效果。如果没有最后一句，读一读，这样的两幅画你更喜欢哪幅呢？和同桌说说你的看法。

师：原来大家发现，"风吹草低""牛羊活动"把静静的草原图变成了会动的画，草原也更有生机了。（板书：生机）

师：通过刚才的探索，我们发现，在这首诗描绘的画面中，天和草原是"静"的，"风吹草低"和"牛羊活动"是"动"的，有静有动，画面就"活"起来了，使草原更有生机了。（板书：动静）

二、 迁移读古诗 《出郊》《绝句一》《绝句二》，感悟 "动静搭配之妙"

1. 下面几首诗描绘的画面中，也像这样"有静有动"吗？我们去验证一下。读一读，把诗中"动"的诗句用横线画出来。（出示《出郊》《绝句一》《绝句二》。生自读，画诗句）

2. 指名学生汇报，引导读好诗中描写"动"与"静"的诗句。

3. 引导发现：《绝句二》中除了燕子在飞，还有什么也在动？

师：我们发现这些诗展现的画面中，都"有静有动"，有的一眼就能发现，有的像风那样藏在诗里。在诗里，"动"和"静"是怎样交朋友的呢？我们继续去探个究竟。

4. 请同学们再读一读这三首诗，想一想：在这三首诗中，"动""静"是怎样交朋友的？跟同桌说一说：表格中的"？"该填什么。

391

诗题	"动"与"静"怎样交朋友?
《敕勒歌》	静→静→静→动
《出郊》	?
《绝句一》	?
《绝句二》	?

5. 教师根据学生的反馈,在电脑上完成表格。

诗题	"动"与"静"怎样交朋友?
《敕勒歌》	静→静→静→动
《出郊》	静→静→动→动
《绝句一》	动→动→静→静
《绝句二》	静→动→动→静

392

6. 探索发现。从表格中,你发现了什么不同?

师:看来,"动静交朋友"的方式多种多样,可以"先动后静",可以"先静后动",还可以"动静交叉"。搭配数量也可以不一样,可以"三静一动""两静两动",还可以"一静三动"。真有意思!

三、 小试牛刀, 创作 《夏日荷塘》, 习得 "动静搭配之法"

出示荷塘图及文字:荷花别样红,绿伞擎水中。_____,花叶暗香送。刘老师夏天到荷塘看荷花,写了三句诗,请同学们小组合作帮我加上一句,让这诗中的图画动起来。再选择其中一种动静搭配方式,组合成一首有动有静的诗。

生:荷花别样红,绿伞擎水中,蝌蚪水里游,花叶暗香送。

师:你请蝌蚪帮忙让画面动起来了,选择"静→静→动→动"的搭配方式组合成诗,真好!

……

师:同学们真棒,请不同的事物来帮忙,让诗中的画更生动了。因为选择了不同的动静交朋友的方式,创作出了有动有静的不同的小诗。

师:这几首诗都让我们感受到了画面的生机,"动静交朋友"还藏着什么秘密呢?我们读一读《鸟鸣涧》,继续探索吧!

四、拓展提升，读《鸟鸣涧》，探究"动静搭配之异"

出示：

鸟 鸣 涧

（唐）王 维

人闲桂花落，

夜静春山空。

月出惊山鸟，

时鸣春涧中。

读《鸟鸣涧》，先用"————"画出"动"的诗句，想一想：这首诗中"动静交朋友"所展现的画面，让你感受到什么？（生画诗句，思考）

生：画面让我感受到很安静。

师：这就奇怪了，这首诗四句中有三句写了"动"的景物，为什么却让我们感受到了"静"呢？和同桌互相说一说。

生：因为听到鸟叫，说明很安静。

师：只有"静"才能让人听到桂花悄悄下落、月亮慢慢上升，才能清晰地听到鸟鸣！大诗人王维多高明，他请"动"帮忙展现"静"的画面。（生朗读感受诗的"静"）

师：在古诗中，"动静交朋友"还有很多意想不到的效果，"古诗中的动与静"还藏着许多的学问呢。今后在读诗时，如果能关注诗中的"静"与"动"，你会有更多的收获。（板书：古诗中的动与静）

【评析】

笔者在现场聆听了刘悦老师和重庆市人民小学二年级同学合作完成的"群文阅读"教学——探讨古诗中的"动"与"静"，颇感惊讶。惊讶之一：刘老师能把古诗教得这么活泼好玩。惊讶之二：二年级小朋友对古诗中的"动"与"静"相当敏感。惊讶之三：40分钟，居然读了4首诗，还与老师合作"创作"了一首诗。

之所以能这样，是因为"群文阅读"理念所带来的教学方式的变革。这种变革，由刘老师这节课可窥见一斑。具体地说，有以下三点：

1. 确定合宜的可供讨论的"议题"。探讨古诗中的"动"与"静"，并以此议题作为推动阅读展开的线索，层层递进，最后达成共识。

2. 精选适合学生阅读的古诗，用"议题"串起来，使之结构化，便于迁移。如，读完《敕勒歌》，感受到诗句的"动""静"搭配，借助表格顺利完成另外三首的阅读探讨任务。

3. 教学程序动静搭配，思维含量逐步提高。如，借助表格做练习、创作诗句"玩"搭配、探究以"动"的诗句表现"静"的奥秘等，都让学生沉浸在"探讨"的乐趣中。

"你是儿歌我是诗" 群文阅读教学设计与评析

◆ 执教/聂艳华　评析/许双全

【教学篇目】

《小蚱蜢》《妹妹的红雨鞋》《谁的耳朵》《月牙》《大年初一扭一扭》

【教学设计】

1. 借助音乐，感受儿歌和儿童诗的不同韵律。

2. 通过朗读，体会儿歌的节奏美和儿童诗的韵味美。

3. 体会儿歌通俗易懂和儿童诗含蓄典雅、韵味深长的语言表达特点。

4. 抓住儿童诗想象的语言特点尝试创作。

【教学过程】

一、 初读感知， 音乐区分

1. 出示文本，学生朗读，要求读正确，读流利。

今天我们要学习一组有趣的诗歌，首先请大家大声地朗读，把字音读正确。（出示诗歌：《小蚱蜢》《谁的耳朵》《大年初一扭一扭》《妹妹的红雨鞋》《月牙》）

2. 音乐和诗歌是绝配哦，有诗歌怎么能少得了音乐呢。老师准备了两种伴奏，你们听——（播放节奏感强的鼓点和旋律悠扬的钢琴伴奏音乐）这几首诗歌你觉得选哪个作伴奏合适呢？

生依次为五首诗歌选配乐并朗读。集体构建，达成共识。

师汇总选择结果：好，现在看看你的记录，用鼓点伴奏的有《小蚱蜢》《谁的耳朵》《大年初一扭一扭》；用钢琴伴奏的有《妹妹的红雨鞋》《月牙》。

3. 引发学生质疑。

刚才看上去长得很像的一组小诗歌一读就被我们分成了两类。你有什么疑问吗？今天这节课我们就来寻找这个问题的答案。

4．归类总结，揭示议题。

老师现在可以告诉你，用鼓点伴奏的这三首有个名字叫"儿歌"，用琴声伴奏的两首也有一个名字叫"儿童诗"。"你是儿歌我是诗"，今天我们就来认识这对好朋友。

二、 解读儿歌， 发现特点

1．用拍手、问答、打节奏的形式朗读儿歌，体会儿歌的节奏感。怎么才能认识这对好朋友呢？那就让它们站在一起，我们好好地听一听，看一看。

（出示三首儿歌，播放音乐）

老师来做指挥，我们一起读。《小蚱蜢》拍手读；《谁的耳朵》我来问，你来答；《大年初一扭一扭》拍着桌子读。

三首儿歌一起读，你有什么感觉？

儿歌里到底藏了什么样的密码，让它读起来节奏感这么强呢？

2．引导学生听一听，关注音韵，发现儿歌押韵的特点。

你仔细听——（板书：听）

教师读《小蚱蜢》，重读强调每句的最后一个字，引导学生发现押韵的特点。（板书：押韵）

只有《小蚱蜢》押韵吗？另外两首儿歌押的什么韵？

儿歌都押韵，正是因为有这样的特点，所以读起来朗朗上口，节奏感强。

3．引导学生看一看，关注句式，发现儿歌句式整齐的特点，并体会读，再次感受儿歌欢快的节奏美。

师：我们再仔细看一看，（板书：看）从儿歌句式的长短，你又发现了什么？

师：对，每一小节字数、句式都一样，特别整齐。（板书：整齐）对呀，这是儿歌的另一个特点：句式比较整齐，就像鼓谱一样。

儿歌为什么节奏感这么强的密码就这么被我们破译了。

4．调动积累，发现生活中的儿歌、游戏中的儿歌，感悟儿歌内容通俗易懂、简单直白的语言特点。

师：其实在我们每个人很小的时候就接触儿歌了。你牙牙学语的时候爸爸妈妈就会跟你说：小白兔，白又白，两只耳朵竖起来……这样的儿歌你是不是听过很多?

　　师: 有些游戏还经常用儿歌伴奏,这样的游戏你们都玩过什么?

　　师: 儿歌就是这么简单、易懂、好玩,陪伴了我们的幼儿时代。随着年龄的增长,儿童诗开始走进我们的视野。它的感觉和儿歌一样吗? 我们还是从读开始。

三、 品读儿童诗, 感悟音韵美

1. 学生朗读《月牙》《妹妹的红雨鞋》,感受儿童诗与儿歌不同的音韵美。

　　师: 有了儿童诗的味道,但是还不够。老师也想读一读,你听听有什么不一样。

　　教师范读《妹妹的红雨鞋》,强化儿童诗的音韵美。学生评价。

　　师: 老师之所以这么读,是抓住了儿童诗的特点。你发现儿童诗和儿歌有什么不一样吗?

　　朗读比较,对照儿歌语言特点发现儿童诗音韵、句式自由的语言特点。

　　师: 儿歌押韵,儿童诗呢?

　　生: 不押韵。

　　师: 都不押吗?

　　生: 有的句子押韵,比如《月牙》。

　　师: 对,儿童诗就相对自由了。(板书:自由)

你再仔细看一看,儿童诗的句式和儿歌有什么不一样?

　　师: 儿童诗的句子可长可短,完全由表达需要决定,也特别自由。那就让我们把儿童诗这种自由的美读出来。

2. 品味《妹妹的红雨鞋》,发现儿童诗语言表达含蓄典雅的特点,并发现儿童诗中的想象。

　　(1) 诗中有画,边读边描绘画面。

　　教师领读,学生跟读;学生体会读;学生展示读。

　　师: 越来越有味道了。读着读着,你的眼前仿佛看到了一幅什么样的画面?

　　生: 看到了一个小女孩穿着一双红雨鞋在雨地里玩;看到一条红金鱼游来游去……

师：真的有红金鱼吗？

生：没有，是诗人想象的。

师：想象让画面更生动。再读，你还能读出更丰富的画面。

生：我看到了玻璃窗后面有一个人在看妹妹玩。

师：他是谁？

生：妹妹的哥哥或者姐姐。

师：在他（她）的眼睛里，窗外的世界就像一个大鱼缸。这就是儿童诗，读着读着，画面就一层又一层地跃出来。

（2）诗中有情，边读边体会情感。

诗中不仅藏着画面，还藏着人物的情感，你读到了吗？

生：我读出了妹妹的快乐！

师：她为什么快乐？

生：在雨地里玩，很开心；红雨鞋是新买的，所以很开心。

师：还有一个人也很快乐，他（她）为什么快乐？

生：因为妹妹开心，他也开心。

（3）品读中聚焦"想象"，想象让画面更生动，让情感更细腻。不计较自己的境遇，能为别人的快乐而快乐，是一种更高境界的幸福。其实，哥哥的快乐还不止这些，他还享受着想象的快乐。他能把一双红雨鞋想象成红金鱼，即使不能出去玩，这种想象也能带给他快乐。就像我们坐在这里读林焕彰的诗，也能感受到快乐。这就是想象的魅力，它让儿童诗有了不一样的味道。

3. 品味《月牙》，自主发现诗中的想象。

学生品读《月牙》，发现作者奇特的想象。

没有味道的月亮在诗人那儿变得——又甜又香。鸭梨和月牙像吗？不像。但是诗人有办法——咬一口。

师：诗人在问我们是哪个馋嘴的娃娃咬了一口。

生：是乌云；是星星；是天狗；是我自己……

师：是谁已经不重要了，重要的是我们的想象也跟着诗人飞扬了起来。这就是儿童诗的味道。

四、 调动积累， 进行创编

1. 金波爷爷说，每一个孩子都是一个天生的诗人。我想问问在座的小诗人，这弯弯的月牙在你的眼里是什么呢？

出示弯月图，教师相机引导学生展开想象并点评。

那胖胖的满月在你的眼里又是什么呢？请动笔把它用儿童诗的语言写下来。

2. 学生创编，展示作品。

点评小结：一个个小诗人在我们班诞生了，看来写诗没有那么高深莫测。

出示学生作品《不知道》：

不知道

想来想去

就是不知道

为什么就我不知道

唉！

看来还是读诗太少！

师：老师给他补充了一句：看来还是读诗太少！下课。

【评析】

儿歌与儿童诗像一对孪生姐妹，均以利于儿童吟唱歌咏，具有一定节奏、音韵的语言形式，来形象生动地反映儿童喜闻乐见的生活现象与情趣。但儿歌内容浅显单纯，语言通俗直白，节奏感、音乐性更强；儿童诗则内容意蕴丰富，语言形象优美，音韵感、意象性更显。本课智慧地借用群文阅读的形式对比读议，引导学生对这两种相似而又小有区别的文体的特点简要感知，以助其读出不同的语言表达特色与感受。这是整体教学设计上的创新。

教学实施中，以选择不同配乐伴读，生动感受区别；以分类解读品读，发现儿歌节奏音韵特点和感悟儿童诗语言意蕴特色；以调动积累进行创编，来强化认知：不仅使教学过程读与议结合、识与悟融通、学与创连接，生动有趣，而且巧妙地形成了"音乐伴读感受区别→对比读议感悟特点→创编体验强化认知"的语文学习链，高效地达成了教学目标。这也显现出本课教学的独具匠心。

当然，如有可能，从两者内容呈现特征、语言表达特点、音韵诵读特色等方面，稍加精要地比对读议具体可感的异与同，可能更具实际教学认知价值。

"东坡望月" 群文阅读教学设计与评析

◆ 执教/覃开成　评析/刘晓军

【教学篇目】

《江城子·乙卯正月二十日夜记梦》《卜算子·黄州定慧院寓居作》《东坡》《水调歌头·明月几时有》

【教学设计】

1. 利用译文、题解与师生交流等增进对诗词的理解。

2. 感悟"月亮诗词"中的东坡情怀。

3. 了解苏东坡，激发对苏东坡的敬爱之情。

【教学过程】

一、 东坡与月

1. 导入。

师：（出示月亮图片）一轮月亮悄悄地升起来了，把它银色的光辉洒向大地，让我们静静地望着这轮月亮，望着，望着……会让人想到什么呢？

2. 师出示，全班齐读：

春风又绿江南岸，明月何时照我还？（王安石）

云中谁寄锦书来，雁字回时，月满西楼。（李清照）

江畔何人初见月？江月何年初照人？（张若虚）

露从今夜白，月是故乡明。（杜甫）

月出峨眉照沧海，与人万里长相随。（李白）

3. **师：**千百年来，文人们都喜欢望月抒怀。一代大文豪苏东坡更是一位"望月谜"。（出示。全班齐读）

苏轼，四川眉山人，号"东坡居士"，世称苏东坡。北宋文学家、书法家、画家。据统计，在苏东坡流传的诗词中，"月"字出现1000多次，"明月"出现100多次。

4. **师**：一次次地望月究竟触动了苏东坡怎样的情感和思绪呢？让我们一起走进今天的群文阅读——（生齐读课题"东坡望月"）

二、诗词寻月

1. **师**：首先我们一起来看看，在这四首诗词里苏东坡"眼中"都望到了一轮什么月？（板书：眼中月）

2. 齐读《江城子·乙卯正月二十日夜记梦》。

师：这首词里写有月亮的句子是哪句？

生：词中写有月亮的句子是"料得年年肠断处，明月夜，短松冈"。

师：请问，苏东坡的这一次望月，"眼中"望到的是一轮什么月？

生：是一轮"明月"。

师：（板书：明月）那么在其他三首诗词里，苏东坡"眼中"又分别望到了一轮什么月呢？（出示自读提示。指名朗读）

　　（1）自读诗词，用横线画出后三首诗词中写月亮的句子。

　　（2）边勾边想苏东坡分别望到的是一轮什么月。

（生自主完成）

3. 汇报整理。

（生汇报，师相机板书，形成以下表格。）

"东坡望月"

题目	眼中月
《江城子·乙卯正月二十日夜记梦》	明月
《卜算子·黄州定慧院寓居作》	缺月
《东坡》	清月
《水调歌头·明月几时有》	婵娟

4. **师**：同学们，你们有没有发现，在这些诗词里苏东坡眼中的月不仅有"明月"，还有"缺月""清月""婵娟"。这似乎就是苏东坡词中的那句——

生："月有阴晴圆缺。"

师："月有阴晴圆缺"，人说"月亮代表我的心，月亮寄托我的情"，这些阴晴圆缺的月亮寄托着苏东坡怎样的心情呢？

三、 月中悟情

1. 师出示，生齐读。

> 料得年年肠断处，明月夜，短松冈。

师：从这轮"明月"里你感受到了苏东坡一份怎样的情？

生：我感受到的是苏东坡对逝去妻子的思念之情。

师：其实千百年来月亮在我们中国人的眼里就有爱情的象征这种含义。"花前月下、花好月圆"，美好的爱情在月亮下升温。"明月千里寄相思"，这一轮"明月"原来是一轮"相思月"。（板书：相思月）苏东坡这份相思之情最能从哪个词语中读出来呢？

生：从"肠断"这个词里最能读出来。"肠断"就是肝肠寸断的意思。

师：苏东坡与妻子十年生死相隔，明月夜里抬头望月，这一望望得人肝肠寸断，原来这轮明月还是一轮"肠断月"。（板书：肠断月）再读。

生：料得年年肠断处，明月夜，短松冈。

2. **师**：当再次走近那轮"明月"时我们发现，苏东坡望着的那轮"明月"其实寄托着他深深的情意，"眼中月"已幻化成了他的胸中情——"心中月"。（板书：心中月）

师：那么其他的三次望月又触动了苏东坡怎样的情呢？请小组讨论，完成"东坡望月"阅读卡。（出示）

"东坡望月"阅读卡

题目	眼中月	心中月
《江城子·乙卯正月二十日夜记梦》	明月	（相思）月（肠断）月
《卜算子·黄州定慧院寓居作》	缺月	（　）月（　）月
《东坡》	清月	（　）月（　）月
《水调歌头·明月几时有》	婵娟	（　）月（　）月

（生小组讨论。）

3. 汇报整理。

（1）**生**：经过我们小组讨论，我们认为《卜算子·黄州定慧院寓居作》中的是"寂寞月、孤鸿月"。苏东坡在"乌台诗案"险些丧命，朋友们怕受牵连都不敢与他交往，使苏东坡备受打击，所以他内心十分"寂寞"。

师：那么你们组为何写下"孤鸿月"呢？

生： "孤鸿"就是指孤单的鸿雁，此时的苏东坡就是那只月亮下面孤单的鸿雁，凄惨地呻吟。（掌声）

师： （板书：寂寞月、孤鸿月）"缺月挂疏桐，漏断人初静。"残缺的不仅是那月亮，还有苏东坡的那颗心。

（2）**生：** 经过我们小组讨论，我们认为《东坡》中的是"坚毅月、铿然月"。题解中说这首词与《卜算子·黄州定慧院寓居作》相距半年。"莫嫌荦确坡头路，自爱铿然曳杖声"意思是：千万别去嫌弃这些坎坷的坡路，以为不如城里平坦，我，就是喜欢听这样拄着拐杖铿然的声音。可以看出苏东坡已经从寂寞与孤单中解脱了出来，变得坚毅而刚强。

师： "解脱"这个词用得好，"坚毅"和"刚强"这两个词也总结得十分恰当，那为何你们组还写到了"铿然月"呢？

403

生： 注释中写到"铿然是个象声词，指手杖敲击山石响亮的声音"。我们在外出旅游时也听到过。有个成语叫"铿锵有力"，好像是形容声音响亮而有劲，这里面就有坚毅而刚强的意思。

师： 为你点赞，为你们小组点赞，老师已经折服了。"雨洗东坡月色清"，这里的"雨"不仅指下的雨，也可能指困难，"东坡"不仅指那东坡地还可能指苏东坡自己，在经历了困难后的苏东坡变得更加坚强、坚毅。（板书：坚毅月、铿然月）

（3）**生：** 经过我们小组讨论，我们认为《水调歌头·明月几时有》中的是"思念月、祝福月"。万家团圆，中秋大醉，苏东坡思念弟弟子由无法入眠。"但愿人长久，千里共婵娟"意思是说"只希望这世上所有人的亲人能平安健康，即便相隔千里，也能共享这美好的月光"。这是一种祝福，所以这是一轮"祝福月"。（板书：思念月、祝福月）

师： "但愿人长久，千里共婵娟。"中秋佳节，多少文人月下抒怀，而苏东坡的这一望，心中不仅望到了自己的亲人，更是望尽天下所有的离别之人。（出示）

文学家胡仔在《苕溪渔隐丛话》中说，"中秋词自东坡《水调歌头》一出，余词尽废"。

师： 好一个"余词尽废"！同学们，请读全词。

四、　整合感悟

师： "但愿人长久，千里共婵娟。"这是多么美好的一份祝福啊！当我们走进苏东坡的心里时我们又发现，月亮里既有苏东坡的相思，也有寂寞、坚毅……这似乎正是在讲——

生："人有悲欢离合。"

师："明月、缺月……相思月、寂寞月……"从这些"眼中月"和"心中月"你还有什么感想与发现吗？

生：我发现，苏东坡写这些月亮其实是在表达自己的感情。

师：借一种景物来表达自己的感情这就叫"借景抒情"。还有其他的想法吗？

生：我认为还可能"触景生情"。苏东坡看到了月亮从而触发了心中所感。

师：你说的有道理，这里面既有"借景抒情"，也有"触景生情"，五年级同学就有如此理解，实在了不起！

生：我还发现这里面不同的月亮代表着不同的情感，"缺月"代表"寂寞"，"婵娟"代表"思念与祝福"。但是我不懂《江城子·乙卯正月二十日夜记梦》为什么用"明月"来代表"相思与肠断"的痛苦。

师：有谁能解答这个问题吗？

生："明月"本身是美好的，但是在《江城子·乙卯正月二十日夜记梦》中，苏东坡的妻子已逝十年，他的妻子就如那轮明月，越美好的东西失去之后会越痛苦，所以用"明月"。（掌声）

师：同学们，你们的回答条理清楚，而且有深度。在这四首诗词中，当月亮与情感紧紧地交织在一起的时候，那原本冰冷的月亮似乎不仅有了温度，甚至拥有了生命！（出示。生齐读）

千百年来，我们中国人之所以对月亮情有独钟，不仅因为这轮月亮超越了时空的限制，更是因为古代的文人墨客赋予了月亮无与伦比的人文内涵，让我们产生了无限的遐想。苏东坡功不可没。

师：一轮月亮悄悄地升起了，把它银色的光辉洒向大地，让我们静静地望着这轮月亮，望着、望着……你会想到什么呢？

生：我会想到苏东坡的妻子。

生：我会想到我的爸爸妈妈。

师：有一天你们会想到我吗？

生：会！

师："人有悲欢离合，月有阴晴圆缺，此事古难全。"这节课就上到这里，同学们再见。

生：老师再见。

师：但愿人长久——

师生：千里共婵娟。

【评析】

这是一节充满诗情画意和群文审美特征的优秀课例。其精彩首先源于教师的丰厚和执着。东坡精神润泽故里，青年才俊继往开来，将本土优秀诗词和人文精神进行统整，完成了"赏月品人"的议题生成。

执教者以月亮主题诗词作品导入，激发学生探究欲，设计实施了"东坡与月、诗词寻月、月中悟情、整合感悟"四个步骤，在高频共振中启迪学生从不同物象中体会月所寄托的不同情感，历经辨识与提取、比较与整合，循循善诱，步步深入，发现作品中蕴含的"触景生情""情随景移"等特点。

在文本运用和思维发展上，执教者注重"关键信息"提取，在较短时间内感知四首东坡诗词，归为简单明了的"眼中月"和"心中月"，节奏鲜明，教学点明确。"心中月"的"命名"化难为易，催生审美的个性化争鸣，在求同存异中，诗意渐浓，意象鲜明，"心有百千月明"的创意让"情景交融"的写作手法得到了最好诠释。

整个教学过程中，执教者准确地把握住群文阅读的特点，"眼中月""心中月"后的"小统整"，"眼中月""心中月"合在一起的"大统整"，有效促进思维升级，获得完整认知。真是一节回味无穷的群文教学课。

"童·趣"群文阅读教学设计与评析

◆ 执教/李 莹 评析/崔凤琦 马 岩

【教学篇目】

《表里的生物》《冬阳·童年·骆驼队》《挖荠菜》

【教学设计】

1. 读懂文章、对比联系，能掌握文章主要内容及表达情感。

2. 学习并运用鱼骨图这一工具，帮助自己阅读理解和表达。

3. 品味不同作者笔下不同的"童·趣"，理解并体悟"一样的童年，不同的趣事"。

【教学过程】

一、 一读："提取信息" 找相同

1. 今天我们尝试一起来学习三篇文章，课前预习了吗？拿出自己的预习单，三篇文章分别讲了什么？

2. 三篇文章同时学习，最大的意义在于在联系和比较中发现共性，寻找差异。在你初读提取信息的同时，发现它们之间的共性了吗？

3. 总结组文特点：童年趣事。

二、 二读："理解体会" 寻不同

我们在阅读时，不但要了解故事的梗概，更要抓住故事中典型的段落仔细品味。请同学们快速浏览三篇文章，看看哪个场景给你留下了最深刻的印象。

几篇篇幅不短的文章，为什么单单这几个场景在我们脑海当中挥之不去呢？我们就从这几个瞬间入手，去探寻文字背后的秘密。请同学们选取几篇文章中给你留下印象最深刻的画面，看看这个场景作者写了什么，你读到了什么。

预设一：父亲取出一把小刀，把表盖拨开，在我的面前立即呈现出一个美丽的世界：蓝色的、红色的小宝石，钉住几个金黄色的齿轮，里边还有一个小尾巴似的东西不住地摆来摆去。这小世界不但被表盖保护着，还被一层玻璃蒙着。我看得入神，唯恐父亲再把这美丽的世界盖上。可是过了一会儿，父亲还是把表盖盖上了。父亲的表里边真是好看。

（1）如何把表里的事物写活呢？

（2）批注是我们阅读的好方法，老师在阅读这段的时候就做了这样的批注——动静结合。作者就用这样的方式，写出了自己对手表的喜爱。

（3）小结：作者正是因为写了宝石、齿轮、小尾巴及"我"的想法这种种的细节，才写出了"我"童年的"痴"事，表达了"声音之趣"。

预设二：我站在骆驼的面前，看它们咀嚼的样子：那样丑的脸，那样长的牙，那样安静的态度。它们咀嚼的时候，上牙和下牙交错地磨来磨去，大鼻孔里冒着热气，白沫子沾在胡须上。我看呆了，自己的牙齿也动了起来。

（1）排比、拟人等修辞手法写出了骆驼的气定神闲。

（2）好的文字是会带来画面感的。这段文字选自林海音的《城南旧事》，导演看到这段生动的文字后，用电影将其表现了出来，让我们一起看看电影片段。

（3）静态的语言却表现出了动态的画面，这就是细节描写的魅力。你读懂文字就可以在头脑中看到栩栩如生的画面。再来读读这段话。

（4）回忆憨态可掬的骆驼，其实就是童年的一件"傻"事，追忆童年生活中的"生命之趣"。

预设三：小的时候，我是那么馋：刚抽出嫩条还没打花苞的蔷薇枝，把皮一剥，我就能吃下去；刚割下来的蜂蜜，我会连蜂房一起放进嘴巴里；更别说什么青玉米棒子、青枣、青豌豆罗。所以，只要我一出门儿，碰上财主家的胖儿子，他就总要跟在我身后，拍着手、跳着脚地叫着："馋丫头！馋丫头！"害得我连头也不敢回。……就是现在，每当我回忆起那个时候的情景，留在我记忆里最鲜明的感觉，也还是一片饥饿……

（1）能用一个字来形容"我"当时的状态吗？

（2）如果说前面几个场景作者是通过内心独白来写出当时自己的想法和感受的，那么这里则是借助财主家的胖儿子，在一富一穷、一饱一饿、一男一

407

女的对比中来理解童年的"苦"。

（3）越是写活了财主家的胖儿子，越让人身临其境，对于小女孩的苦事感同身受。那么在《挖荠菜》这篇文章中，作者仅仅写出了苦吗？

预设四：而挖荠菜时的那种坦然的心情，更可以称得上是一种享受：提着篮子，迈着轻捷的步子，向广阔无垠的田野里奔去。嫩生生的荠菜，在微风中挥动它们绿色的手掌，招呼我，欢迎我。我不必担心有谁会拿着大棒子凶神恶煞似的追赶我，我甚至可以不时地抬头看看天上叽叽喳喳飞过去的小鸟，树上绽开的花儿和蓝天上白色的云朵。

（1）对比中体会此时内心的"享受"。

（2）小小的荠菜，却让小女孩苦中作乐，一件原本的苦事，也似乎有了生活的趣味。

小结：

（1）我们在初读关注到"时""事"的基础上，借助三篇文章中几个场景，体会到了不同的"趣"："痴"事——声音之趣；"苦"事——生活之趣；"傻"事——生命之趣。现在回看我们刚才关注的几个画面，在我们比较了几篇文章，理解体会到了不同的"趣"后，我们再来看看它们之间的联系。这几段文字在表达方式上有什么共同点呢？

（2）我们常见的冒号，一般是和引号连用，起提示下文的作用。但在这几段文字中，冒号这两个小点，就好像为我们的细节描绘打开了一扇窗，透过这扇窗，我们就能把冒号前面的"美丽世界""咀嚼的样子""馋""享受"……刻画成一幅幅细致美好的画面。

三、 三读："感悟评价" 悟真情

童年是自己的，但并不是"一个人"的，它一定是由特殊的物、特定的人共同构成的。我们再由这些段落回到全文来进行第三次阅读。这次我们从第一人称的"我"跳出来，在比较中看看，又有怎样的"物"、怎样的"人"，带给我们怎样的"情"呢？（出示。生填写）

文章	时间	事件	场景	物	人	情
《表里的生物》	小时候	看手表	"痴"事——声音之趣	表	爸爸	严父教子
《冬阳·童年·骆驼队》	小时候	看骆驼	"傻"事——生命之趣	骆驼	爸爸	慈父爱子
《挖荠菜》	小时候	挖荠菜	"苦"事——生活之趣	荠菜	伙伴	顽童陪伴

四、 总结： 一样童年 "趣" 不同

1. 今天，我们围绕"童趣"，在联系和比较中，对三篇文章进行了三次阅读。初次读文，我们在提取信息中发现了"时"和"事"的相同之处；第二次读文，我们在理解体会中发现了不同的场景，不同的经历；接下来，我们通过第三次读文，在品味"物"与"人"中，品悟"童年"背后的真情。只有这样层层深入，我们的阅读才是走心的阅读。

2. 童年的趣事仅仅是我们今天读到的几种味道吗？童年在每个人的心里都有不同的色彩和味道：日本著名作家黑柳彻子笔下的童年是酸的，从一个不被接受的顽皮孩子，到在关爱中逐渐成长；高尔基笔下的《童年》是苦难的，在黑暗污浊的环境中，小男孩依然保持一颗善良正直的心；马克·吐温笔下的童年是快乐而甜蜜的，汤姆·索亚这个可爱的顽童，至今为人们津津乐道……童年就是这样的五味杂陈，我们的人生又何尝不是在这酸甜苦辣的交织中才多姿多彩！这可真是一样的童年，不同的趣事。老师期待大家也能用心去感受每一段童年的故事，用笔去记录它们，那么，多年以后，你的童年也就住在了文字里。

【评析】

在这节群文阅读教学中，李莹老师围绕"童·趣"组文，立足于发展学生的语言，以语文素养的提升为出发点，以引领者、合作者的身份带领学生走进文本，真正让学生利用语言的范例，得意、得言、得法。突出表现在三个方面：

一、组文独具匠心，呈现结构化特点

群文阅读，选文在很大程度上决定课堂教学的成败。本节课选取的三篇文章有极强的内部逻辑性：

《表里的生物》是童年痴迷的"声音之趣";《冬阳·童年·骆驼队》是童年关注动物的"生命之趣";《挖荠菜》是童年苦难日子的"生活之趣"。这样的逻辑组文,帮助学生在有限的时间内多角度、全方位地思考"什么是童年趣事",从而最大限度地丰富学生对"趣事"的理解,把看似散乱无序的信息提升为系统化的知识。

二、深挖群文价值,启发比较性思维

本文在教学的过程中,紧扣体现群文阅读核心价值的"联系""比较",引领学生进行了三次整体感知:初读文章,围绕"时""事",发现它们都是写"童年趣事";第二次整体感知关注了三篇文章中几个经典"场景",从中比较作者表达情感的思路和特点的不同;第三次读文,结合作者所写的"物""人""情",揭示了"一样的童年,不同的趣事"这一主题,引发学生思考。最后还为学生推荐了童年、成长类主题的文学名著阅读,延伸了课堂教学内容。

三、关注语言文字,落实本体化目标

语文作为基础性、工具性的学科,其本体化的功能如何在群文阅读教学中体现,在本节课中有很好的落实。教师在品味语言中引导学生入情、入境地朗读,引导学生在自主合作探究的过程中感悟"冒号"在表达中起到的重要作用,乃至关注语文写作要素,指导语言运用……无不彰显着一节高品质的语文课对于发展学生语言文字运用能力的责任担当。

410

"古代笑话中的人物刻画" 群文阅读教学设计与评析

◆ 执教/马春梅　评析/于泽元

【教学篇目】

《打半死》《固执》《燃衣》《悭吝》

【教学设计】

1. 读懂笑话内容，感受古人的幽默，激发阅读古代笑话的兴趣。

2. 发现古代笑话刻画人物形象的方法，感悟经典的魅力。

3. 学以致用，习得写人文章的表达策略。

【教学过程】

一、 初读感知， 了解大意

（一）开门见山，了解学情。

师： 同学们，这堂课我们来阅读一组古代笑话，去感受古人幽默的智慧。说到古代笑话，你以前读过吗？（根据学生的回答相机点评）

（二）自主阅读，读懂大意。

1. 出示学习要求，学生自主阅读。

师： 在选文材料第一页上有三则古代笑话，分别是《打半死》《固执》《燃衣》。请同学们借助注释了解大意。

2. 检查阅读情况：结合注释说大意。

师： 古代笑话语言凝练，浅显易懂，结合注释咱们就能把它读明白。你能选一则自己喜欢的笑话给大家讲讲吗？

二、 细读探究， 感悟经典

（一）追溯渊源，感知经典。

师： 三则笑话出自同一本书——《笑林广记》，这本书流传久远、影响深广。它共分 12 部，收入笑话 1000 余则，堪称我国古代文化宝库中的旷世奇珍！

（二）阅读梳理，发现规律。

师：这三则笑话里的人物都非常鲜活，给读者留下了深刻印象。接下来，我们就去探究一下古代笑话是怎样刻画人物形象的。（课件出示学习任务，生读）

1. 再读选文，梳理内容。

师：请同学们先关注"导学单"，"导学单"提示我们从人物性格、所写事件和"笑点"三方面进行梳理。为了帮助大家快速提取信息，老师建议："人物性格"，在文中圈出关键词，再填入表格；"所写事件"，对于六年级学生来说，要学着提炼关键词概括；"笑点"，直接在文中用横线勾画。

（1）学生快速浏览三则笑话，借助"导学单"梳理笑话里的"人物性格""所写事件""笑点"。

（2）交流汇报，完成梳理。

交流：说说三则笑话里的人物性格。为了表现人物的性格特征，作者选取了什么事件？你认为每则笑话的"笑点"在哪儿？

2. 品读"笑点"，感受幽默。

（1）品读笑点："只打我半死，与我五百两何如？"

师：什么是"打半死"？可能是怎样的一副惨状？（皮开肉绽、半身瘫痪、头破血流、七窍流血……）

师：即便要被打得半死不活，他还是思考良久说——（指导朗读）

师：读到此处你在笑什么？（贪财）那他这么贪财干吗不要一千两银子而只说要五百两？（如果要一千两就要被打死，命就没了）

师：可见这人除了想要钱还想要什么？（命）同学们发现了吗？这人既贪财又贪命，怪不得笑话开篇说"人性最贪"！

（2）品读笑点："你快持肉回去，待我与他对立着。"

师：按常理说，家里来客人了等着肉下锅，儿子却在这里和别人对立。一般的父亲看到这一幕会怎么说？（骂儿子一顿、狠狠地揍他、拉着儿子一同回家……）

师：可这位父亲却这样说——（指导朗读）

师：儿子固执，父亲比儿子还固执，好一对性刚的父子！

（3）品读《燃衣》里的"笑点"。

师：在笑话《燃衣》中，你读到哪儿笑了？（生分享，师追问：为什么觉得此处是"笑点"？）

师：这性缓之人的话用咱重庆方言来说更具幽默感。谁来试试？（学生用方言演绎"笑点"，感受笑话的幽默）

3. 小组探究，发现规律。

（1）出示要求，小组探究。

师：刚才我们梳理了人物性格、所写事件，品味了幽默的"笑点"。我觉得我们可以再往前走一步，顺着"导学单"纵向探究，思考这三则笑话在点明人物性格、所写事件以及"笑点"的位置上，有哪些相同点？可以和小组同学一起讨论。

（2）小组汇报，总结规律。

师：哪些小组愿意来分享你们的发现？

小组汇报、补充。师引导总结：

★开篇点明主题

★事件幽默典型

★结尾画龙点睛

（三）统整思维，感悟经典。

回顾板书，引导学生关注人物性格、事件、笑点之间的联系。

师：这节课我们一边读着，一边笑着，一边思考着。同学们在探究中一步步解开了古代笑话刻画人物形象的写作密码。作者这样安排开篇、事件、结尾是想起到什么作用呢？（为了更好地刻画人物形象、让人物更鲜活……）

小结：《笑林广记》里的笑话大多如此：先是开篇点明人物性格；再选典型幽默的事件表现性格；最后以画龙点睛的结尾凸显人物性格。这样层层刻画，一个个鲜活的人物形象就跃然纸上了！

三、 迁移阅读， 尝试运用

（一）为《悭吝》续写笑点，刻画人物"最悭吝"的形象。

师：快速浏览笑话《悭吝》，用咱们之前发现的古代笑话刻画人物的写作方法，你找到人物性格和所写事件了吗？（人物性格：非常吝啬。所写事件：

病重求医）

师：同学们，快给《悭吝》补白"笑点"吧，让这画龙点睛的结尾凸显人物"最悭吝"的形象。

（二）生交流分享，紧扣"最悭吝"组织评价。

（三）出示笑话原文，品味结尾"画龙点睛"之妙。

四、 拓展延伸， 提升表达

（一）总结群文，提升表达。

师：今天咱们在一组古代笑话中感受了古人幽默的智慧，探究了古代笑话刻画人物的方法，平时同学们经常进行写人的习作练习，希望能带给你一点启发。

（二）拓展阅读，走向课外。

师：课后对古代笑话有兴趣的同学可以阅读《笑林广记》。另有一本书也很有意思，书名叫《小学生小古文100课》，分组编录了100篇有趣的小古文，我们今天读的几则笑话也来自其中的一个主题"可笑之人，可笑之事"中。让我们继续阅读经典，继续发现更多的写作密码。

【评析】

马春梅老师所上的群文阅读"古代笑话中的人物刻画"这节课是对由独立文本构成的整本书阅读的有效尝试。这节课富有文化深度，马老师巧妙地把古代文化典籍《笑林广记》中的一些典型篇章提取出来，让学生通过群文阅读的方式来体会古代笑话中对人物入木三分的刻画。马老师对文本的分析十分深刻，能够牢牢抓住"人物性格""所写事件""笑点"之间内在的关联来深入理解文本，引领学生理解"性格决定事件，事件凝聚笑点，笑点凸显性格"的表达环路。马老师的课堂教学效果也十分明显，学生在她的有效引领下，领悟到了古代笑话刻画人物的特征和路径，甚至学会了如何抓住人物的性格写作一则笑话。学生的语文素养得到了显著提升，同时也增强了学习古代典籍的兴趣。

群文阅读的价值尊崇

—— 全国第五届小学群文阅读现场课大赛总结报告

◆ 崔凤琦

群文阅读主张在语言积累、思维方式、审美鉴赏、思想建构等方面有效提升学生的阅读素养，进而促进学生语文核心素养的形成和发展。群文阅读以儿童的健全发展为研究特色，以成就儿童幸福而有意义的童年为研究价值，意在锻造有生命质感的语文教育，促进儿童生命价值的提升。

在群文阅读的研究过程中，教师个体逐渐建构群文阅读的文化体系，并形成个性化的学术逻辑，经过反复的践行，最终生成优质群文阅读课程这一实践性成果。这些实践性成果，存在于课堂当下的现实土壤中，存在于教师对群文阅读研究再认识的过程中。在群文阅读教学研究的道路上，教师个体该如何用自己的学术逻辑去表达和转换群文阅读文化体系的新时代要求，迎接新时代课程改革的召唤？

一、 深刻认识语文教育的品性， 遵循学生学习语文的规律

语文是母语课程，是用语言来表达的文化，所以语文学习的过程应该是"缓慢而有味道的"。这个过程不单是学习语文知识、提高语文能力的过程，更是陶冶情感、学会审美、培育道德、学会做人的过程。这个过程中，学生的知识结构得以形成，审美情趣得以生成，良好的价值标准得以建立，人与世界的联系更加深刻而紧密。这就是语文教学的根本任务与教育品性。如果每一堂语文课都能呈现这一过程，语文教学就会弥漫着润泽的气息，走向"有味道"的教学境界。群文阅读的课堂要求教师引导学生带着情感，带着兴趣流连在语文的"花前月下"，感受语言的美妙神奇，不断与语言进行耳鬓厮磨，逐渐培养学生跟语言的亲密感情。

在遵循学生学习语文的规律方面，群文阅读要求儿童阅读大量的文本，包括非连续性文本，甚至整本书。每一堂群文阅读课，学生至少要读三篇以上文章。所以，群文阅读通过系统的课程设计来保证和提升儿童的阅读量。语文的学习一定是数量在先，通过大量的阅读积累实现量变到质变的飞跃。

群文阅读让阅读教学突破了画地为牢、从课文到课文的僵化模式，体现了语文课程综合性和实践性的特点。在群文阅读教学中，教师能够更多地关注阅读兴趣、阅读方法、阅读技能以及阅读习惯等，并能不断想办法去细化，去落实。笔者认为有兴趣才能够抓住学生的心，有方法才能够让学生渐进于善读，有技能才能够让学生读懂通篇，有习惯才能够达到培养学生核心素养的目标，进而也就实现了群文阅读的目标。

416

二、 群文阅读教学的成功， 很大程度取决于议题的聚焦

群文阅读教学研究里，如何把有关联的文章放在一起，依托什么把这些文章放在一起，关键在于议题的聚焦，也就是于泽元教授谈到的结构化。优质的群文阅读课，议题都是生动、鲜活的，它们呈现出多角度、多面化、多类型等特点，有群书类、体裁类、表达形式类、人文类以及非连续性文本类等。围绕议题，把有内在联系的文本有机地组合在一起，不是简单的叠加，而是必要的补充、结构的融合、知识的增量、建构的合力。每一个议题的建构，都在考验教师个体的阅读视野、阅读品位以及语文教育的理念，考量教师创造性教学的意识与张力。群文阅读教学的目标，不单是让学生学习一组组文本，增加阅读量，拓展知识面，更重要的是引导学生在有限的时间内多角度、全方位地思考，在生活中学语文、用语文，多角度地让学生进行实践体验，创造人人可学、时时可学、处处可学的阅读环境。

群文阅读传递给学生一种明确的信息：要掌握生活中遇到的各种碎片化知识，关键是找到事物之间的联系。教师帮助学生学会整合，通过议题的设计把零乱无序的信息整合为系统化知识。群文阅读，可以让孩子们的头脑更加灵活，还可以帮助身处碎片化信息时代中的孩子们学会学习，进而正确面对信息化的挑战。从单篇阅读到群文阅读，不仅是阅读本身的自然飞跃，更是阅读教学改革发展的新时代要求。

议题的确定、组文的选择，应该符合学生的认知特点、年段特点以及语文课标的要求。这就要求教师要多关注选文的品质，率先树立社会主义核心价值

观，组合文质兼美的文章，让核心价值观化为语文的血肉，融化到教学中，通过教学传递给学生。我们怎样解读文本，就将怎样面对现实生活。文本的解读方式，就是人的生存方式，群文阅读让孩子们经历了更加丰富的文本，也就拥有了更多面对现实的勇气和能力。

三、 群文阅读的思维训练， 应落脚在问题设计上

教育的核心问题是，人类如何进行学习和思考。教师设计什么样的问题，决定了学生如何去学习，如何去思考。如果教师不能示范性地提出鼓励学生深入阅读、合作探究的问题，那么学生就只会停留在表面，无法往下深挖。优质的群文阅读课程，应该让知识问题化、问题层次化，通过问题的设计引出更强的思考动力，引发更浓的追问动因，引申更多的探究动能。

群文阅读主张培养学生的高阶思维能力，着力点就在问题设计上。若提出的问题失去思考的空间，学生也就丧失了思考的能力。关于问题设计，笔者提出五个建议：

（一）设计的问题，答案是宽泛的、丰富的。

设计的问题不需要有标准答案，而应鼓励学生说出自己的个性想法和独特观点。例如，议题"别样的愁绪"中，可以提问"人为什么会有愁绪""如何面对这样的愁绪"；议题"东坡望月"中，可以问"你眼中的苏东坡是一个怎样的诗人"。诸如此类问题，学生可以根据自己的经验和理解来思考，调动自己的认识和感受来解答。学生在思考过程中，有极大的张力，能生成审美情趣，进而建构自己的思想。

（二）对群文阅读的多篇文章进行共同发问。

共同发问，可以大容量、大范围地进行讨论梳理，避免提问过多、过杂，也可以让学生在比较中阅读、整合。一组有内在联系的文本，通过共有的问题，更能让学生发现规律、实现整合。

（三）通过学习工具来呈现问题，让学习内容清晰有效。

合理运用学习工具，能够简明扼要地向学生呈现学习内容。例如，有的群文阅读课中，设计了寻找组文的共同点和不同点的教学环节，以学习单的方式呈现。借助学习工具，能够让学生在过多、过杂的学习内容中，尽快厘清每一篇文章的内容与思路，迅速抓住学习重点。

（四）教师应鼓励学生提出问题。

不会提出问题就不会阅读。教师鼓励学生自发地对群文尝试性地提出问题，就是鼓励学生自主学习、自主思考，让学生做课堂的主人。

（五）问题应该具有挑战性、科学性、合理性，更要符合语文学科的属性。

设计的问题具有挑战性，才能够激发学生学习的兴趣和求知的欲望；具有科学性，才能引导学生发展思维；具有合理性，才能让学生跳一跳就摘到桃子。

生成性是完美课堂最显著的特征。体现高阶思维价值的群文阅读教学，应该重视教师和学生真实情感的投入，更应该重视智慧思维的启迪；既要有学习资源的生成，又要有过程状态的生成，最终还要有创新和领悟的迸发。

四、 群文阅读教学应关注朗读， 关注读写互动

朗读是教师教和学生学的重要方式。学生入情入境地朗读，更能感受语文学习的氛围。朗读是吸收和储存的过程，也是不断自我充实的过程。朗读是培养语感的重要手段和渠道，也是高质量、高素养地参与未来成长的一种方式。当然，并不是所有的文本都适合用朗读的方式来学习，有时沉静地读书比大声地朗读更为重要。朗读，在群文阅读教学中要依据文本特征、教学目标做到合理、适度。

读写互动应该是语文教育的一个常态。阅读就是学习做事，写作就是试着去做事。阅读中，教师引领学生向书中的人物学习怎样做事，向作者学习怎样做事，将阅读别人的作品和阅读自己的生命结合起来，从别人的作品中读出自己来。所以，在群文阅读中，学生用写的方式记录自己在多篇文章的阅读与理解中进行的精神旅行和探险活动，就是学生学习的见闻史和心灵成长史。读得越多，才会懂得怎样去写。群文阅读中的批注式阅读，实际上就是阅读和写作的最佳结合方式。读写互动，让学生真正成为学习的主人。

五、 群文阅读教学应重视提升语文教师的专业素养

教师是一切教育改革的基石。群文阅读教学，要求教师具有过硬的专业素养，即教师能够创造性地建构议题，用心寻找、多次筛选、反复斟酌、确定组文，"教什么"做到心中有数，"怎样教"做到心中有路。

418

　　群文阅读教学研究特别重视教师队伍的建设和发展，重视和提升教师的专业素养，更重视涵养教师的文化底蕴。教师是什么人，远比他教什么更重要。语文教师的底蕴，就是做语文教师的功底，读懂文本是一名语文教师核心的功底。语文教师夯实自己功底最好的方法就是读书。读书是最好的"保养"，是教师生涯的底色和底蕴。中国学生核心素养的落地，需要一大批有思想、有文化、有能力、有追求的教师去努力实现。

　　经过十年的研究和打造，群文阅读教学已经成为全国基础教育的一张名片。但是，时代在前进，部编版教材的问世，语文教学也将面临新时代的考验。新时代背景下，群文阅读将如何优化升级，更好地助力语文教学？综上所论，笔者提出几点思考：1. 群文阅读教学应极力提倡研究性学习，让学生在思维中提升认知，生成核心素养；2. 不再捆绑学生的思维，群文阅读的高阶思维培养目标就会落地，现有的课堂就会有改革的希望；3. 群文阅读教学的发展应鼓励更多样的小组合作，"让每个学生富有内涵地相互学习"；4. 教师的"教"仅仅是点拨、引导、提升和点评，最终还是要在循循善诱中达到"不教"的境界。